LA PREUVE EN DROIT FISCAL

Ouvrage du même auteur

Recours pour excès de pouvoir et contentieux administratif de l'impôt, LGDJ, 2002, préface de Maurice Cozian.

Christophe de la Mardière
Agrégé des facultés de droit
Professeur à l'université de Bourgogne

LA PREUVE EN DROIT FISCAL

Comment démonter un vice de procédure ?
Comment se défendre d'un acte anormal de gestion ?
Quelles sont les obligations induites par la preuve objective ?
Etc.

® LexisNexis®
Litec

LexisNexis SA
141, rue de Javel – 75015 Paris

Avertissement de l'Éditeur

Toute utilisation ou traitement automatisé, par des tiers, de données personnelles pouvant figurer dans cet ouvrage sont formellement interdits.

DANGER LE PHOTOCOPILLAGE TUE LE LIVRE

Le logo qui figure sur la couverture de ce livre mérite une explication. Son objet est d'alerter le lecteur sur la menace que représente pour l'avenir de l'écrit, tout particulièrement dans les domaines du droit, de l'économie et de la gestion, le développement massif du photocopillage.

Le Code de la propriété intellectuelle du 1er juillet 1992 interdit en effet expressément la photocopie à usage collectif sans autorisation des ayants droit. Or, cette pratique s'est généralisée dans les établissements d'enseignement supérieur, provoquant une baisse brutale des achats de livres au point que la possibilité même pour les auteurs de créer des œuvres nouvelles et de les faire éditer correctement soit aujourd'hui menacée.

Siège social : 141, rue de Javel - 75015 Paris

ISBN 978-2-7110-0582-6

Principales abréviations

AGA	Association de gestion agréée
AJDA	*Actualité juridique de droit administratif*
BA	Bénéfices agricoles
BDCF	*Bulletin des conclusions fiscales*
BF Lefebvre	*Bulletin fiscal Francis Lefebvre*
BIC	Bénéfices industriels et commerciaux
BNC	Bénéfices non commerciaux
BOI	*Bulletin officiel des impôts*
Bull.	*Bulletin des arrêts de la Cour de cassation*
CAA	Cour administrative d'appel
CADA	Commission d'accès aux documents administratifs
Cass.	Cour de cassation
C. civ.	Code civil
CE	Conseil d'État
CEDH	Cour européenne des droits de l'homme
CGI	Code général des impôts
chron.	chronique
CJA	Code de justice administrative
CJCE	Cour de justice des communautés européennes
Cons. const.	Conseil constitutionnel
CPC	Code de procédure civile
C. pén.	Code pénal
CPP	Code de procédure pénale
D	*Recueil Dalloz*
DAU	Document administratif unique
DH	*Dalloz hebdomadaire*
Doc. adm. DGI	Documentation administrative de base de la DGI
Doc. fisc. Lefebvre	*Feuillets de documentation pratique fiscal Lefebvre*
Doc. fr.	La Documentation française
Dr. adm.	*Droit administratif*
Dr. fisc.	*Droit fiscal*
Dupont	*Bulletin des contributions directes* (dit *Recueil Dupont*)
EDCE	*Études et documents du Conseil d'État*
ESFP	Examen contradictoire de la situation fiscale personnelle
Ficoba	Fichier des comptes bancaires
FR Lefebvre	*Feuillet rapide fiscal - social Francis Lefebvre*
GAJF	Les grands arrêts de la jurisprudence fiscale
Gaz. Pal.	*Gazette du Palais*
GDCC	Les grandes décisions du Conseil constitutionnel
IFA	*International fiscal association*
IGF	Impôt sur les grandes fortunes
IR	Impôt sur le revenu
IS	Impôt sur les sociétés
ISF	Impôt de solidarité sur la fortune
JCl. Procédures fiscales	*JurisClasseur procédures fiscales*
JCP E	*JurisClasseur périodique (Semaine juridique)*, édition entreprise

JCP G	*JurisClasseur périodique (Semaine juridique)*, édition générale
JOAN Q	*Journal officiel* des débats parlementaires (Assemblée nationale)
JO Sénat Q	*Journal officiel* des débats parlementaires (Sénat)
LPA	*Les Petites affiches*
LPF	Livre des procédures fiscales
LRAR	Lettre recommandée avec demande d'avis de réception
NPAI	N'habite pas à l'adresse indiquée
Rec. CE	*Recueil des décisions du Conseil d'État* (dit *Recueil Lebon*)
Rec. Cons. const.	*Recueil des décisions du Conseil constitutionnel*
Rép. cont. adm. Dalloz	*Répertoire Dalloz de contentieux administratif*
Rép. min.	Réponse ministérielle
Rev. adm.	*Revue administrative*
RFD adm.	*Revue française de droit administratif*
RF fin. publ.	*Revue française de finances publiques*
RJF	*Revue de jurisprudence fiscale* (prend la suite du *Dupont* en 1975)
RO	*Recueil officiel des contributions directes* (jurisprudence)
RSF	*Revue de science financière* (cesse de paraître en 1977)
RTD civ.	*Revue trimestrielle de droit civil*
TA	Tribunal administratif
TGI	Tribunal de grande instance
TVA	Taxe sur la valeur ajoutée
VASFE	Vérification approfondie de situation fiscale d'ensemble (devenue ESFP)

En souvenir de Maurice Cozian

« Les faits ne pénètrent pas dans le monde où vivent nos croyances »
Marcel Proust

« La preuve est ce qui persuade l'esprit d'une vérité »
Jean Domat

Sommaire

Introduction

1. – Cette étude ne saurait prétendre à l'exhaustivité. Les règles de preuve, en droit fiscal, sont bien trop nombreuses pour être ici toutes recensées. On les trouve, en effet, dans un éparpillement normatif aussi confus que complexe. L'ambition poursuivie dans ces pages est précisément de rassembler les normes probatoires correspondant aux situations courantes, pour tenter de les conceptualiser, afin de les rendre plus accessibles, sinon plus claires. Avant cela, on posera quelques prémisses.

Il importe tout d'abord de déterminer la nature de la règle de preuve (1°), belle discussion théorique qui contient un enjeu fiscal pratique. On verra ensuite qu'à côté de la vérité juridique, il existe également une vérité fiscale (2°), au nom de laquelle la preuve peut être utilisée aux dépens du contribuable. Alors même que celui-ci, en vertu de la loi, ne devrait pas supporter la charge probatoire, la réalité est bien différente. D'où un état du droit (3°) pour le moins paradoxal, le principe ne correspondant pas à la pratique.

1° Nature de la règle de preuve

2. – La preuve consiste à établir la réalité d'un fait et désigne à la fois cette matérialité comme le moyen de parvenir à la démontrer. L'importance de la preuve ne s'apprécie pas seulement au regard de sa finalité – convaincre le juge pour gagner le procès –, mais également pour la sanction qu'elle apporte – un droit sans preuve existe, mais n'a pas d'effectivité – *idem non esse et non probari*. D'où la difficulté de savoir où placer les règles de preuve : appartiennent-elles au fond du droit, pour en garantir l'efficacité, ou faut-il les rattacher à la procédure (1) ? En matière fiscale, cette question contient un enjeu pratique. En effet, la doctrine administrative se rapportant à la procédure ne peut être invoquée sur le fondement de l'article L. 80 A du Livre des procédures fiscales, relatif à la garantie contre les changements de doctrine. Si donc les règles de preuve étaient rattachées à la procédure, et non au fond du droit, une instruction, par exemple, qui traite de questions probatoires, ne saurait être opposée à l'Administration.

3. – On trouve, certes, des règles de preuve au sein du Livre des procédures fiscales. Pourtant, elles relèvent du domaine de la loi (2), dont est exclue la procédure. Le juge en a tiré une conséquence logique au regard de l'application de la loi dans le temps. À savoir que ces normes, qu'elles se rapportent

(1) « La preuve a pour objet la démonstration d'un fait, la règle de fond régit les conséquences juridiques résultant d'un fait établi » (Ph. Malaurie et P. Morvan, *Droit civil. Introduction générale*, Defrénois, 2e éd., 2005, n° 177).

(2) Cons. const., déc., 2 déc. 1980, n° 80-119 L : *Rec. Cons. const.*, p. 74. – J. Arrighi de Casanova, concl. sur CE, sect., 29 juill. 1994, req. n° 111884, *Sté Prodes International* : *RJF* 1994, n° 10, 589.

à l'administration (comment prouver ?) ou à la charge de la preuve (qui doit prouver ?), appartiennent au fond du droit (3).

Cependant, depuis 1983, un courant de jurisprudence a semblé vouloir rattacher la charge de la preuve à la procédure, tandis que son administration resterait comprise parmi les règles de fond (4). Cet état du droit pourrait fort bien s'entendre. En effet, le contribuable faisant l'objet d'une procédure contradictoire de redressement n'a pas à supporter le fardeau probatoire, au contraire de celui subissant une imposition d'office.

4. – L'ambiguïté a été levée lorsque le Conseil d'État a clairement posé que les normes relatives à la charge de la preuve appartenaient au fond du droit (5). Il est donc confirmé qu'une règle de preuve, qu'elle se rapporte à l'administration ou à la charge de celle-ci, est une règle de fond et non de procédure. La doctrine administrative qui traite de questions probatoires est dès lors invocable sur le fondement de l'article L. 80 A du LPF. Pourtant, dans ces pages, on citera peu de textes ou décisions issus de l'Administration. En effet, il est trop rare que le juge accorde au contribuable le bénéfice de la garantie contre les changements de doctrine. On préférera donc se référer à la loi et au règlement, lorsqu'ils existent, et à la jurisprudence. Car ces sources offrent bien plus de sûreté juridique que la doctrine administrative.

5. – Au regard de l'application de la loi dans le temps, tout acte législatif, en tant qu'il comporte une norme relative à la preuve, est applicable à une situation donnée, lorsque sa date d'entrée en vigueur est antérieure à la réalisation du fait générateur ayant fait naître l'imposition litigieuse ; au contraire d'une loi de procédure, qui trouve à s'appliquer dès son entrée en vigueur, sans attendre l'avènement d'un fait générateur.

6. – La nature néanmoins ambiguë de la règle de preuve rend difficile son étude. Car, en réalité, elle n'appartient pas totalement au fond du droit, précisément pour ressortir également à la procédure. En effet, elle n'est que la sanction et donc l'accessoire de la règle principale. Séparée de celle-ci, elle n'est plus qu'une coquille vide. On ne peut donc, pour étudier la règle de preuve, la détacher entièrement de la norme substantielle. Cette difficulté s'illustrera particulièrement dans la troisième partie de l'étude, relative à la preuve et au contrôle fiscal. Il existe, par exemple, des normes permettant d'établir des faits constitutifs d'un vice de procédure, soit donc bien des règles de preuve. Pour autant, il convient d'étudier également la garantie du contribuable qui a été méconnue, car son esprit rejaillit nécessairement sur la façon de démontrer sa violation.

7. – La question de la preuve n'intervient que lorsque le fait à établir est susceptible d'un doute. Les faits qui résultent de l'évidence, de la normalité, voire de l'apparence, n'ont pas à être prouvés. Dès lors, celui qui plaide contre la vraisemblance supporte le poids du doute et, en conséquence, celui de la preuve. Le droit fiscal n'échappe pas à la règle. On pourra le vérifier avec l'étude de la preuve objective, où aucune des parties n'est désignée pour supporter la charge probatoire, chacune devant apporter les éléments dont elle dispose. Lorsqu'il est impossible de connaître la vérité, le juge se prononce

(3) CE, 19 mai 1958, req. n° 41932 : *Rec. CE*, p. 281. – CE, 12 mars 1980, req. n° 15168 : *RJF* 1980, n° 5, 236.

(4) *GAJF*, 5e éd., p. 55.

(5) CE, 8 mars 2004, req. n° 245458, *Sabathié : Dr. fisc.* 2004, n° 30-36, 661, concl. F. Séners ; *RJF* 2004, n° 6, 624. – Dans le même sens : Cass. com., 7 nov. 1989, req. n° 1332 P, *Verne : RJF* 1990, n° 2, 214.

au bénéfice du plaideur dont la version des faits est la plus vraisemblable (V. *infra*, n° 620).

Apporter la preuve consiste à révéler la vérité. Or, à côté de la vérité juridique, il existe également une vérité fiscale.

2° Vérité juridique et vérité fiscale

8. – La vérité juridique n'est pas nécessairement et strictement conforme à la réalité (6). Le procès a pour but de mettre fin au litige ; dans ce dessein, il peut se contenter de faits tenus pour exacts. Cette supposition est apportée par les présomptions et l'autorité de chose jugée. Car le juge n'a, lui, pas droit au doute, dès lors qu'il a l'obligation de trancher le litige. Parce qu'il faut rétablir la paix sociale, troublée par le différend, la décision de justice est censée reposer sur des faits réels (7). À l'inverse, la preuve scientifique a pour seul objet la recherche de la vérité et tous les moyens sont bons pour l'atteindre. La preuve juridique n'autorise pas tous les moyens, les modes de preuve peuvent être restreints, de manière à ne retenir que les plus sûrs. Cependant, avec les progrès techniques, dans le domaine des tests génétiques par exemple, la vérité du droit tend à se rapprocher de celle des sciences.

9. – La vérité fiscale n'est pas seulement dominée par le but de mettre fin au litige, elle poursuit une autre finalité qui est de combattre la fraude. À ce titre, dans le domaine de l'impôt, la preuve se contente parfois de vérités supposées qui sont bien loin de la réalité. « La lutte contre la fraude fiscale passe avant tout directement par un alourdissement du fardeau de la preuve » (8). Ce aux dépens du contribuable, qui devra supporter une preuve difficile à établir, voire impossible, si seulement on l'autorise à apporter cette démonstration. Ainsi l'utilisation de présomptions légales (V. *infra*, n° 154 et s.) – signes de la prééminence des intérêts du Trésor – qui, en faisant peser le poids de la preuve sur les contribuables suspects de fraude, furent longtemps redoutables.

10. – Aujourd'hui, le renversement légal de la charge de la preuve s'exerce essentiellement à titre de punition, aux dépens de ceux qui ne respectent pas leurs obligations, notamment déclaratives, envers le fisc. Certes, le droit fiscal a réalisé de sensibles progrès pour éviter les injustices de naguère et jadis, mais il demeure des hypothèses dans lesquelles la vérité est méconnue ou ignorée (V. *infra*, n° 125 et s.). Le contribuable est surtout dérouté par un état du droit paradoxal, où la loi prétend lui épargner la charge de la preuve, alors que la réalité est bien différente.

3° État du droit

11. – Les difficultés modernes de la preuve fiscale sont nées de l'apparition des impositions générales et déclaratives que sont l'impôt sur le revenu et les taxes sur le chiffre d'affaires, qui ont donné naissance à la TVA. Avant 1914, le droit fiscal connaissait deux régimes de preuve, inspirés du droit privé. Les règles du droit civil étaient appliquées à l'enregistrement, celles du droit pénal aux contributions indirectes. S'agissant des impôts directs, la méthode indiciaire devait supprimer toute difficulté de preuve : la seule vue de signes extérieurs, d'indices, suffisait à établir la réalité comme la valeur de la matière

(6) Ph. Malaurie et P. Morvan, *op. cit.*, n° 167 et 168.
(7) « Verdict » est dérivé de *verum dicere* : « dire la vérité ».
(8) M.-C. Bergerès, *Quelques aspects du fardeau de la preuve en droit fiscal* : *Gaz. Pal.* 1983, p. 149.

imposable. Depuis les impôts modernes – et la généralisation du système déclaratif, la fraude a pris des proportions qui ne sont plus maîtrisables. La première réaction du législateur fut de la combattre par des règles à la fois sévères et empiriques (9), et surtout en pesant lourdement sur la preuve mise sur le dos du contribuable. C'est peu à peu qu'un régime général de la preuve s'est dégagé, recherchant un plus juste équilibre dans la démonstration mise à la charge du fisc et du contribuable.

12. – La loi a posé, en 1987 (V. *infra*, n° 319 et s.), la règle controversée selon laquelle l'Administration supporterait, par principe, le fardeau de la preuve. L'idée même en est discutable car, dans le système déclaratif, seul le contribuable connaît toute la vérité. Lui seul sait le total de ses revenus et charges, l'état de sa fortune. L'Administration, comme le juge, ont besoin de cette vérité ; pour asseoir l'imposition légalement exigible, pour trancher le litige sur la base de faits exacts. Ils n'ont dès lors pas d'autre choix que de contraindre le contribuable à la révéler. En conséquence, l'économie du système déclaratif conduit nécessairement à faire peser l'essentiel de la charge probatoire sur le dos de ce même contribuable.

13. – Certes, on peut le soulager du poids d'une preuve trop difficile à apporter, donc en partager la charge, en contraignant l'administration à l'établir pour partie. Mais, par principe, il ne peut appartenir qu'au contribuable de faire connaître la vérité (10). L'Administration ne saurait accéder qu'à une vérité exogène, issue de l'extérieur. Ses prérogatives – droit de communication, pouvoir de contrôle et de perquisition – lui permettent de recouper les éléments révélés par le contribuable (11). Mais la source de l'information vient le plus souvent de celui-ci qui, par ailleurs, a seul accès à la vérité endogène ; car il est bien sûr le mieux placé pour connaître ses propres affaires.

14. – Liberté est laissée au contribuable de déclarer ce qu'il entend, obligation lui est faite en contrepartie de subir les contrôles de l'Administration, et à cette occasion de justifier les sommes portées sur sa déclaration. Cette justification est clairement synonyme de preuve (V. *infra*, n° 340). En supportant le poids de celle-ci, le contribuable paye chèrement le prix de sa liberté. C'est ainsi et on n'y voit pas de solution (12). L'ampleur des dépenses publiques exige des impôts modernes qu'ils soient rentables. Or, seule une imposition générale, intéressant toute une catégorie de richesses, autorise cette rentabilité. Ainsi, la généralité de la TVA, qui porte par principe sur toutes les dépenses et tous les redevables, fait d'elle une manne budgétaire. Face à un prélèvement général, seul le système déclaratif est possible. Car l'administration serait bien incapable de connaître l'ensemble des dépenses réalisées par une personne. Il lui faut donc recourir à un intermédiaire, le professionnel indépendant, collecteur de TVA, et se fier *a priori* aux déclarations qu'il dépose.

15. – La charge de la preuve forme donc une grande difficulté fiscale. Car le droit n'est pas conforme à la réalité, la pratique contredit la règle. L'obliga-

---

(9) F.-P. Deruel, *La preuve en matière fiscale*, thèse Paris, 1962, p. 2.

(10) CE, sect., 20 juin 2003, req. n° 232832, *Sté Éts Lebreton-Comptoir général de peintures et annexes : RJF* 2003, n° 10, 1140, concl. P. Collin, p. 754 ; *Procédures* 2003, n° 10, p. 33, note J.-L. Pierre : « les éléments de preuve qu'une partie est seule en mesure de détenir ne sauraient être réclamés qu'à celle-ci ».

(11) Cf. CE, 7 nov. 2008, req. n° 299099, *Cayrou : Dr. fisc.* 2009, n° 8, 204, concl. L. Olléon, note Ch. de la Mardière ; *RJF* 2009, n° 3, 220.

(12) Sauf à profiter du développement de la technologie, V. Ch. de la Mardière, *La déclaration fiscale : RF fin. publ.* 2000, n° 71, p. 113.

tion que la loi attribue au fisc est en fait supportée par le contribuable. Or, la preuve fiscale est souvent difficile à apporter. Dès lors, en subir le poids, c'est parfois perdre toute chance de gagner le procès. Cependant, la charge de la preuve est très étroitement liée à son administration. À la question : « qui doit prouver ? », on ne trouvera de réponse convaincante qu'en répondant aussi à une autre interrogation : « que faut-il prouver et comment ? ». Il est essentiel de savoir ce que la partie supportant le poids de la preuve doit démontrer car, selon la difficulté à l'établir, sa charge réelle peut ne pas reposer sur celui, contribuable ou fisc, désigné comme devant la subir. Pour déterminer si la preuve pèse donc véritablement sur une partie, il faut examiner la nature de la démonstration à apporter.

La charge de la preuve (deuxième partie) peut être réelle ou fictive selon le degré de difficulté que l'on trouve à son administration (première partie). Ces deux dimensions seront réunies, et illustrées, par l'étude de la preuve et du contrôle fiscal (troisième partie).

Première partie

ADMINISTRATION DE LA PREUVE

16. – L'administration de la preuve répond à une dialectique, un échange contradictoire. À savoir que le juge appréciera la force probante des éléments qu'on lui soumet, non seulement en eux-mêmes, mais aussi selon la manière dont la partie adverse va répliquer à cette production. Si les critiques faites aux prétentions de l'adversaire ne sont pas suffisamment étayées, les preuves ainsi non pertinemment contredites vont acquérir plus de force.

17. – Le domaine des reconstitutions de recettes (V. *infra*, n° 51 et s.), où l'Administration calcule les ventes réalisées mais non déclarées par une entreprise, en est l'illustration. Si le service démontre que la comptabilité n'est pas probante et s'il établit le caractère raisonnable des recettes reconstituées, il est censé prouver le bien-fondé des rectifications, dès lors que le contribuable ne propose pas une méthode de reconstitution plus fiable (1). À l'inverse, si l'Administration n'est pas en mesure de faire connaître les modalités de la méthode qu'elle a employée, le contribuable est réputé apporter la preuve de l'exagération des redressements (2). Cette dialectique revêt donc une très grande importance. Car les règles légales relatives à la dévolution de la preuve n'en prévoient que la charge initiale (3). Au cours du débat contentieux, le poids probatoire peut donc passer d'une partie à l'autre, selon l'habileté du plaideur à s'en décharger, en emportant la conviction du juge.

Il est loisible de répondre à la question : « comment prouver ? », on sait en droit fiscal quels sont les moyens de preuve (titre 1). Cependant, il est des hypothèses où la vérité ne peut être apportée parce que le droit en fait défense, ou bien parce qu'elle est trop difficile à établir, se posent alors les difficultés du droit à la preuve (titre 2).

(1) CE, 10 févr. 1988, req. n° 73698 : *RJF* 1988, n° 4, 443.
(2) CE, 27 sept. 1989, req. n° 62177, *Jacob* : *RJF* 1989, n° 11, 1262.
(3) J. Arrighi de Casanova, concl. sur CE, sect., 29 juill. 1994, req. n° 111884, *Sté Prodes International* : *RJF* 1994, n° 10, 591.

Titre 1

LES MOYENS DE PROUVER

Ces moyens sont à la disposition des parties et du juge. Dans le premier cas, on parle de modes de preuve (chapitre 1), dans le second, il s'agit des mesures d'instruction (chapitre 2).

Chapitre 1

LES MODES DE PREUVE

Les modes de preuve admis (section 1) par le droit fiscal diffèrent peu de ceux du droit administratif. En revanche, le contentieux de l'impôt connaît une particularité dans la preuve comptable (section 2).

Section 1

LES MODES DE PREUVE ADMIS

Après l'étude des principes (§ 1) qui gouvernent cette matière, on examinera l'aveu et le témoignage (§ 2), enfin la preuve écrite (§ 3).

§ 1. – Principes

L'admission des modes de preuve en droit fiscal répond aux principes du contentieux administratif plus qu'à ceux de la procédure civile (B). Mais il importe avant tout d'examiner la question délicate de la loyauté de la preuve (A).

A. – Loyauté de la preuve

18. – En toute matière juridique, ne sont admis que les éléments de preuve dont la recherche fut conduite de manière licite et loyale. Le droit fiscal, qu'on accuse d'amoralisme, déroge-t-il à cette règle ? On peut le penser, s'agissant de la loyauté, dès lors que certaines preuves sont obtenues sur la base de dénonciations. La rémunération des délateurs est d'ailleurs prévue par la loi (1), *a priori* pour le seul domaine des contributions indirectes. Cependant,

(1) CGI, art. 1825 F : « Aucun indicateur ne peut prétendre à une remise ou rémunération quelconque s'il n'est pas justifié par écrit que les renseignements qu'il a fournis l'ont été avant le procès-verbal. Les peines de l'article 226-10 du Code pénal sont applicables à tout individu convaincu d'avoir, verbalement ou par écrit, dénoncé à tort et de mauvaise foi de prétendues contraventions aux lois fiscales ».

l'Administration a reconnu que la pratique s'étendait à l'ensemble des impositions (2). Fort heureusement, l'usage des délations, qui sont souvent mensongères, se fait sous le contrôle de l'Administration et du juge. Ainsi, lorsqu'elle n'est pas corroborée par un autre élément de preuve, la dénonciation ne peut être retenue (V. *infra*, n° 706). La Cour de cassation n'hésite pas à annuler les ordonnances autorisant un droit de visite et de saisie, dès lors que le juge n'a pas vérifié l'origine des documents présentés par l'Administration, de manière à s'assurer de leur licéité (3) (V. *infra*, n° 703). De façon générale, le juge judiciaire de l'impôt exige du fisc le respect, dans l'exercice de ses prérogatives, du devoir de loyauté (4).

19. – Le Conseil d'État s'est montré particulièrement rigoureux en annulant une procédure de contrôle, pour les besoins de laquelle le service avait exercé un droit de communication auprès de trois cents clients du contribuable, alors que la moitié d'entre eux n'étaient pas soumis à ce droit, s'agissant de simples particuliers (5). Le service aurait dû indiquer aux intéressés qu'ils n'étaient pas tenus de répondre. Le juge administratif adopta également une attitude ferme face à une reconstitution de recettes effectuée principalement sur la base d'une comptabilité occulte volée par un ancien salarié de l'entreprise. Sachant que les moyens de preuve avaient été obtenus de manière illicite, qu'en les détenant l'Administration s'était de plus rendue coupable de recel, le juge a considéré que la méthode de reconstitution était radicalement viciée (6). Lors de la vérification de comptabilité d'une association, l'inspecteur avait fait ouvrir, devant témoins, un coffre-fort, sans l'accord de la personne morale. La procédure de contrôle n'autorisant pas une telle pratique, le juge prononça la décharge de l'ensemble des impositions rappelées (7).

20. – Mais le Conseil d'État ouvrit le chemin du « réalisme » en invoquant le principe de l'indépendance des procédures. Ainsi, dans une affaire, l'administration fiscale avait obtenu de l'autorité judiciaire (LPF, art. L. 101) communication de pièces saisies lors d'une perquisition. Il s'agissait de rechercher des infractions à la législation économique. Le service utilisa de la sorte des éléments issus d'une comptabilité occulte pour asseoir des impositions supplémentaires. Or, lesdites pièces furent ultérieurement déclarées nulles par le juge pénal. Le Conseil d'État a néanmoins considéré que l'irrégularité entachant la perquisition ne pouvait affecter la procédure fiscale, dès lors que la communication des pièces avait été régulièrement faite par l'autorité judiciaire (8). Solution évidemment contestable car, selon la chambre criminelle de la Cour de cassation, l'annulation d'un acte par le juge pénal produit un effet rétroactif qui entraîne la nullité de l'ensemble de la procédure (9). C'est

(2) Rép. min. Carcassonne : *JO* Sénat Q, 8 mai 1968, p. 219.
(3) Cass. com., 27 nov. 1991, req. n° 90-10608, *Cts Michaut : Dr. fisc.* 1992, n° 15, 789.
(4) Cass. com., 18 juin 1996, req. n° 94-17312, *Peysselier : Dr. fisc.* 1996, n° 38, 1128.
(5) CE, 1er juill. 1987, req. n° 54222, *Marcantetti* : *RJF* 1987, n° 10, 1020, concl. O. Fouquet, p. 505. – Dans le même sens : CAA Lyon, 24 juill. 2003, req. n° 98-342, *Poncet : Dr. fisc.* 2004, n° 8, 271.
(6) CAA Lyon, plén., 5 juill. 1994, req. n° 92-392, *Sarl O'Palermo : Dr. fisc.* 1994, n° 51, 2237 ; *AJDA* 1995, p. 245, chron. J. Courtial, p. 192. En revanche, de pareilles circonstances sont sans effet sur la régularité de la procédure d'imposition : CE, 3 déc. 1990, req. n° 103101, *SA Antipolia : Dr. fisc.* 1991, n° 7, 259, concl. J. Arrighi de Casanova ; *RJF* 1991, n° 2, 200.
(7) CE, 25 avr. 1990, req. n° 83490, *Assoc. Judo-club Mozart* : *Dr. fisc.* 1991, n° 11, 586, concl. M.-D. Hagelsteen.
(8) CE, sect., 6 déc. 1995, req. n° 90914, *Navon* et req. n° 126826, *SA Samep : Dr. fisc.* 1996, n° 7, 203, concl. G. Bachelier ; *RJF* 1996, n° 1, 62 et 61, chron. G. Goulard, p. 2.
(9) Cass. crim., 30 sept. 1991, req. n° 90-83579, *Gicquel : RJF* 1992, n° 1, 88.

évidemment le cas des poursuites pour fraude fiscale, qui ne peuvent aboutir dès lors qu'elles reposent sur des pièces que le juge a déclarées nulles (10).

21. – Reste à savoir dans quelle mesure les décisions *Navon* et *Samep* reviennent sur de précédentes (11). Dans l'affaire *Marie*, un contrôle fiscal avait été précédé d'une enquête dont la régularité paraissait douteuse et dont pourtant les résultats furent utilisés pour asseoir les redressements. Mais le contribuable vérifié se trouvant en situation de taxation d'office, la légalité de la procédure d'imposition ne pouvait être mise en cause. Néanmoins, le juge a précisé que, « dans l'espèce », le caractère irrégulier de l'enquête était demeuré sans effet sur la valeur probante des informations recueillies. On pouvait donc en déduire qu'une procédure illégale et distincte du contrôle fiscal était de nature à nuire à la force probante des éléments retenus par le fisc pour asseoir les impositions rappelées. Mais il est douteux que la jurisprudence *Marie* ait résisté à la mécanique de l'indépendance des procédures (12). Cette crainte a été confirmée dans une affaire où l'ordonnance du juge autorisant une perquisition fut annulée par la Cour de cassation. Le Conseil d'État a considéré que cette circonstance n'avait pas d'effet sur la régularité de la vérification de comptabilité qui eut lieu ultérieurement, alors même que certaines pièces saisies avaient été communiquées au fisc (13). Parmi les modes de preuve admis par le droit fiscal, on regrettera donc que certains éléments probatoires puissent être issus d'errements illicites et déloyaux.

Entre deux logiques, relatives aux modes de preuve, celle de la procédure civile et celle du contentieux administratif, le droit fiscal a retenu la seconde.

B. – Entre procédure civile et contentieux administratif

22. – En procédure civile, le principe de légalité des preuves a pour conséquence que seuls sont admis les modes limitativement énumérés par la loi. Leur force probante est de même déterminée et hiérarchisée légalement. Ces modes sont au nombre de cinq : l'écrit, le témoignage, les présomptions (V. *infra*, n° 150 et s.), l'aveu et le serment. Le système des preuves légales tend à protéger le plaideur, qui est ainsi assuré d'une décision de justice fondée sur de vraies preuves et non des commencements de vérité. Le principe de légalité a également pour objet d'encadrer le travail du juge, en le contraignant à écarter de simples indices ou de pures suppositions.

23. – Dans le contentieux administratif, il n'existe pas de disposition générale sur l'admissibilité des preuves. La règle est celle de la preuve morale, le juge se décide selon son intime conviction. Moins protecteur pour le justiciable, ce système accorde au juge une plus grande confiance que dans la procédure civile. Il rejoint la nature inquisitoire du procès. Par principe, tous les modes de preuve sont admis et il n'y a pas de hiérarchie entre eux. Certes, la réalité est quelque peu différente, mais cette règle tend à faire comprendre que le juge administratif est le maître absolu de la preuve, c'est lui seul qui admet et estime la force probante des éléments qu'on lui soumet.

24. – Ne sont pas admis les modes de preuve incompatibles avec la procédure écrite qui est celle du contentieux administratif. La parole n'a pas droit

(10) Cass. crim., 2 mars 1992, req. n° 90-87848 D, *Perrini* : *RJF* 1992, n° 11, 1579.
(11) CE, plén., 21 juin 1989, req. n° 52385, *Marie* : *Dr. fisc.* 1989, n° 50, 2372, concl. M. de Saint-Pulgent. – CE, 26 oct. 1992, req. n° 90914, *Navon* : *Dr. fisc.* 1993, n° 12, 638, concl. O. Fouquet.
(12) G. Goulard, chron. préc. : *RJF* 1996, n° 1, 4.
(13) CE, 10 janv. 2003, req. n° 217584, *Sté Éts Bouyer-Guindon* : *RJF* 2003, n° 4, 450.

de cité, les observations orales développées à l'audience ne peuvent servir qu'à commenter ou développer les mémoires et pièces, ou encore, et brièvement, à répliquer aux conclusions du « rapporteur public ». Sont ainsi bannis le serment, l'aveu et le témoignage, en tant qu'ils sont produits oralement. Par la procédure de l'enquête, le juge peut certes entendre des témoins, mais les renseignements recueillis sont consignés par écrit. Cependant, les procédures d'urgence se doivent – pour être rapides – de recourir à l'oralité.

25. – En contentieux fiscal, le principe est également celui de la liberté de la preuve. Certes, la loi est intervenue pour déterminer qui doit en supporter la charge, pourtant le régime de la preuve fiscale n'est pas le système légal du droit civil. Tous les modes sont permis (14) et seul le juge se prononce sur leur force probante. La Cour de cassation a cependant précisé que l'exigence d'une preuve compatible avec la procédure écrite ne faisait pas obstacle à l'application de règles probatoires spéciales prévues par le Code civil (15). Pour autant, le juge de l'impôt ne saurait procéder à une comparution personnelle et contradictoire des parties (16). En effet, la compatibilité avec la procédure écrite emporte les mêmes conséquences qu'en contentieux administratif. Le serment, sauf exception, est interdit. L'aveu et le témoignage ne sont tolérés que s'ils prennent une forme écrite.

§ 2. – L'aveu et le témoignage

Si l'aveu (A) se fait nécessairement aux dépens du contribuable, le témoignage (B) peut servir sa cause.

A. – L'aveu

26. – L'aveu est une déclaration par laquelle une personne reconnaît la réalité d'un fait pouvant produire, à ses dépens, des conséquences juridiques. Par exemple, le contribuable qui reconnaît être le bénéficiaire d'une distribution occulte (V. *infra*, n° 157 et s.). En contentieux administratif et fiscal, l'aveu ne saurait procéder que d'un écrit ; par exemple la réponse à une proposition de rectification, une réclamation, la comptabilité, ou encore un mémoire adressé au juge. Ce qui n'exclut pas une maladresse du contribuable ou de son conseil. Ainsi l'avocat qui, dans la réponse à une notification, fait état d'une activité professionnelle de son client dont les revenus n'ont pas été déclarés (17). La jurisprudence admet donc que l'aveu écrit fasse preuve contre son auteur (18). On peut très bien concevoir un aveu de l'Administration, par exemple, lorsque dans un mémoire présenté au juge, elle reconnaît des faits qui vont dans le sens de l'adversaire. Mais on se limitera à étudier ici l'aveu du contribuable, dès lors que la loi lui fait produire des conséquences sur la prescription.

---

(14) Le juge de l'impôt ne peut limiter les modes de preuve en désignant celui par lequel, et celui-là seulement, un contribuable serait en mesure d'utilement défendre sa cause (CE, 10 oct. 2003, req. n° 244445, *Lascaze* : *Dr. fisc.* 2004, n° 8, 257, concl. E. Glaser).

(15) Cass. com., 4 juill. 2006, req. n° 887 FS-PB, *Morgaine* : *RJF* 2006, n° 11, 1476.

(16) Cass. com., 23 sept. 2008, req. n° 07-17065, *Lebourgeois* : *RJF* 2009, n° 1, 82.

(17) CAA Bordeaux, 5 déc. 2000, req. n° 97-116, *Kowalsky* : *RJF* 2001, n° 3, 348.

(18) Par ex. : CE, 12 déc. 1990, req. n° 112316, *Dumas* : *RJF* 1991, n° 2, 217.

Selon qu'il se manifeste avant ou après la mise en recouvrement de l'impôt, on distinguera l'aveu « extra-contentieux » (1°) de l'aveu « contentieux » (2°), enfin on ne manquera pas de critiquer l'état du droit qui en découle (3°).

1° L'aveu « extra-contentieux » (LPF, art. L. 189)

27. – Lorsqu'il se manifeste avant la mise en recouvrement de l'impôt, l'aveu a pour effet d'interrompre la prescription. Car, en vertu de l'article L. 189 du Livre des procédures fiscales, toute manifestation sans réserve du contribuable, laissant apparaître clairement une dette précisément identifiée envers le Trésor, va suspendre la prescription du droit de reprise de l'Administration. L'effet produit est le même que celui découlant de la réception d'une proposition de rectification : la prescription est interrompue et le droit de reprise est doublé dans le temps, de manière à ce que le fisc puisse recouvrer l'imposition rappelée. Par exemple, une déclaration (initiale (19) ou rectificative (20)) déposée par le contribuable après la date limite de souscription, mais avant l'expiration du droit de reprise, constitue un aveu qui va ouvrir un nouveau délai à l'Administration pour asseoir et recouvrer sa créance.

En revanche, une déclaration déposée dans le délai de souscription ne saurait être un aveu, dès lors que l'Administration ne peut pas encore exercer son droit de reprise (21). Un acte du contribuable interruptif de prescription doit donc nécessairement intervenir à un moment où l'Administration peut user de ce droit.

28. – La reconnaissance de dette peut être expresse ou tacite : déclaration, réclamation gracieuse ou contentieuse, versement d'un acompte, offre ou constitution de garanties, inscription d'une dette fiscale au passif du bilan, etc. Elle doit être manifestée spontanément par le contribuable, ou faite en réponse à une demande régulière de l'administration (22). Ainsi, dans la réponse à une notification de redressement, un contribuable avait sciemment donné son accord pour une somme supérieure à celle proposée. Le juge a considéré que cette circonstance valait reconnaissance de dette, permettant à l'administration de disposer d'un nouveau délai pour procéder à sa liquidation et son recouvrement (23). Bien entendu, le contribuable pourra jouir d'un délai de réclamation d'une durée égale à celle du droit de reprise nouvellement ouvert.

29. – Les dettes fiscales inscrites au passif du bilan sont celles qui posent le plus de difficultés. Elles peuvent conduire soit au paiement de l'impôt, si celui-ci se rattache à une période non prescrite ; soit, dans l'hypothèse inverse, à la reconnaissance d'une dette éteinte et dont la sortie du bilan va conduire à une augmentation d'actif net et donc du bénéfice imposable. Cependant, les mentions apparaissant dans la comptabilité, telles que « TVA due », « dette TVA », « TVA à régulariser », ne suffisent pas à elles seules pour constituer

---

(19) CE, 14 mars 1990, req. n° 65111, *Kaufman* : *RJF* 1990, n° 5, 509.

(20) CE, 15 avr. 1988, req. n° 76298 : *RJF* 1988, n° 6, p. 767. – CE, 21 déc. 2007, req. n° 286397, *Genin* : *Dr. fisc.* 2008, n° 8-9, 189 ; *Procédures* 2008, p. 31, note J.-L. Pierre.

(21) CAA Bordeaux, plén., 11 déc. 2001, req. n° 98-227, *Labourdette* : *RJF* 2002, n° 6, 683. Sur les notions d'aveu et de déclaration, V. Ch. de la Mardière, *La déclaration fiscale* : *RF fin. publ.* 2000, n° 71, p. 126.

(22) CE, 9 févr. 2000, req. n° 192179, *SA Secap* : *Dr. fisc.* 2000, n° 25, 518, concl. J. Arrighi de Casanova.

(23) CE, 31 mars 1989, req. n° 57181, *Montcocol* : *RJF* 1989, n° 5, 606.

un aveu (24). Pas plus que des versements spontanés d'impôt sans autre précision (25). En effet, l'Administration doit être en mesure d'identifier clairement sa créance : quelle est son origine ? Sur quel fondement légal repose-t-elle ?

30. – En revanche, valent reconnaissance de dette des inscriptions comptables figurant, d'une part, au passif du bilan sous la rubrique « impôt sur les bénéfices » et, d'autre part, dans un compte de tiers intitulé « impôt sur les sociétés 1991 ». En effet, dès lors que ces écritures permettent d'identifier le bénéficiaire, l'objet, l'année de rattachement et le montant de la créance, elles circonviennent la dette fiscale avec une précision suffisante (26). L'aveu peut également conduire le contribuable à subir une imposition sur la base de sommes qui sont pourtant atteintes par la prescription.

2° L'aveu « contentieux » (LPF, art. L. 170)

31. – En effet, une autre disposition légale, l'article L. 170 du Livre des procédures fiscales, prévoit les conséquences d'un aveu, volontaire ou inconsidéré, du contribuable. La loi dispose ainsi que les omissions ou insuffisances d'imposition révélées par une instance (27) juridictionnelle (fiscale ou non), ou par une réclamation contentieuse devant le service des impôts, peuvent être réparées. Autrement dit, le contribuable qui, dans une requête ou une réclamation, laisserait apparaître une somme soustraite au fisc, s'expose à un redressement. C'est dès lors un nouveau droit de reprise qui est ainsi ouvert à l'Administration, car il importe peu que les montants en cause soient atteints par la prescription.

32. – Le fisc pourra user de son droit de répétition jusqu'à l'expiration de l'année suivant celle de la décision (administrative ou juridictionnelle) qui a clos l'instance, et au plus tard jusqu'à la fin de la dixième année après celle qui vit naître l'imposition. Sachant la lenteur des procédures fiscales contentieuses, le délai de dix ans marque l'ultime limite de l'exercice du nouveau droit de reprise : si la décision mettant fin à l'instance intervient avant, on prendra en compte le délai d'une année.

33. – Par exemple, un monsieur connaît une aventure avec une dame et lui consent des libéralités importantes durant l'année N. Furieux qu'elle ait rompu leur relation, il porte plainte pour abus de confiance. Le tribunal correctionnel prononce la relaxe lors de l'année N+2. L'autorité judiciaire, en vertu de l'article L. 101 du LPF, communique le dossier à l'administration fiscale, très intéressée de pouvoir taxer des droits de donation (en l'occurrence à 60 %). Son droit de reprise s'étend normalement sur dix ans après la naissance de l'imposition, soit jusqu'en N+10. Mais dès lors que le jugement est intervenu plus tôt, le délai est réduit à un an et le droit de répétition s'éteint en N+3.

---

(24) CE, 8 juin 1990, req. n° 76775, *Sarl Le Bail* : *RJF* 1990, n° 8-9, 1082. Le vérificateur peut certes demander à l'entreprise de préciser la nature de la dette, mais si le contribuable ne répond pas, ou déclare ignorer son origine, le service n'est pas en droit, à notre sens, de notifier un redressement.

(25) CE, 8 juill. 1987, req. n° 50478 : *RJF* 1987, n° 10, 1018.

(26) CE, 26 juill. 2007, req. n° 267594, *Sté Agostini N. et Cie* : *Dr. fisc.* 2007, n° 51, 1070, note J.-L. Pierre ; *RJF* 2007, n° 11, 1291.

(27) « Instance » est synonyme de « demande », ou encore de « recours ». En matière fiscale, elle peut donc désigner tant la réclamation préalable devant l'Administration que la requête présentée au juge. L'instruction pénale fait partie de l'instance ; si elle révèle une somme non imposée, l'Administration peut donc envoyer une proposition de rectification sans attendre la décision du tribunal (CE, 27 avr. 2009, req. n° 295346, *Bouget* et req. n° 308445, *Imbert* : *Dr. fisc.* 2009, n° 27, 399, concl. N. Escaut, note M. Guichard et R. Grau ; *RJF* 2009, n° 7, 667 et 614, chron. V. Daumas, p. 547).

34. – Lorsque l'instance est fiscale, la mise en garde est claire : celui qui fait un procès à l'Administration se doit d'être irréprochable. À défaut, la demande ouvrira un nouveau délai pour réparer toute omission. Le droit de reprise peut s'exercer sur des périodes d'imposition antérieures à celles visées par la réclamation (28). Il est également susceptible d'intéresser d'autres contribuables que celui faisant l'objet de la décision ayant clos l'instance (29). Dans une affaire *Aubry*, l'Administration a eu connaissance, grâce à une enquête fiscale, de délits par lesquels le contribuable avait distrait des sommes importantes aux dépens du Trésor. Plutôt que de procéder elle-même à des investigations, elle a dénoncé les faits à la justice, en vertu de l'article 40 du Code de procédure pénale. Prétendant se fonder sur les révélations de l'instance devant le juge répressif, l'Administration a alors lancé une vérification de comptabilité. Le juge a censuré ce détournement de procédure, car le service s'est servi de la plainte pour profiter de la prescription de dix ans, au lieu de celle de droit commun, limitée à trois ans (30).

35. – Cette affaire illustre l'insécurité juridique que produit l'article L. 170, de même cette disposition est de nature à gêner la manifestation de la vérité devant le juge. Il n'est pas douteux, par ailleurs, qu'elle tend à faciliter le droit de compensation du fisc, qui n'est pas non plus soumis au respect de la prescription : un dégrèvement ou une décharge peut être compensé avec une insuffisance révélée à l'occasion de l'instance.

3° Bilan critique

36. – On l'aura compris, la distinction entre l'aveu « contentieux » et « extra-contentieux » n'est que la traduction fiscale de l'opposition entre l'aveu judiciaire et extrajudiciaire. La première hypothèse est celle de l'article L. 170, à ceci près que la procédure de la réclamation, si elle est contentieuse au sens fiscal du terme, ne constitue pas une instance juridictionnelle. Sachant la lenteur de la justice, pratiquement toutes les créances dont la légalité est soumise à l'appréciation du juge sont atteintes par la prescription : le fisc ne peut plus, à leur égard, exercer son droit de reprise. La règle légale fait donc fi de la prescription en considérant que l'aveu ouvre un nouveau droit de répétition en faveur de l'Administration. À l'inverse, dans le cas de l'article L. 189, sont en jeu des créances qui ne sont pas atteintes par la prescription. Tout aveu extrajudiciaire va suspendre celle-ci pour faire naître un nouveau délai, à l'intérieur duquel l'Administration pourra exercer son droit de reprise.

37. – S'il n'est pas question d'encourager le contribuable à se soustraire à l'impôt, il faut remarquer combien cet état du droit nuit aux bonnes relations qu'il pourrait entretenir avec l'Administration. Toute démarche faite auprès des services fiscaux – et des juridictions – doit répondre à la plus grande prudence, voire s'accompagner des éclaircissements d'un spécialiste. La mission de conseil que le fisc remplit bien volontiers auprès de ses administrés peut s'avérer dangereuse si le contribuable, trop confiant, commet une maladresse emportant des conséquences financières. Il faut particulièrement

---

(28) CE, sect., 21 déc. 2001, req. n° 204181, *Pekmez* : *RJF* 2002, n° 3, 309, concl. J. Courtial.

(29) CE, 5 mai 2008, req. n° 280496, *SA Éts Gérard Le Clainche* : *Dr. fisc.* 2008, n° 28, 410, concl. P. Collin, note M. Guichard et R. Grau ; *RJF* 2008, n° 8-9, 995. En l'espèce, une instance pénale intéressant le dirigeant d'une société a révélé des insuffisances d'imposition imputables à l'entreprise.

(30) CE, 29 avr. 2009, req. n° 299949, *Aubry* : *Dr. fisc.* 2009, n° 27, 398, concl. E. Glaser, note J.-L. Pierre ; *RJF* 2009, n° 7, 669, chron. V. Daumas, p. 547.

regretter que le juge interprète largement l'article L. 170 (31). On remarquera que le texte même de cette disposition prévoit que les omissions ou insuffisances d'imposition révélées par une instance « peuvent » être réparées. Cela signifie que l'Administration n'est pas tenue de procéder à cette réparation. Pourquoi dès lors certains contribuables se verraient-ils opposer l'article L. 170 et d'autres pas ?

38. – Rarement mises en œuvre, les dispositions tirant les conséquences de l'aveu du contribuable constituent néanmoins des procédés mesquins et déloyaux. Le droit fiscal gagnerait à leur abrogation. Il est paradoxal de constater que le droit fiscal accorde plus de crédit à l'aveu qu'au témoignage, sachant que le second, à l'inverse du premier, est toujours volontaire.

B. – Le témoignage

Par principe, le témoignage est banni devant le juge de l'impôt (1°), en réalité il est toléré sous la forme des attestations (2°).

1° Principe de prohibition

39. – La prohibition de la preuve testimoniale est largement tournée en droit fiscal, puisque les témoignages faits par écrit sont recevables (32). On peut y voir la manifestation des difficultés de la preuve dans cette matière. Le témoignage n'y a certes pas la valeur de l'écrit (véritable), mais il vient le compléter lorsque la preuve est difficile, le suppléer quand elle est impossible à apporter (33). Les textes eux-mêmes ne sont pas sans ambiguïté à ce sujet. L'article R. 195-1 du Livre des procédures fiscales rappelle que les modes de preuve doivent être compatibles avec la procédure écrite. Mais il le fait uniquement à propos des droits d'enregistrement et assimilés, alors que la règle est générale. Comme s'il fallait donner au juge judiciaire de l'impôt des leçons de contentieux administratif.

40. – Le principe souffre de rares exceptions, prévues par le même article : le témoignage peut être utilisé pour réprimer les contraventions aux règles des ventes publiques de meubles, comme pour établir l'inexactitude des déclarations ou attestations de dettes en matière de droits de succession. L'article L. 238 ajoute que la preuve testimoniale peut être utilisée pour contester les énonciations des procès-verbaux dressés par les agents des contributions indirectes. Ces dispositions disparates semblent fondées sur le besoin de faciliter l'administration de preuves difficiles à apporter, qu'elles pèsent sur le contribuable ou sur le fisc. Le juge peut entendre des témoins au cours de l'instruction, pour les besoins d'une enquête ou lors d'une visite des lieux. Il est loisible aux experts de recueillir les témoignages utiles à l'accomplissement de leur mission. Mais la forme la plus courante de preuve testimoniale est constituée par les attestations ou certificats écrits.

2° Les attestations

41. – Les attestations présentées au juge peuvent suffire à le convaincre. Ainsi un frère et une sœur, à la suite d'une demande d'éclaircissements ou de justifications, avaient été taxés d'office sur la base d'un enrichissement

(31) Cf. J. Sollier et C. de la Rüe du Can, *Droit spécial de reprise en cas d'insuffisance ou d'omission révélée par une instance devant les tribunaux* : *BF Lefebvre* 2004, n° 12, p. 867.
(32) Cass. com., 14 mars 2006, req. n° 04-11, 647, *Gracia* : *Dr. fisc.* 2006, n° 38, 594.
(33) Cf. P. Fontaneau, *La preuve testimoniale en matière fiscale* : *Fiscalité européenne* 1983, n° 3, p. 21.

inexpliqué correspondant à l'achat d'un immeuble, pour un prix bien supérieur à leurs revenus. Les contribuables ont, devant le juge, produit deux attestations : une première révélant qu'ils avaient reçu des pièces d'or de leurs parents, une seconde certifiant que l'immeuble avait été payé avec des pièces du même métal. Le Conseil d'État a reconnu qu'ils avaient ainsi apporté la preuve de l'exagération du redressement (34). Néanmoins, cette affaire doit être tenue pour exceptionnelle, car le juge se montre, en règle générale, très méfiant envers les attestations, surtout lorsqu'elles ne sont appuyées d'aucun autre élément de preuve.

42. – La force probante des attestations dépend de quatre facteurs. La date : plus elles sont établies tardivement, par rapport à l'époque des faits litigieux, moins elles feront foi (35). La précision : les circonstances en cause doivent être décrites de la manière la plus explicite possible. Le nombre : plus celui des personnes attestant les mêmes faits sera élevé, plus le juge accordera de crédit aux attestations produites (36). La qualité des témoins : ils n'ont pas de lien familial, amical ou professionnel avec le contribuable ; en effet, il serait trop facile, par exemple pour un dirigeant de société peu scrupuleux, d'exiger un faux témoignage de personnes placées sous son autorité ou, comme les conseils, rémunérés par l'entreprise.

43. – Une affaire, particulièrement édifiante, illustre le peu de crédit que l'on peut apporter aux attestations (37). Un magnétiseur, lors d'une vérification de comptabilité, avait vu ses recettes reconstituées par l'Administration. Devant le juge, le service soutenait que les « consultations » données par le contribuable duraient huit minutes. Ce chiffre permettait de calculer le nombre de clients reçus chaque jour et en conséquence les recettes perçues. Le magnétiseur soutenait, quant à lui, que ses consultations duraient vingt minutes et il produisit, à l'appui de cette affirmation, une centaine d'attestations issues de ses clients. Mais le service, pour les besoins de la reconstitution de recettes, s'était livré à une véritable « planque ». Le vérificateur, aidé par la brigade de contrôle et de recherches, avait surveillé, pendant plusieurs jours, les entrées et sorties du cabinet du contribuable et relevé les numéros d'immatriculation des voitures stationnant devant chez lui. En s'assurant du nom des propriétaires des automobiles, pour vérifier qu'il s'agissait bien de clients du magnétiseur, l'Administration avait pu ainsi démontrer que la consultation avait une durée moyenne plus proche de huit minutes que de vingt. On voit donc le peu de confiance que l'on peut apporter à des attestations pourtant très nombreuses.

---

(34) CE, 10 déc. 1982, req. n° 31922 : *RJF* 1983, n° 2, 165. – V. également, pour une autre affaire où une attestation a emporté la conviction du juge : CE, 5 févr. 1992, req. n° 68808, *Lemercier* : *Dr. fisc.* 1993, n° 13, 645, concl. J. Gaeremynck ; décision analysée *infra*, n° 565.

(35) Le professeur Lamarque a dénoncé la propension de certains magistrats à nier toute force probante aux attestations dès lors qu'elles ont été établies après les faits en cause (J. Lamarque, *À propos de la preuve : trois questions dérangeantes* : *Dr. fisc.* 2007, n° 23, p. 14). En effet, seules les attestations rédigées très longtemps après la période litigieuse méritent ce traitement.

(36) Il faut cependant éviter les rédactions stéréotypées et porter sur les documents les mentions prévues à l'article 202 du Code de procédure civile : l'attestation « mentionne les nom, prénoms, date et lieu de naissance, demeure et profession de son auteur, ainsi que, s'il y a lieu, son lien de parenté ou d'alliance avec les parties, de subordination à leur égard, de collaboration ou de communauté d'intérêts avec elles. Elle indique, en outre, qu'elle est établie en vue de sa production en justice et que son auteur a connaissance qu'une fausse attestation de sa part l'expose à des sanctions pénales. L'attestation est écrite, datée et signée de la main de son auteur ».

(37) CE, 2 juill. 1986, req. n° 55961, *Mercier* : *RJF* 1986, n° 10, 909 ; *LPA* 1986, n° 123, p. 7, concl. O. Fouquet.

44. – La force probante des preuves testimoniales est donc très variable et dépend toujours d'une appréciation nécessairement subjective du juge. Or souvent, les attestations constituent le seul mode de preuve que le contribuable est en mesure de fournir. Ainsi pour démontrer que le contrôle d'une petite entreprise a dépassé le délai de trois mois (V. *infra*, n° 576), ou pour établir qu'un droit de communication a dérivé en vérification de comptabilité (V. *infra*, n° 693), prouver l'absence de débat oral et contradictoire (V. *infra*, n° 718), ou enfin dénoncer la violation de la règle *non bis in idem* (V. *infra*, n° 784 et 793). Les attestations présentent le plus d'utilité en venant à l'appui d'une preuve écrite, qu'on définira ici comme celle qui n'est issue ni des dires d'une personne, ni d'un aveu.

§ 3. – La preuve écrite

La force probante des écrits va dépendre de leur nature (A), mais aussi de leurs caractères (B).

A. – Nature

45. – L'écrit peut prendre des formes très diverses : actes authentiques ou sous seing privé, documents comptables, procès-verbaux, registres, correspondance, accusés de réception postaux, etc. À noter que le juge n'est pas tenu de prendre en considération les écrits rédigés dans une langue étrangère qui ne sont pas traduits (38). Il convient donc de produire ces documents et leur traduction en français. Certaines formes sont plus probantes que d'autres, ainsi celles attachées aux actes authentiques, aux procès-verbaux et aux actes soumis à la formalité de l'enregistrement. En effet, celle-ci a la vertu de leur conférer date certaine. Il arrive souvent que l'Administration écarte ou répute non probants des documents dont la date ne serait pas certaine, faute d'avoir été enregistrés. En dehors des hypothèses où l'enregistrement est obligatoire, cette attitude doit être qualifiée d'abusive lorsque l'acte peut être facilement replacé dans la chronologie des faits litigieux (39). Même dans l'hypothèse où un acte devait être enregistré et ne l'a pas été, le juge n'exclut pas la production d'un autre moyen de preuve que le document doué d'une date certaine (40).

46. – Le procès-verbal, hormis le cas particulier des contributions indirectes (V. *infra*, n° 147), est un moyen donné au fisc pour faciliter l'administration de la preuve, par exemple en vue de constater un défaut de présentation de comptabilité (V. *infra*, n° 55). Sa valeur probante est réelle si le contribuable a accepté de le contresigner ou s'il n'en conteste pas les énonciations. Le service n'est pas tenu de dresser un procès-verbal. Il peut fort bien consigner les faits relevés dans la seule proposition de rectification. De son côté, le contribuable ne doit pas hésiter à recourir aux services d'un huissier de justice, dont les actes sont quasiment incontestables. Ainsi pour certifier la destruction

(38) CE, 10 juin 1998, req. n° 188942, *Bitton* : *RJF* 1998, n° 10, 1073. Le juge peut néanmoins se montrer tolérant, par exemple s'agissant d'une pièce (en anglais) produite par le contribuable, dont la traduction n'est pas réclamée (cf. G. Goulard, concl. sur CE, sect., 15 déc. 2000, req. 194696, *SA Polyclad Europe* : *Dr. fisc.* 2001, n° 16, p. 687).

(39) G. Latil, *Contentieux fiscal*, F. Lefebvre, 2002, coll. « Dossiers pratiques », n° 306.

(40) CE, 24 juill. 2006, req. n° 256914, *Sté Relais Auto du Fiumorbo* : *Dr. fisc.* 2006, n° 47, 730.

d'un stock (41), qui par exemple ne serait plus aux normes, ou encore pour attester la panne définitive d'une machine, afin de la sortir de la base imposable à la taxe professionnelle.

47. – En principe, les originaux ont une valeur probante supérieure à celle des copies. Ainsi l'article L. 102 B I, alinéa 3 du Livre des procédures fiscales contraint le redevable de la TVA à conserver l'original des justificatifs venant à l'appui des opérations ouvrant droit à déduction. En conséquence, la photocopie d'une facture ne peut permettre de déduire la TVA qui s'y trouve indiquée (42). De même, le contribuable mis en demeure de déposer des déclarations ne peut échapper à une imposition d'office en produisant des photocopies dépourvues de signatures originales (43) (V. *infra*, n° 646).

48. – Mais la pratique se montre tolérante envers les copies, ce d'autant plus que la qualité des copieurs modernes fait qu'il est parfois impossible de distinguer l'original de la photocopie. De plus, l'article 1348 du Code civil assimile à un original la copie qui en est la reproduction fidèle et durable. L'Administration comme le juge n'exigeront la production d'un original que si l'authenticité de la copie peut être mise en doute. Il est donc prudent de conserver les originaux pour n'adresser au fisc et aux juridictions que des copies, en indiquant que les pièces originales sont à leur disposition. Les risques de pertes pourraient, en effet, priver le contribuable de tout moyen de preuve. Les soupçons de falsification qui peuvent peser sur les photocopies valent également pour les pièces produites sous forme de télécopie, télex ou message électronique (*e-mail*).

La force probante des écrits dépend donc de leur nature, mais aussi de leurs caractères.

B. – Caractères

49. – L'écrit est le mode habituel de preuve en droit fiscal et celui dont la force probante est la plus grande. C'est lui qui, essentiellement, fera foi à l'appui du devoir de justification qui pèse sur le contribuable dans le système déclaratif. Mais pour avoir une valeur probante, cet écrit doit être préconstitué, c'est-à-dire fait avant les opérations de contrôle. On ne peut, en cours de procédure, constituer un écrit pour le faire valoir comme moyen de preuve (44). Il convient de noter que le mode probatoire auquel est ainsi tenu le contribuable, au titre de son devoir de justification, résulte d'un formalisme exigeant. En droit civil, après l'acte authentique, l'écrit préconstitué est le mode de preuve dont la force est la plus grande. Il est exigé dès que le litige dépasse une certaine valeur, et en principe les autres modes, faits outre et contre un écrit, sont prohibés. En pratique, le droit fiscal impose cette même forme, mais le plaideur peut prouver au-delà de l'écrit, au moyen des autres

(41) Cette destruction (volontaire mais obligée) ne doit pas donner lieu à la comptabilisation d'une perte, car elle sera automatiquement prise en compte par la variation du stock. En revanche, l'entreprise devra justifier de la diminution d'actif qu'elle représente. À défaut, en cas de contrôle, le vérificateur pourra procéder à une augmentation d'actif net et donc à un rehaussement du résultat. Il est en conséquence recommandé, si les sommes en jeu sont importantes, de se ménager la preuve de la destruction du stock par un constat d'huissier.

(42) CAA Nantes, 17 déc. 2003, req. n° 00-923, *Maddalena* : *RJF* 2004, n° 5, 475. – Pour les factures de ventes, et non plus d'achats, V. FR Lefebvre 2006, n° 34, p. 51.

(43) CE, 28 janv. 2004, req. n° 245455, *Berger* : *RJF* 2004, n° 5, 514. – Dans le même sens : CE, 15 avr. 1988, req. n° 58907 : *RJF* 1988, n° 6, 689.

(44) CAA Marseille, 9 mai 2000, req. n° 97-287, *Papin* : *Dr. fisc.* 2001, n° 22-23, 523, concl. J.-C. Duchon-Doris.

modes probatoires. C'est l'une des raisons pour lesquelles le régime de la preuve fiscale n'est pas le système légal du droit civil.

50. – Outre leur date, la crédibilité des pièces produites va essentiellement dépendre de deux facteurs : tout d'abord, la possibilité d'un recoupement avec la comptabilité ou la déclaration d'un tiers ; puis, une opposition d'intérêts, ou du moins une absence de convergence d'intérêts, entre le contribuable et ce tiers (45). Par exemple, une facture d'achat détenue par une entreprise peut être recoupée dans les comptes du fournisseur. Il existe une opposition d'intérêts car si l'entreprise vendeuse ne déclare pas le produit de la vente, et donc s'abstient d'émettre la facture, le client ne peut déduire l'achat. Les documents comptables constituent ainsi, en matière fiscale, la preuve écrite la plus courante et souvent la plus convaincante.

Section 2

LA PREUVE COMPTABLE

51. – Pour les professionnels indépendants relevant du bénéfice réel, tous astreints à la tenue d'une comptabilité, celle-ci est le mode de preuve par excellence (46). Ceci alors même que la valeur probante ainsi attachée aux documents comptables déroge au principe voulant que nul ne puisse se constituer de preuve à soi-même (47). Cependant, bon nombre des écritures passées par l'entreprise, comme les pièces justificatives qu'elle doit conserver, peuvent être vérifiées auprès des tiers. La comptabilité sert à la fois de justificatif d'ensemble, venant à l'appui des déclarations et, à travers ses éléments, permet de combattre les arguments de l'Administration. De même, le fisc prend appui sur la comptabilité pour établir le bien-fondé des rehaussements qu'il pratique. Comme s'agissant d'un contribuable qui conteste sa propre déclaration (V. *infra*, n° 315), une entreprise qui remet en cause ses écritures comptables doit établir en quoi elles sont erronées (48). La preuve comptable a connu son heure de gloire avec les reconstitutions de recettes, dont la « grande époque » (§ 1) fut source d'abus, heureusement circonvenus par le droit positif (§ 2).

§ 1. – La « grande époque » des reconstitutions de recettes

Cette méthode de redressement a autorisé des abus (A) dans le sens d'une trop forte répression de la fraude. La réforme de 1986 y a mis fin (B).

(45) P. Mandelkern, concl. sur CE, 24 avr. 1974, req. n° 84053 : *Dr. fisc.* 1974, n° 44, 1333.

(46) CE, 10 oct. 2003, req. n° 244445, *Lascaze* : *Dr. fisc.* 2004, n° 8, 257, concl. E. Glaser : « la comptabilité d'une société constitue en principe l'élément privilégié de preuve des transferts financiers entre elle et les tiers ».

(47) J.-P. Clavier et F.-X. Lucas, *Droit commercial*, Flammarion, 2003, coll. « Champs Université », p. 106.

(48) CE, 10 août 2005, req. n° 259852, *SA Cabinet Moulin* : *Dr. fisc.* 2005, n° 46, 730.

A. – Les abus de naguère

52. – La reconstitution de recettes consiste tout d'abord à rejeter la comptabilité comme non probante, puis à recalculer les recettes en vue de déterminer celles qui n'ont pas été déclarées. Chez un commerçant de détail, par exemple, on sélectionne un échantillon des produits les plus vendus, desquels on déduit la marge bénéficiaire. Puis, il suffit d'appliquer cette marge sur l'ensemble des achats revendus (49) pour obtenir le chiffre d'affaires qui aurait dû être déclaré. Dans son principe, la méthode paraît simple ; en fait elle est très complexe car, pour être proche de la réalité, elle doit tenir compte de nombreux paramètres tels que l'augmentation des prix, les remises ou ristournes accordées sur les achats, les soldes éventuellement pratiqués, le renouvellement des gammes, les pertes ou vols, les changements dans les conditions d'exploitation, etc.

53. – Incontestablement, la reconstitution de recettes est le moyen le plus efficace de sanctionner les omissions dans la déclaration des ventes. Mais elle souffre de graves défauts. Le seul fait de ne retenir qu'un échantillon des produits vendus, supposé représentatif de l'ensemble du chiffre d'affaires, condamne la reconstitution à l'irréalisme. Or, jusqu'à une époque récente, elle fut utilisée de manière systématique pour le contrôle des petits commerçants et artisans (50). La procédure utilisée était en principe celle de la rectification d'office, qui privait le contribuable des garanties de la procédure de droit commun, dont celle représentée par la commission départementale des impôts, tout en faisant peser sur lui la charge de la preuve. Autrement dit, le malheureux se trouvait dans l'impossibilité de se défendre.

54. – L'usage de la rectification d'office était conditionné par le rejet de la comptabilité comme non probante. Or, le moindre manquement comptable suffisait pour procéder à ce rejet. Au nom de la répression de la fraude, le juge a laissé faire (51). En 1986, le rapport Aicardi dénonçait encore de pareils abus : « trop de comptabilités sont rejetées pour des motifs accessoires » (52). Non seulement le juge admettait ces rejets abusifs de comptabilité, mais de plus il tolérait des méthodes de reconstitution critiquables. Ainsi, un coiffeur dont les recettes furent recalculées à partir de la consommation électrique des séchoirs à cheveux, ou celles d'un restaurant sur la base des seuls achats de fromages (53). La réforme de 1986 a mis fin à ces pratiques.

B. – La réforme de 1986

55. – La procédure de rectification d'office fut supprimée par la loi du 30 décembre 1986. Les reconstitutions de recettes demeurent possibles, mais sont normalement soumises à la procédure contradictoire de rectification (LPF, art. L. 55, al. 2). Cela permet au contribuable de bénéficier des garanties

(49) Achats revendus = achats de l'exercice + stock d'entrée – stock final.

(50) Cf. J. Lamarque, *Droit fiscal général*, Les Cours de droit, 1998, p. 676 et s.

(51) « La jurisprudence du Conseil d'État appuie sans réserve l'attitude de l'Administration qui rejette globalement une comptabilité dès qu'elle lui a trouvé une défaillance. » (R. Martin, *La preuve en droit fiscal français*, Rapport au congrès de l'IFA de Knobbe, *Cahiers de droit fiscal international*, vol. 36, 1958, p. 385).

(52) M. Aicardi (ss dir.), *L'amélioration des rapports entre les citoyens et les administrations fiscales et douanières*, Doc. fr., 1986, p. 24.

(53) J. Lamarque, *op. cit.*, p. 679. S'agissant de « l'arrêt des fromages » (CE, 24 nov. 1986, req. nº 46012 : *RJF* 1987, nº 1, 94), le juge a reconnu que la méthode de reconstitution était sommaire, mais il a statué *ex æquo et bono*, sans prononcer de décharge proprement dite, seulement une réduction des sommes rappelées.

de cette procédure, notamment pouvoir saisir la commission départementale des impôts. Désormais, il ne supporte le poids de la preuve qu'en cas de graves irrégularités comptables ou d'absence de comptabilité. Cette dernière circonstance peut être constatée au moyen d'un procès-verbal dressé par le vérificateur, lequel invite le contribuable à contresigner le document, mention y étant faite d'un éventuel refus de l'intéressé (LPF, art. L. 13 A). Car il incombe à l'Administration de prouver ainsi l'absence de comptabilité.

56. – Dans la première hypothèse, celle des graves irrégularités comptables, il appartient au contribuable de supporter le poids de la preuve si la comptabilité en est affectée, mais seulement en cas d'avis (54) conforme de la commission : celle-ci doit reconnaître comme fondées les impositions établies par l'Administration pour que la charge de la preuve soit mise sur le dos du contribuable (LPF, art. L. 192). Cependant, il revient toujours au fisc de démontrer la réalité des erreurs qui affectent les documents comptables. À cette fin, le service peut dresser un procès-verbal ou consigner les manquements dans la proposition de rectification. Les graves irrégularités comptables sont précisément celles qui motivent le rejet de la comptabilité en vue de sa reconstitution (55) (V. *infra*, n° 60 et s.).

57. – Dans la pratique, la loi du 30 décembre 1986 n'a pas changé grand-chose quant à la dévolution de la preuve en matière de reconstitution de recettes. La jurisprudence lui étant antérieure reste dès lors pertinente. Avant comme après la loi, il revient à chaque partie de faire de son mieux pour gagner la conviction du juge. Administration et contribuable doivent apporter le plus d'éléments possible pour, d'une part, critiquer ou défendre l'état de la comptabilité, d'autre part, établir le sérieux de la reconstitution ou, au contraire, en dénoncer l'exagération. Cette situation n'est donc pas très éloignée du système de la preuve objective, dans laquelle aucun des plaideurs n'est désigné pour supporter la charge probatoire. Certes, si la preuve pèse sur le contribuable, à raison d'une comptabilité inexistante ou gravement irrégulière, ou encore par l'application d'une procédure d'imposition d'office, le juge doit en principe se montrer plus exigeant quant à la démonstration du caractère excessif des redressements.

58. – De son côté, la jurisprudence a mis fin aux abus de naguère en devenant plus regardante sur les irrégularités motivant un rejet de comptabilité, et sur la fiabilité des méthodes de reconstitution. Le juge a exigé des manquements comptables réellement graves et répétés, a sanctionné des reconstitutions dont la méthode était radicalement viciée dans son principe ou excessivement sommaire, a admis que le contribuable puisse proposer une méthode plus fiable que celle retenue par l'Administration. Le nouvel état du droit, issu de la loi et de la jurisprudence, a fait disparaître le caractère systématique des reconstitutions de recettes dans le contrôle des petites entreprises. Pour autant, la fin de la répression fiscale n'a pas fait s'envoler le problème de la fraude dans la déclaration des ventes. Lorsque les omissions sont importantes, la reconstitution demeure le meilleur moyen de les combattre : même si la méthode est inévitablement approximative, elle révélera nécessairement la fraude dès lors que celle-ci dépasse une certaine

(54) L'irrégularité de l'avis rendu a pour seul effet de laisser le litige en l'état où il serait resté sans l'intervention de la commission : la charge de la preuve du bien-fondé de l'imposition incombe à l'Administration (CE, avis, 23 avr. 1997, req. n° 183969, *Sté Sabé* : *RJF* 1997, n° 6, 600, concl. G. Goulard, p. 364).

(55) Cf. Instr. 6 mai 1988 : *BOI* 13 L-7-88 : *Dr. fisc.* 1988, n° 20-21, ID 9453.

mesure. L'étude des questions de preuve soulevées par la comptabilité, et la remise en cause de celle-ci, est donc toujours d'actualité.

§ 2. – Droit positif des reconstitutions de recettes

Contester la valeur probante de la comptabilité (A) est un préalable nécessaire à la reconstitution des recettes. Ce mode de redressement répond à des méthodes et s'expose à des voies de contestation (B).

A. – Valeur probante de la comptabilité

La fiabilité des déclarations déposées par les contribuables astreints à la tenue d'une comptabilité suppose que celle-ci soit régulière en la forme (1°) et sincère (2°).

1° Régularité

59. – La régularité en la forme de la comptabilité induit sa conformité aux exigences du Code de commerce. Lequel dispose (art. L. 123-23) : « La comptabilité régulièrement tenue peut être admise en justice pour faire preuve entre commerçants pour fait de commerce. Si elle a été irrégulièrement tenue, elle ne peut être invoquée par son auteur à son profit ». Cependant, là encore, il n'y a pas de système légal de la preuve. Certes, il n'est pas douteux que plus une comptabilité sera régulièrement tenue, plus sa force probante sera grande. Mais le droit fiscal ne s'attache pas au formalisme du droit commercial et ne suit pas à la lettre les exigences comptables.

60. – La valeur probante d'une comptabilité ne sera pas menacée à raison d'irrégularités vénielles, insusceptibles de remettre en cause la bonne tenue générale des documents comptables (56). Le juge de l'impôt fait ici montre de libéralisme : des erreurs bénignes, même répétées, sont insuffisantes pour considérer comme irrégulière une comptabilité complète, cohérente et appuyée de pièces justificatives. À l'inverse, des lacunes ou irrégularités graves et nombreuses retirent aux documents comptables leur valeur probante. C'est par exemple le cas d'une entreprise qui n'a pas présenté de livre d'inventaire, ni certaines factures, qui comptabilise globalement ses recettes en fin de journée et présente des soldes créditeurs de caisse (57) ; circonstance qui supposerait l'existence de billets de banque « négatifs ». En revanche, trois soldes de caisse créditeurs, pour de faibles montants, une confusion entre les recettes de l'hôtel et celles du restaurant dans quelques notes remises aux clients, ne suffisent pas, en l'absence d'autres anomalies, à regarder la comptabilité comme irrégulière (58).

61. – Bien entendu, des livres comptables reconstitués, après le début du contrôle, ne peuvent avoir de valeur probante (59), dès lors que les justifications exigées du contribuable doivent être préconstituées (V. *supra*, n° 49). Si une comptabilité n'est pas reconnue comme régulière, le contribuable peut

(56) CE, plén., 7 nov. 1975, req. n° 90786 : *Dr. fisc.* 1976, n° 11, 420, concl. M.-A. Latournerie ; *RJF* 1975, n° 1, 33, chron. B. Martin Laprade, p. 5.

(57) CE, 31 janv. 1979, req. n° 7408, *Telesfort* : *Dr. fisc.* 1979, n° 44, 2152, concl. D. Fabre.

(58) CE, 28 juill. 1993, req. n° 91725, *Vallet* : *Dr. fisc.* 1994, n° 25, 1223.

(59) CE, 27 févr. 1984, req. n° 25349 : *Dr. fisc.* 1984, n° 42, 1774, concl. Ph. Bissara. – CE, 31 mars 2006, req. n° 265953, *Blein* : *RJF* 2006, n° 6, 736.

néanmoins utiliser certains de ses éléments, dont il n'est pas contesté qu'ils sont « sains », pour les faire valoir comme moyen de preuve (60). À l'inverse, l'Administration est en mesure d'invoquer ces mêmes éléments contre l'entreprise (61). Des documents issus d'une comptabilité occulte, donc faits sciemment à l'insu du fisc pour le tromper, peuvent être retenus si leur exactitude est prouvée (62). La jurisprudence se montre également libérale lorsqu'il s'agit de mettre en évidence des éléments extracomptables pour conforter ou, à l'inverse, combattre une reconstitution de recettes. Par exemple, un contribuable peut faire valoir des frais généraux qu'il n'a pas comptabilisés, dès lors qu'il en établit la réalité et le montant ; l'Administration ne saurait lui opposer l'absence d'inscription comptable pour en refuser la prise en compte (63). La régularité d'une comptabilité en la forme laisse supposer qu'elle est probante quant au fond.

2° Sincérité

62. – L'entreprise qui respecte les règles comptables formelles profite d'une présomption de sincérité : il appartient toujours à l'Administration de prouver qu'une comptabilité soucieuse des exigences de forme n'est, en réalité, pas sincère. De nos jours, cette circonstance devrait se montrer indifférente puisque, depuis la loi du 30 décembre 1986, la preuve pèse sur le fisc dès lors que la comptabilité est régulière. Pourtant, la règle demeure en fait : plus les documents comptables seront tenus régulièrement, plus il sera difficile à l'Administration de prouver qu'ils ne sont pas sincères. L'absence de sincérité s'établit dès lors que l'ensemble des opérations réalisées n'a pas été enregistré. Par exemple, si certaines ventes ne furent pas comptabilisées. Dans une telle hypothèse, la preuve des insuffisances constatées autorise un rejet de comptabilité, alors même que celle-ci est régulièrement tenue (64).

63. – Des indices permettent au fisc de démontrer que la comptabilité n'est pas sincère. C'est particulièrement le cas quand le taux de bénéfice brut – soit la différence entre le prix de vente et le prix d'achat des marchandises – est anormalement bas. En règle générale, une faible marge bénéficiaire, par rapport à celle habituellement pratiquée dans la profession, ne peut permettre à elle seule le rejet de la comptabilité, dès lors que celle-ci est tenue régulièrement (65). En effet, il est fort possible que les conditions d'exploitation de l'entreprise expliquent cette situation. Par exemple, on entendra facilement que deux hôtels ne pratiquent pas le même pourcentage de bénéfice brut selon le lieu où ils sont situés, leur degré de confort, la clientèle recherchée, etc.

64. – En revanche, un rejet peut être fondé sur le fait que le taux de bénéfice brut issu de la comptabilité est différent de celui reconstitué à partir du prix d'achat et du prix de vente des marchandises. Pour l'établir, le vérificateur procède à deux opérations successives. Tout d'abord, il calcule la marge bénéficiaire à partir des documents comptables de l'entreprise, par soustraction entre les ventes et les achats revendus. Ensuite, il va déterminer cette même marge par un relevé de prix : dans un commerce de détail par exemple,

---

(60) CE, 8 août 1990, req. n° 75931, *Calderone* : *Dr. fisc.* 1991, n° 9, 419.

(61) CE, 27 mars 1995, req. n° 117667, *Fabre* : *RJF* 1995, n° 5, 642.

(62) CE, 31 oct. 1979, req. n° 13838 : *RJF* 1979, n° 12, 705. – CE, 6 oct. 1982, req. n° 24221 : *RJF* 1982, n° 12, 1166.

(63) CE, 18 oct. 1978, req. n° 7769 : *Dr. fisc.* 1978, n° 51, 2022.

(64) CE, 17 mars 1976, req. n° 99443 : *RJF* 1976, n° 5, 249.

(65) CE, 17 mai 1989, req. n° 62199, *Sarl « Miss Kate »* : *RJF* 1989, n° 7, 860.

il note, dans les rayons, le prix des marchandises les plus vendues et leur prix d'achat, à partir des factures issues des fournisseurs ; le tout sur une période suffisamment longue pour être significative. Si l'écart entre les deux taux est important, cette circonstance permet à l'Administration d'apporter la preuve que la comptabilité n'est pas sincère, et donc de la rejeter en vue de procéder à sa reconstitution. Cependant, le contribuable pourra combattre cette démonstration, notamment au moyen de ses documents comptables, puisque ceux-ci sont réguliers (66).

B. – Méthodes de reconstitution et voies de contestation

65. – S'il est possible de dresser une typologie des méthodes de reconstitution de recettes (67), leur nombre est infini car la meilleure technique est celle qui correspond le mieux aux particularités de l'entreprise vérifiée. Pour tenter une courte conceptualisation, il existe principalement deux méthodes, celle du pourcentage de bénéfice brut, exposée plus avant (V. *supra*, n° 52) et celle de l'enrichissement du dirigeant (1°). Dans son principe même, cette seconde technique s'expose à la contestation (2°).

1° La méthode de l'enrichissement

66. – En effet, elle conduit à des appréciations très subjectives de la part de l'Administration. Il s'agit de calculer le chiffre d'affaires – ou le bénéfice – réel de l'entreprise à partir de l'enrichissement de son dirigeant. L'hypothèse est celle où, en plus d'une vérification de comptabilité, le service procède également à l'examen contradictoire de la situation fiscale personnelle (ESFP) du chef d'entreprise. Ainsi, le vérificateur est en mesure de rapprocher le train de vie de ce dernier avec les doutes entretenus quant à la sincérité des bénéfices déclarés.

67. – La jurisprudence pose plusieurs conditions à l'utilisation de cette méthode. Outre une comptabilité non régulière en la forme, l'Administration doit démontrer qu'il existe une confusion du patrimoine de l'entreprise avec celui de son dirigeant (68). Il peut s'agir, par exemple, de prélèvements en caisse non comptabilisés, ou de ventes sans factures qui sont allées directement dans la poche de l'exploitant. Ainsi, l'Administration avait constaté l'irrégularité en la forme de la comptabilité d'une entreprise individuelle, dont le dirigeant procédait à des versements d'espèces sur ses comptes bancaires. L'exploitant ne pouvant justifier que ces sommes avaient une origine autre que professionnelle, le service a pu valablement les regarder comme des recettes de l'entreprise (69). Dans une société, la jurisprudence impose de plus que le dirigeant soit le maître de l'affaire, c'est-à-dire qu'il détienne la majorité du capital social (70). Mais il s'agit (déjà) d'une condition nécessaire à la démonstration d'une confusion des patrimoines (71).

68. – Le juge a beau exiger de l'Administration qu'elle fasse état de circonstances précises et concordantes pour établir le lien considéré – celui entre

(66) CE, 6 avr. 1987, req. n° 40963 : *Dr. fisc.* 1987, n° 39, 1662, concl. B. Martin Laprade.

(67) Cf. Th. Lambert, *Contrôle fiscal. Droit et pratique*, PUF, 2e éd. 1998, coll. « Droit fondamental », n° 427 et s. – X, *Rectification d'office. Reconstitution des bases imposables et preuve du caractère exagéré des impositions* : *BF Lefebvre* 1984, n° 3, p. 124.

(68) CE, 1 mars 1988, req. n° 39416 : *RJF* 1988, n° 5, 641.

(69) CE, 1er févr. 1989, req. n° 60807, *Vignes* : *RJF* 1989, n° 4, 494.

(70) CE, plén., 13 juill. 1979, req. n° 13374, *Sté hôtelière Castel-Cap* : *RJF* 1979, n° 9, 500, chron. J.-F. Verny, p. 271 ; *Dr. fisc.* 1980, n° 4, 191, concl. B. Martin Laprade.

(71) CE, 6 févr. 1985, req. n° 43328 : *RJF* 1985, n° 4, 538.

l'enrichissement et le manque de sincérité des résultats déclarés –, il demeure qu'une telle méthode se montre aléatoire, tellement il est difficile d'évaluer avec exactitude l'enrichissement du dirigeant aux dépens de l'entreprise. L'Administration ne devrait l'utiliser que pour conforter une autre méthode de reconstitution, qu'elle aurait également menée. Employée seule, la technique de l'enrichissement s'expose à la contestation.

2° Contestation des reconstitutions de recettes

69. – Pour combattre la reconstitution de recettes, le contribuable pourra soit la critiquer en vue de démontrer qu'elle aboutit à des redressements exagérés, soit proposer au juge une autre méthode, plus précise que celle employée par l'Administration. À cette fin, il peut apporter tout élément de preuve comptable ou extracomptable (72). Certes, le contribuable pourra difficilement se fonder sur sa comptabilité si celle-ci fut rejetée comme n'étant pas probante. Mais il sera en mesure d'invoquer des éléments comptables dont la régularité n'est pas contestée par l'Administration (73). Une reconstitution critiquable est viciée ou sommaire (*a*), on peut mieux la combattre en tenant une comptabilité analytique (*b*).

a) Reconstitutions viciées et sommaires

70. – La critique de la reconstitution de recettes va consister dans la démonstration qu'elle serait soit radicalement viciée dans son principe même, soit excessivement sommaire. Dans la première hypothèse, une erreur décisive, matérielle ou tenant au raisonnement suivi par le service, démontre que la reconstitution ne peut être fiable. Ainsi, dans l'affaire *Sté Castel-Cap* précitée, le service avait reconstitué les recettes de l'entreprise à partir de l'enrichissement de son dirigeant, sans avoir établi de confusion de patrimoines.

Autre exemple, l'Administration avait reconstitué les bénéfices d'une entreprise en majorant ceux déclarés d'un coefficient issu d'une précédente vérification. Par ailleurs, le service avait retenu une somme forfaitaire de 50 000 F, pour tenir compte de la déqualification des BNC déclarés en BIC, donc du passage d'une comptabilité de caisse à une comptabilité d'engagement. Le juge a sanctionné la grossièreté de ces calculs en reconnaissant le caractère vicié de la reconstitution (74). Sa décision est d'autant plus notable que l'exploitant s'était rendu coupable d'une opposition à contrôle fiscal.

71. – La méthode excessivement sommaire est celle qui, à raison d'un contrôle trop vite fait, retient des critères théoriques ou arbitraires, ne tenant pas compte des données propres à l'exploitation. Un exemple : le service avait retenu un seul coefficient de marge brute pour toute la période vérifiée, alors qu'au cours de celle-ci un changement était intervenu dans les conditions d'exploitation, à savoir l'ouverture d'un nouveau magasin avec des modalités de vente nouvelles pour l'entreprise (75).

Contrairement à celle viciée dans son principe, qui doit conduire à la décharge pure et simple des impositions rappelées, la méthode sommaire n'aboutit pas toujours au même résultat. Elle peut, en effet, amener le juge à ordonner un supplément d'instruction, ou une expertise, voire à statuer en

---

(72) CE, 19 déc. 1973, req. n° 87649 : *Dr. fisc.* 1974, n° 5, 132 ; *ibid.* n° 11, comm. 314, concl. M.-A. Latournerie.

(73) CE, 8 août 1990, req. n° 75931, *Calderone* : *Dr. fisc.* 1991, n° 9, 419.

(74) CAA Nantes, 1er oct. 2003, req. n° 00-601, *Samson* : *RJF* 2004, n° 2, 161.

(75) CE, 22 déc. 1982, req. n° 26794 : *RJF* 1983, n° 2, 283, chron. P.-F. Racine, p. 69.

équité. Dans ce dernier cas, la juridiction pourra choisir, par exemple, de fixer la base imposable à un niveau intermédiaire entre celle déclarée et celle reconstituée. La différence la conduit à prononcer, au bénéfice du contribuable, une réduction des sommes rappelées (76).

72. – On remarquera que la reconstitution radicalement viciée et celle excessivement sommaire sont assez proches quant à la nature des griefs qu'on peut leur faire. Ainsi, se référer à une précédente vérification est pour le moins sommaire. La différence tient donc à la sanction, elle-même proportionnelle à la faute commise. La reconstitution viciée l'est de façon si grossière qu'elle conduit à la décharge, comme un vice de procédure. Celle seulement sommaire n'a pas nécessairement cette conséquence.

De manière générale, face à une reconstitution de recettes, le contribuable est en mesure de se défendre dès lors que l'Administration prend appui sur ce qu'il connaît le mieux : les conditions d'exploitation de son entreprise (77). Cependant, on ne peut que l'encourager à tenir au mieux sa comptabilité, comme à conserver le maximum de pièces de nature à traduire l'activité réelle de l'entreprise. Dans le même but, la tenue d'une comptabilité analytique peut se montrer précieuse.

b) Comptabilité analytique

73. – Le statut fiscal de la comptabilité analytique est étrange. Elle n'est pas obligatoire mais, si elle existe, l'entreprise doit (CGI, art. 286 I 4°) en fournir les éléments au vérificateur, puisqu'elle est de nature à justifier les résultats déclarés. Pour autant, la circonstance que les documents en cause ne seraient pas complets ne peut, *à elle seule*, être regardée comme démontrant le défaut de sincérité de la comptabilité considérée dans son ensemble (78). Comment faut-il comprendre cet arrêt ? Si l'entreprise en a les moyens, on ne peut que l'inciter à tenir une comptabilité analytique, qui lui servira, entre autres, à combattre une éventuelle reconstitution de recettes. Mais dès lors que le vérificateur peut en exiger la production, il est en mesure de s'en servir aux dépens du contribuable.

74. – Si une comptabilité analytique ne saurait à elle seule permettre au service de prouver que les résultats déclarés ne sont pas sincères, en revanche, ajoutée à d'autres éléments, elle peut aboutir à cette conséquence. Autrement dit, seule une entreprise irréprochable tirera profit, fiscalement parlant, de la tenue d'une comptabilité analytique.

À la « grande époque » des reconstitutions, leur usage systématique produisait un effet de mimétisme sur le contentieux, dans la très grande fréquence du recours à l'expertise.

---

(76) Par ex. : CE, 9 juin 2004, req. n° 187871, *Sté Le Mirador* : *RJF* 2004, n° 10, 1027.

(77) Cf. Ch. de la Mardière, *Petite aventure fiscale pour servir à l'histoire des reconstitutions de recettes* : *LPA* 1999, n° 211, p. 4.

(78) CE, 27 mai 1988, req. n° 47504, *Sarl Éts Régy : RJF* 1988, n° 7, 914 ; *LPA* 1988, n° 122, p. 12, note R. Blancher ; *LPA* 1990, n° 88, p. 4, concl. O. Fouquet. – J. Cabin-Saint-Marcel, *Valeur probante de la comptabilité analytique en matière fiscale : Dr. sociétés* 1988, n° 10, p. 3.

Chapitre 2

LES MESURES D'INSTRUCTION

L'expertise (section 2) est de très loin la mesure d'instruction la plus utilisée par le juge de l'impôt. Les autres mesures sont bien plus rares (section 1).

Section 1

MESURES AUTRES QUE L'EXPERTISE

75. – Il s'agit de l'enquête, de la visite des lieux et de la vérification d'écritures (1). Toutes ces mesures sont facultatives, elles dépendent donc de la bonne volonté de la juridiction. Elles sont ordonnées soit d'office, soit à la demande des parties.

76. – La question s'est longtemps posée de savoir si le juge de l'impôt pouvait ordonner une enquête. Ce d'autant plus qu'elle consiste à recueillir le témoignage de tiers, pour éclairer des faits dont la réalité semble douteuse. L'enquête viendrait donc déroger à la prohibition de la preuve testimoniale (V. *supra*, n° 39). En l'état actuel du droit, rien ne semble faire obstacle à l'enquête dès lors que l'article R. 200-1 du Livre des procédures fiscales rend applicable, sauf texte contraire, l'ensemble des dispositions du Code de justice administrative. C'est donc dans celui-ci (CJA, art. R. 623-1 à R. 623-8) qu'on trouvera les règles de l'enquête ordonnée par le juge de l'impôt. La décision de ce dernier doit indiquer les faits sur lesquels la recherche portera. Administration et contribuable sont invités à présenter leurs témoins aux jour et lieu fixés par la décision ordonnant l'enquête. Quiconque en est légalement requis est tenu de déposer, sauf motif légitime, et sous serment. Il est dressé un procès-verbal d'enquête.

77. – La visite des lieux (CJA, art. R. 622-1) peut se montrer utile si le litige tient, par exemple, à l'évaluation d'un immeuble. Les parties sont informées du jour et de l'heure de la visite. Le tribunal se rend donc sur place, procède aux constatations décidées, peut faire exécuter, au besoin par un expert, les opérations qu'il juge opportunes. Il lui est également loisible d'entendre, lors

(1) S'agissant du supplément d'instruction, V. *infra*, n° 172.

de la visite, les personnes susceptibles de fournir des renseignements. Un procès-verbal est dressé.

78. – La vérification d'écritures (CJA, art. R. 624-1 et R. 624-2) peut intervenir dans le cas où un plaideur met en doute l'authenticité d'une pièce manuscrite versée au dossier. Pièce dont l'écriture ou la signature est déniée par son auteur, ou n'est pas reconnue par l'une des parties. Un ou plusieurs experts sont désignés pour procéder à la vérification, au besoin en présence d'un magistrat. Un contribuable soutenait que la signature d'une notification de redressement n'était pas celle de l'agent dont le nom figurait sur le document. Après avoir nommé trois experts, le juge, se fondant sur les conclusions de deux d'entre eux, donna tort au requérant (2).

79. – Face au juge judiciaire de l'impôt, il est possible d'utiliser une procédure qui n'existe pas devant la juridiction administrative. Il s'agit de l'inscription de faux, qui dénonce le caractère falsifié d'un acte authentique produit par l'adversaire. Régie par le droit commun (CPC, art. 287 et s.), l'inscription de faux doit cependant respecter les principes du contentieux fiscal. Ainsi, le ministère d'avocat, en première instance, n'est pas obligatoire, l'instruction est menée par mémoires écrits et signifiés. Attachons-nous maintenant à la seule expertise.

Section 2

L'EXPERTISE

La décision d'y recourir produit, bien sûr, des effets décisifs sur la preuve (§ 1). L'originalité (§ 2) de naguère de l'expertise fiscale n'existe plus dans le droit positif (§ 3).

§ 1. – L'expertise et la preuve

80. – Décider d'une expertise emporte des conséquences déterminantes sur l'issue du procès. Car dès que la mesure est ordonnée, la question de la charge de la preuve ne se pose plus (3). Celui sur qui pèse une preuve difficile à établir sera donc extrêmement soulagé de voir le juge recourir à l'expert. Or, la loi utilise la charge de la preuve pour sanctionner certaines fautes du contribuable, comme un défaut de déclaration. Le souci d'une telle punition est donc menacé par l'expertise. D'où la nécessité de déterminer avec équité et précision les hypothèses dans lesquelles l'intervention de l'expert s'impose. Car il n'est pas douteux que le juge peut utiliser une mesure d'instruction pour soulager une partie sur laquelle pèse une preuve trop lourde à apporter (4). À l'inverse, cette générosité risque de se montrer dangereuse : l'échec

(2) CAA Lyon, 28 juin 1995, req. n° 93-354, *Maury : Dr. fisc.* 1995, n° 43, 2047.

(3) CE, 13 mars 1974, req. n° 88272 : *Dr. fisc.* 1974, n° 49, 1493, concl. P. Mandelkern. – Cass. com., 31 mai 2005, req. n° 833 FD, *Couineau* : *RJF* 2005, n° 10, 1131. – J.-C. Duchon-Doris, *Évolution du rôle de l'expertise dans le contentieux fiscal : BF Lefebvre* 1990, n° 3, p. 161.

(4) J.-C. Duchon-Doris, *op. cit.*, p. 161.

de l'expertise peut être fatal à celui qui devait en profiter. Si, par exemple, l'expert ne parvient pas à trouver une méthode de reconstitution de recettes plus fiable que celle retenue par l'Administration, la requête du contribuable est rejetée (5).

81. – Pour autant, l'expertise ne dispense pas tout à fait une partie d'apporter la preuve qui lui incombe. Car le propre d'une mesure d'instruction est de vérifier l'exactitude d'affirmations qui paraissent vraisemblables (6). Le juge n'en prendra donc la décision qu'au vu d'un commencement de preuve établi par le plaideur, l'expert ayant la tache de rechercher le complément de ce début de démonstration (7). Il appartient donc à celui qui sollicite la mesure d'instruction de convaincre le juge de sa nécessité et de désigner avec précision les éléments qui méritent d'être vérifiés. Devant des allégations trop vagues, le juge refuse d'ordonner l'expertise (8). De même, celle-ci ne peut être le moyen, pour une juridiction, de remettre en cause la charge de la preuve. Ainsi, une expertise ne saurait être ordonnée quant à des justificatifs produits par le contribuable, s'il revient à la seule Administration de prouver le bien-fondé des redressements litigieux (9).

82. – Bien qu'il soit rattaché à la pleine juridiction, le procès fiscal est un contentieux de la légalité qui, de ce point de vue, présente les caractères de l'excès de pouvoir (10). Au-delà des prétentions respectives de chaque partie, le juge de l'impôt a donc pour principal souci le respect de la légalité. Or, le Conseil d'État insiste sur le lien entre la mission confiée au juge, dans un contentieux objectif, et la nature inquisitoire de la procédure (11). En matière de preuve, cela a pour conséquence que même si la loi en fait peser le poids sur une des parties, cela n'interdit jamais au juge de se faire sa propre opinion quant au fond de l'affaire et, le cas échéant, pour former sa conviction, de décider une mesure d'instruction, dès lors que la charge de la preuve ne s'en trouve pas renversée (12). Le droit commun du contentieux administratif s'applique d'autant plus que l'expertise fiscale a perdu son originalité.

§ 2. – L'originalité perdue de l'expertise fiscale

Une brève histoire (A) de l'expertise fiscale montre en quoi elle a perdu son originalité, particulièrement dans la fréquence (B) de la mesure, très courante autrefois, très rare aujourd'hui.

(5) CE, 11 janv. 1988, req. n° 33915 : *RJF* 1988, n° 3, 327.

(6) CE, 26 sept. 1986, req. n° 64812, *Épx Blankaert : Rec. CE*, p. 222.

(7) D. Richer, *Les droits du contribuable dans le contentieux fiscal*, LGDJ, 1997, coll. « Systèmes », p. 322.

(8) Par ex. : CE, 10 févr. 1989, req. n° 52303, *Le Gal* : *RJF* 1989, n° 4, 403.

(9) CE, 1er juill. 1964, req. n° 53877 : *Dupont* 1964, p. 764.

(10) Cf. Ch. de la Mardière, *Recours pour excès de pouvoir et contentieux administratif de l'impôt*, LGDJ, 2002.

(11) E. Mignon, *La charge de la preuve : peut-on parler d'équité ?*, *in* B. Hatoux (ss dir.), *Droits du contribuable. État des lieux et perspectives*, Economica, 2002, coll. « Entreprise et perspectives économiques », p. 60. – M.-A. Latournerie, concl. sur CE, 11 déc. 1974, req. n° 92758 : *Dr. fisc.* 1975, n° 12, 437 : « Le contentieux fiscal est un contentieux de légalité, donc un contentieux objectif, qui peut largement s'appuyer sur le caractère inquisitorial de la procédure devant le juge administratif. Pour contrôler, comme vous deviez le faire eu égard au moyen soulevé par le contribuable, l'appréciation portée par l'Administration sur un point de droit, vous avez, par un usage régulier de votre pouvoir d'instruction, demandé communication des documents litigieux ».

(12) CE, 4 déc. 1981, req. n° 29742 : *Dr. fisc.* 1982, n° 19, 1069, concl. O. Schrameck. – CE, 20 mai 1985, req. n° 45829 : *Dr. fisc.* 1988, n° 6, 212, concl. M.-A. Latournerie. – CE, 18 mars 1987, req. n° 43680 : *Dr. fisc.* 1987, n° 39, 1662, concl. Ph. Martin. – CE, 30 juill. 2003, req. n° 234452, *SA Groupe Progrès* : *Dr. fisc.* 2003, n° 49, 879, concl. G. Goulard.

A. – Historique

83. – L'originalité de l'expertise fiscale a quasiment disparu, particulièrement depuis le décret du 22 décembre 1989, et se réduit aujourd'hui à des particularités mineures. Pourtant, l'expertise fiscale s'est longuement distinguée en faisant l'objet de textes spéciaux : loi du 22 frimaire an VII pour l'enregistrement, loi du 2 messidor an VII pour les contributions indirectes (13). Longtemps également, jusqu'en 1950, l'expertise est restée de droit lorsque le contribuable la demandait. Ce particularisme maintenant désuet tenait sans doute à la technicité de la matière fiscale. Pourtant, les garanties d'objectivité attachées à l'expertise pouvaient être douteuses sachant que, jusqu'à la loi du 28 décembre 1959, l'expert était un agent de l'Administration. La technicité fiscale explique également que, sous le régime de l'ancien article 1943 du Code général des impôts, soit jusqu'en 1981, la règle était de désigner trois experts, sauf accord des parties ou décision du juge de n'en nommer qu'un seul. Le fait de recourir à trois hommes de l'art rendait le procès fiscal fort coûteux et d'une lenteur désespérante. L'actuel article R. 200-9 du Livre des procédures fiscales a renversé le principe : un seul expert est désigné, trois si le juge l'estime nécessaire.

84. – Dans une étude consacrée à l'expertise devant la juridiction administrative, M. Chabanol procède à des développements sur « l'expertise fiscale et ses particularités » (14). On peut y constater que ces dernières sont désormais bien mineures. Par exemple, si la réclamation fut soumise à la commission communale des impôts directs, le président de la juridiction peut décider d'informer le maire de la commune intéressée du jour et de l'heure de l'expertise (LPF, art. R. 200-11). Les autres particularismes ne vont guère plus loin. L'élément le plus spectaculaire de l'originalité perdue est constitué par la fréquence de l'expertise fiscale.

B. – Fréquence de l'expertise fiscale

85. – En 1969, M. Tournié écrivait que cette mesure demeurait particulière à raison du recours quasi systématique qu'on en faisait (15). L'auteur expliquait ce phénomène par l'importance des faits dans le contentieux fiscal, la nécessité de juger à la fois la légalité d'un acte administratif et d'apprécier une situation individuelle. Enfin, il concevait l'expertise comme une garantie essentielle du contribuable face aux pouvoirs du fisc. Il n'est pas contestable qu'à la « grande » époque des reconstitutions de recettes (V. *supra*, n° 52 et s.), de telles pratiques donnaient lieu à un recours très fréquent à l'expertise. Comme la mission de l'expert doit se résoudre à l'examen des faits, et non à celui du droit, on en déduisit hâtivement que le contentieux fiscal était essentiellement celui des faits (16). Le déclin que connaît de nos jours la reconstitution de recettes a bien été accompagné par celui de l'expertise, dont la fréquence a fortement chuté (17).

86. – Autrefois, le juge de l'impôt ne bénéficiait pas nécessairement d'une formation comptable. Face à un litige portant sur une reconstitution de

(13) G. Tournié, *L'expertise dans le contentieux fiscal soumis au juge administratif* : *RSF* 1969, p. 314.
(14) D. Chabanol : *Rép. cont. adm. Dalloz*, V° Expertise, n° 70 et s.
(15) G. Tournié, *op. cit.*, p. 314 et s.
(16) Sur ce point V. Ch. de la Mardière, *op. cit.*, n° 461 et 462.
(17) Cf. G. Tournié, *Étude du contentieux fiscal soumis au TA de Toulouse*, *in* R. Hertzog (ss dir.), *Le juge fiscal*, Economica, 1988, coll. « Finances publiques », p. 217.

recettes, il n'avait bien souvent pas d'autre choix, pour être en mesure de trancher le différend, que de recourir à l'expert. La fréquence des reconstitutions de recettes s'accompagnait donc de celle de l'expertise. Certes, l'entreprise y trouvait l'assurance d'un examen approfondi de son affaire, pour autant il ne faut surtout pas souhaiter que l'expertise devienne une garantie du contribuable. Ce serait couronner l'idée selon laquelle le procès fiscal doit être lent et coûteux, pire conduit par une juridiction qui se déleste systématiquement de sa mission sur l'expert, lequel devient le véritable juge.

87. – Les arrêts du Conseil d'État abondent pour rappeler aux premiers juges que la mission de l'expert se limite aux faits et qu'ils n'ont pas à se décharger sur lui de leur rôle juridique (18). Or, en matière de reconstitutions de recettes par exemple, l'expertise porte souvent sur l'ensemble du litige (19) : la comptabilité est-elle régulière en la forme et sincère, les méthodes de reconstitution proposées par le fisc ou le contribuable sont-elles fiables ? Dans la très grande majorité des hypothèses, le juge suit les conclusions de l'expert. Car on voit mal comment un magistrat pourrait contredire une personne plus compétente que lui (20). Le droit positif fut essentiellement construit à l'époque du recours fréquent à l'expertise fiscale. Si donc les arrêts de principe sont anciens, ils conservent leur autorité.

§ 3. – Droit positif de l'expertise fiscale

88. – À raison des enjeux qu'elle emporte quant à la preuve (V. *supra*, n° 80 et s.), la décision de recourir à l'expertise (A) doit retenir l'attention. Dans le déroulement (B) de la procédure, le sort du litige tiendra pour beaucoup à la démonstration que l'expert est chargé de fournir. Par ailleurs, le coût de l'opération n'est pas négligeable ; avant de solliciter une telle mesure d'instruction, le plaideur doit connaître l'étendue des frais d'expertise (C).

89. – On notera que le contribuable est libre de présenter au juge les résultats d'une « expertise privée », autrement dit une étude, dont il aura pris seul l'initiative, pour la confier à un tiers – personne ou organisme indépendant. Il arrive que ce genre de démarche lui permette de l'emporter (21). L'Administration est elle aussi en droit de recourir à des experts, lorsque ses missions contentieuses, d'enquête, de contrôle, ou d'assiette requièrent des connaissances ou compétences particulières (22) (LPF, art. L. 103 A). Enfin, le contribuable peut demander, à ses frais, la désignation d'un expert devant les commissions nationale et départementales des impôts (CGI, art. 1651 M et 1653 BA).

---

(18) G. Tournié, *L'expertise dans le contentieux fiscal soumis au juge administratif* : *RSF* 1969, p. 338.

(19) Par ex. : CE, 26 juill. 1985, req. n° 41363 : *RJF* 1985, n° 11, 1466.

(20) « Tous les témoignages convergent sur l'influence considérable que les conclusions d'expertise exercent en fait sur le jugement rendu par le tribunal, dans le contentieux administratif – fiscal compris – comme dans le contentieux judiciaire. » (L. Dubouis, *Les rôles respectifs du juge administratif et du technicien dans l'administration de la preuve*, X[e] colloque des Instituts d'études judiciaires, PUF, 1976, p. 105).

(21) Par ex. : CE, 27 janv. 1989, req. n° 61422, *Valangin* : *Dr. fisc.* 1989, n° 25, 1229, concl. O. Fouquet.

(22) L'Administration a précisé qu'elle entendait recourir aux experts pour procéder essentiellement à des évaluations, notamment s'agissant des prix de transfert. Elle a, par ailleurs, recommandé à ses agents de fournir une copie du rapport d'expertise au contribuable (Instr. 19 mai 2008 : *BOI* 13 B-1-08 ; *Dr. fisc.* 2008, n° 22, 13911).

A. – La décision de recourir à l'expertise

Cette décision appartient presque toujours au seul juge (1°), sans qu'elle fasse l'objet d'un contrôle efficace ; or, une expertise peut se montrer inutile (2°).

1° Une décision du juge

Le juge profite d'une très grande liberté pour ordonner une expertise (*a*) ; cependant, le refus de prendre cette décision doit être motivé (*b*).

a) La liberté du juge

90. – Dans le procès fiscal, comme en contentieux administratif, la décision de recourir à l'expert dépend du seul bon vouloir du juge, qui n'est pas tenu de suivre les demandes des parties réclamant une mesure d'instruction. Les cas où l'expertise est obligatoire ont pratiquement disparu. En droit fiscal ne demeure qu'une exception, relevant de la compétence du juge judiciaire : l'expertise est de droit dans les instances touchant à l'évaluation de la valeur vénale de certains biens, dès lors qu'elle est demandée par l'Administration ou le contribuable (LPF, art. R. 202-3. – V. *infra*, n° 102 et s.). En dehors de cette hypothèse, même en l'absence de toute demande des parties, y compris lorsqu'elles s'accordent sur l'inutilité d'une mesure d'instruction, le juge peut, s'il ne s'estime pas suffisamment informé, décider d'entreprendre l'expertise. Dans la plupart des cas cependant, sa décision dépendra largement du contribuable, dès lors qu'un commencement de preuve produit par celui-ci va partiellement emporter sa conviction quant au fond de l'affaire.

91. – Ainsi, en matière de reconstitution de recettes, on trouve deux situations dans lesquelles le juge ordonne fréquemment une expertise. Soit la critique de la reconstitution va le persuader de confier à l'expert le soin de l'approfondir, particulièrement s'il est proposé une méthode apparemment plus fiable que celle retenue par l'Administration (23). Soit le contribuable parvient à introduire des doutes dans l'esprit du juge quant à la précision des chiffres reconstitués par le fisc, sans néanmoins le convaincre que les résultats déclarés sont sincères.

Lorsqu'un plaideur prie le juge d'ordonner une expertise, cette sollicitation doit être accompagnée des motifs pouvant fonder la mesure (V. *supra*, n° 81). L'expertise peut être demandée par les parties à tout moment de la procédure, de première instance ou d'appel, jusqu'à la clôture de l'instruction. Le refus de l'ordonner doit être motivé.

b) Refus d'ordonner l'expertise

92. – La juridiction, lorsqu'elle décide de ne pas donner suite à une demande d'expertise doit, en principe, fournir les motifs de ce refus. Une absence ou insuffisance de motivation, *a fortiori* un défaut de réponse à conclusions, entraînent l'annulation du jugement. Cependant, le rejet de la demande peut être valablement implicite dès lors qu'il ressort des motifs de fond retenus par le juge que l'expertise n'avait pas d'intérêt pour la résolution du litige (24). Autrement dit, si le jugement ne retient que des éléments de droit pour statuer, sans remettre en cause les faits présentés par les parties,

---

(23) J.-C. Duchon-Doris, *Évolution du rôle de l'expertise dans le contentieux fiscal* : *BF* Lefebvre 1990, n° 3, p. 165.

(24) CE, 21 juin 1961, req. n° 41428 : *Dr. fisc.* 1961, n° 30-38, 748 ; *Rec. CE*, p. 424.

ni en invoquer d'autres, le manque de motivation n'aura pas de conséquences. De manière plus générale, le jugement est suffisamment motivé lorsque le tribunal se prononce dans des termes laissant clairement entendre qu'il tenait pour inutile la demande d'expertise présentée par le contribuable (25).

93. – Si le juge est libre de recourir à l'expert, son refus d'une sollicitation des parties en ce sens doit être fondé sur des motifs, de droit ou de fait, exacts (26). Est ainsi annulé un jugement qui rejette une demande d'expertise, au motif que le contribuable demanderait que soit vérifiée la comptabilité reconnue comme irrégulière, alors qu'en réalité il souhaitait que la recherche portât sur certains éléments comptables tenus pour exacts, puisqu'ils avaient servi à l'Administration afin d'asseoir les impositions litigieuses (27). La rareté des annulations (28) tenant au défaut ou à l'insuffisance de motivation des jugements traduit la grande liberté laissée au juge, qui fait courir le risque d'une expertise inutile.

2° L'expertise inutile

94. – Lorsqu'il décide de recourir à l'expertise, le tribunal ne subit d'autre contrôle de sa décision que celui de la juridiction d'appel. Cette dernière, en prenant la même décision, ou en appréciant l'utilité d'une expertise ordonnée en première instance, est donc souveraine. En effet, non seulement il n'entre pas dans le rôle du juge de cassation d'ordonner une mesure d'instruction, mais de plus, l'expertise devant se limiter aux faits, par principe un pourvoi porté devant le juge suprême, pour contester l'utilité de la mesure, ne pourrait prospérer (29). Or, les cas où le juge d'appel sanctionne une décision d'expertise frustratoire, c'est-à-dire inutile, sont très exceptionnels. Cette situation est inquiétante eu égard au coût comme au temps que réclame une expertise, et surtout relativement aux effets qu'elle induit en matière de preuve (V. *supra*, n° 80 et s.).

95. – Les cours devraient faire montre de plus de sévérité à l'encontre de cette « facilité » que peut représenter l'expertise pour le juge (30). Il est vrai que lorsque le juge d'appel reconnaît comme frustratoire l'expertise ordonnée en première instance, en quelque sorte le mal est fait. Du temps et de l'argent ont été perdus dès lors que les conclusions de l'expert ne sont d'aucune utilité pour la résolution du litige. Cependant, et ce n'est pas négligeable, si les frais d'expertise ont été mis à la charge du contribuable, il reviendra au Trésor de les supporter.

96. – L'expertise frustratoire procède généralement d'une erreur du juge qui décide de vérifier certains éléments du dossier sans intérêt pour la résolution du litige. Par exemple la mesure qui tend à rechercher le prix de revient d'un brevet, alors que le différend tient à la valeur réelle du même brevet au jour de son inscription à l'actif (31).

(25) CE, 29 nov. 1991, req. n° 67075, *Chêne* : *Dr. fisc.* 1992, n° 15, 793, concl. N. Chahid-Nouraï.

(26) CE, 9 nov. 1960, req. n° 45753 : *Rec. CE*, p. 615.

(27) CE, 6 janv. 1970, req. n° 76825 : *Dr. fisc.* 1970, n° 7, 216.

(28) J.-C. Duchon-Doris, *Le juge fiscal et la nécessité de l'expertise* : *LPA* 1990, n° 41, p. 18.

(29) CE, sect., 17 avr. 1964, *Guertin : Rec. CE*, p. 232. Sauf cas de dénaturation du dossier : au vu des pièces soumises au juge, l'expertise s'avérait manifestement inutile.

(30) « L'expertise est la mesure d'instruction à laquelle pense tout juge qui se sent embarrassé par une difficulté de fait. Les juges ont même quelquefois tendance à s'exagérer leurs scrupules et à prescrire des expertises d'une utilité contestable, oubliant que cette mesure d'instruction allonge considérablement la durée de l'instance et est très onéreuse » (R. Odent, *Contentieux administratif*, fasc. III, Les Cours de droit, 1978, p. 1186).

(31) CE, 20 oct. 1971, req. n° 79553 : *Dr. fisc.* 1972, n° 50, 1811.

L'erreur peut également et simplement tenir à ce que le juge ordonne une expertise alors qu'il dispose de tous les éléments pour statuer. Ainsi en vue de savoir si une comptabilité est probante, alors que des pièces présentes au dossier démontrent qu'elle est entachée de graves irrégularités (32).

97. – Est frustratoire l'expertise ordonnée alors qu'aucun document n'est en mesure de permettre les recherches entreprises. Par exemple, un contribuable avait indiqué que rien ne pouvait permettre de préciser le montant de ses revenus, ce que l'expert n'a pu que confirmer (33).

Une expertise ordonnée dans un litige posant une question de droit, dont la résolution préalable devait conduire au rejet de la requête, est nécessairement frustratoire (34). Le juge aurait dû dans un premier temps résoudre la question de droit, avant d'envisager la mesure d'instruction. Il en va de même s'il s'avère, *in fine*, que la requête n'était pas recevable.

98. – Pour protester contre une expertise qu'il estime inutile, le plaideur peut bien sûr interjeter appel. Mais comme dans le droit commun du contentieux administratif, l'appel n'est pas suspensif, il n'empêche pas le déroulement de l'expertise.

B. – Déroulement de l'expertise

Plus que dans la procédure (1°), les irrégularités pouvant affecter la mesure d'instruction tiennent à la mission impartie à l'expert (2°).

1° Procédure

À côté de la procédure de droit commun (*a*), il existe, devant le juge judiciaire de l'impôt, une expertise de droit (*b*).

a) Droit commun

99. – Une fois l'expertise décidée, les parties ont droit à son exécution. Le tribunal ne peut donc statuer au fond tant qu'elle n'est pas menée à son terme (35). Un seul expert est désigné, sauf décision du juge d'en nommer trois (CJA, art. R. 621-2). Dans cette dernière hypothèse, le président de la juridiction en désigne un et chacune des parties les deux autres (LPF, art. R. 200-9). L'expert avertit les plaideurs, au moins quatre jours à l'avance et par lettre recommandée, des date et heure auxquelles il sera procédé à l'expertise (CJA, art. R. 621-7). Le jugement avant dire droit fixe avec précision la mission de l'expert, ainsi que le délai dans lequel il sera tenu de présenter son rapport.

100. – Le juge n'est pas tenu de suivre les conclusions de l'expertise ; la règle est aussi constante en droit que rarement vérifiée en fait. De même, il peut ne retenir que certaines conclusions de l'homme de l'art, à l'exclusion des autres. Si le juge s'en remet souvent aux résultats de l'expertise, cela ne doit pas le conduire à ne pas exercer son office. Ainsi, la Cour de cassation a annulé, pour défaut de base légale, un arrêt de décharge dont la seule motivation était constituée par les termes mêmes du rapport d'expertise. Il s'agissait d'un redressement relatif à l'évaluation d'un immeuble, à propos duquel l'expert avait estimé que les éléments de comparaison retenus par le fisc ne se

(32) CE, 27 avr. 1984, req. n° 37660 : *Dr. fisc.* 1984, n° 41, 1739.
(33) CE, sect., 18 mai 1977, req. n° 1480 : *Dr. fisc.* 1977, n° 38, 1328.
(34) CE, 3 mars 1956, req. n° 33171 : *RO*, p. 43.
(35) CE, 28 mai 1971, req. n° 79224 : *Dupont* 1971, p. 302.

rapportaient pas à des biens similaires à celui litigieux. La Cour de cassation reprocha au juge du fond de ne pas avoir lui-même et concrètement examiné les éléments de comparaison (36).

101. – Le délai d'appel contre un jugement avant dire droit ordonnant une expertise court jusqu'à la date d'expiration du même délai d'appel contre le jugement se prononçant sur le fond de l'affaire (CJA, art. R. 811-6). La règle n'est pas facile à entendre, on peut la formuler autrement : un jugement avant dire droit peut faire l'objet d'un appel jusqu'à l'expiration du délai pour saisir la cour du jugement au fond. Lorsque la décision avant dire droit est infirmée par le juge d'appel, le jugement rendu ultérieurement par le tribunal, statuant sur le fond au vu du rapport de l'expert, est également annulé (37). Il arrive que le juge d'appel fonde son arrêt sur les résultats d'une expertise décidée en première instance, alors que le tribunal les avait écartés (38). Rien n'empêche une partie, en appel, de demander une nouvelle expertise, de manière à contredire celle ordonnée en première instance ; cependant, le coût total représenté par les mesures d'instruction successives doit faire réfléchir. Le contentieux judiciaire se distingue par l'existence d'une expertise de droit.

b) Expertise de droit

102. – Devant le juge judiciaire de l'impôt, il existe une procédure spéciale d'expertise, régie par l'article R. 202-3 du Livre des procédures fiscales. Elle s'applique en matière de droits d'enregistrement, taxe de publicité foncière et ISF, pour les seuls litiges relatifs à la valeur vénale de certains biens, essentiellement immeubles et fonds de commerce. La particularité de cette expertise, par rapport au contentieux administratif de l'impôt, est d'être de droit si le contribuable ou l'Administration la demande. Cependant, l'expertise n'est pas de droit en appel si elle est demandée par celui l'ayant obtenue devant le tribunal de grande instance, ou si aucune des parties ne l'avait sollicitée face aux premiers juges. Reste donc l'hypothèse où le plaideur demande et obtient d'office l'expertise en appel, dès lors que l'adversaire l'avait réclamée en première instance.

103. – On peut ainsi présenter les différentes hypothèses :

Une partie demande au tribunal d'ordonner une expertise, elle l'obtient de droit.
Une partie demande à la cour d'ordonner une expertise, elle l'obtient de droit dès lors que l'adversaire l'avait réclamée en première instance.
Une partie demande à la cour d'ordonner une expertise, elle ne l'obtient pas de droit si elle a déjà fait cette demande devant le tribunal.
Aucun plaideur ne réclame d'expertise en première instance, il peut la demander en appel, mais ne l'obtiendra pas de droit.

104. – Ici, l'expertise peut être considérée comme une garantie du contribuable, eu égard à la grande subjectivité des appréciations que suscitent les litiges en cause. Il s'agit en effet, pour l'Administration, d'évaluer des biens

(36) Cass. com., 25 mars 2003, req. n° 01-14701, *Millet* : *Dr. fisc.* 2003, n° 37, 635.
(37) CE, 29 oct. 1965, req. n° 64839 : *RO*, p. 416.
(38) CE, 22 mars 1985, req. n° 41753 : *RJF* 1985, n° 6, 952.

dont la valeur endogène peut être très difficile à déterminer ; par exemple s'agissant de titres de sociétés non cotées. Sachant le risque d'abus que ces évaluations comportent, le contribuable trouvera un appui précieux dans la personne de l'expert. Surtout si l'avis de la commission départementale de conciliation n'a pas retenu l'évaluation du fisc et que celui-ci a donc passé outre. Le jugement avant dire droit ordonnant l'expertise n'ayant pas autorité de chose jugée en lui-même, la juridiction peut, par une nouvelle décision, modifier les modalités de la mission de l'expert.

2° Mission de l'expert

105. – En déterminant le rôle imparti à l'homme de l'art, le juge doit éviter trois écueils. D'une part, ne pas sortir du litige en vérifiant des éléments qui lui sont étrangers ; à défaut, le juge, en lui ordonnant une pareille mission, statue *ultra petita*. D'autre part, respecter la charge de la preuve : l'expert ne peut être chargé de contrôler les allégations d'une partie si la preuve pèse sur l'adversaire (39). Enfin, l'expertise ne peut porter que sur les questions de fait, et non de droit.

106. – On sait, s'agissant par exemple de déterminer la compétence de la commission départementale des impôts, ou celle du juge de cassation, combien est difficile la distinction du droit et du fait. Particulièrement en droit fiscal, où les litiges portent essentiellement sur des questions de qualification juridique des faits, mêlant de manière inextricable les aspects juridiques et factuels du dossier. En matière d'expertise, l'opposition ne donne pas plus satisfaction. Nombre de questions de fait, en dépit de leur technicité, ne méritent pas d'être soumises à l'expert, tandis qu'à l'inverse certaines difficultés juridiques pourraient utilement donner lieu à une expertise. Ainsi, il arrive au juge civil de désigner un expert pour rechercher les règles d'une législation issue d'un État étranger (40) ; même si la loi étrangère est considérée comme du fait, l'expertise présente alors une nature plus juridique que factuelle.

107. – Il n'est donc pas étonnant que, dans le domaine de l'impôt, la jurisprudence se montre tolérante, en admettant que la mission de l'expert soit définie de manière suffisamment large pour y inclure des questions qui se rapportent davantage au droit qu'au fait (41). Par exemple, le juge a admis la régularité d'une expertise ordonnée pour déterminer la nature exacte de la profession exercée par le contribuable (42), alors qu'il s'agit là d'une question de qualification juridique des faits.

108. – Tout au long de sa mission, l'expert doit respecter le principe du contradictoire. Tout document produit par une partie doit être communiqué à l'autre. L'expert a l'obligation de faire part à l'Administration comme au contribuable des conclusions qu'il tire des constatations relevées ; il doit mettre les parties en mesure de les discuter (43). Les déclarations faites par les plaideurs lors des opérations d'expertise doivent être consignées dans le rapport de l'expert (CJA, art. R. 621-7). Administration et contribuable en reçoivent une copie et disposent d'un délai d'un mois (deux mois devant le juge judiciaire, LPF, art. R. 202-4) pour fournir leurs observations (CJA, art. R. 621-9).

---

(39) CE, 1er juill. 1970, req. n° 78751 : *Dupont* 1970, p. 404.

(40) Cass. 1re civ., 19 oct. 1971 : *D.* 1972, p. 633 (2e esp.), note Ph. Malaurie.

(41) J.-C. Duchon-Doris, *Évolution du rôle de l'expertise dans le contentieux fiscal* : *BF Lefebvre* 1990, n° 3, p. 160.

(42) CE, 28 nov. 1938, req. n° 62663 : *RO*, p. 536.

(43) CE, 15 nov. 1985, req. n° 49340 : *RJF* 1986, n° 1, 99.

109. – Si l'expert commet des erreurs, le juge peut décider de réduire ses honoraires, notamment s'il a dépassé les limites de la mission qui lui fut impartie (44). Toute irrégularité affectant l'expertise, soit dans la décision de l'entreprendre, soit dans ses modalités d'exécution, va en principe lui faire perdre sa valeur probante. Cependant, le juge pourra en retenir les conclusions « à titre d'information », à l'identique des autres pièces présentes au dossier (45). En réalité, la sanction est assez vaine : si le juge est convaincu que les faits révélés par l'expert sont exacts, on voit mal, quels que soient les vices affectant la procédure, comment il pourrait les ignorer. Les parties n'ont donc intérêt à contester la régularité de l'expertise qu'à l'appui d'un grief de fond, en établissant une relation entre le vice de procédure et le contenu même du rapport (46). Par exemple, une insuffisance de contradiction pourra induire que les faits rapportés par l'expert sont inexacts. Il reste une conséquence attachée à l'irrégularité de la mesure d'instruction : la juridiction peut mettre les frais d'expertise à la seule charge de l'État (47).

C. – Frais d'expertise

110. – Jusqu'au jugement statuant sur le fond, le président de la juridiction peut décider d'octroyer à l'expert une provision sur ses honoraires ; cette décision n'est susceptible d'aucun recours (CJA, art. R. 621-12). Contrairement au contentieux administratif où le président désigne la partie qui devra supporter ces frais, en matière fiscale ils sont avancés par le Trésor. Une fois les opérations terminées, l'expert joint à son rapport un état de ses vacations, frais et débours (48). Le président fixe par ordonnance les honoraires dus, en tenant compte des difficultés des opérations menées, de l'importance, la nature et l'utilité du travail fourni ; il arrête, sur justificatifs, le montant des frais et débours qui seront remboursés.

111. – L'« ordonnance de taxe » peut être contestée dans le délai d'un mois (CJA, art. R. 761-5, al. 2), par l'expert ou les parties, devant le tribunal lui-même. En effet, cette ordonnance n'ayant pas de nature juridictionnelle, le recours la contestant ne peut ressortir à l'appel. La contestation ne saurait porter que sur le caractère excessif ou insuffisant des frais et honoraires taxés, elle ne peut s'étendre à l'utilité de l'expertise elle-même ou au travail de l'expert.

112. – C'est la décision rendue sur le fond qui décide de l'attribution des frais d'expertise. Leur charge revient à la partie qui succombe à l'instance. Si le contribuable obtient partiellement gain de cause, il participe aux frais à proportion de la part de sa demande qui fut rejetée et compte tenu de l'état du litige au début de l'expertise (LPF, art. R. 207-1). Par cette dernière expression, il faut entendre les droits litigieux se rapportant aux seuls points soumis à l'appréciation de l'expert. Ces montants doivent être comparés à ceux laissés

(44) CE, 15 avr. 1910, *Filliol : Rec. CE*, p. 315.

(45) CE, 13 avr. 1945, *Ville de Saint-Étienne : Rec. CE*, p. 75. – CE, 28 nov. 1997, req. n° 54007, *Hue : RJF* 1998, n° 1, 114. Dans cette seconde affaire, le contribuable n'avait pu présenter ses observations au cours de l'expertise ; le Conseil d'État décida cependant que l'irrégularité de celle-ci n'interdisait pas au juge de prendre en compte les éléments contenus dans le rapport de l'expert, dès lors que les parties avaient pu formuler leurs observations pendant la procédure contentieuse qui suivit son dépôt.

(46) D. Chabanol, *Rép. cont. adm. Dalloz*, V° Expertise, n° 35.

(47) CE, 28 nov. 1997, req. n° 54007, *Hue : RJF* 1998, n° 1, 114.

(48) L'ensemble des sommes en cause doit être soumis à la TVA (CE, 21 juin 1985, *Espasa : Rec. CE*, p. 205), qui sera donc déductible pour l'entreprise devant supporter les frais d'expertise.

à la charge du contribuable à l'issue de l'instance, toujours à raison des seuls redressements ayant donné lieu à l'expertise (49).

113. – Par exemple, un contribuable conteste devant le juge un total de rappels d'impôt de 15 000 €, dont 10 000 € donnent lieu à expertise. La juridiction lui accorde une réduction de 3 000 €, dont 2 000 € soumis à l'appréciation de l'expert. Il devra supporter les frais d'expertise à hauteur de 80 % (2 000/10 000 = 0,20 ; 0,20 × 100 – 100 = 80). Autrement dit, si le contribuable l'emporte sur l'unique point soumis à l'expert, la totalité des frais sera à la charge du Trésor ; alors même que le juge lui aurait donné tort quant à d'autres redressements.

114. – Le coût représenté par l'expertise fiscale constitue l'une des raisons de souhaiter qu'elle ne soit ordonnée qu'à titre exceptionnel. La lenteur du contentieux de l'impôt ne doit pas non plus faire oublier qu'elle peut représenter beaucoup de temps. Néanmoins, l'expertise est l'une des rares occasions où le juge vient au secours du contribuable, en mal avec une preuve trop lourde à apporter. Or, le plaideur a grand besoin de cette aide s'agissant de défendre son droit à la preuve.

(49) CE, 13 juill. 1979, req. n° 6521 : *Dr. fisc.* 1980, n° 46, 2297, concl. B. Martin Laprade.

Titre 2

LE DROIT DE PROUVER

Les difficultés de la preuve fiscale (chapitre 1) semblent, *a priori*, causer plus de tourments au contribuable qu'à l'Administration. De plus, l'accès à l'information est la source d'une inégalité : si le fisc est largement affranchi du secret (chapitre 2), il peut l'opposer au contribuable.

Chapitre 1

LES DIFFICULTÉS DE LA PREUVE FISCALE

115. – Il existe dans le droit probatoire, pris généralement, une distinction paradoxale. Celle qui oppose la charge juridique à la charge effective de la preuve. La charge juridique pèse sur la partie désignée par le droit pour la supporter, la charge effective repose sur celle « qui rencontre en fait les difficultés les plus grandes pour emporter l'intime conviction du juge » (1). Ces notions sont essentielles pour le contentieux administratif et fiscal, où le système de la preuve morale repose principalement sur cette conviction. Or, il est très courant que la charge juridique de la preuve attribuée à l'administration fiscale pèse effectivement sur le contribuable, à travers le devoir de justification auquel celui-ci est tenu (2). La distinction est paradoxale car elle ne devrait pas exister. En effet, la charge juridique de la preuve se doit d'être effective. Si la démonstration incombe en fait à la partie qui n'est pas juridiquement désignée pour la supporter, il faut bien avouer l'échec du droit.

Le contribuable semble donc celui qui, en pratique, rencontrerait les plus grandes difficultés probatoires (section 1). Dans ces épreuves, il ne peut attendre du juge qu'un secours trop occasionnel. Pourquoi le juge de l'impôt ne remplit-il pas davantage son office (section 2) ?

Section 1

DIFFICULTÉS PROBATOIRES RENCONTRÉES PAR LE CONTRIBUABLE

Les contraintes subies dans l'administration de la preuve fiscale résultent avant tout de l'obligation de justification qui pèse sur le contribuable (§ 1),

(1) P. Pactet, *Essai d'une théorie de la preuve devant la juridiction administrative*, Pédone, 1952, p. 59.

(2) « La charge matérielle de la preuve – si importante au point de vue fiscal – est particulièrement lourde lorsqu'elle repose sur le contribuable et les cas où cette situation se vérifie sont extrêmement fréquents » (Ch. Cardyn, *La preuve en droit fiscal*, Rapport général au congrès de l'IFA de Knobbe, *Cahiers de droit fiscal international*, vol. 36, 1958, p. 242).

également des preuves impossibles et des interdictions de prouver qu'on lui oppose (§ 2), enfin des présomptions qu'on fait peser sur lui (§ 3).

§ 1. – Difficultés tenant à l'obligation de justification du contribuable

Le contribuable satisfait son devoir de justification en présentant une facture, dont la valeur probante est grande (A). À l'inverse, l'absence de justificatif (B) mène à des conséquences qu'il est très difficile de surmonter.

A. – Valeur probante des factures

116. – Inséparable du système déclaratif, l'obligation de présenter un justificatif est d'application quasi générale. Elle constitue un préalable nécessaire à la recherche d'une preuve complète, en même temps qu'elle forme le premier et principal élément de cette même preuve. Par exemple, une charge n'est déductible du résultat imposable d'une entreprise qu'à plusieurs conditions dont deux essentielles. D'une part, il lui faut être effective et donc appuyée de justifications suffisantes, d'autre part, elle doit être exposée dans l'intérêt de l'exploitation. La première règle impose que la charge soit réelle, réalité le plus souvent justifiée par une facture. La seconde exigence signifie que la charge doit être utile à l'entreprise, qu'elle lui permette de concourir à la réalisation de son objet et ainsi satisfasse directement son intérêt. L'inverse serait constitutif d'un acte anormal de gestion, dès lors que la charge aurait profité à un tiers.

117. – En réalité, la première condition a la même finalité que la seconde. On s'assure qu'une charge est effective car, à défaut, cela aurait pour conséquence qu'une somme d'argent fût désinvestie sans que l'entreprise n'y eût trouvé d'intérêt. Dès lors, cette somme serait présumée avoir profité à un tiers (CGI, art. 109-1-1°). Une charge doit être appuyée de justifications suffisantes car c'est là le moyen de connaître, certes sa réalité, mais aussi sa nature et son montant et ainsi vérifier le fondement de la dépense, son utilité pour l'entreprise. Les deux conditions concourent au même souci, mais pour que la seconde soit remplie, il est nécessaire que la première le soit au préalable. On ne peut savoir si une charge a été exposée dans l'intérêt de l'exploitation si on ne connaît ni sa nature, ni son montant. Il est vain de s'interroger quant à son utilité pour l'entreprise si, au préalable, on ne s'est pas assuré de sa réalité.

118. – La justification est donc l'élément de base de la preuve fiscale : si l'entreprise présente une facture comportant toutes les mentions obligatoires, la charge est censée exister. Après quoi, la facture renseigne sur la nature de la dépense : chez un commerçant, l'achat de marchandises n'a rien d'anormal ; si le même présente la facture d'un détective privé, on pourra se poser des questions. Par ailleurs, le justificatif indique le montant de la charge : si une entreprise modeste achète de somptueux cadeaux pour certains de ses clients, à raison de sommes importantes, on sera également troublé.

119. – Dans l'hypothèse où le fisc estime que l'intérêt de l'entreprise n'a pas été respecté, lui-même et le contribuable pourront recourir à d'autres modes de preuve que la facture, mais celle-ci demeurera l'élément de base. Or, il appartient toujours au contribuable de la fournir. C'est en ce sens qu'il est contestable de soutenir que la charge de la preuve pèse par principe sur l'Administration, car cela entre en contradiction avec le mécanisme de base du système déclaratif. En réalité, c'est bien au contribuable d'apporter l'essentiel de la preuve, ce qui fait son fondement. Si l'écrit préconstitué ayant valeur de justificatif existe au moment du contrôle, le contribuable dispose d'un moyen de preuve. Ce moyen n'est pas nécessairement convaincant, mais on pourra le renforcer à l'aide d'autres éléments.

120. – L'existence d'une facture régulière (en la forme) laisse présumer que la charge lui correspondant est déductible. En conséquence, il appartient à l'Administration, si par exemple elle conteste la réalité des prestations facturées, de prouver que le justificatif est mensonger (3). En dehors même de l'hypothèse d'une facture fictive ou de complaisance, si le service ne parvient pas à fournir des éléments probants pour contester la déductibilité d'une charge, la seule facture suffit à démontrer qu'elle a été déduite à bon droit (4). La présomption est cependant affaiblie lorsque le justificatif émane d'une personne liée à l'entreprise cliente, ainsi une société mère qui facture des services rendus à sa filiale. Dans cette hypothèse, l'entreprise doit réunir d'autres justifications, venant renforcer la présomption (5). Le défaut de justificatif conduit à des conséquences difficilement surmontables.

B. – Conséquences de l'absence de justificatif

121. – En l'absence de justificatif, la charge n'est pas supposée exister. Elle ne sera pas déductible, sans besoin de se poser la question de son intérêt pour l'entreprise. Si la facture a été détruite, égarée ou simplement n'a jamais été délivrée, le contribuable doit prouver au moyen de ce qui n'existe pas ou plus. C'est là où le rôle du juge est essentiel, à lui de montrer du bon sens et de faire jouer le principe de la liberté de la preuve. Or, dans une telle hypothèse, la jurisprudence ne présente guère de souplesse : le plus souvent, à défaut de facture, la charge n'est pas admise en déduction (6). Ceci même dans l'hypothèse où la dépense n'est pas douteuse, en ce sens qu'elle est courante, d'un montant normal et que sa réalité peut être établie à partir d'autres écrits préconstitués tels un bon de livraison ou un contrat. La règle est particulièrement stricte en matière de déduction de TVA (7).

122. – Une rigueur encore plus grande s'observe pour la justification des exportations. Seules peuvent bénéficier de l'exonération de TVA les ventes faites hors de l'Union européenne qui sont appuyées du document administratif unique (DAU) visé par le bureau des douanes. Voilà donc une obligation de justification tenant dans un document douanier. Sa particularité est d'être le seul mode de preuve possible, aucun autre ne peut ainsi autoriser l'exonération de TVA (8). Le contribuable aura beau établir la réalité incontestable de l'exportation, par un écrit préconstitué telle la facture du transporteur, les

---

(3) CE, 18 sept. 1998, req. n° 149341, *SARL Diva : Dr. fisc.* 1999, n° 5, 74, concl. G. Goulard ; *RJF* 1998, n° 11, 1330, concl. p. 844.

(4) CE, 21 mai 2007, req. n° 284719, *Sté Sylvain Joyeux : Dr. fisc.* 2007, n° 46, 970, concl. E. Glaser, note Ch. de la Mardière ; *RJF* 2007, n° 8-9, 953, chron. O. Fouquet *in RJF* 2007, n° 7, p. 631. Cette décision est analysée *infra*, n° 408 et s.

(5) CE, 16 mai 2008, req. n° 288101, *Sté Géomat* : *Dr. fisc.* 2008, n° 30-35, 430, concl. F. Séners, note Ch. de la Mardière ; *RJF* 2008, n° 8-9, 1002. Cette décision est analysée *infra*, n° 426 et s.

(6) CE, 18 janv. 1984, req. n° 19303 : *RJF* 1984, n° 3, 276.

(7) CJCE, 29 avr. 2004, aff. 152/02, *Terra Baubedarf-Handel* : *RJF* 2004, n° 7, 834.

(8) CE, 30 mars 1992, req. n° 70395, *SA Ets André Coupe* : *RJF* 1992, n° 5, 639. – CE, 13 sept. 1995, req. n° 126830, *Simha* : *RJF* 1995, n° 11, 1249. – CE, 25 juin 1999, req. n° 153941, *Sté de gestion de services et de commercialisation* : *RJF* 1999, n° 8-9, 976.

bons de commande et de livraison, rien n'y fait : seul le DAU peut apporter la preuve de l'exportation. On a prétendu avoir assoupli la règle. En réalité, au lieu de fournir l'exemplaire n° 3 dûment visé du DAU, on peut présenter un autre exemplaire du même document, accompagné d'un justificatif supplémentaire. Le DAU reste donc indispensable pour établir l'exportation.

La preuve à apporter est particulièrement stricte car les avantages attachés à l'exportation sont considérables. En effet, alors même qu'une exonération ne peut en principe permettre de déduire la TVA, l'exportateur jouit d'un droit intégral à déduction, ce qui l'autorise à se faire rembourser des crédits de taxe récurrents.

123. – À titre exceptionnel, le juge peut admettre la déduction d'une charge, alors même qu'elle n'est pas appuyée d'une facture. Ainsi s'agissant des commissions occultes qu'une entreprise doit payer, dès lors que ces versements sont indispensables à l'obtention d'un marché international. Bien évidemment ce genre de frais ne donne pas lieu à l'établissement d'une facture. Avec pragmatisme, le juge admet la déduction des bakchichs sur la base d'autres justificatifs. Ainsi, l'échange de courriers relatifs aux modalités des versements, et des attestations issues des bénéficiaires des sommes, autorisent la déduction des montants en cause (9). Même solution, au vu d'un contrat, dès lors que l'entreprise établit le lien entre le paiement des commissions et l'augmentation de son chiffre d'affaires comme de sa marge bénéficiaire (10). Mais ce libéralisme est tout à fait exceptionnel et tient, bien sûr, aux difficultés rencontrées par l'entreprise pour justifier une dépense, par nature, cachée.

124. – L'exigence du juge se remarque également en matière de force majeure, notion presque étrangère à la procédure fiscale. Aucune circonstance ne peut excuser le contribuable lorsqu'il n'est pas en mesure de présenter sa comptabilité, et les justificatifs qui viennent à son appui, lors d'un contrôle : ni le vol des documents (11), ni leur rétention par l'expert-comptable (12) dont les honoraires n'ont pas été payés, ni leur destruction par un incendie (13) ou une inondation (14). Autrefois, le défaut de comptabilité avait pour conséquence l'application de la rectification d'office, qui faisait supporter au contribuable la charge de la preuve. Aujourd'hui, la même circonstance produit le même effet : celui qui n'est pas en mesure de présenter une comptabilité supporte le poids de la preuve (V. *supra*, n° 55). Autrement dit, le contribuable doit apporter celle-ci alors même qu'il est privé de ce qui en constitue l'essentiel : les livres comptables et les justificatifs qui viennent à l'appui des déclarations.

On peut comprendre qu'il serait trop facile de mettre le feu à sa comptabilité pour échapper au fisc. Mais celui qui, de bonne foi, n'est pas en mesure de présenter ses livres et factures, se doit d'apporter une preuve impossible.

§ 2. – Preuves impossibles et preuves interdites

125. – La preuve impossible (A) est celle qu'on ne peut apporter en fait, la preuve interdite (B) est celle que le droit fait défense d'invoquer.

(9) CE, 30 oct. 1991, req. n° 80243, *Hamon* : *RJF* 1991, n° 12, 1490.
(10) CE, 19 févr. 2003, req. n° 220732, *SARL Scadi* : *RJF* 2003, n° 5, 541.
(11) CE, 17 févr. 1992, req. n° 76988, *Ahdjoudj* : *RJF* 1992, n° 4, 521.
(12) CE, 27 sept. 1991, req. n° 70714, *Martinis* : *RJF* 1991, n° 11, 1428.
(13) CE, 11 juill. 1979, req. n° 13418 : *RJF* 1979, n° 10, 602.
(14) CE, 21 avr. 1986, req. n° 58671 : *RJF* 1986, n° 6, 642.

A. – La preuve impossible

Après avoir posé le principe de l'obligation probatoire insurmontable (1°), on l'illustrera par des preuves impossibles mises à la charge de l'Administration (2°) et du contribuable (3°).

1° Principe

126. – La preuve impossible ne peut, matériellement, être établie par aucun moyen. Tous les droits en connaissent l'hypothèse. Par exemple, il est impossible d'établir la date exacte de conception d'un enfant, le droit civil pose alors une présomption permettant de la délimiter dans le temps (C. civ., art. 311). Les présomptions constituent ainsi une aide pour apporter une preuve impossible, ou très difficile à fournir. En règle générale, le droit fiscal les utilise pour renforcer la lutte contre la fraude, donc en vue de faciliter le travail de l'Administration. Elles viennent dès lors peser, encore plus lourdement, sur la charge effective de la preuve que supporte déjà le contribuable (V. *infra*, n° 154 et s.).

127. – Le droit fiscal connaît des cas nombreux de preuve tendant vers l'impossible. Le plus « bel » exemple a aujourd'hui, et heureusement, disparu. Pour lutter contre la spéculation immobilière, la loi a réputé soumise aux bénéfices industriels et commerciaux (BIC) toute plus-value réalisée sur une revente d'immeuble, sauf au contribuable à prouver que l'achat n'avait pas été fait dans une intention spéculative (CGI, anc. art. 35 A). Le fait à établir était donc strictement négatif : le contribuable devait démontrer qu'il n'avait pas eu l'intention de spéculer. Prouver une intention tend vers l'impossible, *a fortiori* lorsqu'elle est négative : au contribuable d'apporter la preuve qu'il n'entendait pas revendre l'immeuble acheté, autrement dit, il lui fallait établir une intention « de ne pas faire ». Le seul moyen d'y parvenir, très rarement rencontré, était de démontrer une intention « de faire » contredisant la volonté de spéculer (15). Ce régime a perduré jusqu'en 1982.

En droit positif, les hypothèses de *probatio diabolica* sont multiples. L'Administration peut rencontrer de pareilles épreuves.

2° Preuves impossibles à la charge de l'Administration

128. – Par exemple, lorsqu'il s'agit d'évaluer les gains issus d'activités illicites. Comment reconstituer les revenus d'un trafiquant de drogue ? De manière générale, lorsque le contribuable n'apporte pas la base de la preuve, constituée par une déclaration appuyée d'une comptabilité et de justificatifs, l'Administration est totalement démunie. Elle peut, certes, parfois se fonder sur les décisions définitives des juridictions pénales, dont l'autorité de chose jugée est opposable au juge de l'impôt quant aux faits qui y sont relevés, non s'agissant de la qualification qu'ils y reçoivent (16). Mais, le plus souvent, l'Administration est incapable d'apporter la preuve que la loi, par principe, lui attribue.

129. – Face à cette impossibilité, les règles de l'impôt renversent la charge de la preuve aux dépens du contribuable, soit par l'application d'une procédure d'imposition d'office, soit pour absence de comptabilité (LPF, art. L. 192,

(15) Par ex. : CE, 1er févr. 1984, req. n° 37828, *Brunet : Rec. CE*, tables p. 580.
(16) CE, ass., 21 juill. 1972, req. n° 72508 : *Dr. fisc.* 1973, n° 18-19, 721, concl. G.-W. Schmeltz. – CE, 1er juill. 2009, req. n° 295689, *SARL Alain Palanchon : Dr. fisc.* 2009, n° 40, 490, concl. P. Collin ; *RJF* 2009, n° 10, 822.

V. *supra*, n° 55). Ces règles ont à la fois pour but de punir le contribuable qui a manqué à ses obligations et celui de soulager l'Administration qui se heurte à une impossibilité de prouver.

130. – Même lorsque le contribuable respecte ses obligations déclaratives et comptables, le fisc peut rencontrer des cas de preuve impossible. Ainsi une voiture de tourisme appartenant à une société est censée n'avoir qu'une affectation professionnelle. Mais l'Administration est en droit de prouver qu'en réalité la voiture est utilisée pour partie à des fins privatives. Cependant cette preuve est, matériellement, impossible à apporter (17). En réaction, le droit fiscal comporte tout un arsenal de dispositions qui, outre le souci d'enrichir le Trésor, tendent à décourager les sociétés d'acquérir des voitures de tourisme. La TVA n'est pas déductible, l'amortissement limité, la taxe sur les voitures de sociétés est lourde et ne donne pas lieu à déduction.

En plus de devoir supporter le coût de ces règles dissuasives, le contribuable est le premier à rencontrer de grandes difficultés de preuve.

3° Preuves impossibles à la charge du contribuable

On en donnera plusieurs illustrations (*a*), avant d'étudier un domaine où le juge vient au secours du contribuable aux prises avec une preuve impossible, celui des rémunérations excessives (*b*).

a) Illustrations

131. – Le contribuable est trop souvent confronté à une preuve impossible à apporter, par exemple s'agissant de renverser la présomption posée par la loi (CGI, art. 39-4) interdisant la déduction de charges réputées somptuaires, au motif que, par nature, de tels frais ne pourraient être professionnels. Il s'agit des dépenses de chasse et de pêche, et celles se rapportant à l'utilisation de demeures et bateaux de plaisance. La preuve que doit apporter le contribuable en vue de démontrer l'intérêt de telles charges pour l'entreprise tend vers l'impossible. Ainsi, un bateau aménagé en bureaux doit renoncer à la navigation (18). En dehors de cette hypothèse, ou celle d'une opération de parrainage, une entreprise dont l'objet est étranger à la plaisance n'est pas en mesure de prouver que l'achat d'un bateau peut satisfaire son intérêt. On peut donc offrir des cadeaux à ses clients, mais pas une journée en mer. « Est-ce vraiment au fisc, du haut de sa tour d'ivoire, de dicter aux entreprises ce qui est bon pour elles et ce qui ne l'est pas, ce qui est considéré comme acceptable et ce qui est considéré comme dispendieux ? » (19).

132. – Relève également de l'impossible le fait de devoir prouver un fait couvert par le secret (V. *infra*, n° 179). Ou encore de supporter la preuve à raison d'une absence de comptabilité, ou de graves irrégularités comptables, alors que précisément, pour les entreprises relevant du bénéfice réel, le mode de preuve par excellence est constitué par la comptabilité (V. *supra*, n° 55).

133. – C'est en matière de procédure, afin de démontrer la réalité d'un vice affectant un contrôle, que le contribuable – est-ce un hasard ? – rencontre les

---

(17) G. Amédée-Manesme, *La charge de la preuve*, *in* Th. Lambert (ss dir.), *Contentieux fiscal. Principes et pratiques*, STH, 1989, p. 119. En revanche, l'Administration est en mesure de prouver, en reconstituant les trajets réalisés, que des frais kilométriques remboursés par une société à son président, pour l'usage de la voiture personnelle de celui-ci, sont exagérés : V. CE, 16 juin 2003, req. n° 241983, *Gardet* : *RJF* 2003, n° 10, 1106.

(18) CE, 8 nov. 1978, req. n° 4233 : *RJF* 1978, n° 12, 521.

(19) M. Cozian, *Précis de fiscalité des entreprises*, Litec, 26e éd. 2002, coll. « Litec Fiscal », n° 300.

plus grandes difficultés. Cependant, en recourant au système de la preuve objective, le juge lui a apporté un grand soulagement. En effet, au lieu de contraindre une partie à fournir une démonstration tendant vers l'impossible, le juge, grâce à cette technique, se contente d'examiner l'ensemble des éléments produits par les plaideurs, pour former sa conviction. Il ne saurait, par ce moyen, atteindre la vérité, puisqu'elle est inaccessible, mais il se prononce en faveur de celui qui présente la version des faits la plus vraisemblable (V. *infra*, n° 610).

134. – Si le sort du contribuable face à la preuve impossible s'est donc bien amélioré, il reste, en matière de procédure, des hypothèses, hélas nombreuses, de *probatio diabolica*. Ainsi pour démontrer une absence de débat oral et contradictoire, domaine où la jurisprudence a introduit le système de la preuve objective, avant d'y renoncer (V. *infra*, n° 545 et s.). De même s'agissant de répondre à une demande de justifications relative à des opérations couvertes par l'anonymat (V. *infra*, n° 833 et s.), ou des sommes résultant d'économies réalisées en liquide (V. *infra*, n° 838). Ou encore prouver l'emport irrégulier, par le vérificateur, de documents appartenant à l'entreprise (V. *infra*, n° 556 et s.). L'aide que le juge peut apporter au contribuable se remarque également en matière de rémunérations excessives.

b) Rémunérations excessives

135. – Il résulte de l'article 39-1-1° du Code général des impôts que les rémunérations sont admises en déduction du bénéfice de l'entreprise, à la condition de correspondre à un travail effectif et de ne pas être excessives par rapport à l'importance de ce travail. La preuve qu'une rémunération corresponde exactement aux tâches réalisées tend vers l'impossible. On peut certes mesurer la quantité de travail fourni, mais comment évaluer sa qualité ? Face à une telle difficulté, le juge exige de l'Administration qu'un redressement rejetant une rémunération considérée comme excessive suive une méthode déterminée.

136. – Le fisc doit faire valoir des éléments de comparaison retenant les salaires attribués à des personnes occupant des emplois analogues, dans les entreprises similaires de la région. Il lui faut donc réunir les informations permettant d'affirmer que dans des situations comparables à celle litigieuse, les rémunérations sont généralement moins élevées (sur les implications du secret quant aux éléments de comparaison, V. *infra*, n° 229 et 230). De son côté, l'entreprise doit justifier le montant des émoluments versés, en faisant valoir le poids des responsabilités pesant sur l'intéressé, le volume et la nature des affaires qu'il traite, sa participation éventuelle au capital de la société, les résultats que connaît l'entreprise par son action, etc.

137. – On trouve ici une belle illustration des deux vérités auxquelles ont accès, respectivement, l'Administration et le contribuable. Le vérificateur peut accéder à la vérité exogène, extérieure : grâce au droit de communication, particulièrement, il est en mesure de comparer la situation du dirigeant avec ses homologues d'autres sociétés. L'entreprise peut seule faire valoir la vérité endogène, qui lui est propre. En effet, il lui appartient de mettre en avant ses particularités, qui expliqueront pourquoi le dirigeant est mieux payé que dans les sociétés similaires.

138. – Le juge a ainsi réparti le poids de la preuve entre les parties, à raison de l'aptitude de celles-ci à la faire valoir. Mais lui-même forme sa conviction, à partir des éléments fournis par les plaideurs (20). On ne peut donc parler de preuve objective, puisque la jurisprudence indique à l'Administration et au contribuable la nature de la preuve qui pèse sur chacun d'eux. Néanmoins, cette matière des rémunérations excessives n'en est pas très éloignée.

Une preuve impossible constitue, de fait, une interdiction de prouver. Mais un pas supplémentaire est franchi lorsque le droit, explicitement, pose cette interdiction.

B. – La preuve interdite

Là encore, on posera le principe (1°) avant d'en étudier les illustrations (2°).

1° Principe

139. – Des principes généraux interdisent certaines preuves. Ainsi, le titre qu'une partie se délivre à elle-même est prohibé (21). La paix sociale recherchée par le droit peut également fonder des interdictions de prouver. Ainsi, avant la loi du 3 janvier 1972, la présomption de filiation entre le mari d'une femme et l'enfant né de celle-ci était, sauf cas exceptionnel de désaveu, irréfragable. Par le même moyen, le droit fiscal poursuit un autre but. Il peut interdire, heureusement de façon exceptionnelle, que le contribuable apporte une preuve, quelle qu'elle soit. Il le fait pour combattre la fraude de manière radicale : l'imposition est établie à partir de faits supposés, sans que le contribuable puisse prouver qu'ils sont inexacts.

140. – Les exemples les plus frappants, aujourd'hui défunts, en étaient constitués par les articles 168 et 180 du Code général des impôts, permettant de reconstituer les revenus d'un contribuable, d'une part, selon les éléments de son train de vie (*a*), d'autre part, à raison de ses dépenses ostensibles ou notoires (*b*). Si l'article 180 a été abrogé, l'article 168 demeure, mais l'interdiction de prouver qu'il comportait a disparu.

a) La taxation d'après les éléments du train de vie (CGI, art. 168)

141. – L'article 168 du CGI autorise l'Administration à établir l'impôt sur le revenu en retenant une méthode indiciaire, à raison des gains que supposerait nécessairement la possession de certains signes de richesse. L'hypothèse est celle où la déclaration déposée indique des revenus très inférieurs à ceux supposés par le train de vie mené par le contribuable. La déclaration, réputée mensongère, est donc écartée, puis l'Administration reconstitue le revenu réel, à partir d'un barème prévu par la loi. À titre d'illustration, la propriété d'un cheval de course, pur sang de moins de deux ans, suppose un revenu annuel de 4 600 €.

142. – Naguère, le contribuable, qui pourtant n'était pas supposé avoir manqué à ses obligations déclaratives, ne pouvait prouver l'exactitude des revenus déclarés et ainsi combattre l'imposition établie par l'Administration. Par exemple, en établissant que la souscription d'un emprunt avait permis l'achat d'un yacht, sans pour autant constituer un revenu imposable. Si l'article 168 existe toujours, l'interdiction de prouver qui lui était attachée fut

---

(20) V. par ex. : CE, 17 déc. 1980, req. n° 18735 : *RJF* 1981, n° 3, 188. – CE, 26 avr. 1986, req. n° 44161 : *RJF* 1986, n° 6, 581. – CE, 29 déc. 1999, req. n° 185480, *Sté Agence de protection et de sécurité* : *RJF* 2000, n° 2, 161.

(21) Sur la dérogation à ce principe que représente la comptabilité, V. *supra*, n° 51.

supprimée par la loi de finances pour 1987 (22). Désormais, le contribuable peut démontrer la sincérité de sa déclaration, en prouvant que ses revenus ou l'utilisation de son capital, ou encore les emprunts qu'il a contractés (23), lui ont permis d'assurer son train de vie (CGI, art. 168-3). En somme, il est en mesure de contester l'imposition litigieuse, en totalité ou pour partie, s'il établit que les ressources dont il a pu disposer étaient suffisantes pour mener ce train de vie et qu'elles ont effectivement été affectées au financement de celui-ci.

143. – La preuve doit porter sur le train de vie lui-même et non sur les éléments de celui-ci, tels qu'ils sont retenus dans le barème légal. Le contribuable n'a donc pas à faire la démonstration qu'il disposait des sommes nécessaires à l'acquisition des biens, mais seulement qu'il avait la libre disposition des gains correspondants aux revenus qu'ils supposent. Par exemple, un contribuable n'a pas à démontrer qu'il avait les moyens d'acheter une voiture de luxe, mais seulement qu'il disposait des revenus nécessaires à la possession d'un tel bien (24).

Obtient une réduction de la base reconstituée le contribuable qui peut établir qu'il a disposé d'une partie seulement des sommes ayant permis de financer le train de vie (25). Si, par exemple, parmi les biens composant son patrimoine, il possède un cheval de course, sans pouvoir prouver qu'il disposait de 4 600 €, le contribuable obtiendra une réduction en démontrant qu'il jouissait d'un revenu de 4 000 €.

144. – À défaut de pouvoir apporter cette preuve, le contribuable peut faire valoir qu'il n'a pas disposé de certains éléments retenus par l'Administration pour déterminer l'imposition litigieuse. Car il appartient au service de prouver l'existence des éléments du train de vie qu'il a pris en compte. En soulevant cette contestation, devant le juge particulièrement, le contribuable a donc la faculté de contraindre son adversaire à fournir cette preuve. Par ailleurs, il lui est loisible de contester l'évaluation faite de tel ou tel élément du train de vie ; hypothèse qui se rencontre essentiellement en cas de désaccord sur la valeur locative d'une résidence, qui sert à la reconstitution du revenu Enfin, il revient toujours à l'Administration d'établir la disproportion marquée entre le train de vie et les revenus déclarés (26), de même que l'exacte application du barème.

L'article 180 n'a, lui, pas survécu.

b) Feu la taxation d'après les dépenses ostensibles ou notoires

145. – L'article 180 du CGI (devenu LPF, anc. art. L. 71) prévoyait une taxation d'office, à l'impôt sur le revenu, du contribuable dont les dépenses ostensibles ou notoires dépassaient les gains déclarés. La base d'imposition était alors fixée au montant desdites dépenses, sans que le contribuable pût

(22) Malgré cette avancée notable, l'article 168 souffre d'une totale désuétude, comme le montre le président C. Fouquet, *Taxation d'après les signes extérieurs de richesse : le dernier dinosaure vacille : Rev. adm.* 2009, n° 1, p. 44.

(23) La jurisprudence a ajouté les libéralités reçues (CAA Lyon, 14 avr. 2005, req. n° 99-1817, *Hakim Rezvan : Dr. fisc.* 2005, n° 40, 660, concl. G. Gimenez ; *RJF* 2005, n° 11, 1149. – CE (na), 10 juill. 2006, req. n° 282090, *Hakim Rezvan* : *RJF* 2006, n° 12, 1491).

(24) CE, 27 juill. 2006, req. n° 275554, *Ruwayha* : *Dr. fisc.* 2007, n° 19, 497, concl. E. Glaser ; *RJF* 2006, n° 12, 1492.

(25) CE, 27 oct. 2008, req. n° 294160, *Planet : Dr. fisc.* 2008, n° 52, 647, concl. E. Glaser ; *RJF* 2009, n° 1, 3. – L'Administration s'est pliée à cette décision : Instr. 12 févr. 2009 : *BOI* 5 B-5-09 ; *Dr. fisc.* 2009, n° 10, 14041.

(26) CE, 2 févr. 1990, req. n° 72938, *Levasseur* : *RJF* 1990, n° 3, 243.

démontrer l'origine de ses revenus. En expliquant par exemple qu'une libéralité reçue, gain non imposable à l'IR, avait permis les dépenses considérées. L'interdiction de prouver attachée à l'article 180 fut partiellement levée par la loi de finances pour 1974, mais ce texte prévoyait que les contribuables les plus fortunés y restaient soumis. Cette règle, formellement contraire à l'égalité devant la loi, fut censurée par le Conseil constitutionnel (27). La réforme de 1987 a supprimé l'article 180.

146. – Cette disposition, comme l'article 168 avant qu'il ne fut modifié, tendait davantage à taxer le capital que les revenus et posait une présomption irréfragable de fraude. Ces textes n'ont certes été utilisés que de manière exceptionnelle pour combattre la grande délinquance fiscale, mais ils étaient très dangereux pour le contribuable de bonne foi. Il demeure aujourd'hui quelques cas de preuve interdite.

2° Illustrations

147. – Une première illustration se trouve en matière de contributions indirectes, dont le contentieux relève de la compétence du juge pénal. On lit à l'article L. 238 du Livre des procédures fiscales que « Les procès-verbaux des agents de l'Administration font foi jusqu'à preuve du contraire. La personne qui fait l'objet des poursuites peut demander à apporter la preuve contraire des faits constatés dans le procès-verbal. Lorsque le tribunal accepte la demande, il reporte l'examen de l'affaire en la renvoyant à au moins quinze jours ». Singulière disposition que celle qui soumet à l'appréciation du juge la faculté d'une partie de faire la preuve de son bon droit. De plus, le juge n'est pas tenu d'accueillir les conclusions du prévenu proposant d'apporter la preuve contraire des faits consignés dans le procès-verbal (28). C'est toute la matière des contributions indirectes qui mériterait d'être réformée. Ainsi, l'Administration n'a pas à fournir de précisions quant à la manière dont elle a évalué les produits en infraction (29). Cet état du droit est d'autant plus surprenant qu'on se trouve en matière pénale, domaine qui se veut particulièrement protecteur de l'individu.

148. – En vertu de l'article 1408 II 2° du CGI, les habitants reconnus indigents par la commission communale des impôts directs, après avis conforme du représentant de l'administration fiscale, sont exonérés de taxe d'habitation. Or, un contribuable n'est en aucun cas recevable à faire la preuve de son indigence devant la juridiction contentieuse (30). Cette jurisprudence paraît vouloir préserver le pouvoir discrétionnaire de la commission communale, qui n'a nulle obligation de déclarer comme tels les indigents et qui est libre de déterminer les critères de l'indigence. Une commune voulut profiter de cette grande liberté pour déclarer indigents 819 de ses 1 184 habitants, proportion correspondant à sa clientèle politique. La délibération fut annulée pour détournement de pouvoir (31).

149. – L'interdiction de prouver peut être partielle, en prohibant certaines preuves. Ainsi la défense de démontrer la réalité d'une exportation en dehors

(27) Cons. const., déc., 27 déc. 1973, n° 73-51 DC : *Rec. Cons. const.*, p. 25 ; *GDCC* n° 21.

(28) Cass. crim., 15 mars 1972 : *Bull. crim.* 1972, p. 250, n° 103. – Cass. crim., 20 oct. 1977 : *Bull. crim.* 1977, p. 805, n° 317. – Cass. crim., 7 août 1990 : *Bull. crim.* 1990, p. 757, n° 299.

(29) Cass. crim., 14 oct. 1991, *Laroche : Bull. crim.* 1991, p. 848, n° 339.

(30) CE, 17 juill. 1914, *Prudhomme : Rec. CE*, p. 887. – CE, 20 déc. 1968, req. n° 68-579, *Gaudissart : Dupont* 1969, p. 106.

(31) CE, 6 août 1912, *Neyret : Rec. CE*, p. 978.

de la production du document administratif unique (V. *supra*, n° 122). De même l'article L. 16, alinéa 3 du Livre des procédures fiscales interdit de répondre à une demande de justifications en invoquant des opérations portant sur l'or et certains titres (les bons de caisse essentiellement), lorsque ces biens sont couverts par l'anonymat. La règle paraît certes relever du bon sens, dès lors qu'on ne saurait justifier des revenus découlant de la réalisation de son capital, lorsque précisément on a voulu cacher la richesse en cause. L'état du droit demeure cependant contestable car, en tolérant l'anonymat, il expose le contribuable à des risques inconsidérés (V. *infra*, n° 833 et s.).

En matière de droits de succession, les dettes hypothécaires garanties par une inscription périmée depuis plus de trois mois à la date du décès, dès lors qu'elles sont échues, sont présumées remboursées et les débiteurs ne peuvent apporter la preuve contraire (CGI, art. 773-4°).

La jurisprudence a apporté une aide au contribuable face aux interdictions de prouver que constituent les présomptions irréfragables. À raison de plusieurs dispositions légales posant de telles règles, le juge lui a permis de les renverser, en les transformant en présomptions simples.

§ 3. – Les présomptions

150. – Le latin *presumptio* se traduit par l'idée de conception première, d'anticipation. Il est dérivé des mots *sumo* (« saisir ») et *prae* (« avant »), soit « prendre d'avance » (32). La présomption tient pour exact un fait probable, elle répond ainsi à la loi des probabilités : en général si tel fait se produit, c'est qu'un autre s'accomplit également (33). Elle correspond de plus à un besoin social de sécurité : l'apparence est supposée exacte. Par exemple, la naissance d'un enfant porté par une femme mariée fait présumer que le père du nouveau-né est le mari de la mère (C. civ., art. 312). Celui qui invoque un fait présumé est dispensé de preuve ou voit sa preuve allégée, selon que la présomption est irréfragable ou simple. On distinguera les présomptions posées par le juge (A) de celles issues de la loi (B).

A. – Les présomptions du juge

151. – En contentieux administratif général, le juge utilise les présomptions pour sanctionner une injonction d'instruction (34) à laquelle l'Administration ne s'est pas pliée. Dans ce cas, les prétentions de la partie adverse sont tenues pour exactes (35). Par l'injonction, le juge procède donc à un renversement de la charge de la preuve. Du moins, considérant que l'administré a apporté tous les éléments probatoires en sa possession, dès lors qu'ils sont insuffisants pour asseoir la conviction du juge, c'est à l'Administration d'en fournir le complément. Si elle s'y refuse, le requérant est censé avoir apporté la preuve qui, normalement, lui incombe. Aucune des parties n'est donc dispensée de contri-

---

(32) Ph. Malaurie et P. Morvan, *Droit civil. Introduction générale*, Defrénois, 2e éd. 2005, n° 175.

(33) C. civ., art. 1349 : « Les présomptions sont des conséquences que la loi ou le magistrat tire d'un fait connu à un fait inconnu ».

(34) L'injonction d'instruction est celle que prononce le juge pendant l'instance, par exemple pour exiger d'une partie la production d'une pièce.

(35) CE, sect., 1er mai 1936, *Couespel du Mesnil : Rec. CE*, p. 485. – CE, ass., 28 mai 1954, *Barel : Rec. CE*, p. 308, concl. M. Letourneur. – CE, 26 janv. 1968, *Sté Maison Genestal : Rec. CE*, p. 62, concl. L. Bertrand

buer à la manifestation de la vérité, mais la répartition du poids de la preuve se fait à raison des difficultés que le plaideur rencontre pour l'apporter. C'est ainsi que le juge administratif, en décidant de l'attribution de la preuve, fait correspondre sa charge juridique avec sa charge effective (36). L'usage de la présomption est particulièrement significatif lorsque l'administré se heurte à l'obligation d'une preuve impossible.

152. – Face aux difficultés de preuve du contribuable, qui sont fréquentes et grandes, le juge de l'impôt est bien loin d'offrir les mêmes facilités que le juge administratif. Trop rares sont les hypothèses où il vient à l'aide du contribuable en attribuant l'essentiel de la preuve à l'Administration. Certes, le juge fiscal peut, au moyen de présomptions, tempérer la rigidité légale de l'attribution de la preuve. Mais cet assouplissement profite surtout à l'Administration (37). Il arrive cependant que le juge fiscal crée de lui-même des présomptions pour soulager le contribuable. Ainsi dans le domaine des reconstitutions de recettes, où une comptabilité régulière en la forme est présumée sincère (V. *supra*, n° 62).

153. – De même, le juge fait profiter au contribuable de la théorie de l'apparence. Des personnes mariées sont présumées vivre sous le même toit et donnent lieu à une imposition commune. Il appartient dès lors à l'Administration, si elle entend imposer les époux séparément, de prouver que les conditions d'une seule imposition ne sont pas réunies (38). La situation acquise est également protégée contre l'un ou l'autre des conjoints : s'il demande à faire l'objet d'une imposition séparée, il doit prouver que les conditions requises sont vérifiées (39).

Le même phénomène s'observe avec les sociétés de fait. Si l'Administration invoque l'existence d'une telle entité, elle doit en établir la réalité (40). S'il s'agit du contribuable, il lui faut démontrer que les conditions qui caractérisent la société de fait sont réunies (41). Ces règles rejoignent le principe *actori incumbit probatio* (V. *infra*, n° 279 et s.) voulant que celui qui remet en cause ce qui est acquis supporte le poids de la preuve.

L'aide que le juge apporte ainsi au contribuable n'est pas exceptionnelle, mais elle se rencontre trop rarement eu égard aux difficultés de preuve que connaît ce dernier. En revanche, il est courant que le juge de l'impôt vienne soulager le contribuable aux prises avec une présomption légale.

B. – Les présomptions de la loi

154. – La plupart des présomptions issues de la loi fiscale tendent en effet à renforcer la lutte contre la fraude, donc à faciliter la preuve mise à la charge de l'Administration en la reportant sur le dos du contribuable. Elles sont souvent dangereuses, car de nature à causer des injustices (42). Les présomptions légales intéressent particulièrement le domaine de l'enregistrement (1°). En

---

(36) H. de Gaudemar, *La preuve devant le juge administratif* : *Dr. adm.* 2009, n° 6, p. 15.
(37) C. Gour, J. Molinier et G. Tournié, *Procédure fiscale*, PUF, 1982, coll. « Thémis », p. 310.
(38) CE, 2 juin 1989, req. n° 63600, *Avril* : *RJF* 1989, n° 8-9, 911.
(39) CE, 26 juin 1992, req. n° 71256 : *RJF* 1992, n° 8-9, 1093.
(40) CE, 17 févr. 1988, req. n° 64777, *Debelle-Boude* : *RJF* 1988, n° 4, 464.
(41) CAA Paris, 14 mai 2002, req. n° 98-3192, *Touillet* : *RJF* 2003, n° 6, 742.
(42) « Le fisc peut donc, lorsque existe pareille présomption, réclamer l'impôt en étant dispensé de prouver qu'il est réellement dû ; corrélativement, le redevable court le risque (...) de devoir payer l'impôt non pas parce que cet impôt est dû, mais parce qu'il n'arrive pas à prouver qu'il ne l'est pas » (M. Baltus, *Morale fiscale et renversement du fardeau de la preuve, in Réflexions offertes à Paul Sibille. Études de fiscalité*, Bruylant, Bruxelles, 1981, p. 130).

matière d'impôts directs, les plus redoutables sont relatives aux distributions irrégulières faites par les sociétés (2°) et à la lutte contre l'évasion fiscale internationale (3°).

1° Enregistrement

155. – Dans le domaine de l'enregistrement, les présomptions tendent à faciliter le travail de l'Administration, notamment par la théorie de la propriété apparente, qui dispense le service de rechercher si, par exemple, un contribuable est réellement le propriétaire d'un immeuble. Il s'agit pour le fisc de démontrer que les droits, lors de la mutation du bien, n'ont pas été payés par son actuel détenteur. L'article 1881 du Code général des impôts répute le transfert de propriété suffisamment établi face à certaines situations : l'inscription de l'immeuble au rôle de la taxe foncière et le paiement de celle-ci (à deux reprises au moins), la passation d'un acte révélant le droit réel, ou encore l'octroi d'un bail. Pour renverser la présomption, il appartient au contribuable de prouver qu'il n'est pas le propriétaire de l'immeuble, par exemple en produisant un avis de dégrèvement démontrant que la taxe foncière lui fut réclamée à tort. Les obligations probatoires qui pèseraient normalement sur l'Administration sont donc considérablement allégées, puisqu'il lui suffit de démontrer que les conditions de la présomption sont réunies.

156. – Le même principe se rencontre en matière de droits de succession et d'ISF pour des biens présumés appartenir au patrimoine du défunt ou du contribuable (CGI, art. 751 et s.). Il s'agit d'éviter qu'une personne ne se dépouille de sa fortune au profit de ses héritiers présomptifs pour amoindrir les droits. De manière générale, le juge se montre exigeant quant aux écrits permettant d'apporter la preuve contraire, à savoir que les opérations litigieuses n'avaient pas pour but d'éluder l'impôt. C'est davantage en matière d'impôts directs qu'on voit le juge venir au secours du contribuable aux prises avec une présomption légale. Sont particulièrement redoutables les présomptions relatives aux revenus irrégulièrement distribués par les sociétés.

2° Distributions irrégulières des sociétés

Après avoir défini les distributions irrégulières et étudié l'historique des règles qui s'y rapportent (*a*), on examinera la nature des preuves mises à la charge de l'Administration et du contribuable (*b*).

a) Définition et historique

157. – Le génie didactique du professeur Cozian distingue, en ce domaine, trois hypothèses (43). La première correspond aux distributions « camouflées », soit le plus souvent des frais indûment supportés par la société, tels que des dépenses personnelles du dirigeant. Ces charges sont réputées distribuées au profit de ce dernier (CGI, art. 109-1). Rejetées des résultats de la société au titre de l'acte anormal de gestion, elles sont de plus imposables à l'IR s'agissant du bénéficiaire. La deuxième hypothèse est celle des distributions « présumées » dès lors que la société a consenti à ses associés des avances, prêts ou acomptes. Les sommes ainsi en cause sont réputées déguiser une distribution de bénéfices (CGI, art. 111, a), imposable sur la tête de l'associé, sauf à apporter la preuve contraire, par exemple la démonstration qu'il s'agit d'un prêt véritable, établi par un contrat préalable au contrôle, pré-

---

(43) M. Cozian, *Précis de fiscalité des entreprises*, Litec, 32e éd. 2008, coll. « Litec Fiscal », n° 622 et s.

voyant intérêts (à un taux normal) et échéances. La dernière hypothèse vise les distributions « occultes », à savoir l'octroi de rémunérations et avantages au profit d'un bénéficiaire dont l'identité n'est pas révélée par la société (CGI, art. 111, c). Outre le rejet des charges supportées par l'entreprise, le bénéficiaire est imposable si la société le désigne, à défaut elle supporte une amende égale au montant des avantages occultes.

158. – Chacune de ces règles pose une présomption. Dans la très grande majorité des hypothèses, c'est une vérification de comptabilité qui permet à l'Administration de soupçonner une attitude anormale de l'entreprise contrôlée. Eu égard à la nature des charges litigieuses, la société semble n'avoir pas respecté son propre intérêt, mais poursuivi celui d'un dirigeant, associé ou tiers. La suspicion qui pèse sur elle l'oblige à apporter la preuve contraire. Les dispositions légales, mises en œuvre par le vérificateur, facilitent le travail d'investigation de celui-ci en contraignant l'entreprise à justifier la régularité de sa situation. À défaut, la loi permet à l'Administration de rétablir cette régularité. C'est particulièrement le cas de l'article 117 du Code général des impôts qui contraint la société à désigner le bénéficiaire d'un avantage occulte, sous peine d'une l'amende égale au montant de ce dernier. Les textes donnent ainsi à l'Administration une arme décisive, particulièrement utile pour ces irrégularités délicates ; sachant qu'une société est naturellement conduite à protéger ses dirigeants et associés, de même qu'elle montre peu d'enthousiasme à dénoncer un tiers.

159. – À l'origine, ces dispositions légales étaient appliquées de manière automatique ; elles tendaient à réprimer sévèrement la fraude en posant des présomptions quasi irréfragables. L'esprit répressif de la loi n'était ainsi pas douteux et l'Administration comme le juge l'appliquaient à la lettre (44). Cette trop grande sévérité aboutissait parfois à des situations absurdes (45), sachant que presque tous les redressements pratiqués conduisaient le fisc à taxer une distribution irrégulière (46), alors même que les charges rejetées n'avaient profité à personne. Ainsi, on ne voit pas qui, en dehors de l'entreprise elle-même, pourrait personnellement tirer profit d'un amortissement excédentaire. Les sociétés étaient parfois conduites à désigner des bénéficiaires fictifs pour échapper à l'amende. La jurisprudence s'est alors montrée plus exigeante envers l'Administration quant à la mise en œuvre des présomptions de distribution. En effet, le poids de la preuve a été réparti entre le fisc et le contribuable.

b) Preuves à apporter

160. – Il revient au service de démontrer que les conditions de la présomption sont réunies. S'il y parvient, il incombe au contribuable d'apporter la preuve de l'absence de distribution.

En premier lieu, le fisc doit établir, d'une part, que les sommes en cause ont été désinvesties (47), c'est-à-dire effectivement distribuées, d'autre part, qu'elles furent réellement appréhendées par le bénéficiaire (48). Par exemple,

(44) *GAJF*, 5e éd., p. 684 *in fine*.

(45) O. Fouquet, concl. sur CE, 11 mai 1984, req. n° 47658 : *Dr. fisc.* 1984, n° 39, 1576, p. 1098 *in fine*.

(46) En témoignent les termes de l'article 47 de l'annexe II au Code général des impôts, qui appartient toujours au droit positif : « Toute rectification du bénéfice imposable à l'impôt sur les sociétés au titre d'une période sera pris en compte au titre de la même période pour le calcul des sommes distribuées ».

(47) CE, plén., 5 déc. 1984, req. n° 46962, *Étienvre* : *RJF* 1985, n° 2, 96.

(48) CE, 29 sept. 1989, req. n° 75304, *Venutolo : Dr. fisc.* 1990, n° 5, 142, concl. O. Fouquet ; *RJF* 1989, n° 11, 1227, chron. J. Turot, *in RJF* 1990, n° 1, p. 3.

une société avait passé en pertes des créances, alors qu'elles n'étaient pas devenues définitivement irrécouvrables. Le vérificateur les a donc réintégrées et distribuées aux associés. Cette distribution a été condamnée par le juge dès lors que l'Administration ne démontrait pas l'appréhension de revenus distribués, les sommes en cause étant demeurées dans l'entreprise (49). À l'inverse, une société avait engagé des dépenses de participation à des rallyes automobiles, dans l'intérêt personnel de son dirigeant ; ces désinvestissements sont imposables sur la tête de celui-ci (50).

161. – Autre exemple, le solde débiteur du compte client ouvert dans les écritures d'une société anonyme, au nom d'une entreprise individuelle dont l'exploitant est également associé de la SA, ne constitue pas un revenu distribué, faute pour l'Administration de démontrer que le contribuable aurait personnellement disposé des montants en cause (51). À l'inverse, est réputée distribuée une somme correspondant à des travaux qu'une SA a réalisés pour le compte d'une SCI constituée par ses associés et qui n'avaient pas encore été payés quatre ans après leur exécution (52).

162. – Bien entendu, en renforçant les obligations probatoires pesant sur l'Administration, la jurisprudence a allégé d'autant la preuve revenant au contribuable. Il appartient à celui-ci de démontrer, au vu des circonstances propres à l'espèce, que l'opération litigieuse ne revêt pas le caractère d'une distribution exceptionnelle ou anticipée de produits sociaux et qu'elle est exclusive de toute faveur spéciale au profit du bénéficiaire (53). Par exemple, une société avait payé une indemnité d'éviction que son dirigeant était tenu de verser aux locataires d'un immeuble lui appartenant à titre personnel. Pourtant, en dépit de l'absence de contrat doué d'une date certaine, le juge a considéré qu'il s'agissait d'une simple avance de courte durée, sachant que la société était devenue le nouveau locataire et que la somme litigieuse fut considérée comme un versement de loyer. L'ensemble de l'opération s'était déroulé pendant un seul exercice comptable (54).

Le juge a suivi la même démarche : partager le poids de la preuve entre Administration et contribuable, s'agissant des présomptions légales tendant à lutter contre l'évasion fiscale internationale.

3° Lutte contre l'évasion fiscale internationale

Il s'agit essentiellement des présomptions prévues aux articles 57 et 238 A du Code général des impôts. Soit celles qui combattent, d'une part, les transferts indirects de bénéfices (*a*), d'autre part, les paiements faits en direction des paradis fiscaux (*b*).

a) Transferts indirects de bénéfices (CGI, art. 57)

163. – L'article 57 tend à dissuader un groupe de majorer les bénéfices d'une filiale établie dans un État où l'imposition des profits est moindre qu'en France. Cette technique peut notamment s'opérer par les prix de transfert, consistant à vendre des marchandises d'un prix anormalement bas à la filiale, ou encore lui acheter des biens pour un prix excessif. Afin de réprimer cette

---

(49) CE 14 nov. 1990, req. n° 58041, *Leder et Haik* : *RJF* 1991, n° 1, 60.
(50) TA Toulouse, 11 févr. 2003, req. n° 98-2071, *Jorigne* : *RJF* 2003, n° 7, 843.
(51) CE, 20 oct. 1995, req. n° 136115, *Misson* : *RJF* 1995, n° 12, 1387.
(52) CE, 26 févr. 1992, req. n° 86511, *Brunel* : *RJF* 1992, n° 4, 477.
(53) *Doc. adm. DGI*, 4 J-1212, n° 15, 1er nov. 1995.
(54) CAA Nancy, 21 mai 1991, req. n° 1083, *Studer* : *RJF* 1991, n° 11, 1392.

transmission déguisée de bénéfices, le fisc peut imposer l'entreprise française à hauteur des avantages consentis à la filiale étrangère, sous la condition d'apporter une double preuve (55). D'une part, démontrer qu'il existe un lien de dépendance entre les deux entités – mais l'Administration est dispensée de cette preuve si la filiale est située dans un paradis fiscal (sur cette notion, V. *infra*, n° 167). D'autre part, établir que l'entreprise française a accordé un avantage anormal à la filiale étrangère.

164. – Le lien de dépendance suppose qu'une entreprise dirige, en droit ou en fait, une autre entreprise. La dépendance juridique est démontrée si l'une possède une part prépondérante du capital de l'autre, ou la majorité absolue des droits de vote, ou encore y exerce des fonctions comportant le pouvoir de décision. En l'absence de dépendance de droit, un lien de fait peut être établi. Ainsi, lorsqu'en exécution d'un contrat, une entreprise est en mesure de fixer les prix de vente et d'achat de l'autre (56). Outre les prix de transfert, l'avantage anormal peut prendre la forme de redevances excessives ou sans contrepartie, d'abandons de créances, ou encore d'un prêt sans intérêt ou à un intérêt anormalement bas. S'agissant plus particulièrement des prix de transfert, l'Administration doit procéder à des comparaisons avec les prix pratiqués par des entreprises similaires, mais dépourvues de lien de dépendance ; à défaut de pouvoir procéder à ces comparaisons, il lui faut établir un écart injustifié entre le prix convenu et la valeur vénale du bien ou du service qui lui correspond (57).

165. – La réunion des deux conditions, lien de dépendance et avantage anormal, pose une présomption simple de transfert indirect de bénéfices, qu'il appartient à l'entreprise située en France de renverser. Elle peut ainsi prouver que son intérêt propre fut respecté (58). Par exemple, elle a certes consenti une avance sans intérêt à sa filiale étrangère, mais à raison des difficultés financières rencontrées par celle-ci ; or, l'entreprise française est directement intéressée à la pérennité de sa partenaire, dans laquelle elle trouve l'essentiel de ses débouchés commerciaux.

À l'inverse, une société française avait consenti des abandons de créances à sa filiale de Hong-Kong, au profit de deux succursales de celle-ci, sises en Australie et à Singapour. Même si les succursales rencontraient des difficultés financières, même si elles représentaient un intérêt stratégique pour la distribution des produits, la société mère n'a pas démontré le caractère normal des avantages consentis. En effet, la filiale de Hong-Kong, seule entité proprement juridique en Asie, a dégagé des bénéfices et distribué des dividendes significatifs à la société française (59). La filiale avait donc les moyens d'aider les succursales.

166. – Si la preuve de leur caractère normal ne peut être apportée, les avantages consentis donnent lieu à une réintégration dans les résultats taxables en France. Ils conduisent également à une distribution au profit de l'entreprise étrangère, la somme correspondante étant soumise à une retenue à la source, sauf convention fiscale contraire. Le transfert indirect de bénéfices

(55) CE, plén., 27 juill. 1988, req. n° 50020 : *Dr. fisc.* 1998, n° 49, 2202.

(56) CAA Paris, 30 avr. 2004, req. n° 99-2135, *Sté Firmenich et Cie* : *RJF* 2004, n° 8-9, 866.

(57) CE, 7 nov. 2005, req. n° 266436, *Sté Cap Gemini* : *RJF* 2006, n° 1, 17, concl. E. Glaser, p. 5.

(58) CE, 19 oct. 1988, req. n° 56218 : *Dr. fisc.* 1989, n° 7, 241, note G. Tixier et Th. Lamulle. – CE, 27 févr. 1991, req. n° 48780, *SARL d'éditions des artistes peignant de la bouche et du pied* : *Dr. fisc.* 1992, n° 13, 664, concl. O. Fouquet.

(59) CE, 11 avr. 2008, req. n° 281033, *SA Guerlain : Dr. fisc.* 2008, n° 18, 302, concl. C. Verot, note M. Taly ; *RJF* 2008, n° 7, 788, chron. J. Burguburu, p. 667.

joue ainsi en droit international le même rôle que l'acte anormal de gestion en droit interne (60). L'autre présomption intéresse les paiements faits en direction des paradis fiscaux.

b) Paiements vers les paradis fiscaux (CGI, art. 238 A)

167. – La concurrence déloyale des paradis fiscaux envers les États « vertueux » conduit à des mesures de rétorsion qui jettent la suspicion sur les entreprises françaises rémunérant une personne, physique ou morale, établie dans un État « à fiscalité privilégiée ». L'article 238 A du CGI interdit la déduction de toute somme payée à cette personne en présumant que l'opération ainsi rémunérée est fictive, qu'en réalité le but poursuivi est de soustraire le montant litigieux à l'impôt français. Là encore, l'Administration doit démontrer que les conditions de la présomption sont réunies. Il lui faut établir, en effet, que l'État de résidence du prestataire soit ne connaît pas d'impôt sur les bénéfices, soit pratique une imposition inférieure de plus de la moitié à celle qui aurait été subie en France. Dans cette seconde hypothèse, le service doit démontrer, concrètement, en calculant l'impôt français et étranger, que le seuil des 50 % est franchi (61). Or, ce calcul peut être difficile à réaliser, si par exemple l'État étranger ne retient pas les mêmes règles d'assiette que la France.

168. – Si la preuve du caractère paradisiaque de l'État étranger est apportée, la présomption est acquise et il appartient au contribuable de la renverser. À cette fin, il lui faut apporter une double démonstration : d'une part, la charge en cause est réelle, d'autre part, elle ne présente pas un caractère anormal ou exagéré. Autrement dit, la contrepartie de la somme litigieuse existe et sa valeur correspond au prix payé, donc le contrat est équilibré. L'administration de cette preuve suppose que l'entreprise, avant le contrôle, ait constitué un solide dossier de justificatifs. En effet, il lui faudra produire toute pièce démontrant la réalité et la normalité de l'opération : contrat, courriers, rapports d'activité, etc.

169. – Par exemple, une société française avait versé des commissions à l'exportation à un intermédiaire établi au Liechtenstein. Elle ne contestait pas que ce pays constituait un paradis fiscal. Cependant, elle a produit une convention, qui de plus désignait le client qu'il s'agissait de contacter, et avec lequel elle a développé un fort courant d'affaires. De cette façon, la société a démontré la réalité du rôle tenu par l'intermédiaire. Par ailleurs, celui-ci fut rémunéré par une commission égale à 10 % du chiffre d'affaires qu'il a permis de réaliser, ce qui n'est pas anormal (62).

Autre exemple, une entreprise française a versé à une société établie dans l'île de Man une commission pour développer ses ventes en Italie. Elle a démontré que la somme correspondait à une prestation réelle en justifiant du développement significatif de ses ventes dans la péninsule. Le montant de la commission était habituel et enfin il n'existait aucune confusion d'intérêt entre la société française et l'intermédiaire (63).

170. – Comme pour l'article 57, si le contribuable ne parvient pas à apporter la preuve qui lui incombe, non seulement la charge est réintégrée, mais de

(60) M. Cozian, *Précis de fiscalité des entreprises*, Litec, 32e éd. 2008, coll. « Litec Fiscal », n° 698.

(61) CE, 2 avr. 2003, req. n° 237751, *Sté d'édition des artistes peignant de la bouche et du pied : RJF* 2003, n° 6, 693.

(62) CE, 3 nov. 1989, req. n° 60836, *SA ERA : RJF* 1990, n° 1, 65.

(63) CE, 10 août 2005, req. n° 275983, *Sté électromécanique du Nivernais : Dr. fisc.* 2005, n° 44-45, 712 ; *RJF* 2005, n° 12, 1398.

plus elle est réputée distribuée, et donc donne lieu à une retenue à la source, sauf convention fiscale contraire. À l'origine, l'article 238 A, comme l'article 57, constituaient des présomptions presque irréfragables. Puis la jurisprudence les a interprétés dans un sens favorable au contribuable, en plaçant l'essentiel du poids de la preuve sur le dos de l'Administration (64). Ainsi, le juge se montre très exigeant quant à l'obligation pour le fisc de prouver concrètement que le bénéficiaire des sommes payées est établi dans un paradis fiscal au sens de l'article 238 A. On ne peut donc ici nier que le contribuable trouve un secours dans l'office du juge.

Section 2

L'OFFICE DU JUGE

On examinera l'attitude du juge (§ 1) face aux difficultés probatoires rencontrées par le contribuable, avant de s'interroger sur les causes de ce comportement (§ 2).

§ 1. – L'attitude du juge

171. – Le juge de l'impôt n'est pas un monstre froid, laissant le contribuable seul face aux difficultés de la preuve. Il remplit son office, au sens du latin *facere*, faire, agir. Mais il est à regretter que cette attitude ne soit pas systématique. Si la jurisprudence vient soulager la charge probatoire pesant sur le contribuable lorsqu'elle est abusivement lourde, le juge fiscal est loin de résoudre toutes les difficultés de preuve que rencontre le plaideur. Son comportement envers l'Administration n'est pas le même que celui adopté par le juge administratif, lequel répartit le poids de la preuve selon les obstacles rencontrés par chacune des parties pour faire connaître la vérité.

172. – On a vu également de quelle façon le juge administratif usait de l'injonction d'instruction pour contraindre l'Administration à fournir un élément de preuve (V. *supra*, n° 151), qu'il s'agisse de révéler les motifs de la décision, ou de produire une pièce. Cette attitude ne se remarque pas chez le juge fiscal. Tout d'abord, parce que les actes fiscaux sont par principe motivés, en vertu d'une obligation plus générale et plus ancienne qu'en droit administratif. Les exceptions sont rares, ainsi le refus d'un « agrément discrétionnaire », ou encore le rejet d'une demande de remise gracieuse, n'ont pas à être motivés.

Le juge de l'impôt connaît la pratique du supplément d'instruction (65). Lorsqu'il ne s'estime pas suffisamment éclairé, il enjoint aux plaideurs de lui

(64) G. Gest et G. Tixier, *Droit fiscal international*, PUF, 2e éd. 1990, coll. « Droit fondamental », n° 442.

(65) Comme pour l'expertise (V. *supra*, n° 105), le supplément d'instruction ordonné par le juge ne doit pas conduire à renverser la charge de la preuve (CE, 30 juill. 2003, req. n° 234452, *SA Groupe Progrès* : *RJF* 2003, n° 11, 1289). De même, un plaideur peut demander au juge de prononcer un supplément d'instruction, à la condition de préciser les éléments qui méritent d'être éclaircis (CE, 29 janv. 1969, req. n° 73027 : *Dupont* 1969, p. 131).

apporter des éléments complémentaires (66). Si la partie ainsi désignée ne se plie pas à cette injonction, elle prend le risque de voir l'adversaire regardé comme apportant la preuve. Cependant, c'est le contribuable, et non l'Administration, qui le plus souvent subit cette contrainte.

173. – Par ailleurs, on trouve certes une jurisprudence où le juge de l'impôt met en demeure le fisc de produire des documents appartenant au contribuable, qui les avait confiés au service. Mais le fait que l'Administration ne communique pas ces pièces n'a pas pour effet de mettre sur son dos le poids de la preuve, cela entraîne la décharge pure et simple de l'imposition litigieuse (67). Comme en contentieux général, l'Administration perd le procès, mais pas pour la même cause. Elle est sanctionnée non tellement pour avoir empêché le juge de former sa conviction, mais parce qu'elle a privé le contribuable d'un moyen de se défendre. Cette jurisprudence peut être rapprochée de celle sanctionnant l'emport irrégulier de document lors d'une vérification de comptabilité (V. *infra*, n° 556 et s.) et la non restitution des relevés bancaires à l'issue d'un examen contradictoire de la situation fiscale personnelle (V. *infra*, n° 552 et s.).

Comment expliquer qu'une même institution, la juridiction administrative, puisse connaître des comportements si différents selon qu'elle statue sur le contentieux général ou celui de l'impôt ?

§ 2. – Les causes de ce comportement

174. – On peut penser que le juge fiscal, tenu par une loi qui lui dicte la charge de la preuve, ne pourrait se permettre la même liberté que le juge administratif. Or, on verra précisément que le premier, par sa jurisprudence *Renfort Service* (V. *infra*, n° 331 et s.), s'est affranchi des dispositions légales déterminant l'attribution de la preuve.

Le juge de l'impôt n'a guère l'occasion de solliciter de l'Administration la production d'éléments de preuve, tout simplement parce que, le plus souvent, ce n'est pas elle qui les détient, mais le contribuable (68). Dans la grande majorité des hypothèses, lui seul connaît toute la vérité (69). Car la matière imposable, dans le système déclaratif, est déterminée et donc connue par le même et seul contribuable. *A priori*, le fisc, sauf révélation du bien imposable par une déclaration, n'en connaît ni l'existence, ni la teneur.

(66) Il en a même l'obligation : le juge méconnaît le caractère inquisitoire de la procédure s'il n'use pas de son pouvoir de direction de l'instruction pour exiger la production d'une pièce de nature à l'éclairer (CE, 27 mai 2002, req. n° 219888, *Sté Segeleis* : *Dr. fisc.* 2002, n° 36, 668, concl. G. Goulard).

(67) CE, 11 déc. 1974, req. n° 92758 : *Dr. fisc.* 1975, n° 12, 437, concl. M.-A. Latournerie : le contribuable avait déposé sa déclaration de revenus en joignant les justificatifs de ses frais réels. Ces documents furent détruits par l'Administration lors de l'archivage du dossier, par souci de limiter l'encombrement des services. Puis le fisc demanda au requérant de produire les justificatifs, ce qu'il ne put évidemment faire. Le juge mit en demeure l'Administration de fournir les documents. Dès lors qu'elle en était incapable, le Conseil d'État en déduisit qu'elle ne pouvait légalement asseoir le rappel litigieux. Décharge, alors même que le contribuable avait initialement accepté le redressement, donc supportait la charge de la preuve.

(68) Ch. Cardyn, *La preuve en droit fiscal*, Rapport général au congrès de l'IFA de Knobbe, *Cahiers de droit fiscal international*, vol. 36, 1958, p. 228.

(69) « En ce qui concerne la connaissance des faits, c'est le contribuable qui sait tout en l'espèce ; le fisc doit, par contre, rassembler ses éléments par bribes et morceaux et ne connaît jamais tous les dessous » (Loeckx, Van Dionant et Neyens, *Éléments de la science des impôts*, t. II, p. 398, note 2 ; cité par M. Baltus, *Morale fiscale et renversement du fardeau de la preuve*, *in Réflexions offertes à Paul Sibille, Études de fiscalité*, Bruylant, Bruxelles, 1981, p. 129).

175. – Ainsi, qui peut savoir sinon le seul contribuable que des travaux ont été réalisés dans un appartement donné à bail, autorisant leur déduction pour le calcul des revenus fonciers ? Certes, l'entrepreneur le sait également, mais l'Administration devrait alors interroger tous les peintres de la région pour démontrer qu'aucun d'entre eux n'a exercé son art dans lesdits locaux. Qui peut savoir, sinon le seul contribuable, que sa générosité l'a conduit à verser des dons aux œuvres, sauf à s'assurer auprès de toutes les institutions charitables de la réalité des versements ?

176. – Il faut de plus compter avec l'habilité du contribuable à dissimuler ses manquements. Les difficultés de preuve que rencontre l'Administration avec celui qui ne lui fournit pas sa collaboration – pour ne pas respecter ses obligations déclaratives par exemple, sont déjà très grandes. Face à celui qui dissimule la matière imposable, elles sont énormes. D'où l'usage de présomptions légales qui facilitent le travail du fisc. Celui-ci, comme le juge, n'a donc pas d'autre choix que de peser sur l'obligation de justification du contribuable, afin d'obtenir de lui les éléments permettant d'établir la vérité. C'est ce qui nous fait soutenir qu'à raison de ce devoir de justification, le contribuable supporte par principe la charge effective de la preuve. Car c'est là le seul moyen d'obtenir de lui une vérité qu'il est le seul à connaître dans sa globalité.

177. – D'où l'attitude intransigeante du juge : il exige une facture pour une charge dont la réalité n'est pas douteuse, un document douanier pour une exportation que l'on pourrait prouver par d'autres moyens. On comprend pourquoi le fisc dispose de moyens d'investigation aussi considérables que le droit de communication ou la perquisition, pudiquement appelée « droit de visite et de saisie ». Face aux très grandes difficultés de preuve auxquelles se heurte l'Administration, il lui faut les outils les plus puissants pour accéder à la vérité. Mais de tels moyens ne servent à rien sans une collaboration minimale du contribuable.

Il est donc délicat de reprocher au juge de l'impôt sa rudesse envers ce dernier. Il n'a pas d'autre choix que de contraindre celui qui détient la vérité à la faire connaître. Si l'administration fiscale supportait réellement la charge, juridique et effective, de la preuve, elle serait dans l'impossibilité d'exercer efficacement son droit de contrôle. L'unique solution est d'obliger le contribuable à fournir la seule démonstration qui compte : la preuve effective. Il en fait certes les frais, mais à cela il n'est pas de solution de principe, il faudrait remettre en cause le système déclaratif.

178. – En somme, le juge fiscal a-t-il un comportement très différent de celui du contentieux administratif ? Il ne fait que favoriser la partie qui trouve les plus grandes difficultés pour apporter la preuve : le fisc. En contentieux administratif, à l'inverse, particulièrement dans le domaine de l'excès de pouvoir, c'est l'administré qui souffre les plus grands maux pour établir son bon droit, car l'essentiel des éléments de preuve est détenu par l'autorité administrative. Bien souvent, le plaideur « doit percer une vérité intérieure à l'Administration » (70). Le juge fait donc pression sur celle-ci afin qu'elle les produise, par exemple en l'obligeant à contredire les prétentions du requérant. La même explication peut éclairer l'état du droit en matière de secret. Si celui-ci ne peut être opposé au fisc par le contribuable, c'est pour faciliter le travail du premier dans la recherche de la vérité détenue par le second.

(70) Ch. Debbasch, *La charge de la preuve devant le juge administratif* : *D.* 1989, p. 46.

Chapitre 2

LE SECRET

179. – L'accès à l'information détermine le poids de la preuve et en conséquence son attribution réelle. Selon les difficultés que l'on rencontre à connaître la vérité, la preuve peut être délicate à apporter, voire impossible si la voie vers la connaissance est interdite. En matière fiscale, il est souvent difficile d'établir les faits que l'on connaît, on imagine le mal qu'on peut avoir à découvrir et prouver ceux qu'on ignore. D'où l'importance du secret.

Il faut recourir à monsieur de La Palice pour le définir : c'est une chose cachée. La protection dont bénéficie cette chose emporte deux conséquences. Celui qui la connaît ne doit pas la révéler aux autres. Celui qui ne la connaît pas se voit défendre d'entrer dans le secret (1). En droit fiscal, cela signifie essentiellement qu'on ne peut obtenir de l'Administration ce qu'elle ne doit pas révéler. Donc le contribuable qui a besoin d'une information protégée se heurte à une impossibilité de prouver. Le secret n'oppose pas une interdiction de preuve, mais il rend l'obligation probatoire insurmontable.

180. – Pour certaines formes du secret, le droit fiscal et le droit administratif présentent les mêmes problématiques. Par exemple, la vérification de comptabilité d'une entreprise d'armement peut conduire le fisc à ne pas révéler des faits couverts par le secret de la défense nationale. Ce qui fait la particularité fiscale de ce domaine est, bien sûr, constitué par le secret de l'impôt. Les agents de l'Administration sont tenus de ne pas divulguer les informations dont ils ont connaissance à l'occasion de l'exercice de leurs fonctions. En revanche, les contribuables tenus au secret attaché à leur profession ne peuvent généralement pas se retrancher derrière celui-ci pour échapper à leurs obligations fiscales.

La matière est donc régie par un double principe. D'une part, l'Administration doit opposer le secret au contribuable (section 2). D'autre part, nul ne saurait, sauf exceptions, opposer le secret à l'Administration (section 1).

(1) G. Cornu (ss dir.), *Vocabulaire juridique*, PUF, 6e éd. 2004, coll. « Quadrige », p. 834.

Section 1

LE SECRET OPPOSÉ À L'ADMINISTRATION FISCALE

Est ici en cause non le secret de l'impôt, couvrant les informations que l'administration fiscale ne doit pas révéler, mais le secret professionnel que certains contribuables peuvent, par exception, opposer au fisc lorsque celui-ci cherche à obtenir d'eux des renseignements. Après avoir exposé l'état du droit (§ 1), on distinguera les règles générales (§ 2) de la matière, pour les opposer à celles applicables aux différentes personnes intéressées (§ 3).

§ 1. – État du droit : le déclin du secret

181. – Fiscalement, le secret professionnel est relatif ou absolu. Dans le premier cas, on explique qu'il ne saurait être opposé à l'Administration puisque les agents de celle-ci sont eux-mêmes tenus à l'obligation d'un secret attaché à leur profession. Cette théorie du secret partagé, chère à l'Administration, ne convainc qu'elle-même. La doctrine et la jurisprudence lui préfèrent la seconde hypothèse où, particulièrement en matière médicale, le secret ne peut être partagé entre le professionnel et le fisc (2). Peu importe à cet égard que l'agent des impôts ait ou non divulgué les informations protégées à des personnes qui n'auraient pas dû en prendre connaissance. En principe, dès lors que le fonctionnaire est entré dans le secret, il a violé celui-ci. À l'inverse, le secret bancaire et celui des affaires sont si relatifs, pour ne pas être opposables à l'Administration, qu'on peut se demander si, fiscalement, ils existent encore.

182. – En l'état du droit, la relativité l'emporte largement sur l'absolu. À tel point que le droit fiscal a renversé le principe posé par le droit commun. L'article 226-13 du Code pénal réprime le délit consistant à révéler sciemment une information couverte par le secret. Cependant, l'infraction n'est pas constituée lorsque la loi impose ou autorise la révélation de celui-ci (C. pén., art. 226-14). En matière fiscale, les dispositions législatives autorisant la levée du secret sont si larges que le principe est devenu exception. Or, le législateur devrait ici satisfaire deux impératifs. D'une part, le respect du secret professionnel assure celui de la vie privée et des libertés individuelles. D'autre part, un contrôle fiscal efficace suppose nécessairement que le contribuable ne puisse opposer le secret à l'Administration. Le droit positif ne permet pas de douter que ce dernier souci ait largement triomphé du premier. Le secret est source de fraude, donc d'inégalités. Or, notre époque préfère la justice sociale à la liberté individuelle.

183. – L'évolution du secret professionnel est marquée par un long déclin. Le XIXe siècle, individualiste et libéral, lui accordait bien plus d'importance que les temps modernes. En matière fiscale, la question du secret ne se posait même pas puisque la méthode indiciaire, qui servait à asseoir les impôts directs (les quatre vieilles), avait précisément pour vertu de protéger la vie privée et les libertés du contribuable. Éloignée de la réalité, cette méthode

(2) CE, 20 janv. 1999, req. n° 181011, *Méas* : *Dr. fisc.* 1999, n° 17, 349.

produisit cependant des injustices croissantes avec l'augmentation de la pression fiscale. Lors de l'avènement des impôts réels (au sens de réalistes) et déclaratifs, le secret apparût comme la protection ultime des citoyens face à l'immixtion du fisc dans leurs affaires (3). Mais la société, devenue à la fois plus collectiviste et interventionniste, eut moins d'égard pour le secret en même temps que, pour financer les actions collectives nouvelles, elle devait le percer afin de traquer la fraude (4). Au total, il ne reste pas grand-chose du secret professionnel.

§ 2. – Règles générales

184. – Sont tenues au secret toutes les personnes qui, à l'occasion de l'exercice de leur profession ou de certaines fonctions, prennent connaissance d'informations de nature personnelle. Parce qu'il est protecteur, le secret professionnel doit être défini de la manière la plus large possible : il intéresse tout fait dont la divulgation pourrait causer un préjudice à la personne qu'il concerne, au seul motif que celle-ci aurait souhaité qu'il demeurât caché. Il s'agit, tout d'abord, de renseignements relatifs à la vie privée d'un individu, comme par exemple la santé, la famille, la sexualité. Également tout ce qui se rapporte à ses affaires, ses revenus, son patrimoine.

En pratique, certaines professions sont beaucoup plus concernées que d'autres par le secret : les médecins, les professions juridiques (particulièrement les avocats), les banques et les experts-comptables. À l'occasion des diverses prérogatives exercées par l'Administration (A), elles peuvent lui opposer le secret couvrant certaines informations (B).

A. – Prérogatives de l'Administration

185. – Les pouvoirs du fisc auxquels, par exception, on peut faire échec en opposant le secret professionnel, se rapportent soit à la recherche de l'information, soit au contrôle fiscal. Dans la première hypothèse, on comprendra le droit de visite et de saisie, le droit de communication et plus relativement le droit d'enquête. Il ne faut pas oublier les obligations déclaratives qui pèsent sur le contribuable ou sur des tiers, pouvant contraindre les intéressés à fournir des informations qui doivent, normalement, être protégées. Ainsi l'obligation pour une entreprise de déclarer, sur l'imprimé DAS 2, les honoraires versés à son avocat, la contraint à fournir une information qui doit rester confidentielle.

186. – On ajoutera, bien qu'elles ne soient pas officiellement coercitives, les demandes d'information. Fondées sur l'article L. 10 du Livre des procédures fiscales, elles consistent dans l'envoi d'une lettre (imprimé n° 754) par laquelle le service peut demander au contribuable, entreprise ou particulier, toutes sortes de renseignements ou précisions. L'imprimé indique expressément que l'absence de réponse n'aura aucune conséquence. En réalité, le silence du contribuable, ou une réponse insuffisante, conduit souvent à l'envoi d'une demande d'éclaircissement ou de justification, ou encore d'une proposition de rectification. Le juge accepte de retenir comme moyen de preuve les

(3) P.-M. Gaudemet, *Heurs et malheurs du secret fiscal*, in *Mélanges Dendias*, 1978, p. 1292.
(4) *Ibid.*, p. 1293.

réponses aux demandes d'information, même faites par des personnes non soumises au droit de communication (5), à la condition que le service ne les ait pas induites en erreur en donnant à ces sollicitations une nature coercitive qu'elles n'ont pas (6).

187. – Les demandes d'éclaircissement ou de justification sont elles, en droit comme en fait, contraignantes. À tel point qu'une absence ou une insuffisance de réponse expose le contribuable à une taxation d'office. Elles rejoignent donc la seconde hypothèse, celle des procédures de contrôle fiscal. Outre le contrôle sur pièces, on comprend dans celles-ci la vérification de comptabilité et l'examen contradictoire de la situation fiscale personnelle (ESFP). En principe ne sont ici intéressés que les professionnels, puisque eux seuls peuvent être tenus à l'observation d'un secret. Mais les procédures concernant les particuliers sont aussi en cause. Ainsi, un ESFP, mené en même temps qu'une vérification de comptabilité, peut aider le service à reconstituer des bénéfices sur la base d'un enrichissement du contribuable (V. *supra*, n° 66).

188. – Si l'ESFP, par son mécanisme même, est nécessairement attentatoire à la vie privée, le droit de visite et de saisie est celui qui peut causer le plus de tort au secret professionnel. Ainsi, dans certaines hypothèses, il peut s'exercer à propos de documents non comptables détenus par un avocat (V. *infra*, n° 209). Mais l'absence de formes entourant l'exercice du droit de communication – l'Administration n'ayant aucune procédure légale particulière à suivre – explique que cette prérogative soit celle qui menace le plus souvent le secret professionnel.

On rappellera à cet égard que le délai de conservation des documents est de six ans à compter de leur confection (LPF, art. L. 102 B I). Le non-respect de cette obligation ou le refus de communication, notamment à raison d'un secret opposé à tort, entraîne l'application d'une amende de 1 500 € (CGI, art. 1734). Plus grave, le refus de communication peut constituer une opposition individuelle à contrôle fiscal (7), sanctionnée par une amende de 25 000 € prononcée par le juge pénal, voire d'une peine de prison de six mois en cas de récidive (CGI, art. 1746-1).

À l'occasion de l'exercice de ses prérogatives, l'Administration ne peut accéder à certaines informations, protégées par le secret professionnel.

B. – Informations protégées

On examinera l'évolution de l'état du droit (1°), avant d'aborder le droit positif (2°).

1° Évolution de l'état du droit

Une nette opposition se dessine entre la jurisprudence (*a*) et la doctrine administrative (*b*).

a) Jurisprudence

189. – Très attaché au secret professionnel, particulièrement médical, le Conseil d'État s'est longtemps battu pour que l'anonymat des clients fût res-

---

(5) CE, 21 mars 1986, req. n° 42922 : *RJF* 1986, n° 5, 476 ; *LPA* 1986, n° 79, p. 10, concl. O. Fouquet. – CE, 20 déc. 1985, req. n° 39188 : *RJF* 1986, n° 3, 258. – CE, 25 févr. 1987, req. n° 46399 : *RJF* 1987, n° 4, 425.

(6) CE, 1er juill. 1987, req. n° 54222, *Marcantetti* : *RJF* 1987, n° 10, 1020, concl. O. Fouquet, p. 505.

(7) Cass. crim., 4 oct. 1982 : *Bull. crim.* 1982, n° 203.

pecté. Un arrêt de principe a reconnu aux médecins le droit de ne pas indiquer l'identité de leurs patients dans la comptabilité (8). Par une décision tout aussi remarquée, le Conseil d'État a annulé le décret du 31 décembre 1977 en tant qu'il faisait obligation aux ordres et organisations professionnels de recommander à leurs adhérents membres d'une association de gestion agréée (AGA) d'autoriser l'Administration à prendre connaissance du nom de leurs clients (9). Cette décision fut « validée » par la loi de finances pour 1983. La disposition législative, codifiée à l'article 1649 *quater* G du Code général des impôts, fait obligation à tous les adhérents des AGA de tenir des documents comptables comportant l'identité des clients.

190. – La loi du 30 décembre 1999, portant loi de finances pour l'an 2000, a étendu ces mêmes obligations à tous les contribuables relevant des bénéfices non commerciaux (BNC), qu'ils soient ou non adhérents d'une AGA, sans distinction selon la profession exercée. Un pas décisif a été franchi par ce texte, qui ajouta un article L. 13-0A au Livre des procédures fiscales :

> « Les agents de l'administration des impôts peuvent demander toutes informations relatives au montant, à la date et à la forme des versements afférents aux recettes de toute nature perçues par les personnes dépositaires du secret professionnel en vertu des dispositions de l'article 226-13 du Code pénal. Ils ne peuvent demander de renseignements sur la nature des prestations fournies par ces personnes ».

A contrario, on comprend que les agents sont autorisés à prendre connaissance du nom des clients.

191. – Cependant, le Conseil constitutionnel a interprété cette disposition comme interdisant aux agents de l'Administration de connaître tant la nature des prestations fournies que l'identité des clients (10). Le texte de la décision ne laisse aucun doute à ce sujet :

> « Considérant qu'il résulte des dispositions précitées, éclairées par les débats parlementaires à l'issue desquels elles ont été adoptées, que le législateur a entendu délimiter strictement le champ des informations demandées, qui ne peuvent porter ni sur l'identité des clients, ni sur la nature des prestations fournies ».

Il apparaît clairement que ces deux interdictions sont distinctes : il n'est pas seulement fait défense à l'Administration de prendre connaissance, en même temps, du nom des clients *et* des prestations qui leur furent rendues, mais indifféremment de l'une ou l'autre des deux catégories d'informations (11).

192. – La solution ainsi retenue s'entend fort bien : la spécialité de certains médecins donne une idée assez claire de la nature des soins fournis. Si l'Administration contrôle un psychiatre ou un vénéréologue, elle aura beau s'interdire de prendre connaissance des prestations rendues par celui-ci, le simple accès à l'identité des clients suffit pour attenter à leur vie privée. Cela vaut également pour un avocat spécialisé dans certaines incriminations pénales, particulièrement vilipendées. Le Conseil constitutionnel a cependant, dans cette décision, utilisé la technique de l'interprétation neutralisante, qui lui permet de « corriger » une loi sans la déclarer contraire à la Constitution. Pour

---

(8) CE, ass., 20 nov. 1959, req. n° 42560 : *JCP* 1960, II, 11431, concl. M. Poussière ; *D.* 1960, p. 157, note R. Savatier.

(9) CE, ass., 12 mars 1982, req. n° 11413, *Conseil national de l'ordre des médecins : RJF* 1982, n° 5, 475, concl. J.-F. Verny, p. 227 ; chron. P.-F. Racine *in RJF* 1982, n° 6, p. 270.

(10) Cons. const., déc., 29 déc. 1999, n° 99-424 DC : *RJF* 2000, n° 2, 248.

(11) « Le Conseil n'a admis la constitutionnalité de cet article qu'en précisant que les informations demandées ne pouvaient non plus porter sur *l'identité* des clients » (*GAJF*, 5e éd., p. 209).

autant, cela ne retire rien à la force obligatoire de la solution. Mais cette technique a visiblement le défaut de ne pas être suffisamment explicite pour s'imposer au fisc.

b) Doctrine administrative

193. – En effet, l'Administration, dans une instruction du 23 mars 2000 (12), a donné sa propre interprétation de la décision du Conseil constitutionnel. Tout en rappelant (n° 4) le considérant précité du juge suprême, le texte administratif précise (n° 15) que « les données relatives à l'identité des clients comptent désormais au nombre des mentions obligatoires qui, sous réserve des tolérances administratives, doivent figurer dans la comptabilité des titulaires de revenus non commerciaux ». Les tolérances (n° 10 et s.) permettent aux contribuables, soumis au secret professionnel, de ne porter sur leurs documents comptables qu'une référence ou le nom abrégé du client, en corrélation avec un fichier comportant leur identité complète. Mais celle-ci doit être communiquée au vérificateur sur simple demande.

194. – L'instruction n'hésite pas à user de l'ambiguïté. Ainsi le n° 17 est intitulé : « Les demandes d'information ne peuvent porter ni sur l'identité des clients, ni sur la nature des prestations fournies ». En réalité, le texte du même n° 17 précise que le vérificateur ne peut s'assurer de l'exactitude de l'identité du client *telle qu'elle a été déclarée* par celui-ci au professionnel. Cette instruction a produit l'effet recherché : la décision du Conseil constitutionnel est passée totalement inaperçue. La *Documentation fiscale Francis Lefebvre*, dans les développements relatifs à l'article 13-0A du LPF (13), n'en fait pas mention. En revanche, elle note que, depuis le 1er janvier 2000, tous les titulaires de BNC, même soumis au secret professionnel, ont l'obligation de faire figurer, dans le livre-journal, l'identité de leurs clients. Si le *JurisClasseur Procédures fiscales* (Fasc. 313, n° 44) cite la décision, il se garde bien d'en mesurer la portée.

Il demeure qu'en l'état du droit, un professionnel qui a dû communiquer à l'administration le nom de ses clients, est en droit de contester la régularité de la procédure dont il a fait l'objet. Peut-être le Conseil constitutionnel, à l'occasion d'une exception d'inconstitutionnalité, aura-t-il l'occasion de réaffirmer sa jurisprudence.

195. – On remarquera une certaine obstination de l'administration fiscale à forcer le secret professionnel. Cela peut s'expliquer par l'idée que celui-ci intéresse principalement les professions libérales, que le fisc soupçonne à la fois de dégager de gros revenus comme de pratiquer une fraude importante (14). Certes, le secret favorise la fraude et donc produit des inégalités entre les contribuables. Ainsi, il est difficilement supportable qu'un cadre supérieur et un avocat, à revenu égal, ne payent pas le même IR du fait de la fraude que le second peut commettre, à la différence du premier, salarié. Alors que le secret tend à protéger les clients, il est exact que certains professionnels se l'accaparent pour tenter de dissimuler des gains imposables (15). On peut ainsi comprendre l'attitude du fisc, mais cela ne le dispense sûrement pas de respecter les décisions du Conseil constitutionnel. Il en résulte que le droit positif est bien peu protecteur du secret professionnel.

---

(12) *BOI* 13 L-3-00 : *Dr. fisc.* 2000, n° 15, 12446.
(13) *Doc. fisc. Lefebvre*, CF-IV, n° 9080 et s., feuillet blanc 1er sept. 2007.
(14) M.-C. Bergerès, *Le secret professionnel face aux prérogatives du fisc* : *D.* 1981, p. 81.
(15) R. Blancher, *Le secret fiscal en droit français*, Travaux de l'association Henri Capitant, t. XXV, Dalloz, 1974, p. 543.

2° Droit positif

196. – Avant d'examiner la nature des informations protégées, voyons quels sont les documents qui peuvent les contenir. Le fisc ne peut accéder qu'aux documents comptables, visés par le Code de commerce (C. com., art. L. 123-12 à L. 123-28), à la tenue desquels les professionnels indépendants sont astreints. Il s'agit des livres obligatoires (livre-journal, grand-livre, livre d'inventaire) et de tous les documents annexes (brouillard de caisse, pièces de recettes et de dépenses), y compris la correspondance qui s'y rapporte. Le juge interprète strictement la notion de document comptable. Par exemple, les fiches et notes rédigées par un marchand de biens à propos d'immeubles mis en vente ne sont pas des pièces comptables (16) ; même solution s'agissant des livres de police dont la tenue est exigée des brocanteurs (17).

Seul le droit de visite et de saisie peut autoriser le fisc à prendre connaissance de documents qui ne sont pas de nature comptable, dès lors que l'Administration a le pouvoir de saisir toute pièce susceptible de prouver une fraude (V. *infra*, n° 209). Le secret peut, bien sûr, et *a fortiori*, être méconnu par l'utilisation d'une pièce qui n'est pas comptable, ainsi l'exploitation du livre d'admission d'une clinique, pour reconstituer les recettes de celle-ci, vicie la procédure d'imposition (18).

197. – Quels sont les renseignements que les professionnels tenus au secret peuvent et doivent ne pas fournir au fisc ? En toute hypothèse, il leur est interdit d'indiquer, dans leur comptabilité, la nature de la prestation rendue à la clientèle. Mais la connaissance d'une telle information ne présente de caractère dommageable que si l'agent du fisc connaît également le nom du client. La doctrine administrative (V. *supra*, n° 193 et s.), qui autorise les agents à prendre connaissance de cette identité, leur fait donc interdiction de procéder au rapprochement entre le nom du client et la nature de la prestation qui lui a été rendue. Cette position est contraire à la décision précitée (V. *supra*, n° 191 et s.) du Conseil constitutionnel, qui interdit la divulgation de l'identité des clients.

198. – L'examen par le vérificateur de documents, comptables ou non, indiquant l'identité du client et la nature des prestations fournies vicie la procédure (19). Cette jurisprudence ne saurait cependant s'appliquer au contribuable qui présente à l'Administration un document comportant ces informations, dans le but de provoquer un vice de procédure (20). Elle n'intéresse pas non plus celui qui, de lui-même, remet au service un courrier que son avocat lui a adressé (21) et qui comporte des informations confidentielles. La violation du secret professionnel par le fisc constitue un vice substantiel de procédure, devant conduire à la décharge des droits comme des pénalités (22). Pour que la procédure soit ainsi viciée, les informations dont le service a irrégulièrement pris connaissance doivent avoir servi à établir l'imposition litigieuse (23). Si, par exemple, le vérificateur apprend le nom d'un

(16) CE, 18 déc. 1968, req. n° 70330 : *Gaz. Pal.* 1970, p. 24, note R. Blancher.
(17) CE, 26 nov. 1984, req. n° 35104 : *RJF* 1985, n° 1, 99.
(18) CE, 24 nov. 1986, req. n° 18803, *German* : *Dr. fisc.* 1987, n° 12, 620, concl. O. Fouquet.
(19) CE, 7 juill. 2004, req. n° 253711, *Wiedemann : Dr. fisc.* 2004, n° 44-45, 814, concl. F. Séners ; *RJF* 2004, n° 10, 1023, chron. F. Bereyziat, *in RJF* 2004, n° 11, p. 798 ; *Procédures* 2004, n° 11, p. 24, note J.-L. Pierre.
(20) CAA Bordeaux, 9 nov. 2006, req. n° 03-569, *Petit* : *RJF* 2007, n° 4, 468.
(21) CE, 28 févr. 2007, req. n° 283441, *SARL Louvigny* : *RJF* 2007, n° 5, 542.
(22) CE, 17 juin 1998, req. n° 156531, *Chung : Dr. fisc.* 1998, n° 44, 976, concl. G. Goulard ; *RJF* 1998, n° 7, 827, chron. S. Verclytte, p. 535.
(23) CE, 14 avr. 1982, req. n° 27228 : *RJF* 1982, n° 6, 572.

client du médecin qu'il contrôle, comme la nature des soins qui lui furent dispensés, mais sans que cela conduise à remettre en cause les bénéfices déclarés, cette violation du secret ne peut avoir de conséquence fiscale.

À ces règles générales s'ajoutent celles applicables aux professionnels tenus par le secret.

§ 3. – Les personnes intéressées et les obligations qui leur incombent

199. – On passera ici en revue les différentes et principales personnes soumises au droit de communication, pour déterminer dans quelle mesure elles peuvent, ou non, opposer à l'Administration le secret professionnel. On étudiera également les obligations qui, à ce titre, les distinguent. Il s'agit, par ordre décroissant, du devoir de coopération avec le fisc : des juridictions et des administrations autres que fiscales (A), des entreprises et des banques (B), enfin des professions libérales (C).

A. – Juridictions et administrations

200. – L'autorité judiciaire est soumise à des obligations particulières envers l'administration fiscale. Elle est, en effet, tenue de lui fournir toute information qu'elle aurait recueillie de nature à faire présumer une fraude ou une soustraction à l'impôt (LPF, art. L. 101). Il en résulte une conséquence importante : le secret de l'instruction n'est pas opposable au fisc (24). L'article L. 82 C du Livre des procédures fiscales ajoute : « À l'occasion de toute instance devant les juridictions civiles ou criminelles, le ministère public peut communiquer les dossiers à l'administration des finances ». Le ministère public, qui fait partie de l'autorité judiciaire, peut également se fonder sur l'article L. 101 pour fournir à l'Administration tout document ou information de nature à servir le contrôle fiscal (25). Enfin (quel luxe de précautions !), les décisions rendues par les juridictions sont déposées au greffe pour être laissées à la disposition du fisc pendant quinze jours – dix jours en matière correctionnelle (LPF, art. R. 101-1).

201. – Si la juridiction administrative n'est pas visée par l'article L. 101 (contrairement à l'article R. 101-1), c'est sans doute qu'elle connaît des litiges où l'Administration est partie. En conséquence, le fisc peut accéder aux informations en cause en usant de son droit de communication auprès des autres autorités administratives, sur le fondement de l'article L. 83. Mais on ne peut douter qu'il puisse aussi exercer directement le même droit auprès des juridictions de l'ordre administratif, sachant qu'elles appartiennent aux services de l'État.

202. – Les administrations autres que celle des impôts ne peuvent opposer le secret professionnel au fisc, lorsque celui-ci leur demande la communication de documents (LPF, art. L. 83). Seules les enquêtes de l'INSEE échappent à cette obligation. En effet, le législateur (LPF, art. L. 84) n'a pas souhaité que les statistiques économiques et financières, en tant qu'elles comportent des renseignements individuels, puissent être utilisées à des fins de contrôle fis-

(24) Cass. com., 29 nov. 1994, req. n° 93-19567, *Sté Self* : *Dr. fisc.* 1995, n° 11, 527.
(25) CE, 10 déc. 1999, req. n° 181977, *Dame Lescot* : *Dr. fisc.* 2000, n° 16, 333.

cal (26). Le terme d'« administrations », au sens de l'article L. 83, est très largement entendu. Il comprend les services de l'État, des collectivités locales, des établissements publics et de la Sécurité sociale, comme les entreprises ou organismes de toute nature soumis au contrôle d'une autorité administrative, notamment les chambres départementales des notaires (27). Outre les banques, on y compte les entreprises publiques et tout organisme qui bénéficie ou a bénéficié d'un financement public, même partiel.

B. – Entreprises et banques

203. – Les personnes ayant la qualité de commerçant sont soumises au droit de communication (LPF, art. L. 85), sans pouvoir opposer au fisc le secret des affaires. Cependant, elles n'ont l'obligation de présenter que des documents comptables, au sens étroit du terme (V. *supra*, n° 196). Ainsi, une entreprise qui ferait l'objet d'une vérification de comptabilité n'est pas tenue de fournir au service un rapport d'audit, par exemple, ou tout autre document qui ne viendrait pas directement à l'appui de la comptabilité. Les sociétés doivent, de plus, communiquer les registres de transfert d'actions et d'obligations comme les feuilles de présence aux assemblées générales (LPF, art. L. 85, al. 2). En outre, l'Administration réclame la communication des procès-verbaux des conseils d'administration ou de surveillance et des rapports des commissaires aux comptes. Cependant, cette exigence résulte de la doctrine administrative (28) et non de la loi. Or, seul le législateur peut décider des obligations auxquelles sont tenues les personnes soumises au droit de communication. Depuis 2006, les sociétés civiles sont également soumises au droit de communication (LPF, art. L. 94 A) ; comme les opérateurs de l'internet (particulièrement les fournisseurs d'accès), à compter de 2009 (LPF, art. L. 96 G).

204. – Les banques font partie des entreprises contrôlées par l'État (29). Ayant par ailleurs la qualité de commerçant, elles sont soumises au droit de communication tant sur le fondement de l'article L. 83 que de l'article L. 85. S'ajoutent les personnes versant des revenus de capitaux mobiliers (LPF, art. L. 85 0A). Tous les comptes ouverts auprès des organismes financiers peuvent être atteints par le droit de communication, qu'il s'agisse de comptes courants, de comptes sur livret, de comptes à terme, etc. L'Administration a accès au système Ficoba, qui lui permet de connaître les références de tous les comptes bancaires ouverts en France (30). En effet, les banques ont l'obligation de déclarer toute nouvelle ouverture d'un compte auprès de leurs guichets. L'administration fiscale est donc en mesure d'accéder aux comptes bancaires de toute personne, physique ou morale. Elle demande régulière-

(26) « Il est piquant de constater qu'un service du ministère des Finances, l'Institut national de la statistique et des études économiques, soit le seul service public à pouvoir opposer son secret professionnel aux investigations fiscales ; c'était sans doute le seul moyen de rassurer les contribuables soumis aux enquêtes statistiques et de garantir la sincérité de celles-ci » (M. Cozian, *Le secret professionnel et le fisc, in Études de droit contemporain*, Éditions de l'épargne, Travaux et recherches de l'Institut de droit comparé de Paris, 1970, p. 372).

(27) CE, 7 nov. 2008, req. n° 305609, *Chambre départementale des notaires de Seine-et-Marne : Dr. fisc.* 2008, n° 51, 633, concl. L. Olléon ; *RJF* 2009, n° 1, 54, chron. p. 3.

(28) *Doc. adm. DGI*, 13 K-1224, 1er juin 2001.

(29) CE, 22 déc. 1982, req. n° 21475 : *Dr. fisc.* 1983, n° 41, 1888, concl. C. Schricke.

(30) En revanche, l'administration fiscale française ne peut engager une procédure de redressement à partir d'un document émanant d'une banque suisse où le contribuable dispose d'un compte (CAA Versailles, 25 mars 2008, req. n° 07-1277, *Carayon* : *Dr. fisc.* 2008, n° 29, 417, note F. Dieu).

ment aux établissements de crédit de lui communiquer des relevés de comptes ou des copies de chèques.

Il faut, dès lors, avoir conscience que l'Administration peut ainsi passer outre le secret protégeant la vie privée du contribuable en tant que particulier client d'une banque, comme le secret des affaires s'agissant d'une entreprise.

Le dernier secret digne de ce nom est celui des professions libérales.

C. – Professions libérales

205. – En dépit des efforts de l'Administration pour le réduire, le secret médical (2°), parce qu'il touche directement à la personne, reste plus grand que celui des autres professions (1°).

1° Professions non médicales

On distinguera ici selon que l'Administration exerce le droit de communication (*a*) ou le droit de visite et de saisie (*b*).

a) Droit de communication

206. – L'article L. 86 du Livre des procédures fiscales prévoit que l'Administration peut exercer son droit de communication envers certaines professions indépendantes non médicales. Les personnes en cause se distinguent par la nature des prestations qu'elles réalisent : juridique, financière, comptable, architecturale et décorative. Sont également visées les professions permettant d'intervenir dans les transactions et de détenir des biens ou des fonds pour le compte de tiers. Si l'on essaie de dresser une liste des personnes intéressées par l'article L. 86 et tenues par ailleurs au secret professionnel, on retiendra à titre principal : les professions juridiques (avocats à la cour et aux conseils, avoués, notaires, huissiers, greffiers des tribunaux de commerce, administrateurs et mandataires judiciaires), les experts-comptables et commissaires aux comptes (qui sont, bien sûr, déliés du secret à raison des irrégularités qu'ils doivent dénoncer), enfin les commissaires-priseurs. Ceux qui par ailleurs ont la qualité d'officiers publics ou ministériels sont tenus à ce titre au respect du secret professionnel ; mais l'article 100, alinéa 2 du Code général des impôts leur interdit de l'opposer au fisc.

207. – Selon l'Administration, qui s'appuie sur l'article L. 86 b, alinéa 2 du Livre des procédures fiscales, le droit de communication permet au service de connaître le nom du client, le montant, la date et le mode des paiements reçus de lui, ainsi que les pièces annexes aux versements. Le juge a précisé cette dernière expression, en indiquant qu'elle désignait tout document de nature à justifier le prix payé : facture, mémoire, devis. En revanche, le droit de communication ne peut porter sur les plans d'un immeuble, dès lors qu'ils ne traduisent pas les relations financières entre le prestataire et son client (31).

208. – Les informations visées à l'article précité doivent obligatoirement figurer sur le livre-journal (régime de la déclaration contrôlée) ou sur le document journalier des recettes professionnelles (micro-BNC) (32). Peu importe que le contribuable soit tenu ou non au secret professionnel et qu'il soit

---

(31) CE, 5 mai 2008, req. n° 291229, *Babonneau : Dr. fisc.* 2008, n° 30-35, 429, concl. C. Landais, note J.-L. Pierre ; *RJF* 2008, n° 8-9, 988, chron. E. Glaser, p. 787.

(32) Par mesure de tolérance, l'Administration admet que le nom des clients puisse ne pas figurer dans la comptabilité, mais dans un document annexe référencé auquel elle pourra avoir accès en cas de contrôle (Instr. 23 mars 2000 : *BOI* 13 L-3-00, n° 10 à 12 : *Dr. fisc.* 2000, n° 15, 12446).

membre ou pas d'une association de gestion agréée. Seule la nature de la prestation réalisée peut être occultée (LPF, art. L. 86 A). D'après le Conseil constitutionnel, dont l'Administration ignore ici la jurisprudence (V. *supra*, n° 191 et s.), le service ne peut prendre connaissance du nom des clients. On notera, par ailleurs, que les obligations des tribunaux auprès de l'administration fiscale (V. *supra*, n° 200 et s.) relativisent le secret professionnel auquel sont tenus les auxiliaires de justice (33). Ainsi, il n'est pas douteux qu'un avocat ne saurait opposer le secret au juge. Or, celui-ci doit transmettre les mêmes informations à l'administration des impôts lorsqu'elles emportent des conséquences fiscales. En revanche, le fisc ne saurait utiliser l'article L. 101 pour tourner le secret médical (34).

Bien plus dangereuse que le droit de communication est la perquisition.

b) Droit de visite et de saisie

209. – L'hypothèse dans laquelle le secret se trouve le plus gravement menacé est celle de l'avocat dont le cabinet fait l'objet d'un droit de visite et de saisie. À ce sujet, la jurisprudence de la chambre commerciale de la Cour de cassation a posé deux principes (35). D'une part, le secret couvre tant les consultations adressées par un avocat à son client, que la correspondance échangée entre les deux, comme l'ensemble des pièces du dossier. D'autre part, les mêmes documents peuvent être valablement saisis par le fisc dès lors qu'ils sont de nature à établir la preuve d'une participation de l'avocat à la fraude commise par le client. La Cour européenne des droits de l'homme a rappelé avec force cette seconde règle, à propos de la perquisition d'un cabinet d'avocat menée pour rechercher des documents illustrant la fraude supposée d'un client, alors même que le conseil n'était pas suspecté d'y avoir participé (36). La France a ainsi été condamnée sur le fondement de l'article 8 de la Convention, relatif au respect de la vie privée.

210. – Il appartient donc au magistrat qui autorise la perquisition de s'assurer que les soupçons de complicité de fraude qui pèsent sur l'avocat sont suffisamment graves pour passer outre le respect de la confidentialité. Le secret lie l'avocat, mais pas son client : si un contribuable communique de lui-même à l'Administration une correspondance échangée avec son conseil, la procédure n'est pas viciée (37). À l'inverse, la saisie du courrier d'un avocat au domicile du contribuable conduit à la décharge des impositions rappelées (38). Il reste grave que le lieu qui devrait demeurer le dernier bastion de la vie privée, comme du secret des affaires, le cabinet d'avocat, puisse être ainsi forcé. On est là, avec le secret médical, dans les derniers retranchements de la sphère privée.

2° Le secret médical

211. – À raison de sa nature protectrice, le secret, en matière de santé, s'étend à toutes les personnes, physiques ou morales, appartenant au monde

(33) R. Gouyet, *Le secret professionnel de l'avocat à l'épreuve du droit fiscal : l'exemple du droit de communication* : *LPA* 1999, n° 115, p. 3.

(34) CE, 17 juin 1998, req. n° 156531, *Chung : Dr. fisc.* 1998, n° 44, 976, concl. G. Goulard ; *RJF* 1998, n° 7, 827, chron. S. Verclytte, p. 535.

(35) Cass. com., 5 mai 1998, req. n° 96-30116, *Sté Value Investing Partners* : *Dr. fisc.* 1998, n° 43, 939, note R. Martin.

(36) CEDH, 24 juill. 2008, aff. 18603/03, *André* : *Dr. fisc.* 2008, n° 43, 552, note Ch. Louit ; *RJF* 2008, n° 12, 1341.

(37) CE, 28 févr. 2007, req. n° 283441, *SARL Louvigny* : *RJF* 2007, n° 5, 542.

(38) CAA Lyon, plén., 26 juin 2007, req. n° 05-1861, *Godefrin : Dr. fisc.* 2007, n° 46, 971, note J.-L. Pierre ; *RJF* 2007, n° 11, 1270.

médical et paramédical : médecins, chirurgiens-dentistes, pharmaciens, sages-femmes, infirmières, psychologues et psychanalystes, kinésithérapeutes, chiropracteurs, vétérinaires (39), hôpitaux, cliniques, laboratoires d'analyses, établissements de cure thermale (40) et de thalassothérapie. Le secret demeure même pour l'exercice illégal de la profession, s'agissant d'un médecin radié de l'ordre (41), dès lors qu'il vise à protéger les malades, en leur faisant ainsi profiter de la théorie de l'apparence. Les professions médicales et paramédicales, pour ne pas être visées à l'article L. 86 du Livre des procédures fiscales, ne sont pas soumises au droit de communication, ce qui permet de respecter le secret professionnel. L'Administration ne saurait tourner cette règle en consultant des documents fournis par l'autorité judiciaire, en application de l'article L. 101 du LPF, où sont contenues des informations relatives aux clients d'un praticien (42).

212. – Cependant, les médecins membres d'une association de gestion agréée (AGA) sont tenus par l'article 1649 *quater* G du Code général des impôts de faire figurer dans leur comptabilité les mêmes mentions que les autres adhérents. Depuis le 1er janvier 2000, tous les praticiens, membres ou non d'une AGA, sont astreints aux mêmes obligations comptables que les autres professions libérales (V. *supra*, n° 189 et s.). Selon l'Administration, ils doivent indiquer le nom de leurs clients sur le livre-journal. Désormais, la violation du secret médical s'entendrait selon la jurisprudence de la chambre criminelle de la Cour de cassation, statuant en matière de fraude fiscale : le secret n'est méconnu que par un rapprochement entre l'identité d'un malade, d'une part, la nature de l'affection dont il souffre ou des soins qu'il reçoit, d'autre part (43). Conception minimaliste et contestable du secret médical car, dans certaines hypothèses, la spécialité du médecin donne une idée assez précise de l'affection du malade. Selon le Conseil constitutionnel, le secret est violé dès lors que l'Administration prend connaissance du nom des patients (V. *supra*, n° 191 et s.).

213. – Le Conseil d'État, tenu par la loi, a confirmé la conception minimaliste du secret médical (44). En effet, la circonstance que l'Administration accède, par le droit de communication, à un document, comptable ou non, comportant des informations sur l'identité des patients d'un médecin, comme sur les paiements qu'ils ont effectués, ne vicie pas la vérification de comptabilité pour les besoins de laquelle le droit de communication a été exercé. Seul l'accès à des renseignements, même sommaires ou codés, relatifs aux soins prodigués, est de nature à vicier la procédure. En l'espèce, le vérificateur avait examiné des feuilles de soin et des relevés de la caisse primaire d'assurance maladie, indiquant la cotation des actes médicaux ; il avait donc violé le secret médical. S'il faut saluer la rigueur de cette jurisprudence, la nature des soins n'apparaissant pas explicitement sur les actes en cause, il faut regretter, en revanche, que le juge tolère l'accès à des documents non comptables.

---

(39) CAA Marseille, 1er févr. 1999, req. n° 94-2474, *Épx Vouret* : *Dr. fisc.* 2000, n° 15, 315, concl. J.-C. Duchon-Doris.

(40) CE, 10 févr. 1988, req. n° 67016 : *Dr. fisc.* 1989, n° 1, 46, concl. B. Martin Laprade.

(41) Arrêt *Chung* préc.

(42) *Ibid.*

(43) Cass. crim., 11 févr. 1960 : *JCP* 1960, II, 11604, note R. Savatier. – Cass. crim., 1er févr. 1977, *German : Bull. crim.* 1977, n° 40, p. 97.

(44) CE, 7 juill. 2004, req. n° 253711, *Wiedemann* : *Dr. fisc.* 2004, n° 44-45, 814, concl. F. Séners ; *RJF* 2004, n° 10, 1023, chron. F. Bereyziat *in RJF* 2004, n° 11, p. 798 ; *Procédures* 2004, n° 11, p. 24, note J.-L. Pierre.

214. – Par ailleurs, le secret professionnel peut gêner le contribuable dans l'administration de la preuve. Ainsi, le praticien ne saurait violer sa propre obligation déontologique en faisant valoir des éléments probatoires couverts par le secret. Par exemple, un chirurgien-dentiste a en vain proposé au juge de l'impôt de prouver l'exagération des recettes reconstituées par l'Administration en produisant des documents nominatifs (45). Si, aujourd'hui, un professionnel de santé peut faire valoir des pièces comportant le nom de ses clients, il n'en va pas de même s'il y est fait mention des maux dont ils souffrent ou des soins dont ils ont fait l'objet.

215. – Le secret médical protège la vie privée, mais il a également pour but de garantir la confiance que le client peut placer dans le professionnel. Sans ce crédit, le praticien ne saurait travailler dans de bonnes conditions. Le pire serait que des patients renoncent à se faire soigner de peur des indiscrétions. Il est arrivé que des avis d'imposition soient publiés dans la presse, avec donc, nécessairement, la complicité d'un agent des impôts (V. *infra*, n° 238). Qui peut garantir que des informations médicales ne seraient pas ainsi vendues à des compagnies d'assurance-vie ? Ou que des journaux à sensation apprennent qu'une personnalité consulte un psychiatre ? Il nous semble que le respect de la vie privée devrait ici l'emporter sur la lutte contre la fraude (46).

La protection du secret professionnel est tributaire de son respect en tant qu'il est détenu par les agents des impôts.

Section 2

LE SECRET OPPOSÉ *PAR* L'ADMINISTRATION FISCALE

Il sera ici question du secret de l'impôt, auquel sont tenus les agents du fisc. L'administration le conserve avec jalousie et l'oppose strictement au contribuable (§ 1), alors qu'il se heurte à la contradiction de la publicité de l'impôt (§ 2). Son résultat est de gêner l'accès aux documents administratifs (§ 3).

§ 1. – Le secret de l'impôt

Après avoir défini le secret de l'impôt, et parcouru brièvement son histoire (A), on constatera qu'il est rigoureusement appliqué (B), alors même que le nombre de personnes pouvant y déroger (C) est important.

A. – Définition et historique

216. – Le secret de l'impôt intéresse les informations auxquelles les agents de l'Administration ont accès dans l'exercice de leurs fonctions et qu'ils ont

(45) CAA Nancy, 5 déc. 1989, req. n° 89-103, *Ledanois* : *Dr. fisc.* 1990, n° 45, 2117.
(46) Dans le même sens, V. L. Ayrault, *Le contrôle juridictionnel de la régularité de la procédure d'imposition*, L'Harmattan, 2004, coll. « Finances publiques », n° 334 et s.

l'interdiction de divulguer, en dehors des services fiscaux. Également et notamment sanctionné par le Code pénal, il n'est qu'une variante du secret professionnel. Il tend d'ailleurs à se confondre avec la confidentialité que doivent respecter certaines professions. En effet, le secret de l'impôt ne se réduit pas aux sommes déclarées par le contribuable, ni aux impositions acquittées par lui, mais comprend tous les renseignements collectés lors d'une procédure de recherche de l'information, comme le droit de communication, ou à l'occasion d'un contrôle fiscal. Une vérification de comptabilité, par exemple, permet à l'Administration de recueillir un nombre important de données sur l'entreprise contrôlée. Protégés par le secret des affaires, ces renseignements, dès lors qu'ils sont portés à la connaissance du fisc, seront également couverts par le secret de l'impôt.

217. – Celui-ci a pris naissance, à l'époque moderne, avec les impositions générales et déclaratives. Au XIXe siècle, époque pourtant fort soucieuse du respect de la confidentialité, les rôles des quatre vieilles contributions étaient publics. Cependant, les impositions directes, indiciaires ou forfaitaires, ne pouvaient refléter la réalité, leur publicité n'était pas donc trop indiscrète. C'est la loi du 15 juillet 1914, créant l'impôt général sur le revenu, qui a soumis les agents du fisc à l'obligation du secret professionnel. Il s'agissait de calmer l'appréhension des contribuables, inquiets de devoir révéler l'ensemble des leurs revenus et redoutant ce que tout le monde appelait alors « l'inquisition fiscale ».

L'instruction générale du 31 janvier 1928 fit du secret de l'impôt un véritable culte, puisqu'elle contraignait les agents à l'opposer à presque tout le monde, y compris les magistrats, sauf s'agissant des plaintes pour fraude fiscale… Le même texte alla jusqu'à passer sous silence l'article 29 du Code d'instruction criminelle (aujourd'hui CPP, art. 40) qui contraint tout fonctionnaire à informer la justice des infractions qu'il relève dans l'exercice de ses fonctions (47). Une longue tradition du secret de l'impôt prit ainsi naissance.

B. – Applications

Voyons quelles sont les personnes tenues au secret de l'impôt (1°) et les obligations qu'il leur impose (2°).

1° Les personnes tenues au secret de l'impôt

218. – Il résulte de l'article L. 103 du Livre des procédures fiscales que l'obligation du secret professionnel sanctionnée par l'article 226-13 du Code pénal s'applique à toutes les personnes participant à l'assiette, au contrôle, au recouvrement et au contentieux de l'impôt. Outre les agents des administrations en charge de missions fiscales, sont intéressés les membres d'organismes consultatifs, comme la commission départementale des impôts, également les centres et associations de gestion agréés, enfin les experts qui peuvent assister les agents dans leurs missions (LPF, art. L. 103 A. – Sur ces experts, V. *supra*, n° 89). Le secret couvre l'ensemble des informations recueillies à l'occasion de l'exercice des fonctions. Il a pour corollaire celui de la correspondance : tout courrier échangé entre les agents, ou adressé au contribuable, doit être transmis sous enveloppe fermée (LPF, art. R. 103-1).

219. – L'article L. 103, alinéa 2 contient une mention spéciale à l'attention des vérificateurs pratiquant des examens contradictoires de la situation fiscale

(47) E. Mignon, *Y a-t-il encore un secret fiscal ?* : *RJF* 1999, n° 3, p. 179.

personnelle (ESFP), pour leur rappeler que les informations relatives à la vie privée du contribuable ne doivent pas sortir du service. Ce type de contrôle est nécessairement attentatoire à l'intimité de celui qui le subit, puisqu'il l'amène à devoir s'expliquer sur ses gains et ses dépenses. Le cercle du secret de l'impôt, normalement limité aux services fiscaux, est donc réduit aux personnes ayant, par leurs fonctions, à connaître du dossier. Par ailleurs, il est possible que l'agent qui, à l'occasion d'un ESFP, violerait le secret de la vie privée, s'exposerait à des sanctions plus lourdes que celles habituellement appliquées. Peut-être même que le juge pourrait reconnaître l'irrégularité de la procédure d'imposition (48), ce qui n'est pas encore le cas. On trouverait alors une utilité à cet article L. 103, alinéa 2, car il n'y a pas de degré dans l'absolu. « Le secret, que l'on sache, n'est pas susceptible de plus ou moins... » (49).

220. – La confidentialité qui lie les agents s'ajoute au devoir de discrétion professionnelle prévue à l'article 26 de la loi du 13 juillet 1983 portant droits et obligations des fonctionnaires. Celui qui méconnaît le secret de l'impôt encourt donc des sanctions pénales, civiles et administratives. En revanche, la régularité de la procédure d'imposition ne s'en trouve pas mise en cause (50). On pourrait pourtant souhaiter que la violation de la confidentialité trouve une sanction proprement fiscale. Pour y faire échec, le juge assoit sa position, comme à l'habitude, sur le principe d'indépendance des procédures. Par exemple, un vérificateur avait évalué une indemnité, versée à l'occasion de la rupture d'un contrat de travail, en se fondant sur un courrier échangé entre l'avocat du contribuable et celui de son employeur. Bien que ce document fut couvert par le secret professionnel, cette circonstance resta sans effet sur la régularité de l'imposition litigieuse, dès lors que le courrier avait été communiqué au service, non à l'occasion de la procédure suivie à l'encontre du salarié, mais au cours de la vérification de comptabilité de son employeur (51).

221. – Enfin, il n'est pas exclu que le contribuable puisse exercer un recours en responsabilité – assez illusoire sachant la difficulté à prouver la réalité de l'infraction, le lien direct avec le préjudice et l'étendue de celuici (52). L'absence de sanction fiscale est d'autant plus regrettable que le secret de l'impôt est très strictement opposé au contribuable. On en jugera par les obligations qui pèsent sur ses gardiens.

2° Leurs obligations

222. – Le secret de l'impôt a une portée générale et absolue. Les agents ont donc la stricte obligation de l'opposer à toute personne qui n'est pas directement intéressée par les informations en cause. *A contrario*, la loi vise, apparemment de manière limitative (LPF, art. L. 104 à L. 110), les documents auxquels le contribuable lui-même peut accéder. En pratique, il pourra obtenir communication ou copie de ses propres déclarations, comme des documents élaborés par l'Administration à partir de celles-ci, tel un avis d'imposition. Il en va de

---

(48) *GAJF*, 5e éd., p. 911.

(49) J. Lamarque, *Droit fiscal général*, Les Cours de droit, 1998, p. 635.

(50) CE, 15 avr. 1992, req. n° 67302, *Héritiers de M. Louis Bartoli* : *RJF* 1992, n° 6, 868. – CE, 16 déc. 1992, req. n° 58791, *Dame Haggiag* : *RJF* 1993, n° 2, 175. Sauf à ce que les agents divulguent des informations couvertes par une autre obligation de confidentialité, comme le secret médical.

(51) CAA Douai, 6 févr. 2001, req. n° 98-385, *Santini* : *Dr. fisc.* 2002, n° 6, 111, concl. G. Mulsant.

(52) Cf. E. Mignon, *op. cit.*, p. 183. – V. cependant, pour la délivrance d'un extrait de rôle à un tiers, engageant la responsabilité de l'État : CE, 25 oct. 1935, *Épx Fleur-Santucci : DH* 1936, p. 25.

même pour une demande d'information, une proposition de rectification, ou encore la réponse que le contribuable a faite à celle-ci.

223. – Un accès plus étroit est reconnu à l'ex-conjoint, il est en effet limité aux documents se rapportant aux années d'imposition commune. Les héritiers ne peuvent accéder qu'aux documents relatifs aux impositions établies au nom du défunt, pour le paiement desquelles ils sont directement mis en cause. Le débiteur solidaire d'une imposition ne peut demander que la communication des pièces utiles à la contestation de l'impôt qui lui est réclamé, et dans la limite de la solidarité à laquelle il est astreint (53). Il n'a pas besoin, pour obtenir ces documents, d'obtenir le consentement du débiteur principal (54). Les règles sont tout aussi strictes pour les tiers régulièrement et expressément mandatés par le contribuable : ils ne peuvent accéder qu'aux informations visées par le pouvoir. À noter qu'un avocat, dès lors qu'il agit pour le compte de son client, n'a pas à justifier d'un mandat (55).

224. – *A contrario,* le secret est rigoureusement opposé à toute personne qui ne justifie pas d'un intérêt direct, ou d'un mandat exprès, pour accéder aux informations en cause. La doctrine administrative (56), sous réserve des exceptions prévues par la loi, fait obligation aux agents d'opposer le secret aux administrations autres que fiscales, comme à des personnes qui ont pourtant intérêt à prendre connaissance de certaines informations. Ainsi, un commissaire aux comptes ne peut, sans mandat, se voir communiquer par l'Administration des renseignements relatifs à la situation fiscale de la société qu'il contrôle. De même s'agissant de personnes qui se sont portées caution pour le paiement d'impôts ou taxes.

Les services fiscaux ne doivent pas délivrer aux tiers d'informations sur la vie privée des contribuables. Ils ne sauraient ainsi communiquer les copies intégrales des actes de ventes d'immeubles, qui comportent de tels renseignements. Ceci alors même que ces documents constituent les termes de comparaison qui ont servi à l'Administration pour déterminer la valeur vénale d'un bien (57). Or, il est difficile, dans ces conditions, de s'assurer de l'authenticité du document fourni. La rigueur de telles solutions est surprenante lorsque l'on sait le nombre de dérogations au secret de l'impôt posées par la loi.

C. – Dérogations

225. – Les bénéficiaires (1°) de ces dérogations sont pour le moins nombreux. On s'attardera sur une grave difficulté : à raison du secret, le contribuable ne peut directement accéder aux éléments de comparaison (2°) que le service a retenus pour asseoir son redressement. Cette question se pose devant deux institutions qui ne peuvent se voir opposer le secret : la commission départementale des impôts et le juge.

1° Bénéficiaires

226. – Plus de quatre-vingts articles du Livre des procédures fiscales (LPF, art. L. 114 à L. 166 A) prévoient les exceptions au secret de l'impôt. Les per-

---

(53) CE, 1er juin 1990, req. n° 65822, *Bouxom* : *RJF* 1990, n° 8-9, 1058.
(54) CE, avis, 21 déc. 2006, req. n° 293749, *Duguay : Dr. fisc.* 2007, n° 40, 895, concl. P. Collin ; *RJF* 2007, n° 3, 314.
(55) CE, avis, 5 juin 2002, req. n° 242862, *Touati* : *Dr. fisc.* 2002, n° 36, 662, concl. G. Bachelier.
(56) *Doc. adm. DGI*, 13 K-2122, 10 août 1998.
(57) Cass. com., 20 nov. 2007, req. n° 1258 FD, *Nikolitch-Bertrand* : *RJF* 2008, n° 4, 519.

sonnes pouvant ainsi accéder aux informations détenues par le fisc, pour la plupart elles-mêmes tenues au secret professionnel (V. LPF, art. L. 113), sont principalement les suivantes. Il s'agit, tout d'abord, des administrations fiscales des États ayant signé avec la France une convention d'assistance administrative réciproque en matière d'impôts (LPF, art. L. 114, l'article L. 114 A prévoit des modalités semblables au profit des États membres de la Communauté européenne). Viennent ensuite des autorités administratives très diverses, comme le médiateur de la République, la police nationale, la Sécurité sociale, les chambres de commerce, la Banque de France, etc. De manière générale, les organismes publics sont autorisés à accéder aux informations fiscales soit pour exercer des contrôles (surtout en matière économique), soit pour calculer des indemnités ou prestations sociales.

227. – Il est permis aux officiers ministériels d'accéder à certaines informations fiscales, dans des conditions strictement délimitées par la loi. Ainsi le notaire chargé de liquider une communauté peut recevoir de l'Administration communication de tout renseignement sur la situation fiscale des époux, pour la période où ils étaient imposés ensemble (LPF, art. L. 149). Ou encore un huissier de justice, en vue du paiement d'une pension alimentaire, est en droit d'exiger du fisc certains renseignements sur le débiteur (LPF, art. L. 151).

228. – Les juridictions peuvent demander la communication de documents fiscaux, soit auprès du contribuable, soit de l'Administration, en vue de la résolution des litiges tendant à une condamnation pécuniaire (LPF, art. L. 143). L'hypothèse la plus courante est celle d'un différend relatif à un préjudice corporel subi par le demandeur et lui ayant causé une incapacité de travail. Les déclarations fiscales déposées par la victime au titre des années précédant le dommage sont utilisées pour reconstituer les revenus qu'elle aurait dû percevoir. On trouve ici un curieux état du droit (58). En effet, si le demandeur met en cause la responsabilité d'une personne publique, les montants déclarés au fisc lui sont opposables pour le calcul de son indemnisation. En revanche, le juge civil n'est pas tenu de suivre cette même règle, sachant que les déclarations peuvent ne pas être sincères…

La règle du contradictoire, qui domine dans toutes les procédures menées devant les juridictions, voit son respect remis en cause lorsque sont en jeu des éléments de comparaison.

2° Secret et éléments de comparaison

La question se pose tant devant la commission départementale des impôts (*a*) que face au juge (*b*).

a) Devant la commission départementale des impôts

229. – Ne peuvent également se voir opposer le secret de l'impôt la plupart des organismes consultatifs en matière fiscale, particulièrement les commissions nationale et départementales des impôts (LPF, art. L. 136). Cependant, lorsque le bien-fondé du redressement litigieux suppose de retenir des éléments de comparaison, comme s'agissant des rémunérations de dirigeants de sociétés (V. *supra*, n° 135 et 136), une difficulté de taille se présente. En effet, l'Administration se réfugie derrière le secret pour fournir, non pas les éléments chiffrés propres à chaque élément de comparaison, mais de simples moyennes. Car si la loi (LPF, art. L. 60) permet au contribuable de s'assurer

(58) Cf. Ch. de la Mardière, *La déclaration fiscale : RF fin. publ.* 2000, n° 71, p. 123.

de la pertinence des éléments retenus, c'est seulement pour vérifier que les situations en causes sont similaires à la sienne.

230. – Par exemple, lorsque l'Administration estime que la rémunération du dirigeant d'une société est excessive, elle doit retenir un nombre suffisant d'entreprises comparables à celle considérée et indiquer, notamment, la moyenne des émoluments sur plusieurs exercices. En effet, le juge estime que le secret serait violé si le service faisait directement part des rémunérations de chaque année (59). Même si l'Administration doit communiquer le nom des sociétés en cause (60), il reste difficile, dans ces conditions, de contester les chiffres présentés. Cette jurisprudence considère – ce qui est fort contestable, que le caractère contradictoire de la procédure est néanmoins respecté. Il est encore plus grave que le même principe soit retenu devant les tribunaux.

b) Devant le juge

231. – On lit à l'article L. 201 du Livre des procédures fiscales :

« Les documents et pièces que l'administration des impôts a joints au dossier du litige devant le tribunal administratif et qui concernent les entreprises ou personnes nommément désignées ne peuvent porter que sur des moyennes de chiffres d'affaires ou de revenus, de façon à respecter le secret professionnel (...). Le tribunal administratif, s'il le demande à l'audience, reçoit pendant le délibéré, pour son intime conviction, communication intégrale en chambre du conseil de tous documents ou pièces concernant les entreprises ou personnes nommément désignées ».

Le juge peut ainsi prendre connaissance des informations en cause puisqu'il est, tout comme l'Administration, tenu au secret. En revanche, le contribuable ne saurait y accéder et, en conséquence, discuter précisément les éléments de comparaison invoqués par le fisc. Le Conseil d'État ne considère pas pour autant que les droits de la défense soient ici bafoués (61).

232. – Cette pratique « ne peut qu'être critiquée de la façon la plus catégorique » (62). Elle a d'ailleurs été condamnée en contentieux administratif général (63) et le juge de l'impôt lui-même, sous l'empire d'une autre législation, s'était prononcé à son encontre (64). L'Administration invoque la protection du secret des affaires (LPF, art. R. 114 A-2), dont elle-même fait fi lorsque le contribuable tente de le lui opposer. Les armes ne sont pas égales. Outre le mépris de la contradiction, il est particulièrement regrettable qu'un juge, selon les termes mêmes de l'article L. 201, ait l'obligation de demander à l'Administration, lors de l'audience, de pouvoir accéder à des pièces pour s'en aller les consulter, à huis clos, fébrile.

L'arrêt de 1972, en plus d'être ancien, n'a pas été confirmé. Il semble, en revanche, avoir été contredit par une autre décision. En effet, le Conseil d'État a censuré un arrêt d'appel dans lequel la cour avait considéré que le respect du contradictoire devait céder devant l'obligation du secret défini à l'article L. 103 du Livre des procédures fiscales. Selon le Palais royal, le juge ne peut demander à l'Administration de produire des documents, pour qu'ils

---

(59) CE, 14 janv. 1983, req. n° 25233 : *RJF* 1983, n° 3, 437. – CE, 21 févr. 1990, req. n° 58482, *Transports Béjot* : *RJF* 1990, n° 4, 455.
(60) CE, 2 mars 1987, req. n° 53607 : *RJF* 1987, n° 5, 552.
(61) CE, plén., 3 mars 1972, req. n° 75457 : *Dr. fisc.* 1972, n° 29-30, 1168, concl. Dufour.
(62) J.-M. Auby et R. Drago, *Traité de contentieux administratif*, LGDJ, 3e éd. 1984, n° 338.
(63) CE, 11 mars 1955, *Secr. d'Ét. à la guerre c/ Coulon : Rec. CE*, p. 149, concl. Grévisse.
(64) CE, 10 oct. 1962, req. n° 49708 : *AJDA* 1963, p. 156, note R. Drago.

servent de fondement à sa décision, sans les communiquer au demandeur, au motif qu'ils sont couverts par le secret (65).

233. – Au total, même si le nombre de personnes pouvant déroger au secret de l'impôt est élevé, on notera que ces dérogations sont strictement encadrées, *ratione personae* et *materiae*, par la loi. L'Administration elle-même applique rigoureusement les dispositions en cause, offrant ainsi au secret de l'impôt une protection parfois excessive. Or, pareille rigueur se heurte à une contradiction, celle de la publicité de l'impôt.

§ 2. – La publicité de l'impôt

Ce n'est pas le moindre des paradoxes de ce domaine, la publicité de l'impôt peut être régulière (A) ou illicite (B).

A. – Publicité régulière

Deux sortes de dispositions permettent une publicité régulière de l'impôt. Tout d'abord, la règle prévoyant que les audiences juridictionnelles sont publiques (1°), puis celle relative à la confection de listes de contribuables (2°).

1° Publicité des audiences

234. – Pendant longtemps, les instances relatives à l'imposition des revenus et du patrimoine n'étaient pas publiques, précisément pour préserver le secret de l'impôt. En conséquence, les décisions de justice ne mentionnaient pas le nom du contribuable requérant. Depuis la loi de finances pour 1984 (LPF, art. L. 199 B), il n'en est plus ainsi, le législateur ayant entendu que les décisions rendues servent d'exemple. La lecture de certains jugements ou arrêts permet de prendre connaissance d'informations pourtant couvertes par le secret qui lie l'Administration. Par exemple, s'agissant d'un contribuable qui entend déduire une pension alimentaire versée à un ascendant, ce qui suppose de connaître les revenus de celui-ci. Ou encore pour déterminer si les rémunérations d'un dirigeant de société sont excessives, ce qui nécessite de faire état des salaires versés à l'intéressé. Des informations du même ordre peuvent être accessibles en consultant les listes des contribuables.

2° Listes des contribuables

235. – À l'époque moderne, la publicité de l'impôt remonte à la loi du 4 avril 1926, faisant obligation à l'Administration de déposer dans chaque mairie la liste des contribuables à l'impôt général sur le revenu, inventaire tenu à la disposition de tous les citoyens de la commune. Cette publicité se veut soucieuse de l'égalité devant l'impôt, qu'elle entend satisfaire par la délation (66) : un « honnête contribuable », jaloux de la prospérité de son voisin, est invité à s'assurer à la mairie que l'intéressé contribue effectivement aux

(65) CE, 10 déc. 1999, req. n° 192453, *Cohen et Ferrey* : *Dr. fisc.* 2001, n° 13, 297, concl. J. Arrighi de Casanova, *in BDCF* 2000, n° 2, 27. – V. aussi, pour le contentieux général : CE, 30 juill. 2003, req. n° 242812, *Sieur R.* : *AJDA* 2003, p. 1526. – Et pour le secret imposé par les conventions fiscales internationales : CE, 4 juin 2008, req. n° 301776, *Sté Sparflex* : *Dr. fisc.* 2008, n° 29, 418, concl. N. Escaut ; *RJF* 2008, n° 10, 1055 : « le juge administratif est tenu de ne statuer, conformément aux principes généraux de la procédure, qu'au vu des seules pièces du dossier qui ont été communiquées aux parties ».

(66) E. Mignon, *Y a-t-il encore un secret fiscal ?* : *RJF* 1999, n° 3, p. 181.

charges publiques. Le Conseil constitutionnel, dans sa décision relative à la loi de finances pour 1984, a relevé que les mesures de publicité de l'impôt, dont la constitutionnalité était contestée au nom du respect de la vie privée, non seulement ne contrariaient pas celle-ci, mais de plus étaient de nature à améliorer la sincérité des déclarations fiscales (67).

236. – En droit positif, par dérogation au secret professionnel, les mesures de publicité de l'impôt sont prévues aux articles L. 111 et L. 112 du LPF. Certains assujettis à la TVA, les contribuables soumis à l'IR et à l'IS font l'objet de listes nominatives établies par chaque direction des services fiscaux. Naguère, l'impôt sur les grandes fortunes donnait lieu à la même publicité, mais la règle n'a pas été reprise pour l'ISF. S'agissant de l'IR, on peut ainsi connaître le nombre de parts, le montant du revenu imposable et celui de l'impôt. La liste peut être consultée dans chaque direction (au centre départemental d'assiette) par les contribuables qui relèvent de la compétence territoriale de celle-ci, autrement dit qui résident dans le département. Pour ce qui est de l'impôt sur les sociétés, la liste ne comporte que la dénomination sociale et l'adresse des entreprises, mais les principaux documents comptables peuvent être consultés au greffe du tribunal de commerce.

237. – Le secret de l'impôt fait pâle figure face à ces dispositions. Pour peu qu'on ne relève pas de la compétence territoriale des services fiscaux en charge d'un contribuable, il suffit d'envoyer une bonne âme prendre connaissance des informations le concernant et l'on saura ainsi l'essentiel de la situation fiscale de n'importe qui. La contradiction est vive entre le contenu de ces règles et leur sanction : la publicité de l'impôt est régulière tant qu'elle demeure individuelle ; elle devient illicite lorsque la connaissance des mêmes informations est collective.

B. – Publicité illicite

Outre des sanctions (1°) fiscale et pénales propres à l'infraction, la répression de la divulgation par la presse des renseignements protégés a été condamnée par la Cour européenne des droits de l'homme, dans l'affaire *Calvet* (2°).

1° Sanctions

238. – L'article L. 111 du Livre des procédures fiscales dispose que toute personne se livrant à la publication ou la divulgation soit des listes de contribuables, soit de toute indication se rapportant à ces listes et visant des personnes nommément désignées, encourt une amende fiscale égale au montant de l'impôt divulgué (CGI, art. 1762) et des peines pénales pouvant aller jusqu'à cinq ans d'emprisonnement (CGI, art. 1772-1, 5°). Ces sanctions sont rarement appliquées (68), d'abord parce qu'il est très difficile de prouver l'identité de l'auteur principal de l'infraction – à l'origine de la « fuite » – ensuite, du fait de leur sévérité, au moins pour les peines pénales. À la suite d'affaires retentissantes où la presse avait publié les revenus de personnalités politiques, la loi de finances pour 1988 entendit porter le montant de l'amende fiscale, non plus à celui de l'impôt, mais des revenus divulgués. Le Conseil constitutionnel censura le texte dès lors que la sanction avait un caractère manifestement disproportionné (69).

(67) Cons. const., déc., 29 déc. 1983, n° 83-164 DC : *Rec. Cons. const.*, p. 67 ; *GDCC* n° 34.
(68) Par ex. : CE, 29 juill. 1983, req. n° 38418 : *Dr. fisc.* 1983, n° 50, 2318, concl. P. Rivière.
(69) Cons. const., déc., 30 déc. 1987, n° 87-237 DC : *Dr. fisc.* 1988, n° 1-2, 5.

239. – L'amende est donc restée égale au montant de l'impôt révélé, ce qui ne l'empêche pas d'être elle-même contestable. La doctrine n'a pas manqué de souligner la nature baroque de cette sanction. Tout d'abord et contrairement aux autres pénalités fiscales, elle frappe une personne qui n'agit pas en qualité de contribuable, ensuite le Trésor ne subit aucun préjudice à raison de la faute commise, enfin elle cause un double emploi avec les sanctions pénales prévues à l'article 1772-1 5° du Code général des impôts (70). Surtout, l'application de cette amende n'est pas conforme au principe d'égalité devant la loi. En effet, on est bien plus sévèrement puni en divulguant les revenus d'un riche que d'un pauvre (s'il n'est pas imposable, la sanction est même inexistante). Il y a donc lieu de s'interroger sur la conformité de l'article 1762 à la Déclaration de 1789 (art. 6 : la loi « doit être la même pour tous, soit qu'elle protège, soit qu'elle punisse ») (71), comme à la Convention européenne des droits de l'homme (72) puisqu'il s'agit d'une sanction.

Outre les amendes et peine d'emprisonnement prévues aux articles 1762 et 1772-1 5°, le dispositif pénal français tendant à punir la publication par la presse des informations en cause a été condamné par la Cour européenne des droits de l'homme, dans l'affaire *Calvet*.

2° L'affaire *Calvet*

240. – *Le Canard enchaîné* avait publié, en 1989, la copie de trois avis d'imposition relatifs à l'IR dû par M. Jacques Calvet, alors président de la société Peugeot. Ces documents étaient parvenus aux journalistes par voie de pli anonyme et l'enquête révéla que seul un agent des impôts pouvait être à l'origine de ce courrier. Les avis d'imposition indiquaient que le salaire de M. Calvet s'était accru de 45,9 % en l'espace de deux ans, alors que dans le même temps la rémunération moyenne des salariés du groupe n'avait progressé que de 6,7 %.

À la suite d'une plainte déposée par le dirigeant, le tribunal correctionnel de Paris relaxa les journalistes prévenus, au motif que les infractions de vol et de violation du secret professionnel ne pouvaient être retenues, faute d'avoir établi les circonstances dans lesquelles elles furent commises, et identifié la personne qui avait transmis les documents. La cour d'appel de Paris infirma ce jugement et reconnut les journalistes coupables de recel de photocopies d'avis d'imposition provenant d'une violation du secret professionnel par un agent du fisc non identifié. Le pourvoi en cassation fut rejeté, au nom de la souveraineté des juges du fond.

241. – Devant la Cour européenne des droits de l'homme, les journalistes invoquèrent la violation de l'article 10 de la Convention, relatif à la liberté d'expression. Dans un arrêt du 21 janvier 1999, la Cour a condamné la France en considérant, dans les circonstances de l'espèce, que l'information du public prévalait sur le secret de l'impôt (73). La juridiction européenne ne s'oppose pas à ce dernier, qu'elle juge « légitime en lui-même » (§ 53), mais considère que « la condamnation des journalistes ne représentait pas un moyen raison-

(70) B. Genevois, *L'application du principe de proportionnalité aux amendes fiscales (à propos de la décision du Conseil constitutionnel n° 87-237 DC du 30 décembre 1987)* : *RFD adm.* 1988, p. 357.

(71) Le moyen avait été soulevé devant le Conseil constitutionnel, mais celui-ci, dans la décision précitée, ne l'a pas retenu. Cf. Th. Lambert, *Annulation de l'article 92 de la loi de finances pour 1988 relatif à la répression de la divulgation du revenu des personnes physiques : Rev. adm.* 1988, n° 242, p. 139.

(72) E. Mignon, *op. cit.*, p. 183.

(73) CEDH, 21 janv. 1999, aff. 29183/95, *Fressoz et Roire : RJF* 1999, 3, 367, chron. E. Mignon, p. 178 ; *LPA* 1999, n° 154, p. 11, note R. Marie.

nablement proportionné à la poursuite des buts légitimes visés compte tenu de l'intérêt de la société démocratique à assurer et à maintenir la liberté de la presse » (§ 56).

Il convient de mesurer la portée de la décision – la cour y insiste en prenant soigneusement en considération le contexte qui fit naître le litige. Car la publication des documents en cause se fit précisément à l'heure d'un conflit social au sein du groupe Peugeot, la direction ayant refusé d'accorder les augmentations de salaires réclamées par les syndicats. Lors d'une émission de télévision, M. Calvet n'avait pas voulu révéler le montant de ses propres salaires. Dans ces conditions, la cour a estimé que les journalistes avaient entendu satisfaire l'information du public, en l'éclairant sur la réalité des rémunérations du dirigeant, davantage qu'ils n'avaient voulu nuire à ce dernier.

242. – Les juges européens n'ont pas manqué de souligner les incohérences du droit français, qui interdit la publication des informations fiscales tout en assurant leur publicité. Ils ont également évoqué la jurisprudence de la Cour de cassation, pour laquelle la publication de renseignements d'ordre purement patrimonial ne porte pas atteinte à la vie privée (74). Outre une certaine démagogie, on peut reprocher à la Cour européenne d'avoir reconnu que la libre circulation de l'information pouvait se faire en violation des lois pénales. Car il est très vraisemblable que les journalistes, en publiant les documents litigieux, savaient qu'ils commettaient une infraction. Même si la portée de la décision doit être associée aux circonstances du litige, elle encourage les agents du fisc à divulguer des informations patrimoniales, chaque fois que celles-ci présenteront un intérêt pour l'information du public.

Le mérite de l'arrêt *Fressoz et Roire* est sans nul doute de poser la question de la légitimité du secret de l'impôt.

243. – Il n'est pas contestable que certaines informations détenues par le fisc doivent demeurer cachées, dès lors que leur divulgation serait de nature à violer le secret de la vie privée comme celui des affaires. Ainsi, les déclarations déposées au titre de l'IR peuvent indiquer que le contribuable est chômeur, divorcé, que ses parents sont dans le besoin, qu'il opère des versements au profit de certaines associations ou syndicats, etc. Plus grave, des informations touchent également au secret médical, par exemple si le contribuable perçoit une pension d'invalidité. Le même constat s'impose pour les entreprises : un concurrent, par exemple, apprendrait avec beaucoup d'intérêt qu'une société engage des frais de recherche, ouvrant droit au crédit d'impôt, en vue de la commercialisation de tel ou tel produit. En revanche, conformément à la jurisprudence du Conseil constitutionnel, de la Cour européenne des droits de l'homme et de la Cour de cassation, il n'apparaît pas que la publication d'informations purement patrimoniales puisse causer les mêmes préjudices.

244. – Il conviendrait de repenser l'état du droit, dont l'incohérence nuit à la force obligatoire. L'Administration protège parfois abusivement un secret inopposable à de nombreuses personnes, couvrant des informations dont certaines sont portées à la connaissance des citoyens, afin qu'ils dénoncent leur voisin, ou qu'on peut lire dans les journaux, avec la bénédiction d'une haute cour. Enfin, les mêmes informations sont portées à la connaissance du public lors des audiences tenues par les tribunaux.

245. – Il est temps d'autoriser la publication et l'accès aux informations fiscales d'ordre strictement patrimonial, soit le montant de la base et celui de

(74) Cass. 1re civ., 28 oct. 1993 : *Bull. civ.* I, n° 295, p. 203.

l'impôt. Que tout le monde, sans restriction géographique, puisse prendre connaissance des listes de contribuables et que leur divulgation ou publication ne soit plus sanctionnée, sauf intention malveillante (75). Sans doute y a-t-il un risque de délation, mais seuls les mauvais contribuables peuvent la redouter. D'ailleurs, la consultation des listes prévues à l'article L. 111 du Livre des procédures fiscales rencontre peu de succès (76). Il paraît moins malsain que tout le monde puisse connaître les revenus de chacun, que de réserver cette même faculté à la vindicte du voisinage. Enfin, il conviendrait de modérer la rigueur qui entoure le secret de l'impôt, dont l'Administration abuse, particulièrement pour gêner l'accès aux documents administratifs.

§ 3. – L'accès aux documents administratifs

246. – La loi du 17 juillet 1978, en reconnaissant à toute personne le droit d'accéder aux documents administratifs, a renversé le principe du secret. Elle s'est employée « à mettre fin à certains au moins de ces "secrets d'administration" dont on sait qu'ils sont plus secrets encore que les secrets d'État » (77). Ce droit est placé sous la protection d'une autorité administrative indépendante, la Commission d'accès aux documents administratifs (CADA). L'innovation représentée par la loi de 1978 a cependant été plus grande en droit administratif qu'en droit fiscal, où une certaine « transparence » était déjà de mise, ainsi par la publication de la doctrine administrative.

247. – Les dispositions de la loi de 1978 s'ajoutent aux règles proprement fiscales permettant aux contribuables d'accéder à certains documents, comme par exemple les déclarations souscrites (V. *supra*, n° 222) ou s'agissant d'informations issues de tiers (V. *infra*, n° 737 et s.). Cependant, la CADA, en vertu de l'article 21 de la loi de 1978, est compétente pour instruire les demandes relatives aux documents visés par les articles L. 104 b (délivrance d'un extrait de rôle en matière d'impôts locaux) et L. 111 (mesures de publicité de l'impôt, V. *supra*, n° 236) du Livre des procédures fiscales. Après avoir déterminé quels sont les documents communicables (A), on examinera la procédure permettant d'y accéder (B).

A. – Les documents communicables

248. – La loi du 17 juillet 1978 disposait, par principe, que toute personne avait accès aux documents non nominatifs, de même que tout intéressé pouvait se voir communiquer les actes nominatifs se rapportant à sa situation. Cette distinction a été abandonnée par la loi du 12 avril 2000, relative aux droits des citoyens dans leurs relations avec les administrations, qui est venue modifier celle de 1978. Désormais, on distingue les documents qui ne sont communicables qu'aux seules personnes intéressées (3°), de ceux accessibles à tous (2°). Avant d'aborder cette distinction, il convient de définir la notion de document administratif (1°).

---

(75) Y. Pimont, *Le fisc, le contribuable et les tiers, in Études de finances publiques : Mél. P.-M. Gaudemet*, Economica, 1984, p. 638.

(76) P.-M. Gaudemet, *Heurs et malheurs du secret fiscal* : Mél. Dendias, 1978, p. 1296.

(77) R. Chapus, *Droit administratif général*, t. 1, Montchrestien, 15e éd. 2001, p. 481.

1° Notion de document administratif

249. – Est administratif tout document détenu par l'État, les collectivités locales, les établissements publics et les personnes privées chargées d'un service public (L. 1978, art. 1er, al. 2). Peu importe que l'autorité considérée soit ou non l'auteur de l'acte (78). La nature administrative du document exclut du champ d'application de la loi les actes régis par le droit privé, même si une autorité administrative en détient la copie. Ainsi, un acte de vente, même invoqué par l'Administration pour asseoir un redressement, n'est pas communicable sur le fondement de la loi de 1978 (79). Les documents adressés par une personne privée à une administration sont administratifs dès lors qu'ils constituent le support d'une décision de l'autorité (80). Parmi les documents administratifs, ne sont communicables que les actes définitifs, ce qui exclut ceux en cours d'élaboration, qui ne seront accessibles qu'une fois achevés, et les documents préparatoires (L. 1978, art. 2, al. 2). Le contribuable ne peut, à ce titre et par exemple, demander la communication des notes prises par un agent lors d'une vérification (81), pas plus que de la feuille d'instruction d'une réclamation (82).

250. – La même nature administrative des documents en cause explique que ceux appartenant à une procédure juridictionnelle (83), ainsi que les avis rendus par les juridictions administratives, enfin les actes pris par les assemblées parlementaires ne sont pas accessibles sur le fondement de la loi de 1978 (art. 1er, al. 3). On notera particulièrement que les pièces adressées par l'administration fiscale à l'autorité judiciaire, à l'appui d'une demande de visite et de saisie, ne peuvent être considérées comme détachables de la procédure juridictionnelle ; à ce titre, elles ne sont pas accessibles au sens de la même loi (84). Cependant, la Cour de cassation, sur le fondement du contradictoire et non de la loi de 1978, oblige l'Administration à communiquer au contribuable les pièces en cause (85) ; si le service estime que les documents sont couverts par le secret, il lui appartient de ne pas les produire à l'appui d'une demande de visite et de saisie. La plupart des documents administratifs sont accessibles à tous.

2° Documents accessibles à tous

251. – Ils peuvent prendre les dénominations les plus variées. Il s'agit, tout d'abord, des décisions, instructions, notes, circulaires et réponses ministérielles qui comportent une interprétation du droit positif ou une description des procédures administratives (L. 1978, art. 7). Mais aussi des dossiers, rapports, études, statistiques, fichiers informatiques, comptes-rendus, procès-verbaux, avis, prévisions, etc. La nature du support (papier ou informatique) n'importe pas (L. 1978, art. 1er, al. 2). Cependant, le droit à communication ne

---

(78) CADA, 25 mai 2000, *Préfet de Seine-Saint-Denis*, 10e rapport d'activité, p. 19 et 117.

(79) CE, 23 oct. 1991, req. n° 120643, *Durrenbach* : *RJF* 1991, n° 12, 1562. Il doit cependant être communiqué en tant qu'élément de comparaison, sur un fondement donc proprement fiscal.

(80) CE, 3 juin 1987, *Ministre de l'urbanisme, du logement et des transports c/ Durand* : *Rec. CE*, p. 190.

(81) CE, 28 sept. 1990, req. n° 98429, *Bertier* : *RJF* 1990, n° 11, 1356.

(82) CE, 26 avr. 1993, req. n° 108074, *SARL « Le Charles »* : *RJF* 1993, n° 6, 862.

(83) Y compris les conclusions des commissaires du gouvernement : CE, 26 janv. 1990, req. n° 104236 : *Dr. fisc.* 1990, n° 16, 782.

(84) CAA Paris, 8 févr. 1996, req. n° 95-2771, *SARL ACP Expansion* : *Dr. fisc.* 1996, n° 24, 738, concl. A. Mendras.

(85) Cass. com., 9 juill. 1996, req. n° 1404 P, *Sté Berger-Levrault* : *RJF* 1996, n° 10, 1175. Solution rendue en matière de concurrence, mais transposable au domaine de l'impôt.

s'exerce plus lorsque le document fait l'objet d'une diffusion publique (L. 1978, art. 2, al. 2). Tel est le cas de la doctrine administrative, qui est mise à la disposition du public dans les centres des impôts. Se pose, à l'inverse, la question de l'accès à la doctrine administrative non publiée (*b*). Par ailleurs, le secret peut interdire l'accès aux documents administratifs (*a*).

a) Secret

252. – Les secrets garantis par la loi autorisent l'Administration à refuser la communication de certains documents, pour tout ou partie. Il s'agit d'abord des secrets protégeant la puissance publique (L. 1978, art. 6, I), comme en matière de défense nationale ou de sûreté de l'État. Par ailleurs, ne sont pas accessibles les actes intéressants des tiers et dont la connaissance serait attentatoire à la vie privée, au secret médical ou au secret des affaires (L. 1978, art. 6, II). On ne peut ainsi utiliser la loi du 7 juillet 1978 dans le but de tourner le secret, par exemple pour demander à connaître le montant de la TVA acquittée par une entreprise (86).

253. – On retiendra surtout l'interdiction de communiquer des documents dont la diffusion pourrait nuire à la recherche des infractions fiscales et douanières. Par infraction fiscale, il faut entendre non seulement les incriminations pénales en matière d'impôt, mais aussi toutes les méconnaissances de la loi fiscale, y compris celles qui ne conduisent qu'à l'application d'un redressement, à l'exclusion de sanctions (87). Sont, à ce titre, couverts par le secret les actes comportant des indications sur l'organisation, les moyens, les méthodes ou les résultats de la recherche des infractions fiscales. On compte également les documents qui figurent dans les dossiers des contribuables, sans émaner d'eux, et dont la communication pourrait porter atteinte au contrôle de l'application des règles fiscales ; par exemple un rapport d'enquête. La même problématique se présente pour la doctrine administrative non publiée.

b) Doctrine administrative non publiée

254. – La loi de 1978 doit permettre au contribuable d'accéder à des documents qui ne sont pas mis à sa disposition par les services fiscaux, à savoir les instructions portées à la seule connaissance des agents que sont les *Bulletins officiels des impôts* (*BOI*) roses et jaunes, ou encore les notes autographiées. Le juge autorise la communication de ces documents dès lors qu'ils ne comportent pas d'informations dont la divulgation pourrait nuire à la recherche des infractions fiscales (88). Cependant, on rappellera qu'ils ne peuvent pas être invoqués sur le fondement de la garantie contre les changements de doctrine.

255. – La communication des monographies peut être également autorisée. Il s'agit de documents conçus par l'Administration à l'attention de ses services, pour décrire les conditions d'exploitation des professions commerciales, artisanales et libérales. Ces études présentaient une grande utilité lorsqu'elles servaient aux agents pour calculer les forfaits, particulièrement en indiquant les coefficients de marge brute pratiqués par chaque profession. Elles faisaient l'objet d'une certaine publicité pour être communiquées aux organisations professionnelles (V. CGI, anc. art. 302 *ter* 2 *bis*).

---

(86) CADA, 16 déc. 1982, *Delfosse*, 7e rapport d'activité, p. 10.

(87) Cf. Cons. const., déc., 29 déc. 1983, n° 83-164 DC : *Rec. Cons. const.*, p. 67 ; *GDCC* n° 34. – Et N. Chahid-Nouraï, concl. sur CE, sect., 1er déc. 1989, req. n° 58277, *Blanc*, req. n° 58896, *Sté nouvelle d'édition et de diffusion (SNED) : RJF* 1990, n° 1, p. 15.

(88) *Doc. fisc. Lefebvre*, DC-VI, n° 16710, feuillet blanc 1er sept. 2007.

256. – Aujourd'hui, où le forfait a cédé la place au système de la micro-entreprise, les monographies sont des guides du contrôle fiscal, par profession, à l'usage des vérificateurs. On devine qu'elles comportent des informations « sensibles », couvertes par le secret. Il n'est donc pas étonnant que le juge ait interdit la communication d'une monographie en tant qu'elle faisait état des difficultés du contrôle fiscal face à une profession considérée, exposait les techniques de fraude et les méthodes recommandées pour la dépister (89). En revanche, la même décision a permis l'accès à une partie du document, décrivant l'organisation de la profession, son cadre juridique, les moyens mis en œuvre, les chiffres et taux considérés comme habituels pour les produits et charges d'exploitation, enfin les règles comptables et fiscales. On peut donc trouver dans les monographies, même « expurgées », des informations intéressantes. Mais il est bien naturel que le contribuable soit plus avide des documents qui le concernent personnellement.

3° Documents accessibles aux seuls intéressés

Après avoir défini la notion de personne intéressée (*a*), on verra que seul le secret (*b*) peut s'opposer à la communication de documents personnels. On insistera enfin sur l'accès au rapport de vérification (*c*).

a) Notion de personne intéressée

257. – Les personnes qui le demandent ont droit à la communication des documents comportant des données personnelles les intéressant. Pour être accessibles, il ne suffit pas à ces actes de se référer à une personne nommément désignée ou facilement identifiable. Il leur faut, de plus, comporter une appréciation ou un jugement de valeur sur cette personne, ou encore faire apparaître un comportement dont la divulgation serait susceptible de lui être préjudiciable (L. 1978, art. 6 II). En outre, la loi reconnaît à quiconque le droit de prendre connaissance des informations contenues dans un document administratif dont les conclusions lui sont opposées ; sans pouvoir obtenir que l'acte soit modifié, l'intéressé peut demander que ses observations soient consignées en annexe au document (L. 1978, art. 3).

Les personnes intéressées à la communication de documents personnels s'entendent du contribuable lui-même et des tiers justifiant soit d'un intérêt direct à accéder aux documents en cause (90), soit d'un mandat exprès du contribuable, soit enfin de la qualité d'avocat (91). Ainsi, le dossier du contribuable (n° 2004) établi par les services fiscaux doit lui être communiqué, sous réserve des secrets garantis par la loi (92).

---

(89) CE, 22 oct. 1990, req. n° 103708, *Cassigneul* : *RJF* 1990, n° 12, 1506, concl. N. Chahid-Nouraï, p. 827.

(90) Par ex., une mère peut obtenir un extrait des déclarations de revenus de son fils en tant qu'elles font état de la pension alimentaire qu'il lui a versée (CADA, 28 janv. 1998, *Popovici*), ou encore un mari séparé de sa femme peut se voir communiquer un avis d'imposition adressé à celle-ci, mais ayant servi à fonder un redressement qui lui fut notifié (CADA, 10 nov. 1983, *Fischer*). À l'inverse, les parents d'un contribuable décédé ne peuvent accéder aux documents fiscaux le concernant, s'ils ne sont pas redevables des dettes fiscales laissées par le défunt. – Cf. CADA, 7e rapport d'activité, p. 16 et 17.

(91) CADA, 16 avr. 1992, *Rodrigue*, *Guide de l'accès aux documents administratifs*, Doc. fr., 1997, p. 56. – CE, avis, 5 juin 2002, req. n° 242862, *Touati* : *Dr. fisc.* 2002, n° 36, 662, concl. G. Bachelier.

(92) CE, 30 nov. 1994, req. n° 136625, *Cambrune* : *RJF* 1995, n° 1, 46. Une grande partie des informations contenues dans le dossier peut être consultée en ligne par le contribuable, après délivrance d'un certificat électronique (www.impots.gouv.fr).

b) Secret

258. – L'Administration ne saurait repousser une demande de communication en invoquant le secret de la vie privée, le secret médical ou celui des affaires, dès lors que les informations en cause se rapportent directement au demandeur. Ces obligations de confidentialité ne peuvent motiver un refus que si elles intéressent des tiers. En revanche, l'Administration doit opposer à tout le monde les secrets protégeant la puissance publique, particulièrement celui relatif à la recherche des infractions fiscales.

259. – La loi du 7 juillet 1978 n'est pas applicable lorsque le contribuable demande communication de renseignements obtenus de services fiscaux étrangers et qui sont couverts par le secret en vertu d'une convention fiscale internationale (93). En effet, l'article 55 de la Constitution donne aux stipulations du traité une valeur supérieure aux dispositions de la loi. L'article 26 de la convention modèle OCDE prévoit qu'un État contractant ne saurait supporter l'obligation « de fournir des renseignements qui révéleraient un secret commercial, industriel, professionnel, ou un procédé commercial, ou des renseignements dont la communication serait contraire à l'ordre public ». L'Administration peut donc invoquer une telle clause – d'ailleurs facultative et dont il appartient aux États contractants de déterminer le contenu – pour refuser de communiquer un document ou une information.

En règle générale, les clauses conventionnelles relatives au secret ont un champ d'application plus large que les obligations du droit interne, limitées au secret professionnel (94). *A contrario*, si les États s'entendent pour échanger des informations protégées, la convention doit le prévoir expressément – bien sûr pour les seules impositions qui y sont visées, à défaut le secret s'y opposerait.

260. – Le Conseil d'État a jugé que l'ancienne convention franco-américaine n'avait pas pour objet de faire obstacle à la communication au juge de l'impôt des informations recueillies par l'Administration en vertu du traité. Si, dès lors, le fisc choisit de les présenter à la juridiction, celle-ci doit les transmettre au contribuable, car elle ne peut statuer qu'au vu des seules pièces communiquées aux parties (95). Le contradictoire l'emporte donc sur le secret. Mais la solution est limitée aux conventions comportant une telle clause, ce qui est le cas, par exemple, de l'actuelle convention franco-suisse, du 9 septembre 1966. On insistera sur l'accès au rapport de vérification.

c) Rapport de vérification

261. – Après de vives réticences (96), l'Administration s'est rangée à la jurisprudence du Conseil d'État autorisant la communication du rapport de vérification (97). Il s'agit d'un document rédigé par l'agent chargé d'un contrôle sur place (vérification de comptabilité ou ESFP), qui contient des renseignements sur le contribuable et qui décrit le déroulement du contrôle, les redressements pratiqués, les sanctions appliquées, etc. Ce rapport sert

---

(93) CE, 5 mars 1993, req. n° 105069, *D^elle^ Rohart* : *RJF* 1993, n° 5, 674.

(94) J. Malherbe, *La protection de la confidentialité en matière fiscale*, rapport général au congrès de Barcelone de l'IFA, *Cahiers de droit fiscal international*, vol. LXXVIb, 1991, 2e sujet, p. 37.

(95) CE, 4 juin 2008, req. n° 301776, *Sté Sparflex : Dr. fisc.* 2008, n° 29, 418, concl. N. Escaut ; *RJF* 2008, n° 10, 1055.

(96) Cf. Rép. min. Houssin *: JOAN* CR, 22 juin 1987, p. 3585, n° 15276. Initialement, la CADA s'était montrée hostile à la communication des rapports de vérification (V. 1er rapport d'activité, p. 62).

(97) CE, sect., 1er déc. 1989, req. n° 58277, *Blanc*, req. n° 58896, *Sté nouvelle d'édition et de diffusion (SNED) : RJF* 1990, n° 1, 45, concl. N. Chahid-Nouraï, p. 10 ; *Dr. fisc.* 1990, n° 10, 469, note Th. Schmitt.

autant au chef de brigade pour apprécier le travail du vérificateur que pour d'autres services, la division du contrôle fiscal afin de préparer une interlocution départementale, ou le contentieux en vue de l'instruction d'une réclamation.

262. – Bien entendu, seul le contribuable vérifié peut demander la communication du rapport. Celui-ci doit être achevé, ce qui, pour la cour administrative d'appel de Paris, a pour conséquence que le contribuable ne peut le réclamer qu'à l'issue de la mise en recouvrement (98). Même si le souci de faciliter le travail de l'Administration nous semble également légitime, cette solution paraît contestable. Car en pratique, le rapport doit être rédigé avant l'intervention de l'interlocuteur ou la séance de la commission départementale des impôts. Certes, il demeure, à l'issue de ces procédures, quelques rubriques à remplir, mais le document est alors quasiment définitif. De plus, le Conseil d'État reconnaît au contribuable le droit de se voir communiquer un rapport de vérification même en l'absence de redressement (99), donc sans qu'il y ait lieu à une mise en recouvrement.

263. – L'Administration est en droit d'occulter les passages du rapport couverts par un secret, il s'agit le plus souvent de préserver la recherche des infractions fiscales. Ainsi, elle peut supprimer des développements exposant les critères retenus pour sélectionner le dossier du contribuable en vue de son contrôle, de même s'agissant des moyens de recherche mis en œuvre par les différents services pour mener à bien celui-ci (100). Même solution pour un passage du rapport relatant les recoupements effectués à partir des pièces comptables de la société vérifiée (101). Le juge reconnaît à l'Administration le droit de refuser la communication du rapport en entier lorsque les mentions confidentielles ne sont pas dissociables du document pris dans son ensemble, ou sont si nombreuses que leur suppression priverait celui-ci de toute intelligibilité (102).

264. – Fiscalement parlant, le contribuable a peu d'intérêt à agir contre un refus de communication, car si celui-ci est reconnu infondé, la procédure d'imposition n'en est pas pour autant viciée (103). Le juge considère en effet que la loi du 17 juillet 1978 a pour objet, de manière générale, de faciliter l'accès aux documents administratifs et non de modifier les règles particulières qui régissent la procédure fiscale. Cependant, le refus persistant de l'Administration de communiquer un document normalement accessible peut donner lieu à une action en responsabilité (104).

265. – On peut se montrer sceptique sur le progrès que représenterait l'accès du contribuable au rapport de vérification. Ainsi, rien n'empêche le vérificateur d'annexer à celui-ci une note confidentielle dans laquelle il expo-

(98) CAA Paris, 8 juill. 1999, req. n° 98-2344, *Wahnich* : *Dr. fisc.* 2000, n° 20, 398, concl. V. Haïm.

(99) CE, sect., 1er déc. 1989, req. n° 58896, *Sté nouvelle d'édition et de diffusion (SNED)* : *RJF* 1990, n° 1, 45, concl. N. Chahid-Nouraï, p. 10 ; *Dr. fisc.* 1990, n° 10, 469, note Th. Schmitt.

(100) CE, 12 oct. 1990, req. n° 100036, *Durand* : *RJF* 1990, n° 11, 1357. – CE, 13 févr. 1991, req. n° 113302, *Ciosi* : *RJF* 1991, n° 4, 463.

(101) CE, 3 mai 1993, req. n° 119888, *Gabriel* : *RJF* 1993, n° 6, 861.

(102) CE, 27 févr. 1991, req. n° 109890, *Clary* : *RJF* 1991, n° 4, 465.

(103) CE, 16 juin 1986, req. n° 44702, *Duvernay* : *Dr. fisc.* 1987, n° 52, 2351, concl. M.-A. Latournerie. – CE, 15 févr. 1989, req. n° 71364, *Liberatore* : *RJF* 1989, n° 4, 401. – CE, 28 oct. 1998, req. n° 189909, *Agrapart* : *RJF* 1999, n° 2, 208.

(104) CE, 10 juill. 1992, *Touzan* : *Rec. CE*, p. 296.

sera son point de vue quant à la moralité fiscale de la personne vérifiée. Bien souvent, le contribuable est déçu par la lecture du rapport : il n'apprend rien qu'il ne sache déjà. L'effet le plus visible de cette innovation est de gêner le travail de l'Administration. Cependant, le rapport pourrait aider le contribuable dans l'administration de certaines preuves, par exemple afin d'établir des vices de procédure : dans la description des opérations de contrôle, il arrive que le vérificateur ait la naïveté d'exposer des faits de nature à faire douter de la régularité de la procédure d'imposition (105). En face d'une pareille hypothèse, il peut valoir la peine d'engager une procédure d'accès aux documents administratifs.

B. – Procédure

On distinguera la procédure à suivre face à l'Administration (1°), puis devant la Commission d'accès aux documents administratifs (2°), enfin devant le juge (3°).

1° Devant l'Administration

266. – L'accès aux documents administratifs s'exerce soit par consultation gratuite sur place, dans les locaux du service, soit par la délivrance payante de copies, sur papier, au moyen d'un support informatique, ou encore, et sans frais, par messagerie électronique (L. 1978, art. 4). Toute personne qui souhaite obtenir communication d'un document administratif a l'obligation d'en faire la demande, par écrit (le recommandé avec demande d'avis de réception n'est pas obligatoire, mais conseillé), auprès de l'administration concernée, en désignant précisément l'acte en cause. Il s'agit d'un préalable nécessaire à la saisine du juge, des conclusions adressées à celui-ci sans que le requérant ait antérieurement formulé une demande à l'Administration étant irrecevables (106).

267. – Le refus de communication est notifié au contribuable sous forme de décision écrite et motivée (L. 1978, art. 25). Le défaut de réponse à l'expiration du mois suivant réception de la demande vaut décision de refus (107). On en déduit que l'Administration dispose de la même période d'un mois pour prendre une décision expresse. Il s'agit d'un délai spécial qui déroge au principe issu de la loi du 12 avril 2000 selon lequel le silence gardé par l'Administration pendant deux mois vaut rejet. Il arrive que l'Administration communique le dossier ou le document demandé, mais que le requérant n'y trouve pas la pièce ou l'élément souhaité. S'il estime qu'on lui oppose un refus de communication, il lui appartient de formuler une nouvelle demande (108). C'est en vain qu'un contribuable a demandé la production d'une hypothétique pièce qui comporterait l'identité d'une personne l'ayant injustement dénoncé (109). Pour contester un refus de communication, il faut saisir la Commission d'accès aux documents administratifs (CADA).

---

(105) Par ex. : CE, 27 avr. 2009, req. n° 289570, *Barbero* : *Dr. fisc.* 2009, n° 24, 367, concl. J. Burguburu.

(106) CE, 28 sept. 1990, req. n° 98429, *Bertier* : *RJF* 1990, n° 11, 1356.

(107) D. n° 2005-1755, 30 déc. 2005, art. 17.

(108) CE, 20 févr. 1985, req. n° 55194, *Audebert : Rec. CE*, p. 51. – CE, 27 mars 1996, req. n° 150528, *Abdel Hadi* : *RJF* 1996, n° 5, 604.

(109) CE 30 nov. 1994, req. n° 136625, *Cambrune* : *RJF* 1995, n° 1, 46.

2° Devant la CADA

268. – En cas de refus, exprès ou tacite, de communication, le contribuable doit obligatoirement saisir la Commission d'accès aux documents administratifs (L. 1978, art. 20, al. 4) préalablement à tout recours contentieux. Il dispose pour cela d'un délai de deux mois à compter de la notification de la décision expresse ou du refus tacite de l'Administration (110). Cette saisine se fait sans formalisme, sur papier libre et par lettre simple (111), en joignant copie, soit de la décision expresse de refus, soit de la demande initiale restée sans réponse. La CADA a un mois pour émettre son avis, à compter de l'enregistrement à son secrétariat (112) de la saisine du contribuable (113). Il arrive que la commission, à raison de son encombrement, ne respecte pas ce délai, ce qui n'a pas d'incidence sur la régularité de la décision (de l'Administration) attaquée (114). Elle notifie son avis tant au demandeur qu'à l'administration en cause.

269. – L'autorité administrative, qui n'est pas tenue de suivre la recommandation, doit informer la CADA de la suite qu'elle entend donner à l'affaire, dans le mois suivant la réception de l'avis (115). Le silence gardé par l'Administration plus de deux mois à compter de la saisine de la commission vaut décision implicite de rejet (116). Autrement dit, si au terme de ces deux mois l'Administration n'a pas réagi, le contribuable est en droit de saisir le juge.

3° Devant le juge

270. – L'instance présentée aux tribunaux est un recours pour excès de pouvoir, c'est donc toujours le juge administratif qui se trouve compétent. L'avis de la CADA, pour n'être que consultatif, ne peut faire grief. Le contribuable doit donc attaquer la décision de l'Administration qui, au vu de cet avis, confirme son refus de communication (117). Il dispose du délai de droit commun de deux mois pour attaquer un refus, soit à compter de la décision explicite, soit en cas de silence de l'Administration, depuis la date de saisine de la CADA. Pour déterminer si le refus est ou non fondé, le juge, par décision avant dire droit, peut se faire communiquer les documents en cause, mais il n'est pas tenu de les transmettre au demandeur (118). Ici, le secret l'emporte sur le contradictoire. Mais il faut reconnaître que si le juge communiquait les documents au contribuable, le secret ne serait plus garanti.

271. – La qualification du recours contentieux n'est pas indifférente : dès lors qu'il statue en excès de pouvoir, le juge ne peut qu'annuler le refus de communication, en principe il ne saurait ordonner à l'Administration de fournir le document. Cependant, le requérant peut demander au juge d'enjoindre à l'autorité administrative de s'exécuter, au besoin à l'intérieur d'un délai, voire sous astreinte (CJA, art. L. 911-1 et s.).

---

(110) D. n° 2005-1755, 30 déc. 2005, art. 17.

(111) Il est prudent néanmoins de l'adresser en recommandé avec accusé de réception.

(112) Coordonnées de la CADA : 35, rue Saint-Dominique, 75700 Paris Cedex 07 SP, tél. : 01 42 75 79 99, fax : 01 42 75 80 70, cada@cada.fr.

(113) D. n° 2005-1755, 30 déc. 2005, art. 19.

(114) CE, 9 mars 1983, *Assoc. SOS Défense : AJDA* 1983, p. 402.

(115) D. n° 2005-1755, 30 déc. 2005, art. 19.

(116) *Ibid.*

(117) CE, 16 juin 1986, req. n° 29633 : *RJF* 1986, n° 8-9, 823.

(118) CE, sect., 1er déc. 1989, req. n° 58277, *Blanc*, req. n° 58896, *Sté nouvelle d'édition et de diffusion (SNED) : RJF* 1990, n° 1, 45, concl. N. Chahid-Nouraï, p. 10.

272. – Tableau récapitulatif des procédures à suivre pour obtenir la communication d'un document administratif :

Formalité	**Autorité compétente**	**Délai**
Décision après une demande de communication	Administration	1 mois (décision expresse ou tacite)
Saisine de la CADA	CADA	2 mois à compter du refus de l'Administration
Avis de la CADA	CADA	1 mois à compter de la saisine
Décision après avis de la CADA	Administration	1 mois après l'avis (décision expresse) 2 mois à compter de la saisine (refus tacite)
Saisine du juge	Juge administratif (excès de pouvoir)	2 mois à compter, soit de la décision expresse, soit de la saisine de la CADA (refus tacite)

273. – Le bilan que l'on peut tirer de l'application de la loi du 17 juillet 1978 en matière fiscale est pour le moins mitigé. Les recours présentés à la CADA à raison de refus de communication opposés par l'ensemble des administrations n'ont pas cessé d'augmenter ; or, parmi ces demandes, une part importante n'aurait jamais dû arriver jusqu'à la Commission (119). Autrement dit, la tradition du secret administratif est encore bien vivace. Surtout, 66 % des avis défavorables de la CADA sont motivés par la protection de la vie privée, du secret médical et de celui des affaires (120). Toutes les informations ainsi en cause, dès lors qu'elles sont portées à la connaissance du fisc, relèvent également du secret de l'impôt. Dans ces conditions, il n'est pas très difficile pour l'administration fiscale, fort soucieuse du secret, de protéger ses dossiers, avec la bénédiction de la CADA. Au total, il ne sert pas à grand-chose de faciliter l'accès des contribuables aux documents administratifs tant que le secret de l'impôt n'aura pas été assoupli.

274. – En revanche, il paraît légitime de distinguer secret de l'impôt et secret fiscal. Par ces derniers termes, on voudrait désigner la confidentialité qui protège la recherche des infractions fiscales. La première mission de l'Administration est de faire respecter l'égalité devant l'impôt, rendue bien relative par la fraude. À ce titre, il n'est pas contestable que le fisc doit être en mesure de remplir sa mission de lutte contre ce fléau. En conséquence, il n'y a rien d'anormal à protéger les documents qui participent de ce combat, sauf à ce que l'Administration n'en abuse pas.

275. – À ce stade de l'analyse, on retiendra que le contribuable doit apporter l'essentiel de la preuve, constituée par les justificatifs qu'on lui demande de fournir. Les difficultés probatoires qu'il rencontre, tenant à la démonstra-

(119) S. Boissard, *Le droit d'accès aux documents administratifs depuis l'intervention de la loi du 12 avril 2000* : *AJDA* 2003, p. 1315. – Th. Lambert, *L'administration fiscale et le secret* : *BF Lefebvre* 2005, n° 6, p. 449.

(120) S. Boissard, *op. cit.*, p. 1310.

tion de faits connus ou à la découverte de ceux qui ne le sont pas, résultent de la volonté du législateur et du juge, qui entendent le contraindre à révéler une vérité que souvent il est le seul à détenir tout entière. Si l'on peut déjà affirmer que le contribuable supporte par principe la charge effective de la preuve, il reste à en poursuivre la démonstration.

Deuxième partie

CHARGE DE LA PREUVE

276. – La question de la charge de la preuve, qui en apparence est décisive (1) quant à l'issue d'un litige, ne doit pas être surestimée. Elle ne constitue pas le souci majeur du juge fiscal, lequel tient à former sa conviction quant à la légalité de l'imposition attaquée, sans se soucier *a priori* de savoir qui, de l'Administration ou du contribuable, supporte la preuve (2). Les règles qui attribuent la charge de celle-ci peuvent cependant être déterminantes quant à la solution retenue, lorsque le juge doute vraiment (3) : aucune des parties ne parvient à démontrer le bien-fondé de ses prétentions. Dans cette hypothèse, celui qui supporte le poids de la preuve risque de perdre la partie.

277. – Les règles d'attribution de la preuve fiscale sont définies par la loi (titre 1) et la jurisprudence (titre 2). La loi est loin de prévoir toutes les situations où se pose la question de la charge de la preuve. Sur ce point, les solutions jurisprudentielles sont bien plus abondantes. « Ensuite, même lorsque le législateur a prévu certaines règles, la matière est très largement réinvestie par la jurisprudence. Les exemples dans lesquels le juge atténue la portée des règles prévues par le législateur, voire les contournent, sont ainsi assez nombreux » (4). Dans l'ensemble, le juge a pour souci d'alléger le fardeau de la preuve que la loi peut poser sur les épaules du contribuable. Par exemple, s'agissant des présomptions légales, qui handicapent celui que l'on soupçonne de se soustraire à l'impôt (V. *supra*, n° 154 et s.).

(1) « Les questions de charge de la preuve revêtent en effet dans le contentieux fiscal une importance extrême, et selon nous excessive. Car leur complexité est telle qu'un contribuable doit le plus souvent renoncer, lorsqu'il engage un contentieux, à savoir qui, de l'Administration ou de lui-même, va devoir convaincre le juge » (G. Goulard, concl. sur CE, 26 févr. 2003, req. n° 223092 et 223293, *Sté Pierre de Reynal et Cie* : *Dr. fisc.* 2003, n° 24, p. 803).

(2) E. Mignon, *La charge de la preuve : peut-on parler d'équité ?*, *in* B. Hatoux (ss dir.), *Droits du contribuable. État des lieux et perspectives*, Economica, 2002, coll. « Entreprise et perspectives économiques », p. 60.

(3) C. Lasry, *Une particularité du droit fiscal : la charge de la preuve* : *EDCE* 1984/1985, n° 36, p. 72.

(4) E. Mignon, *op. cit.*, p. 58.

Par ailleurs, si la loi désigne la partie sur laquelle pèse la charge de la preuve, ce poids peut n'être réel qu'au début du procès (5). En présentant des moyens pertinents, appuyés de justifications précises, le plaideur est en mesure de « renvoyer la balle » à l'adversaire, auquel il reviendra de contredire efficacement les arguments qu'on lui oppose.

(5) J. Arrighi de Casanova, concl. sur CE, sect., 29 juill. 1994, req. n° 111884, *Sté Prodes International* : *RJF* 1994, n° 10, p. 591.

Titre 1

LA LOI

278. – La charge de la preuve, lorsque la loi la fait peser sur le dos du contribuable, est souvent le résultat d'une faute commise par celui-ci, ou du moins d'une attitude déloyale, voire suspecte de sa part. Ainsi, pour celui qui ne dépose pas ses déclarations, qui accepte un redressement puis le conteste, qui supporte le handicap d'une présomption pour adopter un comportement douteux, enfin qui subit une procédure, tel l'ESFP, traduisant par elle-même les soupçons entretenus par le fisc à son endroit. En revanche, si rien ne peut *a priori* être reproché au contribuable, la loi du 8 juillet 1987 a posé la règle voulant qu'à l'occasion d'une procédure contradictoire de rectification l'Administration supporte le poids de la preuve. En réalité, les principes législatifs (chapitre 1) qui gouvernent la charge de celle-ci n'ont pas été changés par cette réforme (chapitre 2).

Chapitre 1

PRINCIPES

279. – Le droit fiscal a cette particularité, au regard du contentieux administratif, de décider *a priori* et par détermination de la loi qui, du contribuable ou de l'Administration, supporte la preuve. Le critère législatif est fonction de la procédure d'imposition suivie. L'application de celle-ci dépend du respect du devoir de collaboration que le contribuable a envers le fisc, en particulier concernant les obligations déclaratives. S'il dépose ses déclarations, il bénéficie, en cas de contrôle, de la procédure contradictoire de rectification, qui fait peser le poids de la preuve sur l'Administration. Dans le cas inverse, le contribuable subit une imposition d'office qui, entre autres sanctions, le conduit à supporter cette charge. La procédure contradictoire ressortissant au droit commun, on en déduit que le droit fiscal ne connaîtrait pas la règle générale de procédure voulant que le demandeur supporte le poids de la preuve – *actori incumbit probatio*. Car si le juge est saisi par le contribuable, la loi fait peser sur l'Administration la charge de la preuve.

À l'analyse, le principe *actori incumbit probatio* trouve bien à s'appliquer à la matière fiscale, tant lorsque le contribuable a respecté son obligation de collaboration envers le fisc (section 1), que dans l'hypothèse inverse (section 2).

Section 1

LE CONTRIBUABLE A RESPECTÉ SON DEVOIR DE COLLABORATION

280. – La situation ici en cause est celle du contribuable qui a déposé sa déclaration, dans les délais, mais elle s'avère inexacte et préjudicie aux intérêts du Trésor. Ayant respecté son obligation déclarative, l'intéressé se voit appliquer la procédure contradictoire de rectification. En désaccord avec l'Administration quant au redressement notifié, il saisit le juge. Est-il exact de soutenir que, devant celui-ci, bien qu'ayant la qualité de demandeur, le contribuable n'aura pas à apporter la preuve de la régularité de sa situation ?

Si la matière de l'impôt, en apparence, ne suit pas la règle *actori incumbit probatio* (§ 1), ce serait à raison d'une présomption d'exactitude attachée à la déclaration (§ 2).

§ 1. – Le principe *actori incumbit probatio* (la preuve pèse sur le demandeur)

On étudiera ce principe en droit processuel et en contentieux administratif (A), avant d'examiner l'application qu'en fait le droit fiscal (B).

A. – Droit processuel et contentieux administratif

281. – En droit processuel, le principe *actori incumbit probatio* répond à la finalité du procès en ce qu'il pénalise *a priori* celui qui vient, en saisissant le juge, troubler la paix sociale. Cette paix que précisément la juridiction, en vidant le litige, doit rétablir. Certes, le plus souvent, le demandeur est celui qui subit le trouble, sinon pourquoi agirait-il ? Mais tant que le tribunal n'a pas rendu sa décision, ses prétentions ne sont pas reconnues et c'est lui qu'on présume venir compromettre une situation juridique qui doit demeurer paisible. Aussi le juge, quel qu'il soit, tendra-t-il à obtenir du demandeur la démonstration de son bon droit. De manière plus générale, celui qui prend une initiative doit démontrer le bien-fondé de sa démarche ; de même qu'il revient à celui qui affirme un fait d'en établir la réalité (1).

282. – En contentieux administratif, la règle *actori incumbit probatio* trouve à s'appliquer par principe, à raison du privilège du préalable. Parce que l'Administration, par sa seule volonté, peut faire naître des droits et obligations, il appartient à l'administré d'en contester la légalité devant le juge. Dès lors, l'Administration n'est qu'exceptionnellement demanderesse (2). On ne peut dire pour autant, loin de là, que l'administré soit toujours à l'origine du trouble. Mais tout l'office du juge administratif est ainsi conçu que celui qui a causé les torts litigieux supporte l'essentiel de la preuve. C'est pourquoi, la règle *actori incumbit probatio* souffre, en droit administratif, de si nombreuses exceptions. Comme toute administration, le fisc bénéficie du privilège du préalable.

B. – Contentieux fiscal

283. – Dans le contentieux de l'imposition, il incombe au contribuable de saisir le juge. À cela une exception : le directeur des services fiscaux qui n'entend pas statuer sur une réclamation, peut directement la transmettre au tribunal ; elle acquiert alors la valeur d'une requête en justice (LPF, art. R. 199-1, al. 3). S'il appartient au contribuable d'agir, la raison en est la même qu'en contentieux administratif, du fait du privilège du préalable. Pour autant, le demandeur est-il toujours celui qui trouble la paix ? Qui est le trublion en droit fiscal ? Le plus souvent, il s'agit du fisc (3) : c'est lui qui, par un contrôle, remet en cause une déclaration présumée exacte (4). On explique en effet que

(1) CPC, art. 9 : « Il incombe à chaque partie de prouver conformément à la loi les faits nécessaires au succès de sa prétention ».
(2) P. Pactet, *Essai d'une théorie de la preuve devant la juridiction administrative*, Pédone, 1952, p. 76.
(3) M.-C. Bergerès, *Quelques aspects du fardeau de la preuve en droit fiscal* : *Gaz. Pal.* 1983, p. 150.
(4) F.-P. Deruel, *La preuve en matière fiscale*, thèse Paris, 1962, p. 226.

le système déclaratif repose sur la confiance placée *a priori* dans le contribuable. La déclaration est réputée sincère, sauf à l'Administration de démontrer qu'elle ne l'est pas. Donc, à première vue, le droit fiscal ne connaîtrait pas la règle *actori incumbit probatio*. Il retiendrait même le principe inverse : c'est au contribuable de saisir le juge, mais à l'Administration d'apporter la preuve.

284. – Comment expliquer qu'une règle générale de procédure puisse ainsi échapper au droit fiscal ? On soutient, tout d'abord, que l'Administration, prétendant détenir une créance sur le contribuable, doit établir la réalité et le montant de celle-ci (5). Cette idée rappelle évidemment l'article 1315, alinéa 1er du Code civil, en vertu duquel « Celui qui réclame l'exécution d'une obligation doit la prouver » (6). Ce rapprochement conduit à un plus vaste débat, celui de savoir si la théorie des obligations peut s'appliquer au droit fiscal, comme l'a soutenu un auteur (7). Cette opinion nous paraît contestable, principalement pour deux raisons. D'abord, parce que la créance fiscale n'a pas de cause, au sens du droit civil. En effet, l'impôt ne présente pas de contrepartie et ne peut être causé par l'intention libérale puisqu'il est obligatoire. Ensuite, à raison du fait que le contribuable, pas plus que le fisc, ne peut rien vouloir en dehors de la loi, donc sa volonté n'est pas autonome (8).

285. – Par ailleurs, on avance l'idée que le système déclaratif, dans son principe, offre déjà une dispense de preuve à l'Administration (9). Au lieu de rechercher lui-même la matière imposable et faire la démonstration de sa réalité comme de sa valeur, le fisc voit ce travail réalisé par le contribuable. En conséquence, ce serait à l'Administration de renverser la présomption d'exactitude attachée à la déclaration, en établissant qu'elle n'est pas sincère. Il est exact que l'acte déclaratif peut constituer un élément probatoire dans les mains du fisc, lorsque celui-ci entend l'opposer au contribuable. Ainsi, par application de la théorie de l'apparence, la situation déclarée par ce dernier lui est opposable, même si elle ne correspond pas à la réalité (10). Mais fournir une preuve, c'est faire connaître la vérité. De ce point de vue, s'agissant du contribuable souscrivant une déclaration, il peut paraître naïf de raisonner en termes de preuve, sachant l'ampleur de la fraude.

286. – L'explication la plus crédible résulte d'une jurisprudence constante (11) : si le contribuable a fait parvenir ses observations, dans le délai imparti, pour refuser un redressement et que ses arguments n'ont pas été retenus par l'Administration, celle-ci doit apporter la preuve du bien-fondé de ses prétentions. Lorsque le législateur a déclaré, en 1987, que par principe la charge de la preuve reposait sur l'Administration, sans doute n'a-t-il fait

---

(5) J. Arrighi de Casanova, concl. sur CE, sect., 29 juill. 1994, req. n° 111884, *Sté Prodes International* : *RJF* 1994, n° 10, p. 590.

(6) Cf. S. Lambert-Wiber, *Contribution du droit civil à une approche renouvelée de la charge de la preuve en droit fiscal*, thèse Rouen, 1996.

(7) L.-V. Fernandez, *Les éléments subjectifs en droit fiscal*, thèse Bordeaux, 1985.

(8) Cf. Ch. de la Mardière, *Recours pour excès de pouvoir et contentieux administratif de l'impôt*, LGDJ, 2002, n° 205 et s.

(9) F.-P. Deruel, *op. cit.*, p. 29.

(10) CE, sect., 20 févr. 1974, req. n° 83270, *Lemarchand* : *Dr. fisc.* 1974, n° 30, 958, concl. P. Mandelkern.

(11) Par ex. : CE, 29 janv. 1975, req. n° 90138 : *RJF* 1975, n° 4, 208. – CE, 18 mars 1981, req. n° 16881 : *RJF* 1981, n° 5, 418. – CE, 18 oct. 1993, req. n° 95876, *SCI « Le Vasco de Gama »* : *RJF* 1993, n° 12, 1541. – CE, 16 juin 2003, req. n° 241983, *Gardet* : *RJF* 2003, n° 10, 1106. – CE, 7 nov. 2008, req. n° 299099, *Cayrou* : *Dr. fisc.* 2009, n° 8, 204, concl. L. Olléon, note Ch. de la Mardière ; *RJF* 2009, n° 3, 220.

que reprendre cette jurisprudence, laquelle implique l'idée que le fisc doit démontrer l'inexactitude d'une déclaration régulièrement déposée (12).

Cette théorie pose un postulat : la présomption de sincérité attachée à la déclaration. Le raisonnement qu'elle retient se fait *a contrario :* si le contribuable ne respecte pas ses obligations déclaratives, il est passible d'une procédure d'imposition d'office qui lui fait supporter le poids de la preuve. À l'inverse, s'il dépose ses déclarations, il ne peut subir cette même punition ; donc la preuve ne pesant pas sur le contribuable, elle incombe nécessairement à l'Administration. On en déduit que la déclaration régulièrement souscrite est présumée exacte puisque, la preuve revenant au fisc, il ne saurait appartenir au contribuable d'en démontrer la sincérité. Pourtant, cette présomption d'exactitude de la déclaration ne se vérifie pas dans le droit positif.

§ 2. – Présomption d'exactitude de la déclaration

On retiendra une alternative : celle où la déclaration est suspecte (A), puis celle où elle ne l'est pas (B).

A. – La déclaration est suspecte

287. – On trouve des hypothèses dans lesquelles, bien que le contribuable ait régulièrement déposé une déclaration, il lui appartient de faire la preuve de sa sincérité. Ainsi, pour celui qui reçoit une demande de justifications, par laquelle le fisc l'invite à fournir des éléments de preuve, le terme même en est employé par l'article L. 16 (al. 3) du Livre des procédures fiscales. Par ailleurs, toute l'économie de la procédure d'examen contradictoire de la situation fiscale personnelle (ESFP) consiste à obliger le contribuable à démontrer l'exactitude de sa déclaration, quand bien même celle-ci aurait été régulièrement déposée. Le caractère non contraignant de l'ESFP est une hypocrisie, car le défaut de collaboration conduit à l'envoi d'une demande de justifications et, le cas échéant, à une taxation d'office.

288. – Enfin, la procédure d'imposition selon les éléments du train de vie, prévue à l'article 168 du Code général des impôts, contredit formellement la présomption d'exactitude car, pendant longtemps, elle a nécessairement supposé que la déclaration fût déposée. C'est seulement depuis la loi du 30 décembre 1986 que l'article 168 trouve aussi à s'appliquer en l'absence de déclaration, sans pour autant constituer une taxation d'office (13) proprement dite, puisqu'elle peut toujours être utilisée à l'encontre du contribuable qui a respecté ses obligations déclaratives. Or, le propre de l'article 168 est d'écarter une déclaration présumée mensongère, pour ne pas correspondre au train de vie de son auteur, sauf à celui-ci d'apporter la preuve de son exactitude.

289. – Toutes ces procédures sont donc la démonstration qu'une déclaration, régulièrement déposée, peut être tenue pour inexacte, dès lors qu'il appartient au contribuable de faire la preuve de sa sincérité. Cependant, l'Administration n'en fait usage, en pratique, que lorsque des soupçons de fraude

---

(12) J. Arrighi de Casanova, concl. sur CE, 20 mai 1998, req. n° 159877, *Sté Veticlam* : *Dr. fisc.* 1998, n° 44, p. 1390 : « Mais il est vrai que cet article [L. 192 du LPF, dans sa rédaction issue de la loi du 8 juillet 1987], peut se lire comme exprimant la règle, plus générale, suivant laquelle la preuve du bien-fondé d'un redressement incombe en principe à l'Administration dès lors que ce redressement est contesté ».

(13) CE, sect., 21 mars 1975, req. n° 85496 : *Dr. fisc.* 1975, n° 23, 775, concl. D. Fabre.

pèsent sur l'intéressé. En ce sens, leur simple mise en œuvre constitue déjà une sanction. Dès lors, lesdites procédures pourraient constituer des exceptions au principe d'une présomption de sincérité attachée à la déclaration fiscale. Il faut donc sortir de l'hypothèse où celle-ci est suspecte.

B. – La déclaration n'est pas suspecte

290. – Lorsque rien n'autorise le fisc à penser qu'elle serait inexacte, la déclaration ne profite pas pour autant d'une présomption de sincérité. Le traitement administratif que reçoit la déclaration d'ensemble des revenus (nº 2042) le démontre. Dès sa souscription, on oblige le contribuable à fournir une liste impressionnante de justificatifs, autrement dit à faire la preuve de la réalité des chiffres déclarés. Il s'agit, par exemple, des factures de travaux, d'imprimés bancaires, une attestation de l'Urssaf pour l'emploi d'un salarié à domicile, une autre pour justifier de l'adhésion à une association ou centre de gestion agréé, etc. La plupart de ces justificatifs ont pour objet d'aider l'Administration dans la perspective d'un contrôle ultérieur. Mais certains ont une conséquence directe sur l'établissement de l'imposition. Ainsi, les reçus des dons aux œuvres doivent impérativement être joints à la déclaration pour ouvrir droit à la réduction d'impôt (14). Leur absence interdit au contribuable de profiter de l'avantage, sans que l'Administration ait l'obligation d'établir l'imposition, puis de notifier un rappel (CGI, art. 200-5).

291. – Si la déclaration était réellement présumée exacte, elle serait effectivement traitée comme telle, sans que le contribuable ait l'obligation *a priori* d'apporter la preuve de sa sincérité. On en déduit donc que cette présomption n'existe pas (15). Il est vrai que lorsque la déclaration nº 2042 est souscrite par internet, le contribuable n'a pas à y joindre de justificatifs. Il doit seulement les conserver pour le cas où l'Administration les réclamerait. Pour autant, on ne peut douter que cette tolérance tienne à la simplification que l'on attend de la déclaration en ligne, et non à une plus grande confiance placée dans le contribuable « internaute ». Pour preuve, celui-ci doit mentionner, dans la déclaration électronique, l'identité des bénéficiaires des dons et le total des versements faits à leur profit (CGI, art. 200-6). Enfin, le juge a dénié toute présomption d'exactitude qui serait attachée aux déclarations DADS 1 (16), par lesquelles l'employeur déclare les salaires versés, et DAS 2 (17), où sont indiqués les honoraires et commissions payés par l'entreprise.

292. – On trouve, cependant, un avis contentieux par lequel le Conseil d'État semble reconnaître l'exactitude de principe de la déclaration nº 2042. Lorsque le contribuable prétend à une demi-part supplémentaire en tant que parent isolé, il appartient à l'Administration d'établir qu'il ne vit pas seul. Si

---

(14) Le Conseil d'État a décidé qu'une réduction d'impôt ne pouvait être refusée au contribuable au seul motif que le justificatif n'avait pas été joint à la déclaration, dès lors qu'il a été envoyé au service ultérieurement et dans le délai de réclamation (CE, 16 juill. 2008, req. nº 300839, *Berland* : *Dr. fisc.* 2008, nº 43, 550, concl. C. Verot, note M. Guichard et R. Grau). Cependant, dans cette affaire, la formalité était régie par un décret et non une loi, or seul le législateur peut prévoir une obligation déclarative sans possibilité de régularisation. La règle en elle-même n'est donc pas remise en cause.

(15) Pour une démonstration plus approfondie V. Ch. de la Mardière, *La déclaration fiscale : RF fin. publ.* 2000, nº 71, p. 136 et s.

(16) CE, 2 févr. 1990, req. nº 62056, *Boucard* : *RJF* 1990, nº 3, 286.

(17) CE, 28 févr. 1996, req. nº 128087, *Elia* : *Dr. fisc.* 1996, nº 27, 850. – CE, 7 nov. 2008, req. nº 299099, *Cayrou* : *Dr. fisc.* 2009, nº 8, 204, concl. L. Olléon, note Ch. de la Mardière ; *RJF* 2009, nº 3, 220.

elle y parvient, l'intéressé peut fournir la démonstration contraire (18). Or, il s'agit, d'un côté comme de l'autre, d'une preuve difficile à apporter. Nous comprenons mal, dès lors, pourquoi le juge n'a pas choisi de recourir à un régime de preuve objective. D'autant plus – la rédaction de l'avis le montre – qu'il invite à un échange dialectique entre les parties pour atteindre la vérité. Nous ne pensons pas que cette décision baroque suffise pour conclure à une présomption d'exactitude de la déclaration fiscale.

293. – On reprendra le raisonnement issu de la théorie concluant à ladite présomption, pour en retourner la rhétorique : si la déclaration ne saurait être présumée sincère, il ne peut appartenir à l'Administration de renverser cette présomption en supportant la charge de la preuve. Dès lors, celle-ci repose nécessairement sur le contribuable. On retrouve ici le paradoxe évoqué plus haut (V. *supra*, n° 115) : la charge juridique de la preuve pèse sur le fisc, la charge effective sur le contribuable. Le droit fait supporter la preuve à l'Administration car c'est elle, en décidant d'un contrôle, qui provoque le trouble ; en fait, la preuve pèse sur le contribuable car, dans le système déclaratif, c'est lui seul qui, le plus souvent, connaît toute la vérité. Donc le principe *actori incumbit probatio* est vérifié dans l'hypothèse de la procédure contradictoire de rectification, comme dans celle où le contribuable n'a pas respecté son devoir de collaboration.

Section 2

LE CONTRIBUABLE N'A PAS RESPECTÉ SON DEVOIR DE COLLABORATION

294. – La charge de la preuve est utilisée par la loi comme une punition à l'encontre du contribuable qui ne respecte pas son devoir de collaboration envers le fisc. Ainsi pour celui qui ne dépose pas ses déclarations (§ 1). Le droit fiscal est exigeant envers le contribuable, car une simple inconstance (§ 2) de celui-ci suffit à lui faire supporter le poids de la preuve.

§ 1. – Manquement aux obligations déclaratives : taxation et évaluation d'office

295. – En étudiant le fondement de la charge de la preuve (A) pesant sur le contribuable, on peut se convaincre que celui-ci a mérité d'en supporter le poids. Pourtant, cela ne dispense pas l'Administration, loin de là, de toute obligation probatoire. En effet, le fisc doit démontrer que le contribuable devait déposer une déclaration et qu'il ne l'a pas fait (B). Il lui faut ensuite justifier le *quantum* de l'imposition établie d'office (C).

---

(18) CE, avis, 21 déc. 2006, req. n° 293749, *Duguay : Dr. fisc.* 2007, n° 40, 895, concl. P. Collin ; *RJF* 2007, n° 3, 314.

A. – Fondement de la charge de la preuve

296. – Il est des cas où le contribuable supporte le poids de la preuve, parce que c'est bien lui qui trouble la « paix fiscale », en ne respectant pas son obligation de collaboration. S'il manque à son devoir de déposer des déclarations, le travail de l'Administration en est considérablement compliqué. Le contribuable doit donc être puni : outre des sanctions, il fait l'objet d'une procédure d'imposition d'office qui le prive de la plupart des garanties du droit commun ; enfin, s'il entend saisir le juge, il devra supporter le poids de la preuve. *Actori incumbit probatio :* la preuve pèse sur le demandeur.

297. – La faute du contribuable sanctionnée par une imposition d'office est beaucoup plus grave que celle réparée lors d'une procédure contradictoire de rectification. Dans cette dernière hypothèse, le contribuable a souscrit une déclaration inexacte qui cause un préjudice au Trésor, mais il l'a déposée. À l'inverse, le manquement à l'obligation déclarative met en cause jusqu'à la survie de l'État. Car sans déclaration, le fisc n'est pas en mesure d'établir l'impôt, et sans impôt il n'y a pas de vie en collectivité possible. D'où le sort distinct de la charge juridique de la preuve selon la procédure suivie.

298. – On notera la généralité des termes employés par l'article L. 193 du Livre des procédures fiscales : « Dans tous les cas où une imposition a été établie d'office, la charge de la preuve incombe au contribuable qui demande la décharge ou la réduction de l'imposition ». Pour obtenir ce résultat, l'article R. 193-1 précise qu'il lui faut démontrer le caractère exagéré de celle-ci. L'imposition établie unilatéralement par l'Administration profite ainsi d'une présomption d'exactitude qui n'est autre que la conséquence du privilège du préalable : tout acte administratif est présumé régulier.

299. – Malgré cela, il arrive que l'Administration utilise la procédure contradictoire de redressement alors même qu'elle est en mesure d'établir une imposition d'office. Elle le fait par souci de modération et pour favoriser un échange contradictoire avec le contribuable. Cependant, dans une pareille situation, ce dernier ne pourra pas invoquer l'emploi de la procédure de droit commun pour obtenir le renversement de la charge de la preuve (19). En revanche, si les conditions d'une imposition d'office n'étaient pas réunies, l'attribution du poids de la preuve doit se faire en fonction de la procédure effectivement suivie, c'est-à-dire la procédure contradictoire de rectification (20). Donc, dans cette hypothèse, la charge probatoire repose sur le fisc.

De manière générale, c'est tout le paradoxe de ce domaine, les obligations de preuve qui pèsent sur l'Administration sont lourdes et la jurisprudence se montre exigeante. Le fisc doit tout d'abord établir la défaillance du contribuable.

B. – Preuve de la défaillance du contribuable

Après avoir apporté cette preuve (1°), l'Administration doit démontrer que le contribuable n'a pas déposé sa déclaration dans les trente jours d'une mise en demeure (2°).

---

(19) CE, 3 févr 1988, req. n° 55257 : *RJF* 1988, n° 5, 638. – CE, 8 oct. 1990, req. n° 62604, *Delaurens* : *Dr. fisc.* 1990, n° 49, 2273, concl. J. Arrighi de Casanova.

(20) CE, 11 mars 1992, req. n° 77867, *SARL La Renommée* : *RJF* 1992, n° 5, 715.

1° Preuve à apporter

300. – Il appartient à l'Administration de prouver que le contribuable était tenu de souscrire la déclaration qui n'a pas été déposée. Ce qui suppose, pour la déclaration d'ensemble des revenus (n° 2042) par exemple, d'établir que l'intéressé a disposé de gains imposables (21) ou d'éléments du train de vie (22) le contraignant à souscrire une 2042. En ce domaine, le juge peut aller loin dans ses exigences. Il va en effet jusqu'à déclarer s'affranchir des règles de preuve posées par l'article L. 193 du Livre des procédures fiscales.

301. – Un contribuable avait démissionné de son emploi salarié en 1993. Au titre de l'année 1994, il disait n'avoir perçu aucun salaire et n'était pas répertorié parmi les demandeurs d'emploi. L'Administration l'a pourtant taxé d'office, sur la base des rémunérations qu'il avait perçues en 1992, en soutenant que la démission ne suffisait pas à démontrer que le contribuable n'avait exercé aucune activité salariée en 1994. Le juge a donné tort au service, en ces termes : « l'Administration, à laquelle il incombe, *indépendamment de la procédure d'imposition,* la charge de prouver le bien-fondé de l'imposition des sommes taxées dans la catégorie des traitements et salaires, n'apporte aucun élément de nature à établir l'exercice par M. Jossua d'une activité salariée en 1994 » (23).

302. – On comprend cette décision : le service n'était même pas en mesure de fournir la déclaration d'un employeur tendant à démontrer la perception, par le requérant, de salaires durant l'année 1994. Comme le fait remarquer l'annotateur de la revue de *Droit fiscal*, suivre les prescriptions de la loi aurait conduit à exiger du contribuable une preuve négative et donc particulièrement difficile à apporter. À l'inverse, l'Administration est mieux placée pour fournir cette démonstration, puisque tous les employeurs doivent lui déclarer les salaires qu'ils versent. On notera, cependant, que la décision a été rendue *contra legem.*

L'imposition d'office ne peut être établie qu'après l'envoi d'une mise en demeure restée infructueuse.

2° Envoi d'une mise en demeure

303. – L'Administration doit prouver l'envoi d'une mise en demeure invitant le contribuable à déposer sa déclaration ; ce qui suppose de pouvoir produire le double du document envoyé, avec l'accusé de réception postal qui l'accompagne (24). Pour que la procédure d'imposition d'office soit valablement engagée, le contribuable ne doit pas avoir déposé sa déclaration dans les trente jours de l'envoi de cette mise en demeure (LPF, art. L. 68). S'il entend faire échec à l'application de la procédure, en soutenant qu'il s'est exécuté dans les délais, il appartient à l'intéressé de fournir un double de la déclaration et d'un accusé de réception, issu du service postal ou du fisc, attestant de la date du dépôt (25) (V. *infra,* n° 663). Lorsque l'Administration soutient que la déclaration a été déposée auprès d'un service territorialement

---

(21) CE, 30 juill. 1924, req. n° 76477 : *Dupont* 1925, p. 172.
(22) CE, 8 mars 2004, req. n° 249461, *Mohammadi* : *RJF* 2004, n° 6, 565.
(23) TA Paris, 8 mars 2004, req. n° 97-10177/1, *Jossua* : *Dr. fisc.* 2004, n° 14, 397. C'est nous qui soulignons.
(24) CAA Marseille, 28 juin 1999, req. n° 96-2466, *Vibert : RJF* 2000, n° 4, 531.
(25) CE, 9 nov. 1994, req. n° 129632, *SARL Les peintres de Paris* : *Dr. fisc.* 1994, n° 51, 2233.

incompétent pour la recevoir, il lui faut apporter la preuve qu'il ne s'agissait pas du service correspondant au lieu du principal établissement du contribuable (26).

304. – À noter qu'en matière de TVA, l'envoi de mises en demeure n'est pas obligatoire : le redevable est passible de la taxation d'office dès que la date limite de souscription est passée (LPF, art. L. 66-3°). En pratique cependant, les services, comme la doctrine administrative le leur recommande (27), adressent des mises en demeure aux défaillants. Néanmoins, le redevable qui n'a pas souscrit sa déclaration de TVA dans les délais reste en situation de taxation d'office même si, l'Administration lui ayant adressé une mise en demeure, il a régularisé sa situation dans les trente jours ayant suivi la réception de celle-ci (28). Les règles en matière de TVA sont particulièrement sévères pour le contribuable. À cela deux raisons : sa grande rentabilité – dès lors qu'elle représente la moitié des rentrées fiscales de l'État – lui donne, auprès de l'Administration, une nature quasi sacrée ; le fait que la TVA payée par les redevables ne soit pas issue de leur poche puisqu'elle est collectée auprès des clients.

305. – À l'inverse, les règles en matière d'ISF sont beaucoup plus protectrices du contribuable. En cas de défaut de déclaration, le service doit démontrer, avant tout envoi de mise en demeure, que la valeur du patrimoine de l'intéressé excède le seuil d'imposition. Par exemple si le contribuable a acquis un immeuble le rendant imposable. Le fisc procède alors à une proposition de rectification, selon la procédure contradictoire, donc en ouvrant un délai de réponse de trente jours. Si, dans ce délai, le contribuable dépose une déclaration, l'Administration pourra la remettre en cause, toujours en suivant la procédure contradictoire, pour le cas où elle estime que les bases déclarées sont insuffisantes. Si, à l'inverse, le contribuable conteste le principe de son imposition, et donc ne souscrit pas de déclaration, la taxation d'office peut être engagée par l'envoi d'une mise en demeure de déposer dans les trente jours.

Ces règles, inspirées par la Cour de cassation et prévues par la doctrine administrative (29), ont pour objet de tenir compte de la difficulté du travail d'assiette demandé au contribuable. En effet, l'évaluation d'un immeuble, ou de titres non cotés, est suffisamment complexe pour que l'intéressé ignore, de bonne foi, qu'il est imposable.

Il ne suffit pas à l'Administration de prouver la défaillance du contribuable, il lui faut également démontrer l'exactitude de l'imposition établie d'office.

C. – Preuve du *quantum* de l'imposition

Au vu des preuves que le service doit apporter (1°), on pourra douter de l'efficacité que représente la punition du contribuable par la charge probatoire (2°).

---

(26) CE, 3 oct. 1984, req. n° 42008 : *RJF* 1984, n° 12, 1470.

(27) Instr. 17 janv. 1978 : *BOI* 13 L-I-78. Ce texte n'est pas invocable sur le fondement de l'article L. 80 A du Livre des procédures fiscales dès lors, selon le juge, qu'il se rapporte uniquement à la procédure d'imposition (CE, 17 févr. 1992, req. n° 58299, *Vermeersch* : *RJF* 1992, n° 4, 503).

(28) CAA Nancy, 2 oct. 1990, req. n° 491, *Tosseri* : *RJF* 1991, n° 3, 347.

(29) *Doc. adm. DGI*, 7 S-61, n° 14 et s.

1° Preuves à apporter

Elles pèsent d'abord sur l'Administration (*a*), puis sur le contribuable (*b*).

a) Preuves à la charge de l'Administration

306. – Quant au montant de l'imposition qu'elle assoit, l'Administration, en vertu de l'article L. 76 du LPF, doit être en mesure de faire connaître la méthode et les éléments retenus afin de déterminer la base imposable, ainsi que les calculs effectués pour la liquidation de l'impôt (30). Ce particulièrement si le service a procédé à la reconstitution des recettes de l'entreprise imposée d'office. Le vérificateur doit prendre en compte tous les éléments dont il dispose pour calculer au mieux l'imposition. Bien évidemment, s'ils sont peu nombreux, le calcul sera difficile et aléatoire. Pour tenter de limiter le pouvoir discrétionnaire dont l'Administration peut alors disposer, la jurisprudence emploie la formule suivante : la base imposable doit être fixée « dans la limite des présomptions résultant des renseignements recueillis par l'Administration » (31). Lorsque le contribuable a déposé une déclaration, par hypothèse tardive, la doctrine administrative commande aux agents de retenir les éléments ainsi déclarés, sauf s'il est avéré qu'ils sont inexacts (32).

307. – Moins le contribuable sera en mesure de fournir d'éléments de nature à permettre au service de fixer la base, plus il s'exposera à une imposition lourde, accompagnée de pénalités proportionnelles au montant des droits éludés. De même, la preuve qu'il doit apporter, pour démontrer l'exagération de l'imposition établie d'office, dépendra des justifications qu'il peut présenter.

b) Preuves à la charge du contribuable

308. – Devant le juge, la meilleure preuve que puisse fournir le contribuable, lorsqu'il s'agit d'une entreprise, est constituée par une comptabilité régulière en la forme et sincère (33). S'il ne dispose pas de justificatifs probants, il peut toujours critiquer la méthode employée par l'Administration pour déterminer la base imposable. Ainsi s'agissant d'une reconstitution de recettes excessivement sommaire ou viciée dans son principe, ou encore proposer une autre méthode, plus fiable (V. *supra*, n° 70 et s.), enfin demander une expertise. Le contribuable peut également se plaindre que des documents ou informations issus de tiers, et ayant servi à asseoir les redressements, ne lui aient pas été communiqués (V. *infra*, n° 737 et s.). Il arrive que l'Administration ne prenne pas en compte des charges exposées par le contribuable, ou des déficits antérieurement réalisés ; mais pour les faire valoir, il faut produire des justificatifs.

309. – La jurisprudence comporte bien peu d'hypothèses dans lesquelles le contribuable a pu prouver l'exagération d'une imposition d'office, établie à

---

(30) Par ex. : CE, 6 janv. 1984, 1er oct. 1999, req. n° 36632 : *RJF* 1984, n° 3, 264. – CE, 16 févr. 2000, req. n° 180643, *Alet* : *RJF* 2000, n° 4, 530.

(31) CE, 12 juill. 1929, req. n° 88748 : *Dupont* 1930, p. 318.

(32) *Doc. adm. DGI*, 13 L-1551, 1er juill. 2002, n° 101.

(33) Par ex., un chirurgien-dentiste qui a fait l'objet d'une évaluation d'office apporte la preuve qui lui incombe à raison des explications fournies au juge et par la production de sa comptabilité à l'instance, comptabilité dont la régularité en la forme n'était pas contestée, mais dont l'Administration avait remis en cause la sincérité du fait de discordances avec les relevés de Sécurité sociale (CAA Paris, 21 avr. 1994, req. n° 92-1196, *Gil* : *Dr. fisc.* 1995, n° 22, 1238).

la suite d'un défaut de déclaration. On en citera deux exemples. Un contribuable, taxé d'office pour n'avoir pas déposé sa déclaration d'ensemble des revenus, a obtenu une réduction de l'impôt établi par l'Administration en prouvant qu'un crédit bancaire, retenu par le service pour calculer l'imposition litigieuse, provenait d'une vente de tableaux de maître issus de son patrimoine (34). Un autre, placé dans la même situation, a pu démontrer qu'une partie des dépôts en espèces qu'il avait effectués sur des comptes bancaires ne constituaient pas des revenus imposables, en justifiant de retraits d'espèces sur ces mêmes comptes, à des dates et pour des montants identiques à ceux des retraits (35). On notera que les enjeux probatoires sont ici les mêmes que ceux rencontrés en matière d'ESFP (V. *infra*, n° 825 et s.). Le service peut également choisir de reconstituer les revenus du contribuable en se référant aux éléments du train de vie visés à l'article 168 du Code général des impôts (V. *supra*, n° 141 et s.).

310. – Particulièrement significative, une autre affaire dans laquelle l'Administration avait appliqué la taxation d'office à raison du défaut de souscription d'une déclaration en matière de TVA immobilière. Le contribuable démontrait cependant qu'il avait payé au vendeur de l'immeuble une somme inférieure à celle retenue par le service, de plus elle correspondait au prix stipulé dans l'acte de vente, doué d'une date certaine. Dans ces conditions, le juge a estimé qu'en dépit de la procédure d'imposition applicable, l'Administration devait établir que le montant notifié correspondait bien à la valeur vénale réelle du bien (36). Sans doute, en matière d'évaluation d'immeubles, la base imposable qu'il convient de retenir est-elle particulière, car elle ne tient pas à la valeur déclarée par le contribuable, ni à celle estimée par l'Administration, mais aux prix du marché. Certes, le contribuable, en l'espèce, a apporté des éléments probatoires, mais on se demande où se trouve la sanction, par la preuve, du défaut de déclaration. Au total, la punition par la charge probatoire se montre peu efficace.

2° Bilan critique

311. – Alors même que la loi fait peser le poids de la preuve sur le dos du contribuable défaillant, on ne peut qu'être surpris par l'importance des obligations probatoires qui peuvent incomber à l'Administration dans la procédure d'imposition d'office. Sans doute, d'une certaine façon, le fisc reprend-il ses prérogatives : puisque le contribuable n'a pas permis l'établissement de l'impôt, le service doit effectuer le travail d'assiette qui n'a pas été réalisé. On ne peut concevoir alors que l'Administration puisse taxer à sa guise, elle doit pouvoir répondre de sa décision devant le juge. Ce d'autant plus que les conséquences attachées à la procédure d'imposition d'office sont graves.

Pourtant, la preuve qui pèse sur le contribuable consiste essentiellement à critiquer les travaux du fisc. Au lieu de le contraindre à effectuer la tâche qu'il n'a pas accomplie, donc à apporter une preuve positive, on ne l'astreint qu'à une attitude passive et critique. Alors que la procédure d'imposition d'office ne devrait pas permettre de discuter les redressements notifiés par l'Administration, le juge prête une attention accrue aux arguments du contribuable,

---

(34) CE, 18 nov. 1983, req. n° 28348 : *RJF* 1984, n° 1, 3.

(35) CE, 24 avr. 1989, req. n° 22465, *Gorce* : *RJF* 1989, n° 6, 655.

(36) CE, avis, 30 juill. 2003, req. n° 254824, *SCI Villa Amaya* : *Dr. fisc.* 2004, n° 6, 223, concl. P. Collin. – Dans le même sens : CAA Bordeaux, 24 mai 2004, req. n° 00-1621, *SCI Ipanema* : *Dr. fisc.* 2004, n° 44-45, 812.

allant même, s'il s'en trouve convaincu, jusqu'à renverser la charge de la preuve aux dépens de l'administration (37).

312. – On peut donc se montrer sceptique sur l'effet dissuasif que représente l'attribution de la preuve en tant que sanction du défaut de déclaration. Ce n'est pas surprenant : dès lors que dans la procédure contradictoire de rectification, l'essentiel de la preuve effective pèse sur le contribuable, on voit mal comment la même obligation pourrait servir de punition en matière d'imposition d'office. Ce qui explique que la prétendue présomption d'exactitude attachée à la déclaration ne trouve pas de réalité, pas plus que l'idée selon laquelle l'Administration supporterait par principe la charge de la preuve. Utiliser celle-ci à titre de sanction n'est pas sain. Car il est essentiel que le juge puisse connaître la vérité, dès lors que sa décision sera réputée conforme à celle-ci. Pour atteindre cette vérité, il lui faut s'en donner toutes les possibilités, donc contraindre chacune des parties à la révéler, et non faire peser la preuve seulement sur l'une d'entre elles.

313. – Et c'est bien ce souci qui explique l'attitude du juge : s'il sollicite l'Administration pour qu'elle fournisse des preuves, contrairement à ce que prévoit la loi, c'est pour se donner tous les moyens d'atteindre la vérité. Ici, par exception, le juge de l'impôt est plus exigeant envers le fisc, alors qu'il paraît bien clément envers le contribuable, pourtant fautif. Car l'imposition litigieuse ne résulte pas d'une déclaration, mais du travail d'assiette effectué par le service. Il est dès lors normal d'exiger des preuves de celui qui se trouve à l'origine de l'impôt en cause. Il paraît donc vain et dangereux d'utiliser la charge de la preuve à titre de sanction. Même si la faute du contribuable qui ne respecte pas ses obligations déclaratives est grave, l'application de pénalités et la privation de la plupart des garanties du droit commun suffisent pour le punir.

314. – De plus, dans certaines situations, on peut s'interroger sur le degré de gravité de la faute conduisant à une imposition d'office. Ainsi, sauf régularisation, souscrire le mauvais imprimé est assimilé à un défaut de déclaration (38), de même si celle-ci n'est pas signée (39), ou déposée à la mauvaise adresse (40). Dans le même sens, des erreurs beaucoup plus bénignes que le manquement aux obligations déclaratives conduisent le contribuable à devoir supporter le poids de la preuve.

§ 2. – Inconstance du contribuable

315. – Dans deux hypothèses prévues à l'article R. 194-1 du Livre des procédures fiscales, la preuve pèse sur le contribuable à raison de son inconstance. Tout d'abord pour celui qui dépose une déclaration, sur la base de laquelle l'impôt est établi et qui, ultérieurement, conteste celui-ci. À lui de démontrer que la déclaration souscrite est erronée, par exemple que les revenus réellement perçus sont inférieurs à ceux déclarés (41). De même celui qui

(37) Par ex., arrêt *SCI Villa Amaya* préc.
(38) CE, 17 mai 1982, req. n° 19338 : *RJF* 1982, n° 7, 686.
(39) CE, 28 sept. 1988, req. n° 44514 : *RJF* 1988, n° 11, 1185.
(40) CE, 3 oct. 1984, req. n° 42008 : *RJF* 1984, n° 12, 1470. – CAA Lyon, 15 avr. 1998, req. n° 96-2220, *Kraeutler* : *RJF* 1998, n° 10, 1175.
(41) CE, 11 mai 1994, req. n° 126303, *Desheulles* : *RJF* 1994, n° 7, 797.

fut imposé conformément à une première déclaration et qui demande à l'être à raison d'une seconde, déposée après le délai de souscription, supporte la charge de la preuve (42). Le contribuable qui, de lui-même, souscrit une déclaration d'ensemble des revenus en France doit démontrer qu'il n'est pas imposable dans ce pays (43). La jurisprudence ne présente pas, à notre connaissance, d'hypothèse dans laquelle le contribuable, contestant sa propre déclaration, aurait valablement établi son inexactitude. Dans la même logique, l'entreprise qui remet en cause ses propres écritures comptables doit démontrer l'erreur qui les affecte (V. *supra*, n° 51).

316. – La seconde hypothèse fait supporter la charge de la preuve au contribuable qui, à l'issue d'une procédure contradictoire de rectification, accepte, de manière expresse ou tacite, les rehaussements notifiés, puis les conteste en présentant une réclamation contentieuse (44). À noter que si l'intéressé pose une condition à son accord, et que celle-ci ne réalise pas, il ne saurait être considéré comme ayant accepté les redressements litigieux (45) ; dès lors, l'article R. 194-1 ne trouve pas à s'appliquer. C'est par exemple le cas d'un contribuable qui a accepté des redressements à la condition que sa bonne foi fût reconnue, mais qui subit une imposition accompagnée de la majoration pour manquement délibéré (46). Celui qui soutient ainsi que son acceptation ne fut pas pure et simple doit le prouver, en produisant un double de sa réponse à la proposition de rectification. Demander un délai supplémentaire pour présenter ses observations ne constitue pas un refus des redressements (47).

317. – Dans de telles situations, il apparaît clairement que la preuve pèse sur le demandeur car c'est lui qui cause le trouble. Le principe *actori incumbit probatio* s'y distingue d'autant plus que la légalité de l'article R. 194-1 du Livre des procédures fiscales fut contestée. En effet, il s'agit d'une simple disposition réglementaire, or la matière de la preuve relève du domaine de la loi (V. *supra*, n° 3). Donc les règles contenues dans cet article auraient dû être adoptées par le législateur. Pourtant, le juge a refusé d'en reconnaître l'illégalité, en considérant que l'article R. 194-1 se contente de formaliser un principe qui découle nécessairement de l'ensemble des dispositions législatives qui régissent la charge de la preuve (48). La jurisprudence a donc confirmé l'application générale de l'adage *actori incumbit probatio* dans le domaine de l'impôt. D'ailleurs, l'article R. 194-1 n'est pas issu du CGI, il n'a fait que reprendre la jurisprudence du Conseil d'État (49). Les règles qu'il contient sanctionnent le manquement à la loyauté qu'on attend du contribuable et qui fait partie de son devoir de collaboration envers le fisc.

318. – On exige du citoyen qu'il dépose des déclarations exactes et qu'il prenne des décisions fermes, soit il accepte les rectifications, soit il les refuse.

---

(42) CE, 28 avr. 1982, req. n° 22593 : *RJF* 1982, n° 6, 620.

(43) CAA Marseille, 25 janv. 2005, req. n° 01-1629, *Merat* : *Dr. fisc.* 2005, n° 29, 555, concl. A. Bonnet.

(44) CE, 16 juin 1993, req. n° 78950, *SARL Copag* : *Dr. fisc.* 1994, n° 11, 479. – CE, 31 mars 2006, req. n° 265953, *Blein* : *RJF* 2006, n° 6, 736.

(45) CE, 12 déc. 1990, req. n° 112316, *Dumas* : *Dr. fisc.* 1991, n° 27, 1388, concl. O. Fouquet.

(46) CE, 5 juill. 1962, req. n° 55419 : *Dr. fisc.* 1963, n° 42 *bis*, p. 28, concl. M. Poussière.

(47) CAA Douai, 2 nov. 2004, req. n° 02-105, *Vialardi* : *Dr. fisc.* 2005, n° 20, 417, concl. J. Michel.

(48) CAA Nancy, 4 févr. 1993, req. n° 92-281, *Müller* : *Dr. fisc.* 1993, n° 46, 2225, concl. Ph. Damay. – CE, 18 déc. 2002, req. n° 238602, *Dame Garoff* : *Dr. fisc.* 2003, n° 12, 246.

(49) CE, 6 oct. 1941 : *RO*, p. 268. – CE, 21 nov. 1960, req. n° 45859 : *Rec. CE*, p. 644. – CE, 8 janv. 1975, req. n° 86199 : *Dr. fisc.* 1975, n° 10, 381. – CE, 30 juin 1982, req. n° 26341 : *Dr. fisc.* 1983, n° 8, 323, concl. C. Schrick.

De manière générale, le droit fiscal se montre strict quant au comportement qu'il attend du contribuable. De ce point de vue, la charge de la preuve est utilisée comme une punition contre celui qui cause le trouble, soit pour manquer à ses obligations, soit pour adopter une attitude préjudiciable. Ces principes n'ont pas été changés par la réforme de 1987.

Chapitre 2

LA RÉFORME DE 1987

La portée de cette réforme est réduite (section 1). Elle n'a pu permettre de surmonter l'échec du critère légal de dévolution de la charge de la preuve (section 2).

Section 1

UNE PORTÉE RÉDUITE

319. – Avant 1987, la loi fiscale édictait des règles particulières pour les entreprises relevant du régime du bénéfice réel. Si le litige les opposant au fisc était soumis à la commission départementale des impôts, selon que celle-ci donnait raison à l'une des parties, l'autre supportait la charge de la preuve. En 1987, le législateur a entendu changer cet état du droit. Dès le lendemain de l'accès au pouvoir de la nouvelle majorité politique, issue des élections législatives de 1986, le gouvernement fit savoir que l'un de ses premiers projets de réforme était de mettre la preuve fiscale à la charge de l'Administration. Le 2 avril 1986, le Conseil des ministres décidait la création d'une commission présidée par M. Aicardi, à laquelle était confiée l'étude d'une réforme des procédures fiscales (1). Cette commission rendit son rapport (2) en un mois.

La plupart des propositions qu'il contenait furent adoptées par le législateur, d'abord au sein de la loi de finances du 30 décembre 1986, ensuite dans la loi du 8 juillet 1987. Ce second texte supprima le principe de l'influence de l'avis de la commission départementale des impôts sur la détermination de la charge de la preuve. Désormais, si à l'issue d'une procédure contradictoire de rectification, la commission est appelée à intervenir, quel que soit le sens de

(1) A. Viala, *Le nouveau régime de la preuve dans les rapports entre le contribuable et l'administration fiscale. Lois des 30 décembre 1986 et 8 juillet 1987* : *Gaz. Pal.* 1987, p. 805.
(2) M. Aicardi (ss dir.), *L'amélioration des rapports entre les citoyens et les administrations fiscales et douanières*, Doc. fr., 1986.

son avis, la charge de la preuve incombe toujours à l'Administration (3) (LPF, art. L. 192, al. 1er).

320. – Cependant, si la loi de finances pour 1987 a supprimé la redoutable procédure de rectification d'office (V. *supra*, n° 53), il demeure que le contribuable dont la comptabilité comporte des irrégularités graves, tout en bénéficiant de la procédure contradictoire de rectification, supporte le poids de la preuve si la commission rend un avis lui étant défavorable (LPF, art. L. 192, al. 2. – V. *supra*, n° 55). Dans l'hypothèse inverse, également si l'avis de la commission est irrégulier (4), la charge de la preuve revient à l'Administration. Quant à celui qui ne présente pas de comptabilité du tout, la preuve lui incombe en toute hypothèse (V. *supra*, n° 55). La même règle s'applique au contribuable qui n'a pas répondu, ou de manière insuffisante, à une demande de justifications faisant suite à un ESFP (LPF, art. L. 192, al. 3. – V. *infra*, n° 807 et s.).

321. – Ces normes qui, pour les deux premières, tendent à pallier la suppression de la rectification d'office, rejoignent le principe exposé plus avant : si le contribuable manque à ses obligations, en l'occurrence comptables, il est puni par le fardeau de la preuve. La sanction est lourde, car le meilleur mode de preuve dont disposent les entreprises soumises au bénéfice réel est précisément constitué par la comptabilité (V. *supra*, n° 308). On contraint donc le contribuable à apporter une preuve tout en sachant qu'il est incapable de le faire.

322. – Tableau récapitulatif de la charge de la preuve avant et après la loi du 8 juillet 1987 :

Qui supporte la preuve ?	**Avant 1987**	**Après 1987**
Procédure contradictoire de rectification	L'Administration	L'Administration
Procédure d'imposition d'office	Le contribuable	Le contribuable
Contestation d'une imposition assise sur une déclaration ou acceptée	Le contribuable	Le contribuable
Imposition soumise à l'avis de la commission départementale des impôts	L'Administration ou le contribuable selon que la commission leur donne raison ou tort	L'Administration, le contribuable dans l'hypothèse de l'article L. 192, al. 2 et 3 du LPF

(3) Ces règles valent tant pour la commission départementale des impôts directs et des taxes sur le chiffre d'affaires, que s'agissant de la commission départementale de conciliation. Ainsi, la loi du 30 décembre 1986 a modifié l'article L. 17 du Livre des procédures fiscales, relatif au contrôle des valeurs vénales, pour attribuer à l'Administration, en toute hypothèse, la preuve de l'insuffisance des prix ou évaluations retenus par le contribuable.

(4) CE, 11 févr. 1998, req. n° 178841, *Sté Études et recherches mécaniques* : *RJF* 1998, n° 4, 442. – Pour produire ses effets, l'avis doit être explicite : CE, 6 août 2008, req. n° 293106, *Pusztay : Dr. fisc.* 2008, n° 42, 546, concl. P. Collin ; *RJF* 2008, n° 11, 1236 ; *Procédures* 2008, n° 12, p. 36, note J.-L. Pierre.

323. – Les règles fondamentales ne sont donc pas changées et la portée de la réforme paraît réduite. Certes, la volonté du législateur, dès lors qu'il a repris les conclusions du rapport Aicardi, lui-même issu des vœux du gouvernement, n'était pas douteuse (5) : dans la procédure contradictoire, si le contribuable refuse les redressements, l'Administration supporte le poids de la preuve. Il demeure que l'article L. 192, alinéa 1er n'a fait que supprimer l'incidence de l'avis de la commission sur la charge probatoire. L'idée que la preuve pèse par principe sur l'Administration est donc issue de cette réforme, mais aucune disposition ne pose explicitement le même principe.

324. – Le juge lui-même a considéré que la loi du 8 juillet 1987 n'avait « pas eu pour objet, ni pour effet de modifier les principes qui gouvernent la charge de la preuve indépendamment de la procédure suivie » (6). Selon le commissaire du gouvernement Arrighi de Casanova, le législateur n'a voulu qu'aménager les règles de la preuve de manière plus équitable, particulièrement pour éviter que les contribuables renoncent à saisir la commission de peur d'un renversement de la charge de la preuve à leurs dépens (7). « Ainsi, le législateur a seulement entendu régler la question des conséquences de l'avis de la commission, en décidant qu'il ne conserverait un effet, éventuellement négatif pour le contribuable, sur la dévolution de la charge de la preuve que dans le cas où la comptabilité présenterait de graves irrégularités » (8). Faute d'une disposition suffisamment explicite, le législateur n'a pu imposer sa volonté. De manière générale, il faut reconnaître l'échec du critère légal d'attribution de la preuve.

Section 2

ÉCHEC DU CRITÈRE LÉGAL

325. – En ce domaine, la loi présente plusieurs défauts. Tout d'abord, elle souffre de manichéisme. Elle attribue la charge de la preuve au contribuable ou à l'Administration. Or, les situations dans lesquelles le poids entier de cette preuve pèse sur l'une ou l'autre des parties sont de plus en plus rares. Dans la grande majorité des hypothèses, il appartient à la première de démontrer certains points, tandis que la seconde doit en établir d'autres. P. Esmein, à la suite de Bartin, a montré que le juge ne pouvait pas exiger d'une partie une démonstration complète, mais seulement, en fonction de l'aptitude à la preuve du plaideur, une « probabilité suffisante » (9).

(5) J. Lamarque, *À propos de la preuve : trois questions dérangeantes* : *Dr. fisc.* 2007, n° 23, p. 12. – J.-L. Pierre, note sous CE, sect., 20 juin 2003, req. n° 232832, *Sté Ets Lebreton-Comptoir général de peintures et annexes* : *Procédures* 2003, n° 10, p. 33.

(6) CAA Lyon, plén., 5 juill. 1994, req. n° 92-549, *SA Volvic* : *RJF* 1994, n° 11, 1232, concl. P. Bonnaud, p. 657. – Solution confirmée par CE, 20 mai 1998, req. n° 159877, *Sté Veticlam* : *Dr. fisc.* 1998, n° 44, 979, concl. J. Arrighi de Casanova.

(7) Analyse que le Conseil d'État lui-même a reprise, cf. CE, sect., 20 juin 2003, req. n° 232832, *Sté Ets Lebreton-Comptoir général de peintures et annexes* : *RJF* 2003, n° 10, 1140, concl. P. Collin, p. 754.

(8) J. Arrighi de Casanova, concl. sur CE, 20 mai 1998, req. n° 159877, *Sté Veticlam* : *Dr. fisc.* 1998, n° 44, p. 1390.

(9) P. Esmein, *Le fondement de la responsabilité contractuelle rapprochée de la responsabilité délictuelle* : *RTD civ.* 1933, p. 642.

326. – Par ailleurs, l'application du critère légal peut conduire le juge à rendre des solutions contradictoires à l'intérieur d'une seule espèce (10). Ainsi, une même somme fut considérée comme un produit imposable à l'IS, sachant que la déclaration de résultat avait été déposée en retard, mais pas s'agissant de la TVA, pour laquelle le service avait suivi la procédure contradictoire de rectification (11). À propos d'une seule et même reconstitution de recettes, le juge a repoussé les arguments de la société sur laquelle, en application de la procédure, pesait la preuve ; mais il a pris en considération les arguments des associés, qui devaient répondre des distributions, pour considérer que l'Administration ne prouvait pas, comme il le lui incombait, les dissimulations de recettes (12). S'agissant de la réintégration d'intérêts, à raison d'un compte de l'exploitant débiteur, aucune des parties ne parvenant à apporter la preuve, le bien-fondé des redressements fut admis pour les deux années au titre desquelles l'entreprise était évaluée d'office, mais pas pour les deux exercices ayant donné lieu à une procédure contradictoire de rectification (13).

327. – La sagesse semble revenir au tribunal administratif de Versailles (14). Il s'agissait d'une reconstitution de recettes, effectuée sous le régime de l'évaluation d'office pour des bénéfices agricoles non déclarés, et de la procédure contradictoire en matière de TVA, les déclarations concernant celle-ci ayant été déposées. Le juge devait donc statuer sur un litige se rapportant au montant du chiffre d'affaires réalisé, qu'il s'agisse d'en tirer les conséquences au regard de l'impôt sur le revenu comme de la TVA. Les règles de preuve étant différentes pour chacune de ces impositions, du fait de la procédure suivie, il est fort probable qu'il aurait été conduit à rendre une décision différente pour l'une et l'autre, alors que le litige en cause était strictement identique. C'est fort sagement que le juge a dès lors décidé qu'il formerait sa conviction à partir des éléments du dossier d'instruction, recourant ainsi au système de la preuve objective.

328. – Enfin et surtout, le critère législatif, s'agissant de la procédure contradictoire de rectification, a le gros défaut de n'attribuer que la charge juridique de la preuve, en faisant abstraction de sa charge effective (V. *supra*, n° 115). Si réellement il n'appartenait qu'à la seule Administration de prouver le bien-fondé des redressements qu'elle pratique, sans que le contribuable ait à démontrer la régularité de sa situation, comment pourrait-on expliquer que le même soit tenu de présenter des justificatifs, qui sont autant de preuves ? On comprendra la valeur très relative des règles légales en voyant comment le juge a pu les contourner.

(10) Cf. C. Lasry, *Une particularité du droit fiscal : la charge de la preuve* : *EDCE* 1984/1985, n° 36, p. 72.

(11) CAA Paris, 29 nov. 1990, req. n° 89-2891 et 2892, *SARL Sièges AS* : *Dr. fisc.* 1994, n° 12, 579.

(12) CAA Lyon, 17 avr. 1996, req. n° 97-977, *Sté Boulangerie auvergnate*, req. n° 94-979, *Dame Dinca* : *Dr. fisc.* 1997, n° 40, 1034.

(13) CAA Lyon, 22 janv. 1997, req. n° 94-700, *Ladet* : *Dr. fisc.* 1997, n° 10, 258.

(14) TA Versailles, 21 nov. 1995, req. n° 88-596, *Succ. Saunier* : *RJF* 1996, n° 6, 777.

Titre 2

LA JURISPRUDENCE

329. – Après avoir déterminé un critère prétorien de la charge de la preuve, en matière d'acte anormal de gestion (chapitre 1), le juge a emprunté au contentieux administratif général le système de la preuve objective (chapitre 2). L'intérêt de la jurisprudence relative aux actes anormaux de gestion est d'avoir – ce que la loi ne fait pas – mis en évidence la charge effective, et non plus seulement juridique, de la preuve. Le devoir de justification qui pèse sur le contribuable a enfin été pris en considération en tant qu'obligation probatoire. Dès lors que la justification est inséparable du système déclaratif, c'est l'ensemble de la preuve fiscale qui est intéressée par cette jurisprudence, bien au-delà du seul domaine de l'acte anormal de gestion.

Chapitre 1

PREUVE ET ACTE ANORMAL DE GESTION

330. – L'acte anormal de gestion est « celui qui met une dépense ou une perte à la charge de l'entreprise, ou qui prive cette dernière d'une recette, sans que l'acte soit justifié par les intérêts de l'exploitation commerciale » (1). Par un arrêt de principe (2), le juge a entendu poser lui-même les règles d'attribution de la preuve dans cette matière (section 1). Puis il est revenu peu à peu aux règles légales, mais principalement dans l'attente de l'application de la réforme Aicardi de 1987 (V. *supra*, n° 319 et s.), provoquant ainsi la naissance d'une période transitoire (section 2). La jurisprudence la plus récente, en faisant revivre celle d'origine, traduit un retour aux prémices (section 3).

Section 1

L'ARRÊT *RENFORT SERVICE*

L'espèce (§ 1) n'est guère éclairante quant aux critères d'attribution de la preuve (§ 2) qu'elle applique. Cependant, la portée de la décision est grande.

§ 1. – L'espèce

Il convient d'analyser le litige (A), puis sa solution (B).

A. – Le litige

331. – La SA Renfort Service, société d'intérim, fait le choix de diversifier son activité en se lançant dans la menuiserie. À cet effet, son président et

(1) M. Poussière, concl. sur CE, 5 janv. 1965 : *Dr. fisc.* 1970, n° 3 *bis*, p. 23.
(2) CE, plén., 27 juill. 1984, req. n° 34588, *SA Renfort Service* : *RJF* 1984, n° 10, 1233, concl. P.-F. Racine.

principal actionnaire lui loue des locaux qu'il possède à titre personnel. Il s'agit d'installations commerciales et d'une maison d'habitation. Le bail conclu entre le président et la société prévoit que si des améliorations sont apportées aux locaux par le preneur, les immeubles reviendraient au bailleur tels qu'ils se présentent en fin de location, à moins que le propriétaire préfère qu'ils ne soient remis en l'état. L'activité de menuiserie est donc lancée et, en effet, des travaux sont entrepris dans les locaux commerciaux comme dans la maison. Hélas, la menuiserie ne remplit pas les espoirs de la société. L'activité est déficitaire et l'entreprise cède le fonds de commerce lui correspondant, dégageant une moins-value. Le dirigeant reprend l'usage de ses immeubles tels qu'ils ont été améliorés par les travaux entrepris.

332. – Lors de la vérification de comptabilité de la société, le service estime que cette malheureuse opération de diversification constitue un acte anormal de gestion. L'intérêt de l'entreprise n'aurait pas été respecté, car celle-ci a réalisé des améliorations dans les locaux qui sont revenues gratuitement à son président. Ce dernier se voit en conséquence appliquer la présomption de l'article 109-1 du Code général des impôts (V. *supra*, n° 157) : il est supposé avoir bénéficié d'une distribution irrégulière faite par la société. En somme, l'Administration paraît soupçonner un montage : le président aurait imaginé cette histoire de menuiserie pour se faire offrir les travaux d'amélioration de ses immeubles.

333. – Or, la société a pu apporter des justifications combattant cette opinion. Les travaux engagés dans la maison ont été utiles à l'entreprise puisqu'ils ont permis d'y loger des gardiens, leur montant est d'ailleurs bien moindre que ceux entrepris dans les locaux commerciaux. Le loyer facturé par le président à la société n'était pas excessif. Enfin, l'activité a dû cesser non seulement parce que les résultats étaient décevants, mais surtout parce qu'une nouvelle législation est venue interdire toute diversification aux entreprises d'intérim. Chacune des parties avançait donc des arguments en vue de la solution du litige.

B. – La solution

334. – La procédure contradictoire de redressement a été appliquée, la société n'ayant pas manqué à ses obligations déclaratives ou comptables. La commission départementale des impôts n'a pas été saisie du point litigieux. Il revenait donc au juge de déterminer qui devait apporter la preuve, voici sa réponse :

« Considérant que si l'appréciation du caractère anormal d'un acte de gestion pose une question de droit, il appartient, en règle générale, à l'Administration d'établir les faits sur lesquels elle se fonde pour invoquer ce caractère anormal ; que ce principe ne peut, toutefois, recevoir application que dans le respect des prescriptions législatives et réglementaires qui, dans le contentieux fiscal, gouvernent la charge de la preuve ; Considérant que, si la détermination du fardeau de la preuve est, pour l'ensemble des contribuables soumis à l'impôt, tributaire de la procédure d'imposition suivie à leur égard, elle n'en découle, pas moins, à titre principal, dans le cas des personnes assujetties à l'impôt sur le revenu dans la catégorie des bénéfices industriels et commerciaux ou des entreprises assujetties à l'impôt sur les sociétés, de la nature des opérations comptables auxquelles ont donné lieu les actes de gestion dont l'Administration conteste le caractère ».

335. – Le juge pose le principe qu'en matière d'acte anormal de gestion, il revient à l'Administration de supporter la preuve. Cependant, cela dépend de la procédure d'imposition suivie, comme le prévoit la loi. S'il s'agit de la procédure contradictoire de redressement, la preuve revient en effet à l'Administration. En revanche, si une procédure d'imposition d'office est appliquée, le contribuable s'en voit attribuer le fardeau. Pour autant, précise le juge, quelle que soit la procédure suivie, la charge de la preuve dépend, à titre principal en matière d'acte anormal de gestion, de la nature de l'opération comptable en cause. Quelle peut être cette opération ? S'agissant, ajoute le Conseil d'État, d'une « écriture portant soit sur des créances de tiers, des amortissements ou des provisions (...) soit sur des charges », il revient au contribuable de justifier une telle écriture. Si le litige porte sur d'autres opérations « notamment, des écritures qui retracent l'évolution de l'actif immobilisé », la preuve pèse sur l'Administration.

336. – En l'espèce, la société justifiait valablement les amortissements et frais généraux en cause. De son côté, l'Administration ne démontrait pas que l'accroissement des valeurs d'actif, à raison des travaux réalisés, était infondé. Donc l'acte de gestion anormale n'était pas prouvé : décharge. On reconnaîtra, plus loin, de grands mérites à cet arrêt. Cependant, il faut admettre que les critères d'attribution de la preuve qu'il emploie ne sont pas très éclairants.

§ 2. – Les critères d'attribution de la preuve

La décision *Renfort Service* a mis en évidence les limites du critère légal (A), mais la distinction qu'elle propose, selon la nature de l'écriture comptable, appelle des réserves (B).

A. – Les limites du critère légal

337. – L'arrêt commande le respect du critère posé par la loi, selon la procédure d'imposition suivie. Mais il précise que, s'agissant d'un acte anormal de gestion, s'applique « à titre principal » celui de la nature de l'opération en cause. Comment interpréter ces mots : « à titre principal » ? Le Conseil d'État laisse-t-il entendre que si, en l'espèce, une imposition d'office avait été pratiquée, ou si la commission avait été saisie du point litigieux, seul le critère légal aurait été appliqué ? La jurisprudence ultérieure (V. *infra*, n° 355 et s.) montrera que cette hypothèse est probable.

338. – Pour autant, pourquoi le critère légal n'est-il pas, à lui seul, suffisant pour déterminer la charge de la preuve ? Le commissaire du gouvernement Racine, dont les conclusions ont été suivies, éclaire ce point. M. Racine explique que le contribuable, quelle que soit la procédure d'imposition appliquée, peut toujours justifier les opérations réalisées par son entreprise. Même si, dans une procédure d'imposition d'office, il revient à l'Administration de déterminer le bénéfice imposable, dès lors que le contribuable est en mesure de démontrer qu'une charge, par exemple, a été régulièrement exposée, le vérificateur est tenu de la prendre en compte pour la détermination du résultat. De même si, dans la procédure contradictoire de redressement, la preuve revient à l'Administration, cela ne dispense pas le contribuable de justifier les écritures comptables à partir desquelles il a déterminé son bénéfice.

339. – Le premier critère applicable ne peut donc être celui prévu par la loi. La question qui, avant toute chose, doit être posée, pour déterminer qui doit supporter la preuve, est celle de savoir si le contribuable présente ou non un justificatif. Dans la négative, la question est tout de suite résolue, sans besoin de faire appel au critère légal (3). Si le contribuable ne fournit pas de justificatif, la charge ne sera pas prise en compte, même si, à raison de la procédure suivie, c'est à l'Administration d'apporter la preuve. L'arrêt *Renfort Service* en tire donc la conclusion suivante : « l'Administration doit être réputée apporter la preuve qui lui incombe si le contribuable n'est pas, lui-même, en mesure de justifier dans son principe comme dans son montant, de l'exactitude de l'écriture dont s'agit ».

340. – En somme, le critère légal est inopérant dès lors que le contribuable est en mesure de justifier une opération, autrement dit d'apporter une preuve effective. La justification n'avait jusqu'alors pas été clairement reconnue comme l'équivalent de la preuve. L'arrêt *Renfort Service* a l'immense mérite de faire entrer dans le droit positif la charge effective de la preuve, qui tend dès lors à rejoindre la charge juridique. De ce point de vue, la décision met en évidence la vanité du critère légal. Qu'importe qui de l'Administration ou du contribuable doit apporter légalement, juridiquement, la preuve, quand la charge effective de celle-ci est supportée différemment. Ayant éprouvé les limites du critère légal, le juge en propose un autre, tenant à la nature de l'opération en cause.

B. – Valeur du critère jurisprudentiel

L'arrêt *Renfort Service* propose de retenir des règles différentes, quant à la charge de la preuve, selon la nature de l'opération comptable litigieuse (1°). Les écritures relatives à l'actif immobilisé devraient ainsi connaître un sort particulier (2°).

1° Nature de l'écriture comptable

341. – Il faut rappeler, pour la compréhension de cette affaire, que le résultat imposable d'une entreprise commerciale soumise au régime du bénéfice réel se calcule, en vertu de l'article 38-2 du Code général des impôts, en comparant deux actifs nets. L'actif net représente la valeur de l'entreprise à une certaine époque, à l'issue d'un exercice comptable déterminé. Il est égal à la différence entre les valeurs d'actif et la partie du passif formée par les créances des tiers, les amortissements et les provisions. Le résultat imposable se détermine en calculant l'enrichissement de l'entreprise : si l'actif net de l'exercice N+1 est plus élevé que celui de l'exercice N, le bénéfice sera constitué par cette différence.

342. – L'arrêt *Renfort Service* reprend les termes de l'article 38-2 pour distinguer deux catégories d'écritures comptables. La première regroupe les créances des tiers (4) sur l'entreprise, les amortissements, les provisions et les charges prises en général. La seconde comprend toutes les autres écritures, notamment celles relatives à l'actif immobilisé. À ces deux catégories d'écritures comptables sont attachées des conséquences différentes quant à la charge de la preuve. S'agissant de la première, l'Administration est réputée apporter la preuve qui pèse sur elle si l'entreprise n'est pas en mesure de justifier les écritures considérées.

---

(3) *GAJF*, 5e éd., p. 859.

(4) Les créances des tiers, autrement dit les dettes de l'entreprise, doivent être justifiées par celle-ci. Il en résulte que s'agissant d'une écriture de passif, la preuve pèse sur le contribuable (CE, 20 janv. 1992, req. n° 67764, *Passot* : *RJF* 1992, n° 3, 383. – CE, 28 févr. 1997, req. n° 127890, *SA Sabe* : *Dr. fisc.* 1997, n° 25, 693, concl. J. Arrighi de Casanova).

343. – Pour la seconde, le préalable de la justification n'est apparemment pas en cause, donc la preuve pèse sur l'Administration en toute hypothèse. Le commissaire du gouvernement Racine explique que les écritures d'actif sont celles qui donnent le plus souvent lieu à des actes anormaux de gestion ; or, à raison du principe de non-immixtion du fisc dans la gestion de l'entreprise, il revient à l'Administration de prouver cette anormalité. Toujours quant à la seconde catégorie, la décision précise qu'elle comprend toutes les écritures qui n'appartiennent pas à la première, « notamment [celles] qui retracent l'évolution de l'actif immobilisé, avant la constitution des amortissements et provisions ». C'est ici que la distinction entre les deux types d'écritures comptables paraît artificielle.

2° Écritures relatives à l'actif immobilisé

Réserver un sort probatoire particulier aux écritures d'actif s'expose d'autant plus à la critique (*a*), que nous ne trouvons pas d'explication qui puisse valablement le fonder (*b*).

a) Critiques

344. – Remettre en cause une valeur d'actif conduit souvent à contester les amortissements et provisions – réputés faire partie de la première catégorie d'écritures comptables – précisément parce que ces charges sont conçues pour prendre en compte la dépréciation des immobilisations. Il est, dès lors, difficile de considérer isolément l'actif immobilisé. Certes, une valeur telle qu'un terrain n'est pas appelée, en règle générale, à se déprécier. En conséquence, son inscription au bilan ne doit pas varier, en ce sens qu'*a priori* elle ne saurait faire l'objet ni d'un amortissement, ni d'une provision. Mais l'actif d'une entreprise comporte, majoritairement, des éléments qui se déprécient. Par exemple, lorsqu'une compagnie aérienne achète un avion, elle doit l'inscrire au bilan pour sa valeur d'acquisition. Mais dès la mise en service de l'appareil, l'amortissement pratiqué en diminuera la valeur.

Or, l'appréciation du coût d'une immobilisation – lors d'un contrôle fiscal où la gestion de l'entreprise serait mise en cause –, peut se faire plusieurs années après son inscription au bilan. C'est pourquoi, considérer l'actif « avant la constitution des amortissements et provisions » semble relever d'une analyse trop abstraite.

345. – Amortissements et provisions sont des charges qui anticipent la dépréciation d'un actif. Mais les immobilisations entraînent l'engagement d'autres dépenses. Un immeuble suppose des frais d'entretien, une machine doit être révisée. De ce point de vue, distinguer les valeurs d'actif des écritures de charges paraît spécieux. Enfin, même une immobilisation qui ne se déprécie pas est appelée, un jour ou l'autre, à influer sur les écritures de charges. Par exemple, dans une société relevant de l'IS, la vente d'un terrain dégageant une moins-value donne lieu à une perte constitutive d'une charge pour l'entreprise. Aussi convient-il de relativiser les propos de M. Racine lorsqu'il soutient que les écritures qui retracent les acquisitions d'éléments d'actif « n'ont jamais pour résultat de diminuer le bénéfice net ». C'est vrai dans l'instant, mais l'instant peut être si court.

346. – On ne remarque pas, dans la jurisprudence (5), le phénomène évoqué par le commissaire du gouvernement, selon lequel les écritures d'actif

(5) Cf. *Doc. fisc. Lefebvre*, CF-I, n° 10800 et s., feuillets blancs 1er avr. 2008 : sur 105 types d'actes anormaux de gestion recensés, seuls 15 se rapportent à une valeur d'actif, abstraction faite des charges générées par cette valeur.

seraient celles qui font le plus souvent l'objet d'une qualification d'acte anormal de gestion. En revanche, on trouve de nombreuses décisions qui remettent en cause un élément d'actif, mais précisément en ce que celui-ci donne lieu à des charges anormales. Essayons de trouver d'autres explications pouvant fonder le sort probatoire différent des écritures de charges et d'actif.

b) Recherche d'explications

On pourra, tout d'abord, retenir l'origine de l'irrégularité litigieuse (1), ensuite l'idée que les valeurs d'actif bénéficieraient d'une présomption d'exactitude (2), enfin qu'elles permettraient à l'Administration, mieux que les autres, d'accéder à la vérité exogène (3).

1) Origine de l'irrégularité

347. – L'origine de l'irrégularité d'une charge pourrait expliquer qu'elle puisse connaître des règles de preuve différentes. Si elle est contestée pour un motif qui lui est propre, telle l'absence de justification, alors l'Administration sera réputée avoir apporté la preuve qui lui incombe. En revanche, si la charge n'est remise en cause qu'à raison de l'anormalité de l'écriture d'actif qui en est à l'origine, le fisc doit supporter le poids de la preuve (6). Cette distinction n'est pas satisfaisante.

348. – Prenons l'exemple d'une société qui, lors d'un contrôle, n'est pas en mesure de fournir une facture d'immobilisation. Elle prétend qu'il s'agit d'une machine qui, comme telle, a figuré à l'actif et donné lieu à des amortissements, mais dont elle a dû récemment se séparer. Le justificatif venant à l'appui de ces amortissements ne peut être constitué que par la facture d'immobilisation. Or, en l'absence de ce document, comme de la machine dans les locaux de l'entreprise, l'Administration est en droit de penser que cet actif n'a jamais existé. Quel sera dès lors le fondement du rejet des amortissements ? Il pourra résulter soit de l'absence de justificatif, soit de l'irrégularité qui a consisté à inscrire à l'actif une immobilisation fictive. En somme, cette origine ne peut être déterminée. On peut trouver une autre explication dans l'idée que les valeurs d'actif bénéficieraient d'une présomption d'exactitude.

2) Présomption d'exactitude des valeurs d'actif

349. – Avec cette présomption (7), le juge voudrait ainsi éviter au contribuable une preuve négative qui consisterait à démontrer, par exemple, que la valeur d'un actif, acquis ou cédé, n'a pas été minorée. Or, on ne trouve, dans le droit positif, aucune trace d'une telle présomption. Lorsqu'une entreprise cède un actif immobilisé, elle doit en justifier la vente au moyen d'une facture, d'un acte notarié, du registre des mouvements de titres, etc. ; de façon à ce que le fisc puisse ainsi connaître la nature du bien, sa valeur estimée, sa durée de détention (8). Comment l'Administration pourrait-elle caractériser un acte anormal de gestion sans connaître ces éléments ? Et qui d'autre, sinon le contribuable, est en mesure de les lui fournir ?

Non seulement la distinction ainsi posée par l'arrêt *Renfort Service* paraît bien relative, mais surtout on ne comprend pas pourquoi les écritures de la

---

(6) Ph. Martin, concl. sur CE, 8 janv. 1993, req. n° 87631, *Spitaletto* : *RJF* 1993, n° 3, p. 185.

(7) *GAJF*, 5e éd., p. 863. Comme le souligne A. Fauchon, (*La preuve de l'acte anormal de gestion*, *in* C. Puigelier [ss dir.], *La preuve*, Economica, 2004, coll. « Études juridiques », p. 150), pourquoi cette présomption pourrait-elle bénéficier à certaines écritures comptables et pas à d'autres ?

(8) G. Amédée-Manesme, *La charge de la preuve*, *in* Th. Lambert (ss dir.), *Contentieux fiscal. Principes et pratiques*, STH, 1989, p. 137.

seconde catégorie seraient soustraites à l'obligation de justification. Taxer un acte anormal de gestion consiste pour le vérificateur à déqualifier une opération réalisée par l'entreprise, ce qui suppose de pouvoir s'appuyer sur un minimum de justificatifs.

350. – Ainsi, l'Administration avait reproché à une société d'avoir acquis des actions à un prix plus élevé que leur valeur réelle. Le service considérait que le vendeur avait, de la sorte, bénéficié d'une distribution occulte au sens de l'article 111 c du Code général des impôts. Or, l'opération litigieuse apparaissait en comptabilité et se trouvait dotée de toutes les justifications relatives à son objet comme à l'identité du cocontractant. Dans ces conditions, le Conseil d'État a considéré que l'Administration ne pouvait qualifier une distribution occulte qu'à la condition, d'une part, d'établir un écart significatif entre le prix convenu et la valeur vénale réelle des droits sociaux et, d'autre part, de prouver la double intention des parties de consentir comme de recevoir une libéralité.

En l'espèce, le fisc n'a pu apporter cette preuve face aux arguments avancés par la société, qui résultaient d'une étude conçue par la banque ayant conseillé la cession (9). Autrement dit, non seulement l'Administration n'aurait pu qualifier un acte anormal de gestion sans les justificatifs apportés par la société, mais de plus c'est bien celle-ci qui a démontré la normalité de l'opération et non le service qui a établi le contraire.

351. – Les actes anormaux de gestion consistant dans un abandon de créance, ou une avance sans intérêt, se rapportent à des écritures d'actif, puisque chaque fois est en cause une créance. L'Administration devrait donc supporter la preuve de leur réalité. Or, dans une affaire où la solution au fond laisse pantois, le juge ne cesse de reprocher au contribuable de ne pas établir la contrepartie des avantages qu'il a consentis (10). Si l'entreprise doit apporter cette preuve, ce n'est pas à raison d'une écriture d'actif, mais parce qu'un abandon de créance (11) ou d'intérêts est un acte *a priori* anormal. En effet, le but d'une exploitation commerciale est de réaliser des profits, non de faire le bonheur d'un tiers, en lui accordant des avantages dénués de contrepartie. En conséquence, le contribuable qui se conduit de façon apparemment anormale supporte la charge de la preuve.

352. – Il est regrettable que le juge persiste à employer une formule qui prête à confusion : s'il incombe à l'Administration de prouver qu'un abandon de créance ou d'intérêts constitue un acte anormal de gestion, elle est réputée apporter cette preuve dès lors que l'entreprise ne peut établir qu'elle a bénéficié en retour de contreparties (12). Il serait plus simple de dire que l'essentiel de la preuve pèse sur le contribuable.

Faisons une dernière tentative.

3) Accès à la vérité exogène

353. – La seule explication qui puisse retenir l'attention tient à la nature de la preuve induite par les opérations tenant aux valeurs d'actif. On pense

---

(9) CE, sect., 28 févr. 2001, req. n° 199295, *Thérond : Dr. fisc.* 2001, n° 26, 592, concl. G. Bachelier ; *RJF* 2001, n° 5, 620, chron. J. Maïa, p. 395.

(10) CE, 26 févr. 2003, req. n° 223092, *Sté Pierre de Reynal et Cie : Dr. fisc.* 2003, n° 24, 436, concl. G. Goulard.

(11) CE, 16 juin 2004, req. n° 235647, *SA Imprimerie Borel : RJF* 2004, n° 10, 964.

(12) CE, 30 mai 2007, req. n° 285575, *SA Peronnet : Dr. fisc.* 2007, n° 46, 958, concl. F. Séners, note A. Bonnet. *RJF* 2007, n° 10, 1012.

particulièrement aux plus et moins-values provoquées par la cession des immobilisations, qui sollicitent la vérité exogène à laquelle l'Administration a accès. Le fisc peut en effet disposer d'éléments de comparaison pour démontrer que la valeur d'un immeuble, ou de parts sociales, a été minorée ou majorée. Parce que l'Administration aurait plus d'aptitude à la preuve s'agissant de l'actif, elle supporterait donc la charge probatoire. L'idée peut séduire, mais ne montre pas assez de pertinence face à la nécessité pour le contribuable, là encore, de supporter l'essentiel de la preuve. À lui, par exemple, de justifier une moins-value en produisant les factures d'achat et de vente de l'immobilisation cédée, comme le tableau des amortissements. Ensuite, le service pourra critiquer l'évaluation retenue. Ce schéma est des plus classiques et n'explique pas pourquoi les règles de preuve devraient être différentes selon la nature de l'écriture comptable en cause.

354. – Malgré ses faiblesses, le très grand intérêt de la décision *Renfort Service* est de mettre en scène, enfin, la charge effective de la preuve, en admettant que l'obligation de justification doive être prise en compte. Comme cette obligation est inséparable du système déclaratif, son influence ne peut être que systématique. C'est donc l'ensemble du régime général de la preuve qui est intéressé par cette décision (13). Cependant, il est difficile de déterminer dans quelle mesure l'arrêt *Renfort Service* a été entendu par la jurisprudence qui l'a suivi. En apparence celle-ci l'a renié, mais de manière temporaire, pour les besoins d'une période transitoire.

Section 2

PÉRIODE TRANSITOIRE

355. – Elle s'est étendue de l'arrêt *Renfort Service* à la prise en compte de la réforme Aicardi issue de la loi du 8 juillet 1987 (V. *supra*, n° 319 et s.). Celle-ci est applicable aux affaires pour lesquelles la commission départementale des impôts s'est réunie (14) après le 9 juillet 1987. Mais la période fut longue, du fait de la lenteur des procédures. Longtemps après 1987, le juge eut à trancher des litiges pour lesquels la commission avait conservé ses compétences en matière de preuve. Paradoxalement, la jurisprudence de cette période transitoire constitue à la fois le reniement de l'arrêt *Renfort Service* (§ 1), tout en permettant d'en préciser la portée, en distinguant preuve et justification (§ 2).

§ 1. – Le reniement

Celui-ci s'est fait peu à peu, au fil des solutions. Les étapes en sont marquées par les arrêts *Boutique 2M* de 1988 (A), *Intertrans* de 1990 (B) et *Spitaletto* de 1993 (C).

(13) Ph. Martin (entretien avec), *Charge de la preuve : gros plan sur la jurisprudence du Conseil d'État : LPA* 2007, n° 226, p. 5 : « L'arrêt *Renfort Service* représente la principale tentative de codifier de manière générale la charge de la preuve ».

(14) CAA Lyon, 2 févr. 1994, req. n° 92-1545, *Jean Dame* : *RJF* 1994, n° 10, 1116. – CAA Paris, 14 oct. 1997, req. n° 95-700, *Mondial Tours* : *RJF* 1998, n° 3, 247.

A. – L'arrêt *Boutique 2M*

La solution (1°) provoque une certaine déception (2°).

1° Solution

356. – La société *Boutique 2M* entretient des relations privilégiées avec son unique fournisseur, une entreprise suédoise. Elle lui verse des commissions que le fisc remet en cause, en usant de la présomption prévue à l'article 57 du Code général des impôts (V. *supra*, n° 163 et s.) : les sommes payées constitueraient des transferts déguisés de bénéfices. De plus, l'Administration rejette la déduction de frais de voyages effectués en Suède par l'une des associées de la société française. Cette dernière ne conteste pas que les voyages entrepris tendaient à satisfaire des besoins privés, mais elle soutient qu'ils répondaient en même temps à des intérêts professionnels, dans les contacts nécessaires avec le fournisseur suédois. Les deux chefs de redressement sanctionnent des actes anormaux de gestion : des charges étrangères à l'intérêt de l'entreprise ont été engagées au profit de tiers. C'est donc sans surprise que l'on voit reproduit le deuxième considérant de l'arrêt *Renfort Service*. L'espèce mettant en cause des charges, il revient à la société de les justifier.

357. – Mais, à la différence de l'affaire *Renfort Service*, le dossier de la société requérante fut soumis à la commission départementale des impôts, qui a donné raison à l'Administration. La preuve revient donc au contribuable : celui-ci soutient que les voyages ont été utiles à l'entreprise mais ne le démontre pas, la requête est sur ce point rejetée ; en revanche, la société établit que les commissions étaient fondées et obtient la décharge des impositions supplémentaires s'y rapportant (15). Cette solution est décevante.

2° Déception

358. – L'arrêt *Renfort Service* avait, certes, émis des réserves à sa solution de principe, qui ne pouvait s'affranchir des dispositions législatives (V. *supra*, n° 337). Réduite à l'hypothèse d'un acte anormal de gestion, l'espèce de 1984 se trouvait de plus en dehors des chemins balisés par la loi. L'application d'une procédure contradictoire de redressement et la non-intervention de la commission départementale des impôts laissaient donc entière la question de la charge de la preuve. Cependant, l'arrêt *Renfort Service* eut le mérite de mettre en évidence les insuffisances du critère légal. Il est dès lors décevant, dans l'affaire *Boutique 2M*, de voir le juge attribuer au contribuable la charge de la preuve au seul motif que la commission lui a donné tort. Certes, l'arrêt de 1984 avait souligné la vanité du critère tenant à l'application de la procédure de redressement, mais sans faire état des conséquences que la loi attachait à l'avis de la commission puisque, dans cette affaire, celle-ci n'avait pas été saisie du point litigieux.

Cependant, on ne peut douter que l'intervention de la commission appartienne à la procédure contradictoire de redressement, et que la loi lui conférait alors une incidence en matière de preuve. Donc, même s'agissant d'un acte anormal de gestion, la procédure d'imposition détermine la charge de la preuve.

359. – Cette solution est d'autant plus surprenante qu'elle a été rendue en 1988, époque à laquelle la loi du 8 juillet 1987 était connue. Même si ce

---

(15) CE, plén., 27 juill. 1988, req. n° 50020, *Sté Boutique 2M* : *RJF* 1988, n° 10, 1139, concl. O. Fouquet, p. 577.

texte n'était pas encore applicable aux affaires pendantes devant le Conseil d'État, il prévoyait tout de même, pour l'avenir, que l'avis de la commission n'aurait plus d'influence sur la charge de la preuve. Le juge s'est donc rangé sous le couvert de la loi pour établir un régime transitoire qui n'a fait que compliquer l'état du droit. Pourquoi une telle attitude ? Parce qu'il a entendu profiter au maximum du préalable que constitue la commission et qui soulage son prétoire. Les conclusions de M. Fouquet ne laissent aucun doute sur ce point : « La commission départementale a, en effet, l'avantage de contribuer à simplifier des litiges qui portent sur des questions de pur fait. (...) Pourquoi se priver délibérément, et *contra legem*, d'un instrument utile ? » (16).

La solution de l'affaire *Boutique 2M* revient sur l'effort entrepris par l'arrêt *Renfort Service* pour tenter d'y voir clair dans le domaine de la charge de la preuve fiscale, notamment en y intégrant la réalité de la charge effective. On peut également regretter que le juge n'ait pas statué pour l'avenir, mais se soit retranché derrière des règles vouées à disparaître.

360. – Enfin, la décision laisse d'autant plus sceptique que la compétence de la commission départementale des impôts, s'agissant d'un acte anormal de gestion, était, à l'époque du litige, douteuse. La jurisprudence ne lui reconnaissait pas le droit de statuer sur les questions de qualification juridique des faits (17), or qu'est-ce qu'un acte anormal de gestion sinon une telle qualification ? Voir cité le deuxième considérant de l'arrêt *Renfort Service* est troublant, dès lors qu'il commence par rappeler « que l'appréciation du caractère anormal d'un acte de gestion pose une question de droit ». Question pour laquelle la commission n'est normalement pas compétente.

361. – De l'arrêt *Boutique 2M*, il ressort donc que même dans l'hypothèse d'un acte anormal de gestion, la charge de la preuve ne résulte pas de la nature de l'opération en cause, mais de la procédure d'imposition suivie. Du moins dans l'hypothèse où la commission départementale a été saisie et a donné raison à l'Administration. Le cas inverse est vérifié avec la décision *Intertrans*.

B. – L'arrêt *Intertrans*

362. – Deux sociétés s'entendent pour participer à la réalisation d'un important marché international, elles en conviennent par un « projet de protocole d'accord ». Puis, l'une d'elles renonce. L'autre l'indemnise du manque à gagner subi, sachant qu'elle entend désormais réaliser seule le marché, alors qu'elle s'était engagée à y associer sa partenaire. Elle verse à celle-ci une somme prévue par un « protocole transactionnel ». L'Administration considère que le versement de cette indemnité constitue un acte anormal de gestion, car aucune obligation juridique de la payer ne résulterait des actes en cause. Si la solution de l'arrêt *Renfort Service* avait été appliquée à cette espèce, la société faisant l'objet du redressement aurait été tenue de justifier la charge qui, aux yeux du fisc, constituait l'acte anormal. Mais la commission départementale des impôts a été saisie de cette affaire et a donné raison au contribuable. La décision *Intertrans* ne reproduit pas le deuxième considérant de

(16) O. Fouquet, concl. sur l'arrêt *Sté Boutique 2M* préc., p. 579 *in fine*.

(17) CE, 4 juin 1975, req. n° 90301 : *RJF* 1975, n° 7, 347. – CE, 6 févr. 1981, req. n° 17584 : *RJF* 1981, n° 4, 299. – CE, 13 oct. 1999, req. n° 188114, *Delsol* : *RJF* 1999, n° 12, 1580. La loi de finances rectificative pour 2004 (LPF, art. L. 59 A II) a étendu la compétence de la commission à l'appréciation du caractère anormal d'un acte de gestion.

l'arrêt *Renfort Service*, elle se contente de souligner que l'Administration n'apporte pas la preuve qui pèse sur elle à raison de l'avis de la commission (18).

363. – Le Conseil d'État, statuant à l'époque comme juge d'appel, s'en remet à l'opinion de cette dernière puisqu'il ne discute pas la question de fond. Ni lui, ni le commissaire du gouvernement, ne s'interrogent sur la force juridique d'un « projet de protocole d'accord » ou d'un « protocole transactionnel ». Ces actes n'étaient-ils que la préparation de véritables contrats, ou bien contenaient-ils déjà un échange de consentements, un objet et une cause clairement définis ? Si la société versante n'était réellement pas tenue de payer cette indemnité, l'acte anormal de gestion aurait été caractérisé. Une charge aurait été engagée sans correspondre à l'intérêt de l'entreprise, mais à celui d'un tiers.

364. – L'arrêt n'évoque pas cette question, le juge se contente d'indiquer que « la commission départementale des impôts (...) n'a pas admis le bien-fondé de l'appréciation des faits à laquelle s'était ainsi livrée l'Administration ». Donc celle-ci conserve la charge de la preuve. La décision note ensuite que l'Administration, « en se bornant à invoquer l'obscurité des circonstances qui ont entouré la négociation de ce marché (...) et à affirmer qu'il n'apparaît pas avec certitude que le versement de l'indemnité de 460 000 F a été utile à l'obtention du marché (...), n'apporte pas la preuve dont elle a la charge ». La solution est particulièrement sévère pour l'Administration, car si le contribuable n'est pas capable d'expliquer clairement les faits litigieux, on ne voit pas comment le fisc le pourrait.

365. – L'arrêt *Intertrans* pose donc qu'en matière d'acte anormal de gestion, la charge de la preuve ne dépend pas de la nature de l'opération en cause, mais de la procédure d'imposition suivie, en particulier dans l'hypothèse où la commission départementale a été saisie et a donné raison au contribuable. Le coup de grâce est apporté par la décision *Spitaletto*.

C. – L'arrêt *Spitaletto*

366. – Les frères Spitaletto constituent une société de fait dont la location-gérance est confiée à une SARL. La première des deux entreprises contracte un emprunt pour consentir une avance sans intérêt à la seconde. L'administration remet en cause les intérêts de l'emprunt payés par la société de fait : celle-ci n'a pas à supporter de tels frais alors qu'elle ne facture pas d'intérêt à la SARL. On est bien en présence d'un acte anormal de gestion s'agissant de charges étrangères à l'intérêt de l'entreprise, pour profiter à un tiers. D'ailleurs, l'arrêt reproduit le deuxième considérant de la décision *Renfort Service*. Or, la société de fait n'avait pas déposé ses déclarations de résultat et fit donc l'objet, sur la tête de ses associés, d'une évaluation d'office à l'impôt sur le revenu. Si une telle procédure n'avait, comme l'a soutenu l'arrêt *Renfort Service*, pas d'influence « utile » sur la charge de la preuve, alors le contribuable n'aurait eu qu'à justifier les frais litigieux. Mais le juge, appliquant le critère légal, dit clairement que la société n'apporte pas la preuve qui lui incombe à raison de la procédure d'imposition suivie (19).

367. – Les conclusions de M. Martin méritent de retenir l'attention. Il commence par affirmer que « le juge fiscal ne peut éluder la charge de la

(18) CE, 8 août 1990, req. n° 92997, *SA Intertrans* : *RJF* 1990, n° 10, 1252, concl. Ph. Martin, p. 661.
(19) CE, 8 janv. 1993, req. n° 87631, *Bernard Spitaletto* : *RJF* 1993, n° 3, 319, concl. Ph. Martin, p. 183.

preuve qui résulte légalement de la seule procédure effectivement suivie ». Pourtant, le commissaire du gouvernement hésite à faire prévaloir le critère légal sur le critère jurisprudentiel issu de l'arrêt *Renfort Service*. Sans doute se souvient-il que M. Racine avait mis en évidence les insuffisances du critère légal, dès lors que celui-ci ne dispense pas le contribuable d'apporter, par un justificatif, l'essentiel de la preuve. Par ailleurs, la jurisprudence engagée par l'arrêt *Boutique 2M* n'est en l'espèce d'aucune utilité : « cette dernière décision est motivée par le souci de conserver la compétence de la commission départementale sur les questions de fait dont dépend la qualification d'acte anormal de gestion (...) s'agissant de la taxation d'office ou de l'évaluation d'office, on ne peut faire état d'un tel argument d'opportunité ». En effet, puisque la commission ne peut être saisie à l'issue d'une procédure d'imposition d'office intéressant une entreprise.

368. – Enfin, M. Martin note que des solutions récentes on réduit la portée de la jurisprudence *Renfort Service* : « Cette évolution jurisprudentielle conduit donc à une situation dans laquelle la charge de la preuve attribuée en principe à l'Administration par votre arrêt "*Renfort Service*" est renversée par toutes les modalités procédurales qui conduisent à faire supporter au contribuable la charge de la preuve ». En conséquence, le commissaire du gouvernement se résigne à l'application de la loi : « M. Bernard Spitaletto supporte la charge de la preuve du fait de l'évaluation d'office ».

369. – Les conséquences de l'arrêt *Spitaletto* sont beaucoup plus graves que celles découlant des décisions *Boutique 2M* et *Intertrans*. Car ces dernières pouvaient se justifier par l'idée d'un régime provisoire : dans l'attente de l'application de la loi du 8 juillet 1987, le juge entendait profiter du préalable constitué par la commission départementale des impôts. L'arrêt *Spitaletto* revient beaucoup plus nettement sur la jurisprudence *Renfort Service*, car la réforme de 1987 n'a pas changé l'attribution de la preuve en cas d'imposition d'office (20). De plus, le juge a confirmé la solution retenue dans l'affaire *Spitaletto* (21). M. Racine avait démontré l'inutilité du critère légal face à l'obligation de justification du contribuable (V. *supra*, n° 338) : quelle que soit la procédure suivie, le contribuable est réputé apporter la preuve s'il est en mesure de justifier l'opération en cause. On peut donc regretter un recul de la jurisprudence dans la recherche d'une dévolution matérielle, concrète, de la preuve. Le gouffre entre la charge juridique et la charge effective est condamné à renaître.

370. – Pourtant, l'arrêt *Renfort Service* ne peut être tout à fait enterré puisque les trois décisions ci-dessus analysées ont toutes contribué à en préciser un critère essentiel : la distinction entre la preuve et la justification. Donc la jurisprudence en cause pourrait être interprétée de manière différente, dans le respect de la décision *Renfort Service*. De la sorte, le reniement de celle-ci ne serait que provisoire.

§ 2. – Preuve et justification

371. – À l'examen de cette distinction, on peut donner de la jurisprudence analysée une autre interprétation. En effet, si l'on fait abstraction du critère

(20) CE, 31 juill. 1992, req. n° 84623, *Poulet* : *RJF* 1992, n° 10, 1343.
(21) CE, 12 févr. 1993, req. n° 75601, *SARL Les Fermiers de l'Aisne* : *RJF* 1993, n° 4, 584. – CAA Lyon, 22 janv. 1997, req. n° 94-700, *Ladet* : *Dr. fisc.* 1997, n° 10, 258.

légal tenant à la procédure suivie, pour ne retenir que le critère prétorien de la nature de l'opération litigieuse, on se rend compte que ce dernier peut éclairer les solutions retenues (A). Mais à la condition d'adopter une conception large du devoir de justification qui pèse sur le contribuable (B). Même si la jurisprudence ultérieure a confirmé cette nécessité, il est important d'établir qu'elle était réelle dès l'origine. En effet, l'enjeu va bien au-delà de l'acte anormal de gestion : il s'agit de se convaincre que le contribuable, dans le système déclaratif, supporte l'essentiel de la charge de la preuve.

A. – Application du critère prétorien

372. – L'arrêt *Renfort Service* a indiqué que l'obligation de justification à la charge du contribuable consistait à établir l'exactitude de l'écriture en cause « dans son principe comme dans son montant ». Ces mots ont prêté à confusion. En effet, l'étendue de cette obligation pouvait être comprise de deux façons. Soit la justification était élémentaire : le contribuable doit établir que l'écriture comptable a été régulièrement passée et qu'elle est appuyée d'un justificatif ; sachant que les sommes comptabilisées doivent bien sûr correspondre à celles justifiées. Soit elle allait plus loin : non seulement le contribuable doit justifier *stricto sensu* l'écriture en cause, mais de plus il lui revient de prouver que l'acte ainsi transcrit a respecté l'intérêt de l'entreprise. Plusieurs décisions rendues par le Conseil d'État, après l'arrêt *Renfort Service*, ont retenu à ce propos des solutions différentes.

Selon une jurisprudence majoritaire, la justification devait rester élémentaire, se limitant à établir la réalité de l'opération litigieuse. Moins nombreux furent les arrêts à exiger en plus du contribuable qu'il démontrât l'intérêt de l'opération pour l'entreprise (22). Or, cette seconde solution ressort de l'analyse des arrêts *Boutique 2M* (1°), *Intertrans* (2°) et *Spitaletto* (3°).

1° Application à l'arrêt *Boutique 2M*

373. – La décision *Boutique 2M* sembla trancher la question conformément à la seconde interprétation, contrairement aux conclusions de M. Fouquet. Quelques mois auparavant, une autre décision s'était engagée dans le même sens (23). Dans l'affaire *Boutique 2M*, il n'est pas contesté que les écritures litigieuses furent correctement passées et qu'elles étaient appuyées de justificatifs. Or, le juge décide que la société ne justifie pas l'intérêt que présentaient les voyages, notamment pour ne pas établir les contacts entre l'associée française et le fournisseur suédois ; qu'en revanche, elle démontre le bien-fondé des commissions versées. En rédigeant l'arrêt de cette façon, le Conseil d'État semble faire valoir la notion étendue du devoir de justification. Car s'il avait retenu la conception étroite, il aurait simplement indiqué que les charges en cause n'étaient pas comptabilisées, ni pourvues de justificatifs. Il est donc possible que la charge de la preuve ait pesé sur l'entreprise, non pas seulement à raison de l'avis rendu par la commission départementale des impôts, mais aussi parce que la société n'a pas justifié en quoi les voyages litigieux étaient entrepris dans l'intérêt de l'exploitation.

374. – À l'inverse, s'agissant des commissions, la société démontre qu'elles correspondaient à des services rendus par le fournisseur suédois, d'autant plus que celui-ci ne facturait pas de marge bénéficiaire en vendant ses pro-

(22) Cf. Ph. Martin, concl. sur l'arrêt *SA Intertrans* préc., p. 662.
(23) CE, 27 avr. 1988, req. n° 57048 : *Dr. fisc.* 1989, n° 24, 1156, concl. Ph. Martin.

duits à l'entreprise française. Là encore, la société a fait plus que strictement justifier les opérations en cause, elle a prouvé que les versements effectués étaient conformes à son intérêt. Certes, il est normal que le juge exige de la société une preuve complète : démontrer la réalité des charges litigieuses et leur intérêt pour l'entreprise, dès lors que la procédure d'imposition lui attribue la charge de la preuve. Pour autant, il n'est pas exclu que la société ait obtenu gain de cause s'agissant des commissions, et perdu la partie à propos des voyages, parce qu'elle a honoré, ou non, son devoir étendu de justification. La même analyse ressort de la décision *Intertrans*.

2° Application à l'arrêt *Intertrans*

375. – Dans l'affaire *Intertrans*, le commissaire du gouvernement Martin, comme l'avait fait M. Fouquet dans ses conclusions sur l'arrêt *Boutique 2M*, a plaidé pour la conception étroite du devoir de justification. M. Martin reconnaît que la société Intertrans n'apporte pas tous les éclaircissements de nature à s'assurer que l'intérêt social a été respecté ; en revanche, elle justifie du versement effectif de l'indemnité litigieuse et de sa correcte transcription comptable. Estimant que la société n'est tenue qu'à cette dernière obligation, le commissaire du gouvernement attribue d'autant plus volontiers la charge de la preuve à l'Administration que la commission a donné tort à celle-ci. Il semble que le Conseil d'État l'ait suivi puisque l'arrêt souligne que « sans contester la réalité de ces versements ni la régularité de leur enregistrement comptable en tant que charges, l'Administration a estimé qu'ils avaient été consentis sans contrepartie utile à l'exploitation de l'entreprise ».

On en déduit qu'il appartient au fisc d'établir que l'opération dénoncée est contraire à l'intérêt de la société, et non au contribuable de prouver l'inverse. Même si la procédure suivie plaçait la preuve sur le dos de l'Administration, on aurait pu entendre que l'entreprise devait justifier la réalité et l'intérêt de l'opération litigieuse, et qu'ensuite il revenait au service de déqualifier l'acte en cause.

376. – Pourtant, M. Martin écrit : « dans ces conditions, il convient, dans la présente affaire, de donner satisfaction à la société qui apporte un faisceau de présomptions en sa faveur alors que l'Administration se borne à critiquer les insuffisances de cette démonstration ». Ces propos sont surprenants, car ils laissent entendre qu'il est donné gain de cause à la société parce qu'elle présente les allégations les mieux fondées, et non du seul fait que l'Administration supporte la preuve à raison de l'avis de la commission. Seule la position du fisc devrait être considérée : le service doit apporter la preuve, or il ne le fait pas, donc il perd la partie. C'est bien ce dernier raisonnement qui est suivi par l'arrêt. On a vu que le juge n'avait pas réellement tranché le litige, mais s'en était tenu à la seule appréciation des arguments avancés par le fisc ; ceux-ci étant estimés insuffisants, la société l'emporte.

377. – Mais si la requérante n'avait apporté aucun autre élément que la démonstration de la réalité de l'écriture, en aurait-il été de même ? C'est fort douteux à la lecture des conclusions de M. Martin. Là encore, il y a des raisons de penser que les justifications produites par le contribuable ont pesé dans la balance. Or, les éléments présentés allèrent au-delà du simple établissement de la réalité de l'écriture, ils tendaient également à démontrer l'intérêt de l'opération pour l'entreprise. L'ambiguïté n'est pas levée par la décision *Spitaletto*.

3° Application à l'arrêt *Spitaletto*

378. – On lit dans cet arrêt que le requérant se voit reprocher de ne présenter ses allégations que de « manière générale et imprécise ». Or, si ces arguments n'avaient consisté qu'à établir la réalité de l'écriture, l'arrêt aurait employé des termes différents pour noter leur insuffisance : il aurait dit que le requérant n'apporte pas de justificatif et n'a pas correctement transcrit l'opération en comptabilité. Visiblement, le contribuable a respecté ces obligations, mais c'est tout ce qu'il a fait. Il ne fournit aucun autre élément probant et se contente d'affirmations qui ne sont pas circonstanciées. Cet arrêt est dès lors, lui aussi, susceptible d'une double interprétation : soit la requête est rejetée parce que l'entreprise n'apporte pas la preuve qui lui incombe en vertu de la procédure d'imposition suivie, soit elle est repoussée parce que le contribuable, certes justifie de la réalité de l'écriture, mais pas du respect de l'intérêt de l'entreprise.

379. – On ne prétend pas, dans ces affaires, que le juge n'ait pas retenu le critère légal d'attribution de la preuve à raison de la procédure suivie. On a simplement voulu montrer que les solutions rendues pouvaient également s'expliquer à la lumière de l'arrêt *Renfort Service*, dont le deuxième considérant est reproduit dans les décisions *Boutique 2M* et *Spitaletto*. Cette jurisprudence n'aurait donc pas été totalement reniée, car le juge ne pouvait tout à fait revenir sur le progrès représenté par la mise en évidence de la charge effective de la preuve. Cependant, l'application du critère jurisprudentiel, tenant à la nature de l'opération en cause, ne peut être établie qu'à la condition de retenir la conception étendue du devoir de justification.

B. – Conception étendue du devoir de justification

Une justification élémentaire ne peut suffire au contribuable pour se défendre face à l'accusation d'une gestion anormale (1°), au contraire d'une justification étendue. On voudra ainsi montrer que justifier (utilement), c'est prouver (2°).

1° Insuffisance d'une justification élémentaire

380. – Le contribuable ne saurait se contenter de justifier strictement l'opération litigieuse, par une exacte transcription comptable appuyée d'un justificatif. Il doit en plus établir que l'intérêt social a été respecté. On pourra donc se montrer sceptique quant à la jurisprudence retenant la conception étroite du devoir de justification. Dans ses conclusions sur l'arrêt *Renfort Service*, M. Racine écrivait : « ce sera toujours au contribuable de justifier qu'il a agi dans l'intérêt de son entreprise » (24). Malgré cela, il est tentant d'opposer justification et preuve (*a*). Mais cette distinction ne peut être retenue, on voudra l'illustrer par un exemple (*b*).

a) Distinction entre justification et preuve

381. – Il faut reconnaître que l'idée d'opposer la justification, au sens étroit du terme, à la preuve, est très séduisante. Les difficultés de la preuve fiscale, s'agissant des entreprises, se résument en effet, d'une part, à l'absence ou l'insuffisance de justification et, d'autre part, à ce qu'on peut appeler la déqualification : le fisc combat une situation déclarée en soutenant qu'elle n'a pas

(24) *RJF* 1984, n° 10, p. 565.

l'apparence que le contribuable lui donne. Ainsi pourrait-on distinguer ce qui relève de ce dernier, la justification, et de l'Administration, la preuve entendue comme la démonstration que ce qui est justifié n'est pourtant pas régulier. Dans le respect du principe énoncé par la loi de 1987, le juge pourrait dire que la preuve, comprise de cette façon, pèse réellement sur l'Administration.

C'est ainsi également que l'on peut comprendre la jurisprudence *Renfort Service* : l'acte anormal de gestion est une déqualification. Son usage, s'agissant d'une écriture de charge, suppose qu'il soit répondu à la question préalable de la justification. Il est vain pour le fisc de dénoncer l'anormalité d'un acte si, auparavant, il ne s'est pas assuré de sa réalité matérielle, laquelle doit être justifiée par le contribuable.

382. – Cependant, la justification non seulement constitue un préalable nécessaire pour former l'essentiel de la preuve, mais surtout elle ne peut se limiter à établir la réalité matérielle d'un acte. Le contribuable étant souvent le seul à connaître toute la vérité, il est contraint, d'une part, de justifier cette réalité et, d'autre part, de défendre la qualification qu'il donne à ses actes, de manière à établir qu'ils sont conformes à l'intérêt social. Présenter une écriture comptable et une pièce justificative ne peut suffire à la démonstration de son bon droit. L'enjeu ne saurait être de nature strictement comptable, il est avant tout fiscal.

On a vu (V. *supra*, n° 116 et s.) le lien entre la démonstration du respect de l'intérêt social et de la réalité de l'opération, répondre à la première exigence supposant tout d'abord de satisfaire à la seconde. De même, le justificatif n'a pas seulement pour objet d'établir la matérialité de l'acte ; en indiquant la nature de la prestation, son prix, l'identité des parties contractantes, il tend à démontrer le respect par l'entreprise de son propre intérêt. Prenons un exemple.

b) Exemple

383. – Deux sociétés juridiquement liées, la seconde détenant majoritairement la première, conviennent par contrat que la fille rendra des services à la mère, en contribuant à la promotion d'un produit vendu par cette dernière. L'accord prévoit qu'une commission forfaitaire sera versée en rémunération des services rendus. Cependant, la promotion assurée par la filiale permet à la mère de vendre un si grand nombre de marchandises, que la seconde décide de rétribuer la première à raison d'une somme supérieure à celle prévue au contrat.

384. – Quelques années plus tard, la société mère fait l'objet d'une vérification de comptabilité, à l'issue de laquelle s'ouvre une procédure contradictoire de rectification. À l'appui des charges que représentent pour elle les commissions versées, la mère dispose d'un contrat, de factures et de ses livres comptables. Or, le vérificateur conteste le montant des sommes payées. Il en déqualifie une partie, en estimant qu'elle ne correspond pas à des services commerciaux, mais constitue en réalité une distribution de bénéfices entre les deux sociétés. L'Administration ne peut tirer argument que des éléments dont elle a connaissance. Elle invoque la clause du contrat stipulant que le montant des commissions est fixé à une certaine somme.

385. – Pour combattre ce redressement, la société doit justifier que les commissions versées constituent l'exacte contrepartie des services fournis. Elle dira ainsi que même si un avenant au contrat n'a pas été conclu, la valeur du travail de son cocontractant méritait qu'une rémunération plus grande fût versée. Pour le prouver elle va produire d'autres justificatifs : des rapports d'activité, des attestations, la transcription comptable des ventes réalisées, etc. (25). Son devoir de justification s'étend donc à tout ce qui va lui permettre de combattre les prétentions du fisc, pour montrer que l'intérêt social a été respecté.

386. – Qui donc va apporter ainsi la preuve ? Le contribuable. Le fisc s'est contenté de poser une présomption, en supposant qu'un acte anormal de gestion avait été commis. Certes, la société avait l'apparence contre elle : les commissions versées ne correspondaient pas à celles prévues au contrat. Mais même si elle avait conclu un avenant avec sa filiale, il est douteux que le scénario eût été différent. Sachant la suspicion qui pèse sur les relations entre les entreprises d'un même groupe, il est fort probable que le vérificateur se serait soucié du bien-fondé des commissions. La société aurait alors produit les mêmes justificatifs. Donc justifier, c'est prouver.

2° Justifier, c'est prouver

387. – On a vu que la solution des arrêts examinés ci-dessus pouvait s'expliquer, au-delà des règles légales, par le critère jurisprudentiel issu de l'arrêt *Renfort Service*, à la condition de retenir la conception étendue du devoir de justification. Il faut maintenant aller plus loin. On voudrait montrer que, dans chacune des affaires analysées, le contribuable l'a emporté ou, au contraire succomba à l'instance, bien davantage parce qu'il apportait, ou pas, la preuve, qu'à raison de la procédure d'imposition suivie ; dont l'ineffectivité serait ainsi confirmée.

388. – Citons la décision *Renfort Service* :

« Considérant, d'une part, qu'il résulte de l'instruction que les travaux litigieux ont été exécutés dans le but de permettre le logement de préposés de la société (...) et ont été utiles à l'entreprise ; que, compte tenu du montant modéré du loyer consenti par le bailleur en contrepartie des travaux réalisés, l'Administration n'établit pas que l'exécution des travaux dont s'agit, et l'accroissement corrélatif des valeurs d'actif de l'entreprise, n'étaient pas justifiées. Considérant, d'autre part, que la société justifie, par ailleurs, du montant des amortissements des travaux litigieux et des frais d'entretien ».

389. – L'arrêt est construit de manière à pouvoir distinguer ce qui doit être prouvé par l'Administration et justifié par le contribuable. Or, le premier considérant commence par invoquer l'instruction de l'affaire, avant de dire que le fisc n'apporte pas la preuve qui lui incombe. Dans la logique de la décision, on aurait d'abord dû lire : « considérant que l'Administration n'établit pas que... ». Certes, dans cette espèce, le critère légal n'était pas en cause, mais il est important de noter que seule la société pouvait apporter les éléments probatoires qui ont déterminé l'issue du litige : présenter le livre de paie et les contrats de travail des préposés logés dans la maison, produire les quittances de loyer et les factures des travaux.

390. – Dans l'affaire *Boutique 2M*, le juge reproche à la société de ne pas prouver l'intérêt des voyages entrepris ; en revanche, il reconnaît qu'elle démontre le bien-fondé des commissions versées, que le fisc avait déqualifiées en transferts de bénéfices. Sans doute la décision attribue-t-elle au contribuable le poids de la preuve à raison de la procédure suivie. On ne peut donc

(25) Si les rémunérations sont autres que celles prévues au contrat, il revient au contribuable de fournir des éléments tendant à démontrer que les sommes versées correspondaient aux services rendus (CAA Lyon, 1er févr. 1995, req. n° 93-1269, *SARL Barassi* : *RJF* 1995, n° 4, 522).

s'étonner que la société soit la seule à apporter des éléments probatoires. Mais l'Administration s'est contentée de poser la présomption prévue à l'article 57 du Code général des impôts. On ne saurait douter dès lors que la société ait triomphé parce qu'elle a utilement combattu cette disposition, en apportant la preuve. Elle a emporté la conviction du juge alors même que cette preuve pesait sur elle à raison de l'article 57, mais également du fait de la procédure suivie.

391. – S'agissant de l'affaire *Intertrans*, l'Administration se contente, pour contester l'acte litigieux, de formuler des affirmations, elle n'apporte aucun élément de preuve. Au contraire de la société qui produit une attestation et deux « protocoles » pour constituer ainsi, comme le dit le commissaire du gouvernement, un « faisceau de présomptions ». Enfin, dans l'arrêt *Spitaletto* le contribuable se voit reprocher de n'avancer que des allégations générales et imprécises.

392. – Il est donc douteux que le devoir de justification se limite à la démonstration de la réalité comptable de l'acte. Il s'étend bien au-delà car, le plus souvent, le contribuable est seul à connaître toute la vérité et que l'unique moyen, pour l'Administration comme le juge, d'accéder à cette vérité, est de le contraindre à une obligation étendue de justification. Sans nier l'incidence de la procédure d'imposition suivie, dans chacune des affaires étudiées ci-dessus, on a pu remarquer que le contribuable l'avait emporté en prouvant que l'intérêt de l'entreprise avait été respecté. Ou qu'à l'inverse, faute de cette démonstration, il avait perdu la partie. Cette idée, qui ne fait qu'apparaître dans les affaires analysées, de manière, il faut l'admettre, assez diffuse, est confirmée par la jurisprudence ultérieure, qui marque à la fois la fin de la période transitoire et le retour aux prémices.

Section 3

RETOUR AUX PRÉMICES

393. – L'application de la loi du 8 juillet 1987, en supprimant l'incidence sur la charge de la preuve de l'avis rendu par la commission départementale, provoque la renaissance de l'arrêt *Renfort Service* (26). Cependant, la jurisprudence se distingue alors par son ambiguïté. En apparence, le juge ne contraint le contribuable qu'à démontrer la réalité de l'opération litigieuse ; en fait, sinon en droit, il lui impose d'établir le respect de l'intérêt social (27). Face aux solutions contradictoires retenues par les juridictions d'appel, le Conseil d'État se décide à franchir le pas, en reconnaissant la conception large du devoir de justification pesant sur le contribuable, soit l'obligation pour ce dernier de démontrer le respect de l'intérêt de l'entreprise (§ 1). Il nous appartien-

(26) CAA Lyon, plén., 5 juill. 1994, req. n° 92-549, *SA Volvic* : *RJF* 1994, n° 11, 1232, concl. P. Bonnaud, p. 657. – CE, 20 mai 1998, req. n° 159877, *Sté Veticlam* : *Dr. fisc.* 1998, n° 44, 979, concl. J. Arrighi de Casanova.

(27) V. CE, 15 févr. 1999, req. n° 172171, *SARL « Le centre d'études »* : *Dr. fisc.* 1999, n° 19, 385. – CE, 9 avr. 1999, req. n° 171554, *SA Pierre Thomas* : *Dr. fisc.* 1999, n° 37, 661. – CE, 27 juin 2001, req. n° 193003, *SA Marignan Publicité* : *RJF* 2001, n° 10, 1287.

dra, *in fine*, de dresser le bilan de la jurisprudence relative à la preuve dans le domaine de l'acte anormal de gestion (§ 2).

§ 1. – Reconnaissance de la conception étendue du devoir de justification

Cette reconnaissance résulte de la décision *Sté Ets Lebreton* (A), que viendra infléchir l'arrêt *Sté Sylvain Joyeux* (B).

A. – L'arrêt *Sté Ets Lebreton*

La solution (1°) de cet arrêt, passablement embrouillée, est éclairée par l'espèce (2°).

1° La solution

Le juge pose des principes (*a*) auxquels il donne une application fiscale (*b*).

a) Principes

394. – Le considérant de principe de l'arrêt *Lebreton* mérite d'être cité :

« en vertu des règles gouvernant l'attribution de la charge de la preuve devant le juge administratif, applicables sauf loi contraire, s'il incombe, en principe, à chaque partie d'établir les faits nécessaires au succès de sa prétention, les éléments de preuve qu'une partie est seule en mesure de détenir ne sauraient être réclamés qu'à celle-ci ; qu'il appartient, dès lors, au contribuable, pour l'application des dispositions précitées du Code général des impôts (art. 39-1 1°), de justifier tant du montant des créances de tiers, amortissements, provisions et charges qu'il entend déduire du bénéfice net défini à l'article 38 du Code général des impôts que de la correction de leur inscription en comptabilité, c'est-à-dire du principe même de leur déductibilité ; qu'en ce qui concerne les charges, le contribuable apporte cette justification par la production de tous éléments suffisamment précis portant sur la nature de la charge en cause, ainsi que sur l'existence et la valeur de la contrepartie qu'il en a retirée ; que dans l'hypothèse où le contribuable s'acquitte de cette obligation, il incombe ensuite au service, s'il s'y croit fondé, d'apporter la preuve de ce que la charge en cause n'est pas déductible par nature, qu'elle est dépourvue de contrepartie, qu'elle a une contrepartie dépourvue d'intérêt pour le contribuable ou que la rémunération de cette contrepartie est excessive » (28).

395. – On notera la généralité des termes dont use le Conseil d'État. Il est question, dans cet arrêt, des « règles gouvernant l'attribution de la charge de la preuve devant le juge administratif », et non seulement le juge administratif de l'impôt. Le principe selon lequel chaque partie doit établir les faits nécessaires au succès de sa cause appartient au droit commun, car il est directement issu de l'article 9 du Code de procédure civile (29). L'idée que seul le plaideur en mesure de fournir une preuve doit en supporter la charge relève plus du bon sens que du droit. Déjà invoquée par le commissaire du gouvernement Arrighi de Casanova (30), elle représente pourtant un progrès décisif pour le contentieux fiscal. Car elle tend à reconnaître que le contribuable en fait, et

(28) CE, sect., 20 juin 2003, req. n° 232832, *Sté Ets Lebreton-Comptoir général de peintures et annexes : RJF* 2003, n° 10, 1140, concl. P. Collin, p. 754 ; *Procédures* 2003, n° 10, p. 33, note J.-L. Pierre.

(29) « Il incombe à chaque partie de prouver conformément à la loi les faits nécessaires au succès de sa prétention ».

(30) J. Arrighi de Casanova, concl. sur CE, sect., 29 juill. 1994, req. n° 111884, *Sté Prodes International* : *RJF* 1994, n° 10, p. 591, et CE, 20 mai 1998, req. n° 159877, *Sté Veticlam* : *Dr. fisc.* 1998, n° 44, p. 1390. On en trouve également une application dans le système de la preuve objective, V. *infra*, n° 493.

désormais en droit, supporte l'essentiel de la preuve parce que, étant souvent le seul à connaître toute la vérité, lui seul peut la faire valoir.

396. – L'avancée que représentait la décision *Renfort Service* pour réduire l'écart entre la charge juridique et la charge effective de la preuve fiscale est donc poursuivie et précisée par l'arrêt *Lebreton*. Celui-ci montre la portée tout à fait générale que représente la jurisprudence en cause, car il se rapporte à toutes les charges, et non seulement celles donnant lieu à un acte anormal de gestion. Ce dernier n'est visé qu'à la fin du considérant, avec les dépenses sans contrepartie ou douées d'une contrepartie excessive au profit du tiers bénéficiaire. À nouveau, dès lors qu'il est question de charges, et donc du devoir de justification du contribuable, c'est l'ensemble du système déclaratif qui se trouve ici intéressé. Après l'affirmation des principes, le juge entre dans la matière fiscale.

b) Application fiscale

397. – Comme la décision *Renfort Service*, l'arrêt *Lebreton* pose que le contribuable doit justifier du montant des créances de tiers, amortissements, provisions et charges qu'il entend déduire, ainsi que de leur correcte transcription en comptabilité. C'est-à-dire, ajoute la décision, du principe même de leur déductibilité. Puis, le Conseil d'État semble descendre un degré supplémentaire en ne traitant plus que de la question des charges, pour préciser que leur justification suppose de fournir des éléments « suffisamment précis » pour en établir la nature, ainsi que l'existence et la valeur de la contrepartie attendue de leur engagement. C'est, bien sûr, le concept de contrepartie qui est ici intéressant, car il suppose que l'entreprise démontre le respect de l'intérêt social, autrement dit que la charge a été engagée pour profiter à l'exploitation et non à un tiers. Enfin, l'arrêt évoque la dialectique de la preuve pour dire que si le contribuable a apporté cette justification, il revient à l'Administration de prouver que la charge n'est pas déductible, notamment pour ne pas être pourvue d'une contrepartie conforme à l'intérêt social.

398. – Rappelons que l'arrêt *Renfort Service* avait posé de grandes difficultés d'interprétation quant à l'étendue du devoir de justification du contribuable. Soit cette obligation était entendue strictement, pour se limiter à une correcte transcription comptable, appuyée d'un justificatif. Soit elle s'étendait à l'obligation pour l'entreprise de démontrer que l'intérêt social avait été respecté. On ne peut pas dire que l'arrêt *Lebreton* éclaire ce dilemme. La notion du « principe même de déductibilité » y semble réduite à la seule transcription comptable, tandis que la justification serait constituée par des éléments établissant la nature de la charge et sa contrepartie. Est-ce à dire que par cette justification, le contribuable doit démontrer le respect de l'intérêt social ? Il faut recourir à l'espèce pour y voir clair.

2° L'espèce

Après avoir exposé les faits et la procédure (*a*), on notera que l'analyse retenue par le juge est complexe (*b*) et laisse des zones d'incertitude (*c*).

a) Faits et procédure

399. – L'entreprise requérante avait conclu avec sa société mère une convention prévoyant que celle-ci lui fournirait une assistance tant administrative et financière, que technique et commerciale. Une rémunération forfaitaire était fixée en conséquence. Lors de la vérification de comptabilité de la fille, le service a rejeté une grande partie des charges déduites en considérant qu'elles ne correspondaient pas à des prestations réellement fournies par la mère. L'Administration faisait donc le reproche à la filiale d'un acte anormal de gestion profitant à la société mère. Bien qu'ayant bénéficié d'un avis favorable de la commission départementale des impôts, la société Lebreton vit ses prétentions rejetées en première instance comme en appel.

400. – Elle reprochait particulièrement à la cour d'avoir méconnu les règles de dévolution de la preuve, en exigeant qu'elle justifiât la contrepartie des charges litigieuses. Le Conseil d'État estime que la cour n'a pas commis d'erreur de droit dans l'attribution de la charge de la preuve. Les juges d'appel avaient relevé que certaines des prestations d'assistance, selon l'Administration, n'avaient pas été réalisées par la société mère, mais par la filiale elle-même ou par des entreprises tierces. La société requérante n'avait pas utilement contredit le service, faute de pouvoir fournir des justificatifs précis démontrant soit la consistance des prestations litigieuses, soit l'identité du prestataire.

401. – Dès lors qu'il n'en est pas fait mention, on suppose que les charges en cause étaient correctement comptabilisées et appuyées de factures, la convention signée entre la société mère et sa filiale constituant un justificatif supplémentaire. L'Administration, en prétendant que certaines des prestations litigieuses n'avaient pas été réalisées par la mère s'est contentée – car c'est tout ce qu'elle pouvait faire – de poser une présomption d'anormalité. Présomption qu'il appartenait à la société de renverser. Celle-ci n'y est pas parvenue, car elle a été incapable de prouver soit la nature des prestations, soit l'existence d'une contrepartie. Cette dernière aurait consisté dans des services nettement précisés et rendus par une entreprise clairement identifiée. À défaut d'apporter cette preuve, la société n'établit pas que son intérêt a été respecté, car elle est réputée avoir versé des sommes à sa mère sans avoir profité, en contrepartie, de quelconques services : rejet. L'analyse que le juge fait de cette espèce est trop complexe.

b) Une analyse complexe

402. – C'est donc bien la conception étendue du devoir de justification du contribuable que retient l'arrêt *Lebreton*. Il appartient à l'entreprise de démontrer le respect de son propre intérêt, car elle seule est en mesure de fournir cette preuve (31). Si donc le Conseil d'État prétend que cette même obligation repose sur l'Administration, c'est au nom de la dialectique : le service est réputé fournir la preuve – qui lui incombe – du respect de l'intérêt social, si l'entreprise n'est en pas en mesure d'établir une contrepartie. En réalité, c'est bien au contribuable de prouver l'existence de cette contrepartie, et par là même le respect de l'intérêt social.

403. – Pourquoi ne pas avoir exposé cette solution plus simplement ? Ce d'autant plus que par cet arrêt, le Conseil d'État, comme son commissaire du gouvernement, ont entendu éclairer un domaine qui en a bien besoin. Rejoignant la solennité de la formation de jugement, s'agissant d'un arrêt de section, M. Collin a en effet l'ambition de satisfaire « la nécessité de disposer d'un corps de règles stables dans leur énoncé et prévisibles dans leur mise en

(31) Ce que la jurisprudence ultérieure a confirmé : CE, 17 oct. 2003, req. n° 247532, *Sté Sidac-Diffusion : Dr. fisc* 2004, n° 15, 402 ; *RJF* 2004, n° 1, 9, concl. P. Collin *in BDCF* 2004, n° 1, 4. – CE, 17 déc. 2003, req. n° 245150, *Sté hôtelière guyanaise : Dr. fisc.* 2004, n° 40, 736 ; *RJF* 2004, n° 3, 304, concl. G. Bachelier *in BDCF* 2004, n° 3, 42.

œuvre. Il en va de la sécurité juridique du contribuable » (32). Pourtant, M. Collin prétend maintenir la conception étroite du devoir de justification (p. 757), tout en y incluant l'obligation pour le contribuable de démontrer l'existence d'une contrepartie. Ainsi, une continuité serait maintenue entre la jurisprudence *Renfort Service* et l'arrêt *Lebreton.*

404. – C'est compliquer inutilement les choses (33). Certes, le commissaire du gouvernement a raison de souligner que l'obligation, pour le contribuable, d'établir une contrepartie ne consiste pas nécessairement à devoir apporter une preuve complète. Il s'agit de fournir des éléments permettant d'engager la dialectique, dans laquelle chaque partie doit combattre la position de l'autre. Celle qui se montre la plus convaincante, aux yeux du juge, l'emporte. Pour autant, il est préjudiciable de voiler la réalité : l'essentiel de cette preuve pèse sur le contribuable, car il est le mieux placé pour l'apporter. Comme M. Collin lui-même le laisse entendre (p. 758), la « preuve » qui revient à l'Administration, sauf à disposer d'éléments extérieurs à l'entreprise, consiste surtout à démontrer que les justificatifs produits par celle-ci sont dépourvus de caractère probant.

L'arrêt *Lebreton*, en dépit de son ambition, laisse des zones d'incertitude.

c) Zones d'incertitude

405. – La jurisprudence *Renfort Service* réservait le même sort aux amortissements, provisions, créances de tiers et charges en général. L'arrêt *Lebreton* semble vouloir appliquer des règles particulières aux charges entendues comme frais généraux, dès lors que son considérant de principe vise l'article 39-1, 1° du Code général des impôts. L'obligation pour l'entreprise de démontrer l'existence d'une contrepartie n'existerait donc – mais ce point mériterait d'être confirmé – que pour les charges comprises ainsi. On ne peut cependant pas douter que les amortissements et provisions constituent des charges. De même, les créances de tiers, figurant au passif du bilan, représentent des charges engagées, mais non payées.

406. – L'arrêt *Lebreton* ne dit rien des écritures d'actif, alors que la décision *Renfort Service* attribuait à l'Administration la charge de prouver leur irrégularité. On pourrait supposer dès lors que cette règle demeure, alors qu'ici encore le contribuable est le mieux placé pour démontrer l'exactitude de ces écritures, notamment le fait que la cession d'un actif soit réalisée moyennant une contrepartie correspondant à sa valeur.

407. – Surtout, l'arrêt *Renfort Service* eut le mérite de mettre en évidence l'ineffectivité du critère légal, retenant la procédure d'imposition suivie car, quelle que soit cette procédure, le contribuable doit justifier les charges prises en général et l'Administration prouver l'inexactitude d'une écriture d'actif. L'arrêt *Lebreton* se contente de la mention « sauf loi contraire », laissant entière cette question. On suppose donc que le contribuable conserve la charge de la preuve s'il fait l'objet d'une procédure d'imposition d'office et dans les hypothèses visées aux articles R. 194-1 et L. 192, alinéas 2 et 3 du Livre des procédures fiscales (V. *supra*, n° 315 et 320). La jurisprudence *Lebreton* a été « adoucie » par l'arrêt *Sté Sylvain Joyeux*, qui a permis également de l'éclairer.

---

(32) *RJF* 2003, n° 10, p. 754.

(33) Cf. O. Fouquet, *Une facture suffit-elle à apporter la preuve de la déductibilité d'une charge ? : Rev. adm.* 2004, n° 339, p. 272.

B. – L'arrêt *Sté Sylvain Joyeux*

408. – Par cette décision (34), en effet, le juge a réaffirmé (35) la présomption de déductibilité qui profite à la charge appuyée d'une facture régulière. Présomption qu'il revient à l'Administration de renverser et au contribuable de défendre. On exposera l'espèce (1°) avant d'en proposer une appréciation (2°). L'arrêt *Sté Sylvain Joyeux* a été précisé par la décision *Geomat* (3°), à propos d'une hypothèse précise, où la facture émane d'une entreprise liée à celle qui a déduit la charge correspondante.

1° L'espèce

409. – Des faits, de la procédure et de la solution (*a*) donnée au litige, il ressort que si l'entreprise doit établir la régularité des charges qu'elle déduit, la preuve du contraire pèse également sur l'Administration (*b*).

a) Faits, procédure et solution

410. – La SA Sylvain Joyeux est une entreprise du BTP qui fit l'objet d'une vérification de comptabilité, à l'issue de laquelle le service a rejeté la déduction de commissions payées à trois sociétés. Celles-ci appartenaient au même groupe, connu pour diriger des bureaux d'études qui finançaient un parti politique. En clair, les commissions n'étaient autres que des pots-de-vin versés auxdites sociétés, dont l'entremise était indispensable à l'obtention de marchés publics proposés par des collectivités locales de la région parisienne. L'Administration soutenait que ces intermédiaires n'étaient pas utiles pour accéder aux marchés, que donc la société Sylvain Joyeux avait satisfait leur intérêt et non le sien, soit le propre d'un acte anormal de gestion.

411. – La commission départementale des impôts a émis un avis favorable à l'abandon des redressements, estimant qu'il serait difficile d'exiger de la société plus de justificatifs qu'elle n'avait produit et que la contrepartie des sommes versées, l'obtention des marchés, était établie. Le service ne s'est pas rangé à l'avis de la commission, la cotisation supplémentaire à l'impôt sur les sociétés fut mise en recouvrement. Le tribunal administratif de Cergy-Pontoise repoussa la demande de la société, tandis que la cour administrative d'appel de Versailles lui fit droit. Le ministre s'est pourvu en cassation.

412. – Après avoir annulé l'arrêt d'appel pour avoir visé des pièces qui n'avaient pas été produites, le Conseil d'État statue sur le fond. Il commence par reproduire le considérant de principe de l'arrêt *Lebreton* (V. *supra*, n° 394). Après quoi, il pose la présomption de régularité d'une charge au seul vu de la facture lui correspondant. Cette présomption est acquise si la dépense a été réellement supportée par l'entreprise qui l'a déduite, conformément à une facture régulière, donc comportant toutes les mentions légales, et correspondant à une charge « dont la déductibilité par nature n'est pas contestée par l'Administration ». Cette formule, peu éclairante, semble exclure les dépenses que la loi condamne, comme les charges somptuaires.

413. – Malgré la présomption attachée à une facture régulière, si le service entretient des doutes sur la réalité ou la valeur de la contrepartie reçue, il peut demander au contribuable des explications ou justificatifs supplémentaires :

(34) CE, 21 mai 2007, req. n° 284719, *Sté Sylvain Joyeux : Dr. fisc.* 2007, n° 46, 970, concl. E. Glaser, note Ch. de la Mardière ; *RJF* 2007, n° 8-9, 953, chron. O. Fouquet *in RJF* 2007, n° 7, p. 631.

(35) Cf. CE, 18 sept. 1998, req. n° 149341, *SARL Diva : Dr. fisc.* 1999, n° 5, 74, concl. G. Goulard ; *RJF* 1998, n° 11, 1330, concl. p. 844.

contrats, rapports d'activité, échange de courriers, etc. L'arrêt précise alors que la seule circonstance que l'entreprise n'ait pas suffisamment répondu à cette demande ne permet pas à l'Administration de remettre en cause la charge. En effet, le service doit lui-même apporter des éléments tendant à établir l'absence de contrepartie. Enfin, le juge apprécie les explications et documents présentés par chacune des parties.

b) Preuve à la charge de l'Administration

414. – C'est là que réside la plus-value représentée par la décision. Le service ne peut se borner à contester les explications et pièces produites par l'entreprise. Il doit lui-même apporter des éléments en vue de démontrer que la charge est dépourvue de contrepartie, ou que la valeur de celle-ci est insuffisante. Car si le contribuable supporte l'essentiel de la preuve, il ne saurait en subir tout le poids. On peut dire qu'il dispose d'un accès privilégié à la vérité endogène : lui seul connaît tous les dessous de l'affaire, les raisons l'ayant conduit à commettre un éventuel acte anormal de gestion. À l'inverse, l'Administration peut, elle, accéder à la vérité exogène, les prérogatives dont elle dispose lui permettant de recouper les informations fournies par le contribuable. Son droit de communication, son droit de contrôle, son pouvoir de perquisition, l'autorisent à s'assurer que le cocontractant de l'entreprise existe bel et bien et a retranscrit l'opération litigieuse dans ses comptes.

415. – On peut résumer la solution de l'arrêt comme suit. Il appartient à l'entreprise de présenter une apparence de régularité, particulièrement au moyen d'une facture régulière. Malgré cela, le service est en droit de lui demander des éléments supplémentaires. Si le contribuable répond de manière satisfaisante, la charge est déductible. Si la réponse est insuffisante, deux possibilités se présentent. Soit l'Administration ne fournit pas d'éléments à l'appui de sa contestation et le contribuable l'emporte. Soit elle produit des informations et la charge est rejetée. Il revient au juge d'apprécier la pertinence des arguments présentés.

Une facture peut donc suffire à justifier la déductibilité d'une dépense dès lors que le service n'est pas capable de lui opposer des éléments probants. En effet, si l'entreprise n'est pas en mesure de fournir plus que la facture, mais que de son côté l'Administration n'a pas d'information pour la contredire, le « match » est nul et l'on revient à la première étape. La présomption de régularité de la facture profite au contribuable, la charge est déductible.

416. – En l'espèce, la société Sylvain Joyeux a présenté des factures, payées par elle-même, dont la régularité n'a pas été contestée par l'Administration. La charge a été correctement comptabilisée. Donc le contribuable profite de la présomption, d'autant plus que sont en cause des prestations de services, dont la réalité matérielle est difficile à mettre en évidence. De son côté, l'Administration s'est contentée de soutenir que l'entreprise ne présentait pas de justificatif démontrant la réalité et la nature des prestations. Elle a seulement affirmé que les parties auraient dû procéder à un échange de courriers. Dans ces conditions, le ministre ne démontre pas que les sommes payées correspondraient à des libéralités, contraires à l'intérêt de l'entreprise : décharge.

417. – Le commissaire du gouvernement E. Glaser invoque la jurisprudence très libérale en matière de commissions à l'international (V. *supra*, n° 123). Leur déductibilité peut simplement découler de l'obtention du marché ou de l'augmentation des ventes. M. Glaser révèle que la société Sylvain Joyeux a pu établir qu'après avoir cessé de recourir aux intermédiaires, son chiffre d'affaires avait baissé. De plus, l'existence et la valeur de la contrepartie n'étaient en l'espèce pas douteuse : la société avait intérêt à payer les commissions pour obtenir les marchés. Enfin, s'agissant de prestations de services, on ne voit pas quels justificatifs supplémentaires on aurait pu réclamer à l'entreprise. Si l'arrêt *Lebreton* a admis qu'on ne pouvait demander une preuve qu'à la partie qui la détient, la décision *Sté Sylvain Joyeux* reconnaît qu'on ne peut exiger plus qu'un plaideur ne saurait produire. Que penser de cette jurisprudence ?

2° Appréciation

Si la solution est bénéfique au contribuable, on pourra émettre quelques doutes (*a*) quant à son effectivité. Il faudra, par ailleurs, s'interroger sur le régime probatoire (*b*) retenu par le juge : sommes-nous dans le domaine de la preuve objective ? Enfin, la décision *S. Joyeux* est-elle dans la continuité de l'arrêt *Lebreton*, ou bien marque-t-elle une rupture de la jurisprudence (*c*) ?

a) Doutes

418. – Il y a lieu de se réjouir, pour le contribuable, que la charge de la preuve soit plus équitablement répartie, la jurisprudence qui a suivi l'arrêt *Lebreton* ayant sans doute abusivement pesé sur les obligations probatoires des entreprises. Mais n'était-ce pas naturel dès lors que, dans le système déclaratif, l'essentiel de la preuve ne peut être fournie que par le contribuable (36) ? La solution louable de l'arrêt *Sté Sylvain Joyeux* ne risque-t-elle pas de se heurter à cette réalité ? Si l'Administration n'obtient pas suffisamment d'informations du contribuable, ses pouvoirs, aussi étendus soient-ils, ne lui serviront à rien. Car elle ne saura pas où chercher.

419. – *Quid* si l'entreprise se contente de présenter la facture et ne répond pas à la demande du service de préciser les modalités de l'opération ? Dans la logique de la décision, on ne saurait lui en faire grief car, en produisant un justificatif, le contribuable a déjà fourni un commencement de preuve. C'est donc le tour de l'Administration de renvoyer la balle (37). D'ailleurs, dans l'affaire *Sté Sylvain Joyeux*, la requérante n'a pas été en mesure de fournir d'autres éléments que les factures des sociétés bénéficiaires. En revanche, on peut s'attendre à ce que le juge soit plus exigeant envers l'entreprise en présence d'une vente, par opposition à une prestation de services. Car la matérialité de la première est plus facile à établir.

420. – L'arrêt *Sté Sylvain Joyeux* risque donc d'être interprété d'une façon périlleuse pour l'entreprise. On pourrait comprendre, comme à l'origine de la jurisprudence *Renfort Service*, qu'il suffit de disposer d'une facture pour établir la déductibilité d'une charge. Ce n'est pas la solution retenue par le Conseil d'État, puisque celui-ci reconnaît à l'Administration le droit de réclamer d'autres justificatifs que la facture. Mais si cette demande n'aboutit pas, le service doit disposer d'arguments pour contester la déduction de la charge. On notera, qu'en l'espèce, si la société Sylvain Joyeux était incapable de fournir d'autres justificatifs que les factures, elle a épuisé sa « capacité probatoire »,

---

(36) Ainsi, un arrêt d'appel reproche au contribuable de ne pas fournir de justifications à l'appui de factures, dont le libellé était certes succinct, sans faire état des éléments que devait apporter l'Administration (CAA Paris, 5 nov. 2007, req. n° 06-1133, *Sté Isochape* : *Dr. fisc.* 2007, n° 52, 1098).

(37) Cf. CE, 4 juin 2008, req. n° 301776, *Sté Sparflex : Dr. fisc.* 2008, n° 29, 418, concl. N. Escaut ; *RJF* 2008, n° 10, 1055 ; *JCP* E 2008, n° 36, 2078, note F. Dieu.

car elle ne pouvait pas apporter d'autres éléments de preuve (38). De son côté, l'Administration n'a pu démontrer l'irrégularité des charges.

Cela ne signifie pas pour autant qu'une entreprise doit se contenter de conserver les factures pour justifier ses charges, elle doit se ménager le plus de justificatifs possible, dès la passation de l'écriture comptable. Car si le poids de la preuve est partagé avec l'Administration, elle continue de peser pour l'essentiel sur le contribuable, qui est le mieux placé pour la faire valoir.

421. – Les éléments que doit fournir le service doivent-ils nécessairement être exogènes ? Lui faut-il, par exemple, exercer son droit de communication sur le cocontractant ? C'est peu probable. Certes, l'Administration ne saurait se contenter de souligner l'insuffisance des explications et justificatifs présentés par l'entreprise. Mais elle peut en dénoncer l'incohérence. Ainsi, dans l'affaire *Sté hôtelière guyanaise* (39), les courriers échangés entre les parties contractantes, françaises, étaient tous en anglais. Il importe enfin de tenir compte des circonstances de l'espèce. Au juge d'apprécier les efforts produits par chacun des plaideurs, selon son aptitude à pouvoir faire connaître la vérité. Si l'office du juge doit ainsi s'accroître, sommes-nous pour autant dans le domaine de la preuve objective ?

b) Quel régime probatoire ?

422. – M. Glaser, comme le président Fouquet (40), soulignent que le régime probatoire illustré par l'arrêt *Sté Sylvain Joyeux* est proche de celui de la preuve objective. Dans celle-ci, le juge se prononce en effet sur les éléments produits par le contribuable et l'Administration, sans que la charge de la preuve ne soit attribuée *a priori* à l'un ou à l'autre. Pourtant, il y a des raisons de penser que le juge tient à faire supporter à l'Administration (41), par principe, la charge de prouver un acte anormal de gestion, même si, et c'est tout le paradoxe, l'essentiel de cette preuve revient au contribuable.

423. – En effet, il existe une constante de la jurisprudence, en ce domaine, malgré ses hésitations : l'Administration doit prouver que la gestion de l'entreprise est anormale, car elle lance alors une accusation grave contre celle-ci. Il s'agit, en effet, d'un coup à double détente : non seulement l'entreprise qui s'en rend coupable voit son résultat rehaussé, mais de plus le bénéficiaire doit répondre de l'avantage reçu, à l'impôt sur le revenu ou sur les sociétés. Le paradoxe tenant dans une preuve mise par principe sur le dos de l'Administration, mais apportée pour l'essentiel par le contribuable, explique le mouvement de balancier de la jurisprudence. Le juge a tout d'abord posé le principe (*Renfort Service*), puis précisé au contribuable ses obligations (*Lebreton*), enfin rappelé les siennes à l'Administration (*Sylvain Joyeux*). Ainsi, il n'y aurait pas de rupture de la jurisprudence.

c) Rupture ou continuité ?

424. – Pour le président Fouquet (42), le tort de l'arrêt *Lebreton* serait d'avoir rompu le rythme ternaire du raisonnement probatoire : premièrement, l'entreprise présente une facture, deuxièmement, l'administration conteste la

(38) Pour une situation identique, en matière de TVA, V. CE, 19 déc. 2008, req. n° 286913, *SA SMSL Briens Lamoureux* : *RJF* 2009, n° 3, 207.

(39) CE, 17 déc. 2003, req. n° 245150, *Sté hôtelière guyanaise : Dr. fisc.* 2004, n° 40, 736 ; *RJF* 2004, n° 3, 304, concl. G. Bachelier *in BDCF* 2004, n° 3, 42.

(40) O. Fouquet, *Jusqu'où théoriser la charge de la preuve ?* : *RJF* 2007, n° 7, p. 634.

(41) O. Debat, *Droit fiscal des affaires*, Monchrestien, 2008, coll. « Cours LMD », n° 298.

(42) O. Fouquet, *op. cit.*, p. 633.

réalité de la prestation lui correspondant, troisièmement, le contribuable démontre l'existence et la valeur de la contrepartie. Ceci pour lui substituer un rythme binaire : premièrement, l'entreprise produit la facture et d'autres justifications, deuxièmement, le service critique les éléments produits et avance les siens. Il est vrai que dans cette seconde optique la charge de la preuve peut abusivement peser sur le contribuable. Mais le raisonnement ternaire est celui de la pratique, il est presque naturel. On voit mal dès lors comment le juge aurait pu l'ignorer.

425. – Il nous semble que l'arrêt *Lebreton* ait simplement voulu mettre d'un côté les obligations que doit satisfaire le contribuable et, de l'autre, celles qui reviennent à l'Administration. De même, nous ne voyons pas de contradiction de principe entre la reproduction du considérant de l'arrêt *Lebreton* et l'application qu'en fait la décision *Sté Sylvain Joyeux* (43). La conception étendue du devoir de justification n'est pas remise en cause par la seconde, puisque l'Administration peut demander à l'entreprise des informations venant préciser la facture présentée. Cependant, on ne saurait reprocher au contribuable d'avoir manqué à cette obligation qu'à la condition que le service apporte des éléments. C'est là que se trouve la précision : il appartient toujours à l'entreprise d'établir qu'elle a respecté son propre intérêt, mais la preuve du contraire repose également sur l'Administration. Les obligations du contribuable sont cependant plus lourdes lorsque la facture émane d'une entreprise avec laquelle il est lié.

3° Entreprises liées : les précisions de l'arrêt *Geomat*

426. – Cet arrêt (44) forme une variante de la décision *Sté Sylvain Joyeux*. Il ne remet pas en cause la présomption de régularité attachée à une facture, mais précise que lorsqu'elle émane d'une personne liée au contribuable, elle ne peut suffire à démontrer la déductibilité des charges qui s'y rapportent. L'entreprise doit réunir d'autres éléments pour consolider la présomption, dont la force probante a été amoindrie par le lien unissant l'auteur de la facture à son destinataire. Après avoir exposé la solution (*a*), on verra que celle-ci impose au juge du fond le respect d'obligations probatoires (*b*).

a) Solution

427. – La société d'exercice libéral à forme anonyme Geomat exerce une activité de géomètre. Elle a conclu une convention avec sa société mère, en vertu de laquelle cette dernière place trois de ses salariés à la disposition de la filiale. Il s'agit d'un comptable et deux géomètres experts, chargés de missions d'ordre administratif et financier, d'une part, à caractère technique et commercial d'autre part. Le contrat prévoit, en rémunération des services rendus, le versement d'une somme annuelle de 1 320 000 F. À l'issue d'une vérification de comptabilité, l'Administration a partiellement remis en cause la déduction de ce montant, en estimant qu'il était excessif. Le vérificateur a retenu le coût de revient des prestations, accru d'une marge de 10 %. La différence entre cette somme et celle déduite par la société Geomat constitue

(43) Cf. Ph. Martin (entretien avec), *Charge de la preuve : gros plan sur la jurisprudence du Conseil d'État* : *LPA* 2007, n° 226, p. 4.

(44) CE, 15 mai 2008, req. n° 288101, *Sté Geomat* : *Dr. fisc.* 2008, n° 30-35, 430, concl. F. Séners, note Ch. de la Mardière ; *RJF* 2008, n° 8-9, 1002. – V. aussi CE, 24 juin 2009, req. n° 298582, *Maréchal* : *RJF* 2009, n° 10, 820 : dès lors que pèse sur le contribuable une présomption légale (CGI, art. 238 A), les factures ne peuvent suffire à justifier la déductibilité des charges qui s'y rapportent.

le redressement litigieux. Le service a ainsi reproché à la société un acte anormal de gestion, lui ayant permis de déduire des charges excessives.

428. – L'arrêt commence par reproduire le considérant de principe de la décision *Lebreton*. Le commissaire du gouvernement, François Séners, y insiste, cet arrêt de section est celui invoqué par la société et sert de référence à la présente décision. La remarque est *a priori* surprenante car on a vu que l'arrêt *Sté Sylvain Joyeux* constituait l'aboutissement de la jurisprudence quant à la preuve en matière d'acte anormal de gestion. Comment dès lors expliquer ce retour en arrière que constitue la référence à l'arrêt *Lebreton* ? Le temps forme le premier élément de réponse. L'arrêt d'appel ici annulé date d'octobre 2005, soit bien avant la décision *Sté Sylvain Joyeux*. De plus, cette dernière a reconnu une présomption de déductibilité aux charges mentionnées sur des factures, dont la valeur probante n'était pas utilement contestée par l'Administration. Or, il s'agissait en l'espèce de justificatifs émanant de tiers étrangers à l'entreprise vérifiée. Au contraire, dans l'affaire *Geomat*, les factures ont été émises par la société mère, ce qui réduit leur crédibilité.

429. – M. Séners continue de parler de présomption, mais reconnaît que celle-ci est affaiblie par le lien unissant la mère à sa filiale. Ainsi, il admet que la cour a eu raison de poser comme principe, dans une telle hypothèse, que les charges litigieuses ne peuvent être justifiées par les seules factures. D'autres documents sont nécessaires. Enfin, dans l'affaire *Geomat* – contrairement à celle de la société Sylvain Joyeux, où étaient en cause des pots-de-vin –, le service ne contestait pas la réalité des services rendus, ni le principe de leur déductibilité. Il ne critiquait que leur montant, en le jugeant excessif.

430. – Il faut donc distinguer les affaires *Sylvain Joyeux* et *Geomat* dès lors que les circonstances de fait y sont différentes. Pour autant, les deux arrêts ne sont pas totalement étrangers l'un à l'autre. En effet, dans la décision *Sté Sylvain Joyeux*, le Conseil d'État a reconnu que le juge ne pouvait exiger d'un plaideur plus d'éléments qu'il ne saurait produire. En quelque sorte, à l'impossible nul n'est tenu. Or, c'est bien le grief que le juge de cassation, dans l'affaire *Geomat*, fait à la cour administrative d'appel. M. Séners le souligne : « Il est vrai que la cour s'est montrée très exigeante et l'on ne voit pas très bien quelles autres pièces susceptibles d'être produites auraient pu apporter la preuve irréfutable qu'elle a semblé attendre ». En conséquence, le juge de cassation impose des obligations probatoires à celui du fond.

Le tableau est ainsi complet : après avoir, en matière de preuve, posé les devoirs du contribuable (*Lebreton*), puis ceux de l'Administration (*S. Joyeux*), c'est maintenant, avec l'arrêt *Geomat*, le tour du juge de devoir se plier à certaines contraintes.

b) Obligations probatoires à la charge du juge du fond

431. – L'arrêt d'appel est annulé car la cour a exigé du contribuable une preuve complète, sans même rechercher si l'Administration, souligne le Conseil d'État, « apportait des éléments de critique du chiffrage exposé par la société de nature à démontrer que la rémunération de la contrepartie obtenue était excessive ». Non seulement, donc, la cour a réclamé au contribuable une preuve impossible, mais de plus elle a méconnu la dialectique probatoire. Elle aurait dû poser dans la balance les éléments apportés par chacune des parties, considérer l'ensemble des explications et documents fournis, enfin mesurer leur poids respectif.

432. – Le Conseil d'État insiste sur le nombre et la valeur des justifications produites par la société : la convention d'assistance entre les deux entreprises, les factures, trois attestations émanant de responsables de la mère relatives à l'étendue des missions confiées aux salariés. La requérante a fourni des éléments de comparaison entre les tarifs horaires facturés par la société mère et ceux habituellement pratiqués sur le marché, justifiant ainsi le mode de calcul de la redevance annuelle. Elle a présenté des indications précises sur les prestations effectuées, sur les responsabilités confiées.

433. – Certes, reconnaît le commissaire du gouvernement, la société n'a pu apporter la preuve irréfutable que les sommes facturées correspondaient exactement à l'avantage reçu en contrepartie. Mais elle a épuisé les moyens d'apporter cette démonstration. Il serait vain de lui réclamer davantage. De plus, on apprend de l'arrêt d'appel un fait non négligeable, qui n'est pas contesté par l'Administration : des cadres supérieurs de la société mère, dont le gérant, ont consacré une part substantielle de leur activité à la filiale, sans que cela fasse l'objet d'une facturation.

434. – De son côté, il appartenait à l'Administration de démontrer le caractère excessif des mêmes dépenses. Or, elle se contente d'affirmer que leur montant ne pouvait excéder le coût de revient des prestations plus 10 %. Elle n'apporte aucun élément à l'appui de ce chiffrage, que M. Séners qualifie de « pétition de principe ». Les arguments du service sont si maigres que le juge d'appel n'a pas jugé bon de les mentionner dans son arrêt. De la sorte, la cour fait entendre que non seulement elle a manqué à la dialectique de la preuve, mais que de plus elle a exigé du seul contribuable une démonstration complète. Il revient donc aux juges du fond, dans la rédaction même de leurs décisions, de montrer qu'ils ont respecté les règles relatives à la charge de la preuve.

Nous pouvons maintenant dresser le bilan des règles de preuve en matière d'acte anormal de gestion.

§ 2. – Bilan

Après une synthèse des règles étudiées (A), on s'interrogera sur la nécessité d'un critère de dévolution de la charge de la preuve (B).

A. – Synthèse des règles applicables

435. – On a vu (V. *supra*, n° 423) qu'en dépit des tâtonnements de la jurisprudence, le juge était resté constant sur une règle : par principe, l'Administration doit supporter la charge de prouver la réalité d'un acte anormal de gestion. Il s'agit en effet d'une accusation grave, aux lourdes conséquences financières. Si la règle a été posée par l'arrêt *Renfort Service*, elle a été rappelée par la décision *Sylvain Joyeux* : le fisc doit apporter des éléments autres que la seule critique de ceux avancés par l'entreprise. En faisant remarquer qu'une preuve ne saurait être réclamée qu'à la partie qui peut la faire valoir, l'arrêt *Lebreton* a néanmoins reconnu que l'essentiel de la démonstration devait être fourni par le contribuable, car il est le mieux placé pour faire connaître la vérité. C'est tout le paradoxe de cette matière : l'Administration doit supporter le poids de la preuve, mais la plus grande charge de celle-ci pèse sur l'entreprise. On notera combien cet état du droit est contorsionné.

436. – Non seulement la jurisprudence n'est pas, intrinsèquement, satisfaisante, mais de plus elle laisse des zones d'ombre qu'il faudra tenter d'éclaircir.

En effet, trois questions restent en suspend : quelle est la part d'application de la loi (1°) au milieu des règles prétoriennes ? Les écritures d'actif doivent-elles répondre à un régime probatoire particulier (2°) ? Quelles sont les charges visées par la jurisprudence (3°) ?

1° Application de la loi

437. – Il existe un autre paradoxe, issu de l'arrêt *Renfort Service*. Le juge y proclame que si la charge de la preuve d'un acte anormal de gestion incombe au fisc, ce principe doit néanmoins s'incliner devant une loi ou un règlement contraire. En effet, la décision *Spitaletto* a confirmé que le contribuable faisant l'objet d'une procédure d'imposition d'office devait supporter le poids de la preuve. Pourtant, le même arrêt *Renfort Service* a également affirmé qu'en matière de BIC et d'IS, soit le domaine principal de l'acte anormal de gestion, la charge probatoire était, « à titre principal », fonction de la nature de l'écriture comptable mise en cause. On se souvient, en effet (V. *supra*, n° 338), que le commissaire du gouvernement Racine avait souligné l'échec du critère légal, tenant à la procédure d'imposition suivie. Car la procédure contradictoire, où l'Administration est censée subir la charge de la preuve, ne dispense pas le contribuable de justifier les écritures qui viennent à l'appui de sa déclaration. Donc le critère prétorien, tenant à l'écriture comptable, devrait l'emporter sur celui issu de la loi, attaché à la procédure. L'arrêt *Lebreton* a repris à son compte le critère issu du juge, avec une réserve, lapidaire : « sauf loi contraire ».

438. – Au vu de la jurisprudence prise dans son ensemble, aucun doute n'est pourtant permis. Même à raison de litiges tenant à un acte anormal de gestion, le contribuable supporte la charge de la preuve dans les cas prévus par la loi et le règlement (45) :

Une procédure d'imposition d'office a été appliquée (LPF, art. L. 193).
L'entreprise est dépourvue de comptabilité (LPF, art. L. 192, al. 3).
La comptabilité est entachée de graves irrégularités et l'avis de la commission départementale des impôts est favorable à l'Administration (LPF, art. L. 192, al. 2).
Le contribuable conteste sa propre déclaration (LPF, art. R. 194-1, al. 2).
Le contribuable accepte le redressement, puis le conteste en déposant une réclamation contentieuse (LPF, art. R. 194-1, al. 1er).

On ajoutera une hypothèse issue de la jurisprudence : subit la charge de la preuve l'entreprise dont la gestion est *a priori* anormale, dès lors qu'elle a consenti un abandon de créance ou un prêt sans intérêt (V. *supra*, n° 351).

439. – Le juge n'a donc pas voulu – on ne saurait l'en blâmer – contredire la loi. Pourtant, on a pu constater la vanité du critère légal avec l'étude des procédures d'imposition d'office (V. *supra*, n° 311 et s.). Au lieu de faire supporter la charge de la preuve au contribuable fautif, le juge tend à la reporter sur le dos de l'Administration. Simplement parce que celle-ci est à l'origine de l'imposition litigieuse. Cette fois, le fisc est donc le mieux placé pour faire

(45) CE, 16 juin 1993, req. n° 78950, *SARL Copag* : *Dr. fisc.* 1994, n° 11, 479.

connaître la vérité. On a vu aussi combien il est vain de vouloir punir le contribuable défaillant par la charge de la preuve, alors que l'essentiel de ce poids pèse déjà sur celui qui a déposé sa déclaration.

440. – Enfin, rares sont aujourd'hui les hypothèses où la preuve pèse tout entière sur une seule des parties. Le plus souvent, son poids est partagé entre le contribuable et l'Administration. Le manichéisme de la loi, qui impose le « tout ou rien », ne correspond donc plus à la réalité. La charge de la preuve qu'elle régit n'est que juridique, et bien peu effective. Que le contribuable soit puni par la loi, en recevant le fardeau probatoire, ne signifie pas que l'Administration soit dispensée de toute obligation de preuve, loin de là.

441. – Au total, lorsque le contribuable supporte la charge de la preuve en vertu de la loi, tout juste peut-on dire que le juge est en droit de se montrer plus exigeant envers lui, car il a commis une faute. C'est bien pour pallier les défaillances de la loi que le Conseil d'État a élaboré un critère d'attribution de la charge de la preuve, distinguant les écritures d'actif des autres opérations comptables.

2° Écritures d'actif

442. – On se souvient que l'arrêt *Renfort Service* a confié au contribuable le soin de justifier les écritures portant sur les créances de tiers, les amortissements, les provisions et les charges en général. En revanche, la preuve pèse sur l'Administration s'agissant des autres écritures, notamment celles relatives à l'actif immobilisé. On a dit (V. *supra*, n° 344 et s.) que cette distinction nous semblait trop abstraite. Ainsi, pourquoi opposer les amortissements et provisions aux immobilisations, alors que les premiers ont pour but d'anticiper la dépréciation des secondes ? Nous n'avons pas trouvé d'explication satisfaisante pour fonder le sort particulier des écritures d'actif.

443. – Par ailleurs, il est très improbable que la preuve puisse entièrement peser sur le fisc, car on ne voit pas comment l'entreprise pourrait être dispensée de son obligation de justifier les opérations relatives à l'actif. Par exemple, une moins-value doit être confortée par la production des factures d'achat et de vente de l'immobilisation cédée. L'arrêt *Lebreton* a repris la règle se rapportant aux créances de tiers, amortissements, provisions et charges, mais ne dit rien des opérations tenant à l'actif. Les secondes n'y existent donc plus que par opposition aux premières.

444. – Nous avons vu que la seule circonstance pouvant expliquer le sort particulier des écritures d'actif tient à la nature de la preuve qui s'y trouve attachée. Car l'Administration y trouve plus d'aptitude à la preuve : elle peut disposer d'éléments de comparaison pour contester, par exemple, l'évaluation d'un immeuble que l'entreprise a vendu. La question litigieuse est donc davantage tournée vers la vérité exogène, à laquelle le fisc a plus facilement accès. Mais cela ne suffit pas pour expliquer que les écritures d'actif devraient connaître un sort probatoire différent des autres. On ne peut donc pas se fier à une distinction dont le bien-fondé est incertain.

445. – En l'état du droit, le contribuable ne doit pas se dispenser de conserver des justifications à l'appui des écritures d'actif, avec l'idée que la preuve pèse sur l'Administration. Il lui faut, au contraire, se ménager le plus de justificatifs possible, pour faire valoir une preuve qui, pour l'essentiel, ne peut reposer que sur lui. Les mêmes précautions doivent être prises s'agissant des écritures relatives aux charges.

3° Écritures de charges

Deux questions se présentent ici : quelles sont les charges (*a*) visées par la jurisprudence ? Quelles sont les obligations probatoires (*b*) qui, en cette matière, pèsent sur l'entreprise ?

a) Quelles sont les charges en cause ?

446. – L'arrêt *Lebreton* a repris la règle posée par la jurisprudence *Renfort Service*, exigeant du contribuable qu'il justifie le montant des créances de tiers, des amortissements, provisions et charges. Puis, il précise « qu'en ce qui concerne les charges », l'entreprise apporte cette justification par des éléments précisant la nature de la dépense comme la contrepartie qui lui correspond. Comment comprendre le terme de charges ? Car les amortissements et provisions en font partie. De même que les créances des tiers – autrement dit les dettes de l'entreprise – correspondent à des charges engagées mais pas encore payées si le tiers, par exemple, est un fournisseur. Faut-il donc entendre charges en général, ou seulement les frais généraux ?

447. – Il est très probable que le juge, dans les arrêts *Lebreton* et *S. Joyeux*, ne vise que les frais généraux. C'est ainsi que se comprend la logique de la construction de l'arrêt *Lebreton*. Cette même décision exige de l'entreprise qu'elle justifie la contrepartie correspondant à la charge. Par exemple, les honoraires d'un avocat ont pour corollaire la défense assurée par celui-ci. Or, on ne peut pas dire qu'un amortissement ou une provision présente une contrepartie. Si les créances des tiers peuvent correspondre à des charges, en elles-mêmes, comptablement, elles n'en sont pas. L'arrêt *S. Joyeux* a précisé la valeur probante des factures, or celles-ci viennent directement à l'appui des frais généraux. La justification des amortissements et provisions peut se référer à des factures, mais ces opérations se fondent avant tout sur une évaluation, de manière à calculer une charge anticipée. Une fois cette précision posée, voyons quelles sont les obligations probatoires pesant sur l'entreprise.

b) Quelles sont les obligations de preuve à la charge de l'entreprise ?

448. – Toutes les charges – et non seulement les frais généraux – comme les créances des tiers, doivent être correctement comptabilisées. Il leur faut, de plus, être appuyées de justificatifs suffisamment précis. Pour les frais généraux, la justification tient avant tout à l'existence d'une facture régulière, c'est-à-dire comportant toutes les mentions obligatoires et dont le montant correspond à celui qui a été comptabilisé. Bien entendu, les dépenses doivent avoir été effectivement supportées par le contribuable qui les déduit. Les entreprises doivent exiger des factures dont le libellé est suffisamment explicite (46), en indiquant précisément la nature de la prestation. En vertu de l'arrêt *S. Joyeux*, la facture respectant ces conditions fait naître une présomption de déductibilité de la charge lui correspondant. Si les frais sont courants ou d'un faible montant, l'entreprise peut raisonnablement penser que la facture suffit à établir leur bien-fondé.

449. – Il en va différemment pour des charges élevées ou correspondant à un contexte qui sort de l'ordinaire. Pour reprendre l'exemple de la société S. Joyeux, verser des pots-de-vin n'est pas commun. Doit être compris dans cette hypothèse le contribuable qui paie des charges à une entreprise qui lui est liée, comme une société mère. L'arrêt *Geomat* a en effet montré qu'alors la

(46) Cf. O. Debat, *Droit fiscal des affaires*, Monchrestien, 2008, coll. « Cours LMD », p. 147.

présomption tenant à la facture était affaiblie par le lien unissant l'auteur et le destinataire du document. Dans l'ensemble de ces situations, le vérificateur est en droit de demander des justifications autres que la simple facture : contrats, rapports d'activité, attestations, évaluation des coûts, transcription comptable des résultats enregistrés, etc. Ces éléments doivent permettre d'établir l'existence d'une contrepartie à la charge, dont la valeur lui correspond.

450. – Si l'entreprise peut les fournir et qu'ils satisfont le service, la charge est déductible. Dans l'hypothèse inverse, l'Administration ne saurait remettre en cause les frais que si elle-même fait valoir des arguments. Elle ne peut se contenter de critiquer ceux du contribuable. Par exemple, elle a exercé un droit de communication sur le fournisseur dont la comptabilité ne retranscrit pas la prestation litigieuse. Ou encore, elle s'est référée aux usages de la profession pour démontrer que la charge est excessive (47). Il est raisonnable de penser que le service est également en droit de dénoncer les incohérences qui affectent les justifications présentées. Enfin, il revient au juge de former sa conviction à partir des éléments présentés par le contribuable et l'Administration.

451. – Il ne faut pas oublier une phrase essentielle de l'arrêt *Lebreton* : « s'il incombe, en principe, à chaque partie d'établir les faits nécessaires au succès de sa prétention, les éléments de preuve qu'une partie est seule en mesure de détenir ne sauraient être réclamés qu'à celle-ci ». Très souvent, seul le contribuable est à même de fournir ces éléments. De ce point de vue, la solution de l'arrêt *S Joyeux* semble trop théorique. Le juge ne peut reprocher à l'Administration l'absence d'une preuve qu'elle est incapable d'apporter. Du côté du contribuable, si la société S. Joyeux l'a emporté, c'est pour avoir épuisé sa capacité probatoire : elle ne pouvait fournir plus que les factures. Sachant les incertitudes de la jurisprudence, face à une charge élevée ou sortant de l'ordinaire, il faut encourager l'entreprise à conserver le plus grand nombre de justificatifs. Si ainsi elle épuise sa capacité probatoire, le juge ne pourra lui reprocher, pas plus qu'au service, de ne point apporter une preuve impossible.

452. – Les conseillers d'État O. Fouquet (48) et Ph. Martin (49) n'ont pas caché que la jurisprudence relative à la preuve de l'acte anormal de gestion devenait de plus en plus empirique. Plutôt que de s'attacher à un critère, légal ou prétorien, d'attribution de la charge de la preuve, le juge forme sa conviction à partir des éléments présentés par les parties. Il faut ainsi constater l'échec du critère issu de la jurisprudence *Renfort Service*, de même qu'on a pu vérifier la déconfiture de celui posé par la loi. On arrive donc à la question suivante : est-il besoin d'un critère de dévolution de la charge de la preuve ?

B. – Nécessité d'un critère de dévolution de la charge de la preuve ?

453. – Si le juge ne parvient pas à fixer durablement un critère cohérent d'attribution de la preuve, qu'il soit légal ou jurisprudentiel, c'est peut-être qu'il n'en a pas réellement besoin. Et ceci parce que sa démarche naturelle ne change pas : il continue d'appliquer le système de l'intime conviction.

(47) CE, 19 nov. 2008, req. n° 291041, *Sté Auteuil investissement* : *RJF* 2009, n° 2, 111.
(48) O. Fouquet, *Jusqu'où théoriser la charge de la preuve ?* : *RJF* 2007, n° 7, p. 631.
(49) Ph. Martin, (entretien avec), *Charge de la preuve : gros plan sur la jurisprudence du Conseil d'État* : *LPA* 2007, n° 226, p. 3.

Comment croire que le juge administratif puisse radicalement changer de méthode selon qu'il statue sur le contentieux général ou fiscal (50) ? En dépit des critères posés pour l'attribution de la preuve dans le domaine de l'impôt, il y a des raisons de croire que le juge continue de prendre sa décision selon que l'une ou l'autre des parties l'a convaincu de son bon droit.

454. – Les conclusions de M. Racine sur l'arrêt *Renfort Service* se terminent ainsi : « En réalité, nous sommes convaincus que la société avait un intérêt dont l'Administration ne vous démontre pas l'insuffisance à effectuer dans le bâtiment d'habitation des travaux lui permettant d'héberger un gardien ». Les critères savants maniés par le commissaire du gouvernement n'avaient-ils pas pour objet de servir cette opinion ?

Dans l'affaire *Boutique 2M*, la conviction de M. Fouquet est faite lorsqu'il découvre, s'agissant des commissions litigieuses, que le fournisseur suédois ne prenait pas de marge en facturant ses marchandises au client français ; circonstance qui jusqu'alors semble avoir échappé tant à l'Administration, qu'à la commission départementale des impôts, enfin au tribunal administratif.

De même, la conviction de M. Martin n'est-elle pas formée quand, dans l'affaire *Intertrans*, il entend donner satisfaction « à la société qui apporte un faisceau de présomptions en sa faveur alors que l'Administration se borne à critiquer les insuffisances de cette démonstration » ?

Enfin, dans l'affaire *Spitaletto*, les affirmations trop générales du contribuable n'emportent pas la conviction du juge.

455. – Le rapport Aicardi a fait remarquer que l'on pourrait fort bien se passer d'un critère d'attribution de la preuve (51), lequel présente d'ailleurs des inconvénients réels. La partie qui ne supporte pas la charge de la preuve a ainsi une fâcheuse propension à ne rien faire pour justifier sa position, elle se contente de réfuter les arguments de l'adversaire. Le juge est conduit à ne pas former sa conviction quant au fond de l'affaire, notamment en s'abstenant de réclamer aux plaideurs des éléments de preuve, ou pour ne pas recourir aux mesures d'instruction. Il peut trancher, certes rapidement mais différemment, des espèces identiques, uniquement sur la base des critères de dévolution de la preuve. Ces hypothèses sans doute sont-elles rares, mais embarrassantes. Ainsi, en matière de TVA immobilière, le Conseil d'État a tout d'abord estimé qu'il revenait à l'Administration de prouver l'insuffisance du prix de vente de l'immeuble, puis qu'il appartenait au contribuable d'établir la sincérité de celui-ci, enfin que le juge devait s'en remettre aux seuls résultats de l'instruction (52).

---

(50) « Le juge administratif de l'impôt est d'abord un juge administratif, pétri par les principes qui guident le contentieux de la légalité des actes de l'administration » (E. Mignon, *La charge de la preuve : peut-on parler d'équité ?*, *in* B. Hatoux [ss dir.], *Droits du contribuable. État des lieux et perspectives*, Economica, 2002, coll. « Entreprise et perspectives économiques », p. 59).

(51) M. Aicardi (ss dir.), *L'amélioration des rapports entre les citoyens et les administrations fiscales et douanières*, Doc. fr., 1986, p. 18.

(52) Respectivement : CE, 18 juin 1980, req. n° 16669 : *RJF* 1980, n° 10, 767. – CE, 8 oct. 1980, req. n° 15286 : *RJF* 1980, n° 12, 987. – CE, 8 juin 1983, req. n° 27749, *SCI Résidence Paul Bert* : *RJF* 1983, n° 8-9, 962. Depuis lors, et sous l'influence du droit communautaire, l'Administration a reconnu, pour remettre en cause le prix déclaré, qu'il lui appartenait d'apporter la preuve que les parties avaient entendu éluder l'impôt (Instr. 7 juin 2004 : *BOI* 8 A-3-04). Mais cette volonté est réputée établie si les contractants sont en relation d'intérêt (CE, [na], 25 juin 2007, req. n° 292864, *Sté René Brisard holding* : *RJF* 2007, n° 12, 1405). Il n'existe donc plus d'insuffisances de valeur en matière de TVA immobilière, seulement des dissimulations de prix.

456. – Au total, vouloir déterminer un critère de la charge de la preuve paraît vain. C'est de plus le moyen d'imposer une vérité fiscale bien éloignée de la vérité « réelle » ; où, comme par exemple dans l'affaire *Intertrans*, l'autorité de chose jugée tient, en apparence du moins, à des considérations trop éloignées du fond de l'affaire. Seule l'intime conviction du juge peut contraindre chaque partie, en l'absence de critère, à fournir le plus grand nombre possible d'éléments pour faire triompher sa cause. Certes, ce sera le contribuable qui, le plus souvent, dans le système déclaratif, devra ainsi démontrer son bon droit.

457. – Mais que la charge de la preuve soit conditionnée par la conviction du juge, si ce dernier a le temps de la forger, présente pour le plaideur plus de garanties que l'application d'un critère incohérent. Il reviendra au juge de venir au secours du contribuable, comme il lui arrive déjà de le faire (V. *supra*, n° 159), lorsque ce dernier est aux prises avec une preuve trop difficile à apporter. Exactement comme le juge administratif, particulièrement en excès de pouvoir, à ceci près que, dans le contentieux général, il sollicite davantage l'Administration que le requérant (V. *supra*, n° 178). Toutes ces raisons expliquent que le juge de l'impôt se tourne, de plus en plus, vers le système de la preuve objective.

Chapitre 2

LA PREUVE OBJECTIVE

458. – La preuve objective relève du droit commun du contentieux administratif. Par principe, le juge y tranche les litiges qu'on lui soumet à raison des résultats de l'instruction, c'est-à-dire selon son intime conviction, sans que l'un ou l'autre des plaideurs ne soit désigné *a priori* comme devant supporter la charge de la preuve. C'est au juge seul qu'il revient d'apprécier les éléments probatoires que lui présentent les parties, comme ceux résultant d'une mesure d'instruction. En contentieux administratif général, la preuve objective caractérise particulièrement l'excès de pouvoir, où son usage est le plus répandu. Qu'elle s'étende au procès fiscal n'est pas étonnant, sachant les similitudes qu'entretient cette matière avec le contentieux de l'annulation (1). Dès lors que les règles du droit commun s'appliquent à l'ensemble du contentieux fiscal, y compris celui porté devant l'ordre judicaire, tout juge de l'impôt doit se prononcer par principe selon le système de la preuve objective.

459. – La matière fiscale déroge cependant largement à cette règle, sachant que la très grande partie de nos impôts sont déclaratifs. En présence de telles impositions, la loi attribue elle-même la charge de la preuve selon que le contribuable a respecté ou non son devoir de collaboration avec le fisc (V. *supra*, n° 279 et s.). La preuve objective ne devrait donc s'appliquer qu'aux impositions non déclaratives, tels que les impôts locaux. De même, le juge ne saurait en user qu'en l'absence de texte déterminant la charge de la preuve (2). Or, nous verrons que ce n'est pas toujours le cas (V. *infra*, n° 515 et 517). Ces dernières années, la preuve objective n'a pas cessé de gagner du terrain dans l'ensemble du droit fiscal.

460. – L'*ob-jectum* est, littéralement, ce qui est jeté devant, venu de l'extérieur. On retiendra donc l'image des plaideurs jetant leurs éléments de preuve aux pieds du juge, à charge pour celui-ci de retenir ceux qu'il estimera pertinents et d'en tirer les conséquences dans la décision qu'il doit prendre. Si le juge forme ainsi sa conviction à partir des « données objectives figurant au dossier qui rassemblent les résultats de l'instruction » (3), il ne faut pas oublier

(1) Cf. Ch. de la Mardière, *Recours pour excès de pouvoir et contentieux administratif de l'impôt*, LGDJ, 2002.

(2) F. Bourrachot, concl. sur CAA Lyon, 9 oct. 2003, req. n° 97-1196, *SNC Bouchardon* : *Dr. fisc.* 2004, n° 37, p. 1287.

(3) G. Goulard, concl sur CE, 26 févr. 2003, req. n° 223092 et 223293, *Sté Pierre de Reynal et Cie* : *Dr. fisc.* 2003, n° 24, p. 804.

qu'il dispose avant tout d'éléments fournis par les plaideurs. Une preuve subjective serait celle apportée par une seule des parties, comme la loi fiscale l'y oblige dans le système déclaratif, sans que l'autre ne soit tenue de démontrer son bon droit.

461. – On a déjà vu combien ce modèle était théorique (V. *supra*, n° 325). Dans la grande majorité des hypothèses, même si la loi désigne le plaideur qui doit supporter la charge de la preuve, cela ne dispense pas son adversaire, par le jeu de la dialectique, de lui répliquer en apportant ses propres éléments probatoires. Au total, l'instruction n'est pas menée de manière sensiblement différente selon que l'une des parties supporte le poids probatoire, ou qu'au contraire le système de la preuve objective trouve à s'appliquer (4).

462. – L'usage de cette dernière devrait se remarquer par la mention : « Considérant qu'il résulte de l'instruction » ; en réalité, la présence de ces mots n'est pas décisive, pour abuser de notre propos on dira que ce n'est qu'un indice, pas une preuve (5). Il faudra dégager la spécificité et la nécessité de la preuve objective dans le contentieux fiscal. Si elle vient à l'appui de règles de fond (section 1), son application est particulièrement utile en matière de procédure (section 2). Enfin, on dressera le bilan de l'ensemble de cette jurisprudence (section 3).

Section 1

RÈGLES DE FOND

Si la preuve objective s'applique par principe aux impôts locaux (§ 1), son usage est récent s'agissant des impositions d'État (§ 2).

§ 1. – Impôts locaux

463. – Le premier domaine dans lequel la preuve objective a trouvé à s'appliquer fut celui des impôts directs locaux puisque ceux-ci, par principe, ne sont pas déclaratifs. Encore que le plus important d'entre eux, la taxe professionnelle, constitue de plus en plus une imposition déclarative, d'abord à raison de son établissement et surtout s'agissant de la procédure qui lui est applicable (6). Cette nature particulière des impôts locaux tient à leurs origines, révolutionnaires, puisqu'ils sont les descendants directs des quatre vieilles contributions. Ils présentent encore cette particularité, aujourd'hui désuète, d'être entièrement assis, liquidés et recouvrés par l'Administration.

(4) *Ibid.*

(5) Cf. F. Loloum, concl. sur CE, 18 mai 1998, req. n° 159846, *Sté Yves Saint-Laurent* : *Dr. fisc.* 1998, n° 48, p. 1485 : « Le ministre reproche à la cour de s'être méprise sur la dévolution de la charge de la preuve (...) il soutient que la cour s'est à tort référée aux résultats de l'instruction alors que la charge de la preuve incomberait au contribuable. Mais la lecture de l'arrêt faite par le ministre nous paraît inexacte. Il est vrai que deux fois figure dans l'arrêt la mention "il résulte de l'instruction" mais la cour fait aussi par deux fois état des explications et documents fournis par la société. Les juges du fond n'ont donc privilégié aucun système de preuve particulier ».

(6) Cf. CE, 5 juin 2002, req. n° 219840, *Simoëns* : *Dr. fisc.* 2002, n° 41, 810, concl. J. Courtial.

Face à un impôt non déclaratif, le contribuable, en quelque sorte, ne peut mal faire, puisque l'imposition découle du seul travail du fisc. On ne peut donc le punir en lui attribuant la charge de la preuve, faute d'obligation qu'il pourrait ne pas respecter.

Contrairement au système déclaratif, aucune règle ne vient en conséquence désigner la partie devant supporter le poids de la preuve. Par retour au droit commun du contentieux administratif, le juge se prononce dès lors en fonction des éléments présents au dossier (7).

464. – Pourtant, il serait plus logique, voire équitable, d'attribuer la charge de la preuve à l'Administration, puisque c'est elle qui se trouve à l'origine de l'impôt litigieux. Ainsi, en matière d'imposition d'office, on a vu combien le juge pouvait se montrer exigeant envers le fisc pour qu'il établisse le bien-fondé de l'impôt qu'il a assis, alors même que la loi fait peser la charge de la preuve sur le contribuable (V. *supra*, n° 311). Ce paradoxe s'explique par l'idée qu'il revient à celui qui se trouve à l'origine de l'impôt de supporter l'essentiel du poids de la preuve : le contribuable au travers d'une déclaration, le fisc dans les autres hypothèses. On retrouve cette contradiction, dans une moindre mesure, s'agissant des impôts locaux.

La preuve objective appliquée à ces impositions est utilisée, d'une part, pour déterminer la valeur locative et le classement des immeubles (A), d'autre part, pour fixer le champ d'application de l'impôt et les exonérations accordées par la loi (B). On terminera en dressant le bilan de la jurisprudence relative à la preuve objective en matière d'impositions locales (C).

A. – Valeur locative et classement des immeubles

465. – Le système de la preuve objective s'applique tout d'abord à la détermination de la valeur locative des immeubles entrant dans la base des impôts locaux. Ainsi à propos d'une affaire où l'Administration prétendait fixer la valeur en cause à partir d'éléments de comparaison, dont elle n'avait pas fourni le détail au juge. Elle soutenait que le contribuable devait apporter la preuve de l'exagération de l'estimation retenue, or l'intéressé n'avait invoqué qu'un seul élément de comparaison sans, non plus, en indiquer les références. Le juge, prenant note qu'aucune des parties ne présentait d'éléments dûment justifiés, ordonna un supplément d'instruction (8). L'état du droit fut ainsi posé par la décision : « lorsque la valeur locative est fixée par la méthode de la comparaison, l'Administration doit, en cas de contestation de la part du contribuable, porter à sa connaissance les éléments sur lesquels elle entend s'appuyer, le contribuable pouvant, le cas échéant, fournir d'autres éléments de comparaison afin de donner au juge les éléments pour trancher le litige ».

466. – En somme, le juge tient à disposer lui-même de l'ensemble des données lui permettant de savoir si la comparaison retenue est crédible. De ce point de vue, il est exact que la charge de la preuve ne repose sur aucune des parties, mais que chacune est invitée à fournir les éléments de nature à défendre sa cause. Cependant, on notera que la dialectique ne peut se mettre en marche que si, à titre liminaire, l'Administration justifie l'imposition

(7) C. Lasry, *Une particularité du droit fiscal : la charge de la preuve : EDCE* 1984/1985, n° 36, p. 74. À ce principe, il existe cependant des exceptions. Ainsi, il appartient au contribuable demandant un dégrèvement de taxe foncière sur les propriétés bâties de prouver la vacance de l'immeuble (CE, 9 avr. 2004, req. n° 240857, *Office public d'HLM du Tarn* : *RJF* 2004, n° 7, 736). En effet, il est le mieux placé pour établir que les conditions posées à cette fin par l'article 1389 I du Code général des impôts sont réunies.

(8) CE, 23 juill. 1976, req. n° 1390 : *RJF* 1976, n° 11, 493.

qu'elle a assise, de manière à ce que le contribuable puisse lui répliquer. Il est ainsi logique que la partie étant à l'origine de l'impôt litigieux supporte la charge de ce début de preuve. De plus, l'évaluation par comparaison ne peut être utilisée que si le loyer stipulé dans le bail, pour un immeuble donné en location, est anormalement bas (CGI, art. 1498). Or, il appartient à l'Administration de prouver que le loyer est inférieur à ceux généralement pratiqués (9).

467. – La preuve objective s'impose également lorsqu'il s'agit pour l'Administration de procéder au classement des immeubles. Un contribuable contestait la décision du fisc de classer son logement dans une catégorie supérieure. Le Conseil d'État a statué d'autant plus « objectivement » que l'Administration ne contestait pas les caractéristiques de l'immeuble, telles qu'elles étaient décrites par le contribuable (10). Cependant, ici les rôles sont inversés : c'est celui qui connaît le mieux le bien imposable, pour l'occuper, qui fait valoir ses prétentions ; le service n'étant guère en mesure de le contredire.

Le domaine où la preuve objective est le plus souvent utilisée, en matière d'impôts locaux, est celui du champ d'application de l'imposition et des exonérations qu'elle comporte.

B. – Champ d'application de l'impôt et exonérations

468. – Comme la nature, l'impôt a horreur du vide. Lorsqu'un bien est donné en location plus de six mois, il est à comprendre, s'agissant de la taxe professionnelle, dans la base imposable du preneur. Sauf si ce dernier est exonéré : le bien loué demeure alors dans la base du propriétaire (CGI, art. 1469, 3°). En somme, celui qui entre dans le champ d'application de l'impôt paye pour celui qui s'en trouve exonéré. Le juge se réfère aux résultats de l'instruction pour apprécier la situation du locataire au regard de la taxe professionnelle (11). La preuve objective est particulièrement illustrée par la jurisprudence relative aux exonérations de taxe professionnelle (1°) et de taxe foncière (2°).

1° Exonérations de taxe professionnelle

Il s'agit de celles qui profitent aux agriculteurs (*a*), aux personnes publiques (*b*) et aux artisans (*c*).

a) Au profit des agriculteurs

469. – Le juge utilise le système de la preuve objective pour qualifier une activité au regard de la taxe professionnelle. Ainsi, dans une affaire où un entraîneur de chevaux de courses prétendait exercer une activité agricole, exonérée, à raison de l'élevage de poulains. Dans l'arrêt qui rejette sa demande, non seulement le juge utilise deux fois l'expression : « il résulte de l'instruction » ; mais de plus il ne précise pas l'origine des informations qu'il retient – selon qu'elles seraient issues de l'Administration ou du contribuable – pour dire que l'activité d'élevage est inséparable de celle d'entraîneur (12). Dans le

---

(9) CE, 6 juin 1984, *SA Cie du Midi : Rec. CE*, p. 203. – CE, 16 janv. 1985, req. n° 36830, *Dame Lejeune* : *RJF* 1985, n° 3, 432.

(10) CE, 7 janv. 1985, req. n° 54102, *Daugy* : *RJF* 1985, 3, 434.

(11) CAA Versailles, 1er févr. 2005, req. n° 02-3330, *Sté Anett Trois* : *RJF* 2005, n° 7, 702. – CAA Bordeaux, 2 févr. 2006, req. n° 05-873, *Sté Anett Trois* : *RJF* 2006, n° 8-9, 1039.

(12) CE, 26 févr. 1988, req. n° 57639, *David* : *RJF* 1988, n° 5, 610. – Autre ex. : CE, 30 nov. 1988, req. n° 46616, *Cie des salins du Midi et des salines de l'Est* : *Dr. fisc.* 1989, n° 8, 341, concl. M. Liébert-Champagne.

système déclaratif au contraire, à l'époque où la décision fut rendue, il appartenait au contribuable qui prétendait à une exonération d'apporter la preuve qu'il en remplissait les conditions (V. *infra*, n° 483).

470. – Toujours afin de bénéficier de l'exonération de taxe professionnelle en matière agricole, un contribuable prétendait venir en aide à ses voisins pour les besoins de leur exploitation. L'entraide que peuvent s'apporter les agriculteurs est en effet exonérée, à la condition qu'elle soit réciproque et gratuite. En l'espèce, ces conditions n'étant pas remplies, le juge en a conclu que le contribuable, en louant du matériel comme en prêtant ses salariés, exerçait une activité commerciale, taxable (13). À la lecture des conclusions du commissaire du gouvernement, on se rend compte que l'essentiel de la preuve est apportée par l'Administration. Le service démontre que le contribuable dispose d'un matériel disproportionné par rapport aux besoins de sa seule exploitation, tandis que les bénéficiaires de ses services n'en ont pas ou peu, ni n'emploient de salariés. Si la rémunération du prestataire n'est pas formellement établie, son absence, au vu du travail fourni, est inconcevable.

471. – Il apparaît également que le contribuable a montré une certaine mauvaise volonté pour faire connaître la vérité. Dans ces conditions, il n'est pas étonnant que le juge donne raison à l'Administration, d'autant plus qu'elle apporte des éléments de preuve pertinents. Même si l'arrêt porte la marque de la preuve objective, on y trouve donc une démarche identique à celle du système déclaratif : l'Administration émet des critiques, qu'il appartient au contribuable de combattre, et le juge fait droit à celui qui se montre le plus convaincant. Pourtant, le Conseil d'État a réaffirmé avec force le règne de la preuve objective en matière d'impôts locaux. Il en eut l'occasion dans un litige où l'Administration prétendait soumettre à la taxe professionnelle une personne publique.

b) Au profit des personnes publiques

472. – Il s'agissait d'un établissement public, l'Institut national de recherche sur les transports et leur sécurité. Le service avait relevé que cet organisme effectuait des opérations de même nature que celles réalisées par des entreprises privées. La cour administrative d'appel, décidant d'un supplément d'instruction, avait demandé à l'Institut des précisions sur les modalités d'exercice de son activité. Estimant la réponse insuffisante, les seconds juges ont rejeté sa requête, en considérant que le contribuable ne leur avait pas permis de se prononcer sur le point litigieux.

473. – Le Conseil d'État casse l'arrêt, en ces termes :

> « qu'en tranchant ainsi le litige sans se prononcer, elle-même, au vu des résultats de l'instruction, sur le point dont elle avait pertinemment observé qu'il était déterminant, et alors qu'aucune charge de la preuve ne pouvait être dévolue, en l'espèce, à l'une ou l'autre des parties, la cour administrative d'appel a entaché son arrêt d'une erreur de droit » (14).

On peut se montrer sceptique sur l'effectivité d'un tel raisonnement. Le juge ne saurait utilement trancher le litige sans connaître toute la vérité. Lorsque, comme en l'espèce, celle-ci est détenue par le contribuable et que, vraisemblablement, il se refuse à la faire connaître dans toute son étendue, on voit mal comment la juridiction pourrait ne pas rejeter sa demande.

---

(13) CE, 19 avr. 1989, req. n° 78399, *Dame Lacroix* : *Dr. fisc.* 1989, n° 30-31, 1536, concl. M. Liébert-Champagne.

(14) CE, 9 juill. 1997, req. n° 156042, *INRETS* : *RJF* 1997, n° 8-9, 797, concl. F. Loloum *in BDCF* 1997, n° 4, 81.

Cependant, la cassation prononcée, qui fut suivie d'un renvoi, tenait essentiellement au fait que la cour avait raisonné comme s'il incombait au contribuable de prouver qu'il se situait hors du champ d'application de l'impôt.

Le Conseil d'État a persisté dans sa démarche, à propos de l'exonération de taxe professionnelle dont peuvent bénéficier les artisans.

c) Au profit des artisans

474. – Il s'agissait, plus précisément, d'une société coopérative d'artisans. Contrairement à la jurisprudence antérieure, le juge de cassation a décidé que le contribuable n'avait pas à apporter la preuve qu'il pouvait bénéficier d'une exonération (15). Le juge de l'impôt doit donc forger sa conviction conformément au système de la preuve objective. Cependant, le commissaire du gouvernement précise :

> « il nous semble possible d'admettre qu'une coopérative est présumée fonctionner conformément aux dispositions applicables et qu'il appartient à l'Administration, lorsqu'elle conteste cette conformité, de fournir au juge les éléments qui lui permettent d'en douter, auxquels la société concernée devra, le cas échéant, apporter un démenti. Finalement, le juge se prononcera au vu de l'instruction ».

475. – Là encore, il apparaît que l'Administration doit fournir un début de preuve, démonstration qu'il appartient au contribuable de combattre. M. Goulard estime que la preuve réclamée au contribuable qui prétend à une exonération est trop lourde, il ajoute :

> « Même pour le bénéfice d'un régime dérogatoire, il est en effet souvent opportun que le juge se prononce au vu de l'ensemble de l'instruction ».

Autrement dit, il est excessif de réclamer à une seule des parties une preuve complète, alors qu'il est plus équitable et plus efficace de demander à chacun des plaideurs de fournir les éléments probatoires dont il dispose.

476. – Deux ans plus tard, le Conseil d'État a cependant cassé un arrêt d'appel qui reprochait à l'Administration de n'apporter aucun élément précis pour remettre en cause la même exonération (16). Le juge de cassation soutenait que la cour aurait dû examiner elle-même si les conditions en étaient réunies. Selon le commissaire du gouvernement, le juge d'appel eut ainsi le tort d'attribuer expressément la charge de la preuve à l'Administration. Lorsqu'il propose de régler l'affaire au fond, M. Courtial note pourtant que la société requérante ne fournit pas de précisions permettant d'apprécier son activité. L'arrêt de cassation, pour rejeter la requête au fond, invoque les allégations du fisc, en précisant qu'elles ne sont pas sérieusement contredites par l'adversaire.

Cette décision rejoint, en réalité, la précédente. Elle censure le juge d'appel pour avoir attribué la charge de la preuve, mais sur le fond la démarche est la même : le service, en réalité, apporte des éléments, que la société ne contredit pas de manière pertinente, donc elle perd la partie.

Les exonérations de taxe foncière sont aussi en cause.

2° Exonérations de taxe foncière

477. – Le système de la preuve objective s'est illustré dans une affaire délicate, relative aux Témoins de Jéhovah. Ceux-ci prétendaient, en tant qu'asso-

---

(15) CE, 16 déc. 1998, req. n° 155384, *SA Coopere* : *Dr. fisc.* 1999, n° 23, 457, concl. G. Goulard.
(16) CE, 19 avr. 2000, req. n° 172363, *Sté SCAME* : *Dr. fisc.* 2000, n° 38, 685, concl. J. Courtial.

ciation cultuelle, à l'exonération de taxe foncière sur les propriétés bâties. Le litige portait évidemment sur le point de savoir si l'on était en présence d'une véritable association religieuse. La jurisprudence avait posé plusieurs conditions à la reconnaissance d'une telle entité, notamment la nécessité qu'elle ne troublât pas l'ordre public. Or, l'Administration refusait aux Témoins de Jéhovah le bénéfice de l'exonération, en soutenant que l'incitation à refuser les transfusions sanguines, pouvant constituer une non-assistance à personne en danger, était de nature à causer ce trouble. Les juges d'appel avaient fait droit à l'association en considérant que le risque n'était pas avéré.

478. – Dans son pourvoi en cassation, l'Administration soutenait que la cour, en lui reprochant de ne pas démontrer le trouble à l'ordre public, avait fait peser sur elle la charge de la preuve. Le Conseil d'État rejette le moyen en jugeant qu'il manque en fait (17) : la cour a statué, souverainement, en fonction des éléments présents au dossier. Le commissaire du gouvernement relève également que les juges d'appel ont respecté le système de la preuve objective, cependant celle-ci n'est plus invoquée à raison d'un litige se rapportant à un impôt local, mais parce qu'une exonération est en jeu. Il faut reconnaître que si la charge de la preuve avait pesé sur l'association, elle aurait tendu vers l'impossible : comment démontrer qu'on ne trouble pas l'ordre public ? Il était dès lors plus sage de recourir à la preuve objective. Quel bilan tirer de l'application de celle-ci pour les litiges intéressant les impositions locales ?

C. – Bilan

479. – Au total, le régime de la charge de la preuve, s'agissant des impôts locaux, ne paraît pas très différent de celui qui caractérise le système déclaratif. Le plus souvent, c'est à l'Administration de lancer le débat probatoire. Mais le contribuable est également sollicité lorsque la manifestation de la vérité dépend de lui ; le juge n'hésite d'ailleurs pas à le sanctionner s'il montre de la mauvaise volonté. Certes, l'Administration supporte davantage le poids de la preuve que dans le système déclaratif, mais ce n'est pas illogique sachant qu'elle se trouve, par principe, à l'origine des impositions litigieuses. La marque de la preuve objective apparaît donc plus dans la rédaction des arrêts que relativement au fond.

480. – Cependant, toutes les affaires que nous avons examinées, à l'exception d'une, se rapportent à la taxe professionnelle. Or, celle-ci est la plus déclarative des impositions directes locales. Est-ce cette nature qui expliquerait que sur le fond la preuve objective se démarque si peu ? Il est permis d'en douter car, dans les décisions étudiées, l'Administration n'a pas fait reproche au contribuable d'avoir, dans ses déclarations, caché ou minimisé la matière imposable.

481. – Il est tout de même tiré des conséquences de la nature largement déclarative de la taxe professionnelle. Ainsi, lorsque le contribuable conteste ses propres déclarations, la preuve qu'elles sont inexactes lui revient ; lorsque, au contraire, c'est l'Administration qui rectifie les déclarations souscrites, elle doit démontrer le bien-fondé de ses prétentions (18). Si cet arrêt ne vise pas l'article R. 194-1 du Livre des procédures fiscales, lequel attribue la preuve au

(17) CE, 23 juin 2000, req. n° 215152, *Assoc. locale pour le culte des Témoins de Jéhovah de Riom* : *Dr. fisc.* 2000, n° 30-35, 615, concl. G. Bachelier.
(18) CE, 22 janv. 1992, req. n° 68486, *Sté Géo* : *Dr. fisc.* 1992, n° 45, 2108.

contribuable qui conteste sa propre déclaration (V. *supra*, n° 315), ce n'est pas le cas d'un autre (19), où le juge pose clairement la règle.

En somme, l'apport essentiel de la jurisprudence relative aux impôts locaux réside dans l'abandon du principe imposant au contribuable qui prétend à une exonération de prouver qu'il en remplit les conditions. Jurisprudence qui s'applique également aux impôts d'État.

§ 2. – Impôts d'État

Ici, on distinguera les exonérations (A) du champ d'application de l'impôt (B).

A. – Les exonérations

482. – On étudiera l'évolution de la jurisprudence vers la preuve objective (1°), avant d'en examiner une application importante, en matière de livraisons intracommunautaires (2°). Plus loin que les exonérations, la preuve objective tend à régir l'ensemble des dispositions dérogatoires qui font profiter au contribuable d'un avantage. Ainsi à propos des plus-values à long terme, taxées à un taux minoré (20), pour le bénéfice du taux réduit de la TVA (V. *infra*, n° 518), ou encore celui du crédit d'impôt recherche (V. *infra*, n° 522).

1° Évolution vers la preuve objective

Voyons les raisons pour lesquelles le juge s'est orienté vers ce système (*a*) et les premières applications qu'il en a faites (*b*).

a) Causes

483. – Le droit fiscal n'est pas rétif à l'application des règles générales de la preuve, par exemple celle voulant que le plaideur qui invoque une situation lui étant favorable démontre la régularité juridique de celle-ci. En application de cette idée et pendant longtemps, l'Administration devait prouver que le contribuable entrait dans le champ d'application d'un impôt, tandis qu'à l'inverse il appartenait au second d'établir qu'il remplissait les conditions pour profiter d'une exonération (21). Cette jurisprudence semblait acquise lorsque le juge s'orienta, progressivement, vers la preuve objective, en refusant que le contribuable ait à établir le respect des conditions d'une exonération. Cependant, ce revirement s'opéra tout d'abord s'agissant des impôts locaux qui, traditionnellement, se voyaient déjà appliquer le régime de la preuve objective (V. *supra*, n° 474).

484. – On a vu (V. *supra*, n° 475) que M. Goulard, dans ses conclusions sur l'arrêt *Coopere*, expliquait ce nouvel état du droit par un souci d'équité comme d'efficacité : il est abusif d'attribuer tout le poids de la preuve à une seule des

---

(19) CAA Paris, 2 déc. 1999, req. n° 97-1050, *SA Mitsukoshi France* : *Dr. fisc.* 2000, n° 37, 670, concl. V. Haïm. – Confirmé par CAA Paris, 27 sept. 2007, req. n° 04-1680, *SARL Les professionnels du nettoyage* : *Dr. fisc.* 2007, n° 37, 837.

(20) CE, 18 mai 1998, req. n° 159846, *Sté Yves Saint-Laurent* : *Dr. fisc.* 1998, n° 48, 1047, concl. F. Loloum.

(21) Par ex. : CE, 14 oct. 1987, req. n° 48185, *Sté Egoitza* : *Dr. fisc.* 1988, n° 24, 1136. – CE, 1er juin 1988, req. n° 50117 : *RJF* 1988, n° 8-9, 1000. – CE, 6 nov. 1995, req. n° 133912, *Sté la maison du confit* : *RJF* 1996, n° 1, 26.

parties, alors que la manifestation de la vérité se produit plus facilement lorsque les deux y sont contraintes. Le commissaire du gouvernement précisa plus tard sa pensée ; rappelant au Conseil d'État son ancienne jurisprudence, il indiquait :

« Mais vous avez peu à peu pris des libertés avec ce principe, en considération du fait qu'il n'y a finalement pas de différence de nature entre les textes définissant le champ d'application et les textes définissant des exonérations. Dans la dentelle que constitue trop souvent la législation fiscale, la définition des pleins et celle des vides se complètent de telle sorte que la seule question est finalement de savoir si une personne ou une opération est imposable ou non, sans qu'il faille attacher d'importance excessive au fait qu'on soit taxé pour avoir rempli les conditions légales de l'assujettissement ou pour n'avoir pas rempli les conditions légales de l'exonération » (22).

485. – S'il faut distinguer, en matière de TVA particulièrement, les opérations qui entrent dans le champ d'application de l'impôt de celles qui en sont exonérées, il est vrai que cette opposition, au regard de la preuve, est toute relative. Visiblement, le juge tient désormais, et beaucoup, à ce que la matière des exonérations soit régie par le système de la preuve objective. Ainsi, à propos d'un litige tenant à savoir si des chutes de scierie pouvaient bénéficier de l'exonération de TVA des déchets neufs d'industrie, le tribunal administratif de Toulouse a appliqué ce système, alors même que le contribuable aurait dû supporter la charge de la preuve, pour n'avoir pas répondu dans le délai à la notification de redressement (23).

La nouvelle jurisprudence a présenté davantage d'intérêt lorsqu'elle fut utilisée dans des litiges relatifs aux impôts d'État, puisqu'il était désormais certain que le domaine de la preuve objective ne se limitait plus aux impositions locales.

b) Applications

486. – À notre connaissance, la première décision en ce sens remonte à 1999. Le Conseil d'État a retenu le système de la preuve objective pour se prononcer sur la portée de l'exonération de TVA en matière médicale (24). L'usage du système de la preuve objective s'imposa face aux grandes difficultés probatoires du litige, à savoir déterminer si un masseur-kinésithérapeute a réalisé certains actes d'ostéopathie, lesquels ne pouvaient, à l'époque, bénéficier de l'exonération de TVA. Cette jurisprudence, qui n'a désormais de valeur que pour le passé, était très favorable aux intéressés. Il leur suffisait en effet de déclarer ne pas réaliser lesdits actes pour bénéficier d'une présomption leur faisant bénéficier de l'exonération. Présomption que l'Administration était bien en peine de renverser, puisque le secret médical lui interdisait de connaître la nature des soins dispensés.

487. – La décision *Gateaud* fut suivie, peu de temps après, par un autre arrêt particulièrement intéressant, car il semble que ce soient les difficultés de preuve rencontrées par le contribuable qui aient conduit le Conseil d'État à y assouplir une règle de fond (25). À l'époque des faits litigieux, l'article 150 D 2° du Code général des impôts exonérait les plus-values résultant de la cession de terrains agricoles et forestiers lorsque le prix des biens n'excédait pas un certain montant. La jurisprudence se montrait jusqu'alors plus

(22) G. Goulard, concl sur CE, 26 févr. 2003, req. n° 223092 et 223293, *Sté Pierre de Reynal et Cie* : *Dr. fisc.* 2003, n° 24, p. 803.
(23) TA Toulouse, 7 sept. 2004, req. n° 99-2793, *SARL Scierie Bru* : *RJF* 2005, n° 1, 15.
(24) CE, 15 févr. 1999, req. n° 176932, *Gateaud* : *Dr. fisc.* 1999, n° 21-22, 436, concl. G. Bachelier.
(25) CE, 25 juin 1999, req. n° 146800, *Commines* : *Dr. fisc.* 1999, n° 46-47, 845, concl. G. Goulard.

exigeante que la loi, prise à la lettre, car elle entendait que fût démontrée l'exploitation – agricole ou forestière – effective des terres (26). Autrement dit, il ne suffisait pas que les terrains en cause fussent destinés à un usage agricole ou forestier, mais qu'ils soient effectivement utilisés comme tels, ce qui excluait notamment les parcelles laissées en friches.

488. – S'agissant d'une exonération, le contribuable devait apporter la preuve de l'exploitation réelle des terres, ce qui pouvait se montrer difficile, particulièrement pour les bois et forêts, dont certains n'exigent pas un entretien annuel. Dans cet arrêt *Commines*, le Conseil d'État a donc abandonné la condition posée par la jurisprudence, pour s'en tenir aux termes de la loi. En l'espèce, le contribuable avait réalisé les plus-values litigieuses en vendant des terres sur lesquelles fut construit un lotissement. Le différend tenait donc à la nature des parcelles : s'agissait-il de terrains à bâtir ou de terres agricoles et forestières ?

489. – Le commissaire du gouvernement, à nouveau M. Goulard, poursuivit son plaidoyer en faveur du système de la preuve objective :

> « Ce débat illustre une fois de plus le caractère vain et artificiel de la règle, parfois énoncée, selon laquelle les preuves relatives au champ d'application de l'impôt devraient être à la charge de l'Administration, tandis que les preuves relatives aux exonérations devraient être à la charge du contribuable. En l'espèce, la question de savoir si les cessions litigieuses portent sur un terrain à bâtir serait une question de champ d'application, mais la question de savoir si elles portent sur un terrain à usage forestier serait une question d'exonération.
>
> Ainsi, l'Administration devrait établir que les parcelles sont des terrains destinés à être construits et non des terrains forestiers, tandis que le contribuable devrait prouver que les mêmes parcelles sont des terrains à usage forestier et non des terrains à bâtir. Voilà qui ne nous avance guère. Il nous semble donc que si l'arrêt de la cour administrative d'appel de Nantes doit être censuré en ce qui concerne ce premier point, c'est pour avoir retenu un régime de preuve autre que celui de la preuve objective, qui est le seul praticable ».

490. – Enfin, la preuve objective a également été utilisée s'agissant de l'exonération en faveur des entreprises nouvelles. Son usage fut tout d'abord hésitant (27), le juge ayant encore tendance à exiger du contribuable qu'il démontre la régularité de sa situation au regard du texte exonératoire. La marque de la preuve objective est plus claire dans un arrêt ultérieur (28). Son application est nettement affirmée par une autre décision de la même année (29). Dans chacune de ces affaires, était en cause la nature de l'activité exercée, les deux dernières portant sur le point de savoir si celle-ci était commerciale. Les litiges présentaient donc une couleur « objective », en ce sens que l'attitude du contribuable n'était pas critiquée, selon qu'il aurait entendu, ou non, profiter abusivement d'une exonération à laquelle il ne pouvait prétendre. Au contraire, seule une question d'ordre général et impersonnel se posait, à savoir quelles étaient les limites de l'exonération en cause. Cependant, le juge a également utilisé le système de la preuve objective dans une affaire où l'entreprise avait manifestement abusé de l'exonération (30).

L'application la plus importante de la preuve objective, en matière d'exonérations, se rapporte à celle bénéficiant aux livraisons intracommunautaires.

---

(26) CE, 29 juill. 1983, req. n° 37958 : *Dr. fisc.* 1984, n° 1, 2, concl. P. Rivière.

(27) CE, 18 sept. 1998, req. n° 161322, *Beuré* : *RJF* 1998, n° 11, 1273, concl. G. Goulard, p. 844.

(28) CE, 23 juin 2000, req. n° 197857, *SARL DRL* : *RJF* 2000, n° 9-10, 1061.

(29) CE, 28 juill. 2000, req. n° 215312, *SA A2C : Dr. fisc.* 2001, n° 6, 92 ; *RJF* 2000, n° 11, 1237, concl. S. Austry *in BDCF* 2000, n° 11, 120. – Également : CE, 23 mars 2005, req. n° 259211, *SA Jacques Tissot* : *Dr. fisc.* 2005, n° 48, 777.

(30) CE, 29 oct. 2003, req. n° 247048, *SARL Faluver* : *RJF* 2004, n° 1, 18, concl. G. Bachelier *in BDCF* 2004, n° 1, 5.

2° Livraisons intracommunautaires

Le système de la preuve objective a ici été inauguré par la jurisprudence *Sté Fauba France* (*a*), dont les principes ont été repris par le législateur afin de déterminer les preuves à apporter (*b*).

a) La jurisprudence Sté Fauba France

Après l'examen des faits (1), on étudiera tant l'arrêt d'appel (2) que celui de cassation (3).

1) Faits

491. – Une société avait respecté les règles de preuve, alors posées par la doctrine administrative, tendant à justifier la réalité de ses livraisons intracommunautaires. En effet, elle avait conservé la quasi-totalité des justificatifs démontrant que les marchandises avaient franchi la frontière, et toujours vérifié la validité du numéro d'identification à la TVA de ses clients. À la suite de demandes de remboursement de crédits de taxe, elle fit l'objet de deux vérifications de comptabilité successives. Car, après avoir recouru à l'assistance administrative internationale, le fisc entretenait des doutes sur la participation de cette société à une fraude de type « carrousel ».

492. – Certaines des entreprises clientes paraissaient douteuses, aux yeux de leur État de résidence, soit pour ne pas respecter leurs obligations fiscales et comptables, soit pour être inconnues des services fiscaux. L'Administration française soupçonnait dès lors des ventes fictives, puisque faites à des « coquilles vides ». Elle a donc remis en cause l'exonération de certaines livraisons et de plus appliqué la majoration pour mauvaise foi (aujourd'hui « manquement délibéré ») de 40 %. La société a protesté en faisant valoir qu'elle avait suivi à la lettre la doctrine administrative, notamment les obligations probatoires posées par celle-ci. Il était certes fâcheux que l'Administration ne respectât pas sa propre doctrine (31). Le litige a été porté, en appel, devant la cour de Paris.

2) L'arrêt d'appel

493. – La cour administrative d'appel de Paris a rendu un arrêt de principe (32), en retenant, pour la première fois dans cette matière, le système de la preuve objective :

> « Considérant que, sous réserve des cas où la loi attribue la charge de la preuve au contribuable, il appartient au juge de l'impôt, au vu de l'instruction et compte tenu, le cas échéant, de l'abstention d'une des parties à produire des éléments qu'elle est seule en mesure d'apporter et qui ne sauraient être réclamés qu'à elle-même, d'apprécier si la situation du contribuable entre dans le champ de l'assujettissement à l'impôt, ou, le cas échéant, s'il remplit les conditions légales d'une exonération ;
>
> que, s'agissant de la réalité de la livraison d'une marchandise sur le territoire d'un autre État membre de la Communauté européenne, pour l'application des dispositions précitées de l'article 262 *ter* du Code général des impôts, seul le redevable de la TVA est en mesure de produire les documents afférents au transport de la marchandise, lorsqu'il l'a lui-même assuré, ou tout document de nature à justifier la livraison effective de la marchandise, lorsque le transport à été assuré par l'acquéreur ; qui si l'Administration entend remettre en cause l'authenticité ou la sincérité des documents ainsi produits, il lui appartient d'apporter des indices sérieux sur leur caractère fictif ».

---

(31) L. Bachelard et P. Danis, *L'exonération des livraisons intracommunautaires à l'épreuve du juge* : *BF Lefebvre* 2004, n° 2, p. 86.

(32) CAA Paris, 8 oct. 2004, req. n° 03-3166, *Sté Fauba France* : *RJF* 2005, n° 1, 12, concl. F. Bataille *in BDCF* 2005, n° 1, 5.

494. – L'idée que seul le plaideur en mesure d'apporter des éléments probatoires puisse se les voir réclamer par le juge rappelle, bien sûr, l'arrêt *Lebreton* (V. *supra,* n° 394 et s.). Cette dernière décision, cependant, attribue la charge de la preuve à la partie seule en mesure de la fournir. Or, ici, il n'est pas question de faire peser ladite charge sur l'un quelconque des plaideurs, puisque le principe même de la preuve objective s'y oppose. En revanche, cette méthode n'interdit sûrement pas au juge de réclamer aux parties des éléments probatoires – à la condition qu'elles soient en mesure de les fournir –, comme de tirer les conséquences du résultat de cette demande.

495. – Sur le fond, dès lors que l'entreprise dispose de justificatifs suffisants et cohérents pour établir le passage de la frontière, l'exonération est présumée acquise. Il appartient ensuite à l'Administration de fournir au juge des « indices sérieux » (et non des preuves puisque nul ne peut en supporter la charge) pour en contester l'authenticité ou la sincérité. Ne saurait être opposée au contribuable la circonstance que son cocontractant ne respecterait pas ses obligations fiscales et comptables, dès lors que ces manquements lui sont évidemment étrangers.

496. – Un indice sérieux est, en revanche, constitué par l'absence d'activité économique réelle de la part de l'acheteur dans son État de résidence, car cela laisse entendre que la vente est fictive. On peut en effet penser alors que les marchandises n'ont pas quitté le territoire de l'État de départ. Le commissaire du gouvernement fait ici un rapprochement entre l'objectivité de la preuve et celle de la TVA. Impôt réel, la TVA ne considère que la matière imposable et non la personne du contribuable. Elle est objective en ce sens que seule l'opération réellement effectuée est prise en compte et non celle que le redevable aurait dû réaliser (33). Ainsi, une vente à perte n'autorise pas l'Administration à réclamer de la TVA sur la marge bénéficiaire qui aurait permis à l'opération d'être profitable (34). Qu'importe donc que le contribuable, en l'espèce, soit de connivence avec son client, dans un circuit de fraude, dès lors que l'activité de l'acquéreur n'est pas réelle, la vente est elle-même réputée fictive.

La cour a été suivie par le Conseil d'État.

3) L'arrêt de cassation

497. – Cet arrêt contient un considérant de principe qui n'a fait que conceptualiser celui du juge d'appel :

> « Considérant que si (...) un assujetti à la taxe sur la valeur ajoutée disposant de justificatifs de l'expédition des biens à destination d'un autre État membre et du numéro d'identification à la taxe sur la valeur ajoutée de l'acquéreur doit être présumé avoir effectué une livraison intracommunautaire exonérée, cette présomption ne fait pas obstacle à ce que l'administration fiscale puisse établir que les livraisons en cause n'ont pas eu lieu, en faisant notamment valoir que des livraisons, répétées et portant sur des montants importants, ont eu pour destinataire présumé des personnes dépourvues d'activité réelle » (35).

498. – Nous ne pensons pas que le Conseil d'État, dans cette décision, ait entendu ne viser que les vendeurs qui ont sciemment participé à un circuit de fraude. En effet, si la répétition des opérations irrégulières et l'importance des sommes en jeu sont des éléments permettant d'établir l'intention d'échap-

---

(33) Cf. CJCE, 27 sept. 2007, aff. 409/04, *Teleos plc* : *RJF* 2007, n° 12, 1511.

(34) CE, 19 févr. 1975, req. n° 93362, *SARL Entr. Bonnafous frères* : *Dr. fisc.* 1975, n° 23, 799, concl. M.-A. Latournerie.

(35) CE, 27 juill. 2005, req. n° 273619, *Sté Fauba France : Dr. fisc.* 2006, n° 12, 268, concl. L. Olléon ; *RJF* 2005, n° 11, 1173.

per à l'impôt, ils ne forment que des indices et non une preuve. De plus, l'adverbe « notamment », à la fin du considérant précité, laisse entendre que d'autres circonstances pourraient permettre à l'Administration d'établir l'absence de livraison. Surtout, l'arrêt de cassation se garde bien de parler de fraude, il n'est question que de « personnes dépourvues d'activité réelle ».

499. – L'office que déploie ici le juge est tout à fait représentatif du système de la preuve objective. Il fait jouer la dialectique en rapprochant les éléments fournis par l'entreprise et ceux issus de l'Administration. Les insuffisances ou incohérences des justificatifs présentés par le vendeur viennent conforter les soupçons entretenus par le service. Le juge se prononce selon son intime conviction dès lors qu'il se fonde sur de « fortes présomptions » et non des preuves proprement dites.

500. – On remarquera cependant que cette méthode facilite grandement les obligations probatoires qui pèsent sur l'Administration, dès lors que le service n'a pas à démontrer l'intention du contribuable d'échapper à l'impôt. Il convient de noter, qu'en l'espèce, le tribunal administratif a déchargé l'entreprise de la majoration pour mauvaise foi, solution confirmée par la cour. Il faut donc en déduire que l'Administration n'a pas établi la nature frauduleuse des relations commerciales entre la société française et ses clients étrangers. Pourtant, le fisc a obtenu du Conseil d'État le maintien des impositions rappelées, au motif que, faute d'activité réelle déployée par les clients, les ventes sont réputées fictives. On pourrait souhaiter que le juge soit plus exigeant envers l'Administration qui, en réalité, accuse le redevable d'une fraude.

Les principes de l'arrêt *Sté Fauba France* ont été repris par le législateur.

b) Preuves à apporter

501. – La loi de finances pour 2006 (36) a tiré les conséquences de l'arrêt *Sté Fauba France*, comme de la jurisprudence communautaire, afin de poser de nouvelles règles légales, tendant à réprimer plus durement la fraude à la TVA intracommunautaire. Désormais, le vendeur ne peut bénéficier de l'exonération s'il est démontré qu'il savait, ou ne pouvait ignorer, que le destinataire des marchandises n'avait pas d'activité réelle. En effet, entre le fournisseur (État A) et le client (État B), on trouve, dans la fraude carrousel, une ou plusieurs entreprises (État B), sans activité réelle et vouées à disparaître. Ces entités fictives réalisent une acquisition intracommunautaire (opération blanche), revendent les marchandises au client et collectent la TVA sans la reverser au Trésor, tandis que le même client la déduit. La fraude consiste à déduire une TVA qui n'a pas été versée dans les caisses publiques. La charge de la preuve (37) est répartie entre les entreprises et l'Administration, sous l'arbitrage du juge.

502. – Le vendeur doit disposer du numéro de TVA de l'acquéreur (38) ; cependant, l'absence de ce numéro sur la facture ne fait pas obstacle, à elle seule, à l'exonération (39). Par ailleurs, le fournisseur doit établir que les mar-

---

(36) L. n° 2006-1771, 30 déc. 2006, art. 93, codifié au CGI, art. 262 *ter* I-1°, al. 2, art. 272-3, art. 283-4 *bis*.

(37) On parle ici de preuve, par commodité, mais dans l'esprit de la jurisprudence *Fauba France*, il s'agit plus exactement « d'indices sérieux » ou de « fortes présomptions ».

(38) La Commission européenne a mis en place un service permettant au redevable d'obtenir un certificat attestant qu'il a vérifié la validité du numéro de TVA d'un client à un moment donné (communiqué 23 juin 2009 : *Dr. fisc.* 2009, n° 27, p. 8).

(39) CAA Nancy, 7 oct. 2004, req. n° 00-1425, *Succ. Metroz* : *RJF* 2005, n° 5, 435, concl. P. Rouselle *in BDCF* 2005, n° 5, 58.

chandises ont franchi la frontière, pour être livrées dans un autre État membre. Cette preuve peut être apportée par tous moyens : « lettre de voiture » (40), facture du transporteur, bon de livraison, attestations précises et établies peu de temps après les faits (41), etc. Le service peut, bien sûr, contester la valeur des documents produits (42) ; par exemple, une entreprise prétendait avoir recouru à un transporteur qui, en réalité, ne figurait pas parmi ses clients (43).

503. – S'il s'avère plus tard que les justificatifs produits sont faux, le service ne peut néanmoins remettre en cause l'exonération, dès lors que l'entreprise a pris toute mesure raisonnable en son pouvoir pour s'assurer que l'opération ne la faisait pas participer à une fraude (44). Tel n'est pas le cas, selon la cour administrative d'appel de Paris, du vendeur qui ne s'est pas assuré de la validité du numéro de TVA fourni par l'acquéreur (45). Bien entendu, le dirigeant – poursuivi pour fraude à la TVA intracommunautaire –, qui a bénéficié d'une relaxe, pourra invoquer celle-ci devant le juge de l'impôt (46). Si le vendeur dispose d'un numéro de TVA valide, et prouve le franchissement de la frontière, il bénéficie d'une présomption simple de la régularité de la livraison.

504. – Il appartient à l'Administration de renverser cette présomption, en fournissant une double preuve. D'une part, démontrer que le destinataire des marchandises n'a pas d'activité réelle. Ce qui suppose, le plus souvent, de recourir à l'assistance administrative internationale, de manière à rassembler un faisceau d'indices. Il s'agit d'établir que l'acquéreur n'a pas de « substance » (47) : ni locaux, ni matériel, pas plus de personnel... Si la substance est réelle, l'activité peut ne pas correspondre à la nature des biens vendus ; par exemple, des composants informatiques auraient été vendus à une société d'édition.

D'autre part, l'Administration doit établir que le vendeur savait, ou ne pouvait ignorer, cette absence d'activité. Il lui faut réunir à cette fin des indices « objectifs et incontestables », selon l'expression de la doctrine administrative, qui en propose une liste (48). Il s'agit, par exemple, des liens entre les deux entreprises, si notamment elles ont le même dirigeant, de l'importance des ventes réalisées, d'un mode de règlement inhabituel, etc.

Il faut bien admettre que les questions relatives aux exonérations sont très proches de celles se rapportant au champ d'application de l'impôt.

B. – Champ d'application de l'impôt

On distinguera ce champ d'application selon qu'il résulte des conventions fiscales internationales (1°), de la loi (2°) ou de la doctrine administrative (3°). Mais il peut également découler des usages.

---

(40) « Lettre adressée par l'expéditeur au destinataire par l'intermédiaire du voiturier, mentionnant l'objet et les conditions du contrat de transport » (G. Cornu [ss dir.], *Vocabulaire juridique*, PUF, 6e éd. 2004, coll. « Quadrige »).

(41) CAA Douai, 27 juin 2006, req. n° 05-311, *SAS Métro Cash & Carry France* : *RJF* 2006, n° 12, 1521.

(42) CE, (na), 15 févr. 2007, req. n° 291801, *Sté France Nord logistique* : *RJF* 2007, n° 5, 547.

(43) CAA Bordeaux, 5 juill. 2007, req. n° 05-79, *Sté Mobil Com* : *RJF* 2008, n° 1, 20.

(44) CJCE, 27 sept. 2007, aff. 409/04, *Teleos plc* : *RJF* 2007, n° 12, 1511.

(45) CAA Paris, 28 nov. 2007, req. n° 05-3246, *Sté Abacus équipement électronique* : *RJF* 2008, n° 4, 416.

(46) CAA Versailles, 11 juill. 2006, req. n° 04-3355, *Sté Magma France* : *RJF* 2006, n° 12, 1520.

(47) Par ex. : CAA Paris, 13 juin 2007, req. n° 04-3321, *SA Applitec* : *RJF* 2007, n° 11, 1239 : une société cliente avait une adresse de domiciliation, une autre présentait trois adresses différentes.

(48) Instr. 30 nov. 2007 : *BOI* 3 A-7-07, n° 19 et 20 ; V. *Mémento Lefebvre fiscal* 2009, n° 4363.

505. – La preuve objective est utilisée de longue date pour la résolution des litiges relatifs à la durée des amortissements. L'article 39-1-2° du Code général des impôts autorise la déduction des « amortissements réellement effectués par l'entreprise, dans la limite de ceux qui sont généralement admis d'après les usages de chaque nature d'industrie, de commerce ou d'exploitation ». Ces usages sont ceux constatés dans chaque profession, ils s'entendent des « pratiques qui, en raison notamment de leur ancienneté, de leur fréquence ou de leur généralité, sont regardées comme normales, dans chaque nature d'industrie, de commerce ou d'exploitation, pour le bien à amortir, à la date d'acquisition de celui-ci par l'entreprise » (49). Les usages ainsi retenus sont indépendants de la durée réelle d'utilisation des biens. Dès lors qu'ils constituent des faits extérieurs à l'exploitation, ils conduisent le juge à user de la preuve objective et non à solliciter les plaideurs (50). Il revient à la juridiction de se référer aux usages pour vérifier que la durée d'amortissement litigieuse leur correspond.

Si, cependant, le contribuable, ou l'Administration, soutiennent que des circonstances propres à l'entreprise doivent conduire à retenir des durées d'amortissement différentes de celles reconnues par les usages, alors il leur appartient de l'établir (51). En effet, puisque sont alors en cause des éléments propres à l'exploitation, il n'y a plus lieu de recourir à la preuve objective.

1° Champ d'application des conventions fiscales : l'arrêt *Sté Diebold Courtage*

Examinons les faits (*a*), puis la solution (*b*).

a) Faits

506. – Le Conseil d'État, pour délimiter le champ d'application d'une convention fiscale, a utilisé le système de la preuve objective, pour la première fois à notre connaissance, dans un arrêt *Sté Diebold Courtage* (52). La société requérante, sise en France, avait pour activité la location de matériels informatiques, donnés à bail à des entreprises également établies en France. Cependant, si la société achetait effectivement les matériels en cause, elle en cédait aussitôt la propriété à une entreprise néerlandaise, la société Equilease CV, appartenant au groupe américain du même nom. En conséquence, si la société Diebold Courtage louait effectivement du matériel à des entreprises françaises, elle-même payait des loyers au propriétaire véritable des biens, l'entreprise néerlandaise. Or, non seulement celle-ci n'avait aucune activité réelle aux Pays-Bas, mais de plus elle avait conclu un contrat d'apporteur d'affaires avec une entreprise suisse, la société Equilease Management AG, à laquelle elle reversait jusqu'à 68 % des loyers payés par Diebold Courtage.

507. – Considérant que ces sommes étaient excessives, et l'intermédiaire fictif, l'Administration française avait refusé à la société requérante le bénéfice de l'article 12 de la convention franco-néerlandaise. Cette stipulation prévoyait que les loyers en cause étaient imposables dans l'État de résidence du

(49) CE, 11 mars 1988, req. n° 80365, *SA Pipe-line de la raffinerie de Lorraine* : *RJF* 1988, n° 4, 386.

(50) J.-F. Verny, concl. sur CE, plén., 25 nov. 1981, req. n° 11383 : *Dr. fisc.* 1982, n° 13, p. 499.

(51) CE, 5 juin 1985, req. n° 34792 : *RJF* 1985, n° 8-9, 1151. – CE, 18 mai 2005, req. n° 261623, *Banque populaire Loire et Lyonnais : Dr. fisc.* 2005, n° 36, 571, concl. F. Donnat ; *RJF* 2005, n° 8-9, 817, chron. Y. Benard *in RJF* 2005, n° 10, p. 706.

(52) CE, 13 oct. 1999, req. n° 191191, *Sté Diebold Courtage : Dr. fisc.* 1999, n° 52, 948, concl. G. Bachelier, note C. Acard ; *RJF* 1999, n° 12, 1492, chron. E. Mignon, p. 931. – Pour une autre application de la preuve objective en matière internationale, V. CE, 30 mars 2005, req. n° 244173, *Pouffary* : *RJF* 2005, n° 7, 656.

bénéficiaire des sommes payées, en l'espèce les Pays-Bas. Pour l'Administration, faute d'activité réelle, et donc d'imposition exigible dans l'État de résidence, la société intermédiaire ne pouvait avoir la qualité de résidente dans ce pays. En conséquence, la société française, avant de verser les loyers à l'entreprise néerlandaise, aurait dû pratiquer la retenue à la source prévue à l'article 182 B du Code général des impôts. À défaut, l'Administration lui a réclamé l'amende de l'article 1768, égale au montant des retenues non effectuées.

508. – Le fisc soupçonnait les parties prenantes d'un *treaty shopping*, autrement dit un abus de convention fiscale internationale, consistant à en utiliser les stipulations pour échapper à l'impôt. En effet, si les sommes litigieuses avaient été directement versées en Suisse, elles n'auraient pu échapper à la retenue à la source. Il fallait cependant démontrer que la société néerlandaise ne constituait qu'un simple relais, et que les loyers avaient pour véritable destinataire la société suisse.

b) Solution

509. – Comme toujours en matière internationale, le Conseil d'État procéda à un raisonnement en deux temps. Tout d'abord, il rechercha si l'imposition était effectivement due au regard du droit interne. En l'espèce, la retenue à la source était certainement exigible. L'Administration démontrait qu'elle n'avait pas été acquittée, alors même que les sommes litigieuses furent versées à l'étranger. Ensuite, le juge devait se demander si une convention fiscale internationale ne faisait pas échec à l'imposition résultant de la loi française. Or, la cour administrative d'appel avait attribué à l'Administration la charge de prouver que la société relais n'était pas résidente aux Pays-Bas et que la convention franco-néerlandaise ne trouvait donc pas à s'appliquer. Le ministre, à l'inverse, soutenait qu'il revenait à la requérante de supporter le poids de cette preuve, dès lors qu'elle invoquait à son profit ladite convention.

510. – Le Conseil d'État a reproché à la cour d'avoir fondé sa décision sur la seule circonstance que les éléments fournis par l'Administration étaient insuffisants. C'est sur le terrain de l'erreur de droit que le juge de cassation a censuré celui d'appel, pour n'avoir pas retenu le système de la preuve objective. Le commissaire du gouvernement révéla que le principal grief fait à la cour, en corollaire, était de ne pas avoir considéré les faits invoqués par la requérante pour établir que l'intermédiaire était résident aux Pays-Bas. Autrement dit, le juge d'appel a effectivement mis la charge de la preuve sur le dos d'une seule partie, en n'examinant que les éléments fournis par elle.

511. – On ne comprend pas pourquoi la cour a attribué à l'Administration la charge de la preuve. L'assistance administrative internationale est une procédure souvent longue et parfois peu efficace. Nombre d'administrations fiscales étrangères – il y a bien sûr des exceptions – prennent beaucoup de temps pour répondre de manière imprécise aux demandes de leurs homologues (53). Il était donc d'autant plus inéquitable de mettre la charge de la preuve sur le dos du fisc que celui-ci, en l'espèce, avait rencontré ces difficultés. À l'inverse, les informations que pouvait fournir la société requérante méritaient tout autant l'examen, car on ne voit pas pour quelle raison sa cocontractante néerlandaise ne l'aurait pas aidée à démontrer sa propre résidence aux Pays-Bas.

(53) Cf. Th. Lambert, *Un aspect méconnu du contrôle fiscal : l'assistance fiscale internationale* : *BF Lefebvre* 2000, n° 4, p. 215, n° 3.

512. – En quelque sorte, en reprochant à la cour de ne pas avoir retenu le système de la preuve objective, le Conseil d'État a censuré une mauvaise méthode de jugement : il appartient au juge de considérer tous les éléments présentés par les plaideurs, comme de solliciter chacun d'entre eux pour qu'il les fournisse, en fonction de son aptitude à la preuve.

Le domaine où la preuve objective est la plus répandue, pour le champ d'application de l'impôt, est évidemment celui de la loi, puisque le principe même de toute imposition doit découler de celle-ci.

2° Champ d'application de la loi

Sont en jeu la TVA (*a*), l'impôt sur le revenu et sur les sociétés (*b*).

a) TVA

513. – La jurisprudence ici en cause est très avantageuse pour le contribuable. Ainsi, une commune avait engagé la responsabilité d'un architecte à raison de désordres affectant un immeuble. Le litige portait sur le montant de l'indemnité, sachant que la collectivité réclamait le remboursement de la TVA qu'elle avait dû acquitter sur les réparations. En effet, n'étant pas assujettie, la commune ne pouvait pas déduire cette TVA. Alors que, naguère et jadis, elle aurait dû faire la preuve de cette impossibilité de déduction, le juge décide que cette obligation probatoire ne doit plus lui être imposée, à raison d'une présomption de non-assujettissement découlant de l'article 256 B du Code général des impôts (54). Le système de la preuve objective fait donc bénéficier à la commune d'une présomption de régularité de sa situation, fondée sur la vraisemblance : il est raisonnable de penser qu'une personne publique ne peut déduire de la TVA, dès lors qu'elle n'est pas assujettie à cet impôt, sauf preuve (objective) contraire.

En matière de TVA, le juge s'est prononcé selon les résultats de l'instruction à propos de l'assujettissement des associations (1), au sujet d'une dette de TVA figurant au passif du bilan (2), enfin pour l'application du taux réduit aux cantines d'entreprises (3).

1) Assujettissement des associations

514. – Le système de la preuve objective est venu au secours du contribuable en lui épargnant l'un des plus grands périls fiscaux. Et il faut saluer, ici, l'arrêt *Association Jeune France* (55). Était en cause une institution réellement charitable comme désintéressée, mais qui s'approchait suffisamment du champ d'application de la TVA, à raison de l'exploitation d'une patinoire, pour que l'Administration la soumette à cet impôt. Le Conseil d'État s'est montré, à l'égard de cette association, particulièrement magnanime. Car elle n'était pas en mesure d'apporter des éléments suffisamment précis pour justifier la nature de son activité. Il faut voir ici un modèle d'analyse objective. En effet, plutôt que de considérer le critère subjectif de l'utilité sociale de l'association, le juge a retenu un critère objectif et économique, tenant à l'absence de concurrence faite à d'éventuelles entreprises se trouvant dans la même zone géographique que l'intéressée. Sans doute cette appréciation s'im-

---

(54) CE, 19 mai 2004, req. n° 207391, *Schultz van Treeck* : *Dr. fisc.* 2004, n° 42, 778, concl. G. Goulard.

(55) CE, sect., 1er oct. 1999, req. n° 170289, *Assoc. Jeune France : Dr. fisc.* 2000, n° 7, 106, concl. J. Courtial ; *RJF* 1999, n° 11, 1354, chron. E. Mignon, p. 823. – Dans le même sens, pour l'IS et la taxe professionnelle : CE, 1er mars 2000, req. n° 197584, *Assoc. Foire nationale des vins* : *Dr. fisc.* 2000, n° 40, 732, concl. J. Arrighi de Casanova.

posait-elle au regard du droit communautaire, « obnubilé » par l'idée de concurrence, mais son objectivité rejoint celle de la preuve.

515. – L'arrêt *Association Jeune France* ne fait pas état de la procédure d'imposition utilisée. Or, il suffit à un redevable de ne pas déposer sa déclaration de TVA dans les délais pour être en situation de taxation d'office, sans que l'Administration n'ait à envoyer de mise en demeure. Même si le service utilise la procédure contradictoire de rectification, comme il le peut, le redevable reste sous le coup de la procédure d'imposition d'office (V. *supra*, n° 299). Donc, en toute hypothèse, au regard de la loi, il supporte la charge de la preuve. On en déduit que la jurisprudence qui applique en ce domaine le système de la preuve objective est rendue *contra legem*. Ce fut également le cas pour une affaire relative à une dette de TVA.

2) Dette de TVA

516. – La preuve objective serait-elle une marque de bonté du juge de l'impôt ? Une société de fait s'était vue infliger un rappel à raison d'une dette de TVA figurant au passif de son bilan, circonstance marquant un aveu de nature à interrompre la prescription (V. *supra*, n° 27 et s.). Pour l'Administration en effet, il s'agissait d'une reconnaissance de dette lui permettant de recouvrer l'impôt correspondant. L'affaire était fort litigieuse, car le montant de la dette ne correspondait pas à la TVA qui aurait dû être collectée sur l'opération en cause, laquelle de plus avait donné lieu au paiement de droits d'enregistrement.

517. – Cependant, la société avait tacitement accepté le rappel, faute d'avoir répondu à la notification de redressement dans le délai de trente jours, donc elle supportait la charge de la preuve. Cette circonstance n'a pas gêné le juge, qui a reconnu à la société le droit de contester l'effet interruptif de prescription pour, *in fine*, lui donner raison (56). En utilisant la preuve objective, la juridiction a fait échec à la loi, en tant que celle-ci punit, par la charge probatoire, le contribuable qui a accepté un redressement pour ensuite le contester (V. *supra*, n° 316). Le commissaire du gouvernement a précisé que le litige présentant une question de qualification juridique, sa résolution devait répondre au système de la preuve objective. Outre le champ d'application de l'impôt lui-même, le juge statue également selon les résultats de l'instruction pour délimiter le domaine du taux applicable.

3) Application du taux réduit aux cantines d'entreprises

518. – Le taux réduit de la TVA bénéficie aux cantines d'entreprises sous réserve des conditions posées par l'article 85 *bis* de l'annexe III au CGI. Cette disposition prévoit que le restaurateur doit déposer auprès du service des impôts un exemplaire des contrats qui le lient aux entreprises clientes. Ainsi l'Administration peut vérifier que les prix sont inférieurs à ceux des restaurants et que le service est régulier comme réservé aux seuls employés des entreprises. Dans l'affaire *Sogeres*, la cour administrative d'appel reprochait à la société de ne pas démontrer qu'elle avait bien déposé les contrats. Le Conseil d'État a annulé sur ce point la décision des seconds juges, sachant que l'Administration ne contestait pas l'existence des conventions : elle était

(56) CAA Nantes, 30 juin 2000, req. n° 97-267, *Sté de fait Guégan-Janin-Allanic* : *Dr. fisc.* 2001, n° 30-35, 731, concl. E. Grangé. – Autre hypothèse dans laquelle le juge a recouru à la preuve objective, alors que le contribuable n'avait pas répondu à la notification de redressement : TA Toulouse, 7 sept. 2004, req. n° 99-2793, *SARL Scierie Bru* : *RJF* 2005, n° 1, 15.

donc réputée en avoir pris connaissance (57). La cour eut en conséquence le tort, à la fois, d'attribuer la charge de la preuve à l'une des parties et de ne pas avoir considéré la position de l'autre. Autrement dit, plus que d'avoir méconnu la dialectique probatoire, la cour a commis une erreur de droit en ne retenant pas le système de la preuve objective.

Outre la TVA, on trouve des applications de la preuve objective, pour mesurer l'étendue de la loi, en matière d'impôt sur le revenu et sur les sociétés.

b) IR et IS

519. – Le juge se fonde sur les résultats de l'instruction pour qualifier des revenus différés et non un gain en capital ayant pour objet de compenser un préjudice autre que celui résultant de la perte de traitements ou pensions (58). Alors qu'auparavant, il appartenait au contribuable de prouver l'existence de ce préjudice (59).

De même, le juge se réfère à l'instruction pour déterminer si des loyers variables, d'une période à une autre, correspondent à l'avantage économique dont profite le preneur par l'usage des biens donnés à bail (60). Il s'agissait de la location de rames de TGV dont l'utilisation croissante justifiait l'augmentation des loyers.

Il est procédé de la même façon pour analyser en supplément de loyer le droit d'entrée versé par le locataire commercial à son bailleur (61).

La démonstration de l'intention spéculative d'un marchand de biens, difficile à apporter, relève de la preuve objective (62).

Un contribuable soutenait avoir joint à sa déclaration d'ensemble des revenus (imprimé n° 2042) un engagement de donner un immeuble à bail, de manière à bénéficier d'une réduction d'impôt au titre des investissements locatifs. L'Administration affirmait que la déclaration n'était pas accompagnée de l'engagement. Statuant au vu de l'instruction, le juge a donné tort au ministre : dès lors que la 2042 indiquait que l'intéressé entendait profiter de l'avantage, le service aurait dû lui demander de régulariser sa situation (63).

520. – En matière de revenus fonciers, il convient de distinguer les frais de gérance des frais de gestion. Les premiers sont représentés par les honoraires que verse le bailleur au gérant de l'immeuble, lorsqu'il a confié à celui-ci la perception des loyers et le paiement des charges. Les frais de gestion sont d'autres dépenses supportées au titre de la location, par exemple le coût d'un procès mené contre le preneur qui n'acquitte pas ses loyers. La distinction présentait naguère un enjeu fiscal : si les frais de gérance étaient déductibles en totalité, les frais de gestion ne l'étaient pas, pour être pris en compte dans la déduction forfaitaire de 14 % (aujourd'hui supprimée), au même titre que l'assurance de l'immeuble ou son amortissement.

521. – Toute la difficulté, pour le bailleur, était de faire la distinction, parmi les sommes facturées par le gérant, entre les frais de gestion et les frais

(57) CE, 12 janv. 2004, req. n° 247753, *SA Sogeres* : *Dr. fisc.* 2004, n° 24, 544, concl. G. Goulard.
(58) TA Marseille, 23 juin 2003, req. n° 99-6956, *Serra* : *RJF* 2004, n° 1, 44.
(59) CE, 12 févr. 1988, req. n° 55535 : *RJF* 1988, n° 4, 425.
(60) CE, 18 mai 2005, req. n° 261623, *Banque populaire Loire et Lyonnais : Dr. fisc.* 2005, n° 36, 571, concl. F. Donnat ; *RJF* 2005, n° 8-9, 817, chron. Y. Benard *in RJF* 2005, n° 10, p. 706.
(61) CAA Nancy, 22 janv. 2004, req. n° 01-752, *Guthleben* : *RJF* 2004, n° 7, 720.
(62) CE, 2 juin 2006, req. n° 266507, *Beuvelet : RJF* 2006, n° 8-9, 983.
(63) CE, 30 juin 2008, req. n° 274512, *Thomas : Dr. fisc.* 2008, n° 40, 528, concl. E. Glaser ; *RJF* 2008, n° 10, 1042.

de gérance, sachant que la plupart des gérants sont rémunérés à raison d'un pourcentage des loyers... Un particulier a ainsi fait l'objet d'un redressement pour avoir déduit des honoraires comprenant des frais de gestion. Avec une sagesse bienveillante, le juge décida d'user du système de la preuve objective pour épargner au contribuable la preuve que les sommes payées sont déductibles. Dès lors que le bailleur peut justifier d'une facture d'honoraires, les montants ainsi acquittés sont présumés constituer des frais de gérance, déductibles. Sauf à l'Administration de démontrer qu'il s'agit de frais de gestion (64).

522. – Dans la lignée de la jurisprudence relative aux exonérations (V. *supra*, n° 482 et s.) et plus généralement aux mesures qui profitent au contribuable, le Conseil d'État a décidé d'étendre la preuve objective à la question de savoir si une entreprise peut bénéficier du crédit d'impôt recherche (65). Outre que ce dernier compte parmi les mesures avantageuses pour le contribuable, l'usage de la preuve objective s'y impose d'autant plus que les litiges qu'il provoque sont délicats. Il est en effet et souvent très difficile de distinguer la véritable recherche des « améliorations [non] substantielles », pour reprendre les termes de l'article 49 *septies* F c de l'annexe III au Code général des impôts. Ou, comme le dit M. Collin, faire le départ entre « les révolutions et les évolutions techniques ». Il est donc sage que le sort des litiges ici en cause relève de l'intime conviction du juge.

On sait l'importance qu'occupe la doctrine administrative en matière fiscale. Dès lors que le système de la preuve objective s'applique au champ d'application de la loi comme des conventions internationales, il n'aurait pas été raisonnable de l'écarter s'agissant de la doctrine.

3° Champ d'application de la doctrine administrative

523. – Là encore, et pendant longtemps, la jurisprudence a retenu le principe voulant que le contribuable, dès lors qu'il invoque une règle lui étant favorable, prouve qu'il remplit les conditions pour en bénéficier. Les motifs ayant conduit le juge à statuer selon les résultats de l'instruction, pour le champ d'application de la loi et des conventions internationales, l'ont amené à faire de même s'agissant de la doctrine administrative. Il faudra, cependant, attendre l'affaire des fonds turbo (*a*) pour que le système de la preuve objective s'impose franchement s'agissant de la doctrine. La jurisprudence montre toute l'importance du rôle joué par le juge dans cette méthode probatoire (*b*).

a) L'affaire des fonds turbo

524. – Rappelons que ce scandale financier eut pour origine des fonds communs de placement qui profitèrent d'une brèche ouverte par une instruction administrative pour fabriquer des crédits d'impôts fictifs, lésant le Trésor de quelque huit milliards de francs. Les clients des fonds firent l'objet de redressements qu'ils contestèrent en invoquant l'article L. 80 A du Livre des procédures fiscales : dès lors que les opérations litigieuses résultaient de l'application de la doctrine administrative, elles ne pouvaient être remises en cause par le fisc. Cependant, parmi les conditions posées pour bénéficier de l'article L. 80 A, il est prévu que le contribuable ne peut invoquer une doctrine

---

(64) CE, 19 mars 2003, req. n° 237408, *Ralu* : *RJF* 2003, n° 6, 715, concl. G. Bachelier *in BDCF* 2003, n° 6, 80.

(65) CE, 9 févr. 2005, req. n° 250920, *SA Noirot-Manutention : Dr. fisc.* 2005, n° 52, 859, concl. P. Collin ; *RJF* 2005, n° 5, 484.

que s'il en a respecté toutes les dispositions. Or, en l'espèce, les fonds communs de placement ne s'étaient pas conformés à une exigence de l'instruction litigieuse : le respect des règles législatives, réglementaires et statutaires qui les régissent. C'est donc sur ce terrain que le juge a reconnu le bien-fondé des redressements infligés aux clients de certains fonds, alors mêmes que seuls les gérants de ces derniers étaient en cause, à charge pour les premiers d'engager la responsabilité des seconds.

525. – Le tribunal administratif de Versailles a décidé qu'il revenait au contribuable, en l'espèce le client, de prouver que la doctrine invoquée lui était « applicable », autrement dit que les fonds avaient respecté l'exigence posée par l'instruction, en observant un fonctionnement régulier (66). Solution à la fois désuète et inique car les clients des fonds communs de placement n'avaient aucun moyen de vérifier le fonctionnement régulier de ces copropriétés, dénuées de la personnalité juridique, et qui ne tiennent même pas d'assemblées générales (67). Le tribunal contraignait donc le contribuable à une preuve impossible, sachant que seule l'Administration, par son droit de contrôle notamment, était en mesure d'apporter ladite preuve. Pourtant, par une curieuse application de la dialectique, le tribunal a décidé que le contribuable apportait la preuve lui incombant, faute pour l'Administration... de démontrer le fonctionnement irrégulier des fonds. Autrement dit, les premiers juges ont déclaré que le contribuable devait apporter la preuve, pour ensuite sanctionner l'Administration de ne pas l'avoir fait...

526. – Il faut préciser que la cour administrative d'appel de Paris avait antérieurement et également jugé qu'il appartenait au contribuable de prouver qu'il entrait dans les prévisions de la doctrine, tout en relevant que la démonstration du fisc n'était pas utilement contredite par son adversaire (68). Le Conseil d'État, sur le terrain de la charge de la preuve, annula ce dernier arrêt et montra toute l'importance du rôle du juge dans le système de la preuve objective.

b) Importance du rôle du juge

527. – Pour la première fois, l'application du système de la preuve objective au champ d'application de la doctrine administrative était clairement affirmée : « il appartient au juge d'apprécier, au vu du dossier qui lui est soumis par l'Administration et le contribuable, si ce dernier est en droit de se prévaloir des dispositions de l'article L. 80 A du Livre des procédures fiscales relatives à la portée d'une instruction publiée » (69). Pourtant, le système de la preuve objective est-il vraiment adapté à un contentieux où seule l'Administration peut atteindre la vérité ? On voit mal en effet les sociétés clientes des fonds communs de placement demander à ceux-ci des éléments probatoires quant à leur fonctionnement régulier, tout en engageant leur responsabilité. Si l'arrêt du Conseil d'État se garde bien d'indiquer l'origine des faits sur lesquels il se fonde, le commissaire du gouvernement ne se prononce que sur des moyens soulevés par l'Administration, à l'exception d'une critique du

---

(66) TA Versailles, 8 oct. 2001, req. n° 95-352, *Sté Agribands Europe France* : *Dr. fisc.* 2001, n° 48, 1117, note G. Herreman et P. Schiele.

(67) M. Cozian, *La doctrine administrative après l'affaire des fonds turbo* : *RF fin. publ.* 2001, n° 75, p. 57.

(68) CAA Paris, 25 nov. 1999, req. n° 97-3093, *SA Darty* : *Dr. fisc.* 2000, n° 5, 48, concl. D. Kimmerlin, note B. Boutemy et E. Meier.

(69) CE, 26 oct. 2001, req. n° 217228, *Sté Darty* : *RJF* 2002, n° 1, 77, concl. S. Austry, p. 11 ; *Dr. fisc.* 2001, n° 52, 1201, note B. Boutemy et E. Meier.

contribuable à l'encontre d'un argument du ministre. Dans ces conditions, n'aurait-il pas été plus juste et plus judicieux de placer la charge de la preuve sur le dos de l'Administration ?

528. – C'est ici qu'entre en jeu la dialectique probatoire. Le système de la preuve objective, sans en attribuer la charge à aucune des parties, n'interdit pas au juge de réclamer à l'une plus d'éléments qu'à l'autre, dès lors que doit supporter l'essentiel de la preuve celui qui est le mieux placé pour la faire valoir. Mais il revient à l'adversaire de contester les éléments présentés par l'autre partie. En l'espèce, c'est bien ainsi que les choses se sont déroulées : l'Administration a fourni les données remettant en cause le fonctionnement régulier des fonds, le contribuable n'a pu que critiquer les appréciations ainsi faites. Comme en contentieux administratif général, le juge de l'impôt, lorsqu'il use du système de la preuve objective, déplace la charge de la preuve en la faisant principalement peser sur la partie qui est la plus apte à faire connaître la vérité. Ce qui n'exclut pas que le juge puisse aider le plaideur dans ses obligations probatoires. Ainsi, en l'espèce, le Conseil d'État, face aux difficultés rencontrées par l'Administration, a retenu, par une économie de moyens, l'argument le plus facile à étayer (70).

C'est en matière de procédure que l'on trouve la jurisprudence la plus abondante dans l'usage de la preuve objective.

Section 2

RÈGLES DE PROCÉDURE

529. – Est ici confortée l'idée que le système de la preuve objective viendrait au secours des plaideurs en mal avec des difficultés probatoires, car c'est dans le domaine des procédures que la preuve est souvent la plus difficile à apporter ; de plus, elle pèse fréquemment sur le contribuable. La preuve objective est utilisée pour l'envoi de certains documents administratifs (§ 1), également pour l'application de règles relatives aux vérifications (§ 2), enfin en matière de détournement de procédure (§ 3). On a vu par ailleurs (V. *supra*, n° 327) comment le juge pouvait en user dans une reconstitution de recettes : plutôt que de s'en remettre à l'application incohérente et inique du critère légal, il préfère interroger son intime conviction.

530. – Une des applications les plus récentes de la preuve objective se rapporte à la règle de la mention expresse, qui épargne au contribuable l'application de l'intérêt de retard lorsqu'il a indiqué, dans sa déclaration, les motifs pour lesquels certains éléments d'imposition n'y sont pas indiqués. M. Fournier soutenait avoir adressé une 2042 comportant cette mention. L'Administration ne niait pas l'avoir reçue mais affirmait qu'elle était vierge de toute explication. Or, si le contribuable a produit un double du document, le service n'a pas présenté, malgré la demande du juge, l'original. M. Fournier obtient la décharge des pénalités dès lors que sa version des faits est la plus crédible (71). Le commissaire du gouvernement précise que si la preuve avait

(70) *Ibid.* B. Boutemy et E. Meier, note p. 1827.

(71) CE, 16 juill. 2008, req. n° 289948, *Fournier : Dr. fisc.* 2008, n° 37, 478, concl. C. Verot ; *RJF* 2008, n° 11, 1212.

pesé sur le contribuable, elle aurait été impossible : une copie n'a pas la valeur probante de l'original. De plus, si l'intérêt de retard n'a pas la nature d'une sanction, il revient néanmoins à l'Administration d'établir qu'il trouve à s'appliquer.

Même si le juge fait usage de la preuve objective, l'essentiel du poids probatoire pèse également sur le service pour établir l'envoi de documents administratifs.

§ 1. – Envoi de documents administratifs

531. – Lorsque qu'un seul de ces documents est envoyé par lettre recommandée avec demande d'avis de réception, les difficultés de preuve ne sont pas absentes, mais fortement aplanies. Il est possible dès lors d'attribuer la charge de la preuve à la partie qui a effectué la formalité et qui s'en prévaut (V. *infra*, n° 635 et s.). Ce n'est plus le cas dans les autres hypothèses : envoi par lettre simple ou expédition de plusieurs documents par une unique lettre recommandée avec demande d'avis de réception. Dans de telles situations, le juge ne peut demander au contribuable de bonne foi de prouver l'absence de ce qu'il n'a pas reçu. De même, il ne saurait exiger de l'Administration qu'elle justifie l'envoi d'une lettre simple, ni le contenu des courriers adressés. Dans tous les cas, cette démonstration serait impossible.

La preuve objective entre alors en scène, là où les difficultés probatoires sont les plus grandes. Elle s'est appliquée tout d'abord aux avis de vérification (A), avant d'être étendue aux avis d'imposition (B), puis à d'autres documents (C).

A. – Envoi groupé de plusieurs avis de vérification

532. – La nouvelle jurisprudence fut illustrée par un premier arrêt (72) dans lequel le litige tenait à la preuve d'un envoi groupé, par lettre recommandée avec demande d'avis de réception, de documents administratifs. En effet, les services fiscaux soutenaient avoir adressé au contribuable un avis de vérification de comptabilité et un avis de vérification approfondie de situation fiscale d'ensemble (VASFE) (aujourd'hui examen contradictoire de la situation fiscale personnelle – ESFP). Les deux documents auraient été joints dans le même pli et accompagnés de la charte du contribuable vérifié, qui comporte des indications sur chacune des procédures. Or, le contribuable prétendait que l'enveloppe ne comportait pas l'avis de VASFE. Selon un principe issu du droit commun, il revient au plaideur invoquant l'accomplissement d'une formalité de prouver que celle-ci a bien été réalisée (73).

533. – Donc, en l'espèce, il appartenait à l'Administration d'établir qu'elle avait adressé, en temps utile, les trois documents au contribuable. À cette fin, le service avait produit le double des deux avis de vérification, ainsi que l'accusé de réception postal, qui comportait la mention « 3927 + charte du contribuable + 3929 », soit les numéros d'imprimés correspondants à l'avis de vérification de comptabilité et à l'avis de VASFE. Dans ces conditions, il était

(72) CE, 19 juin 1991, req. n° 64834, *Baleston* : *Dr. fisc.* 1991, n° 42, 1973, concl. J. Arrighi de Casanova.
(73) CE, sect., 22 nov. 1963, *Vanesse : Rec. CE*, p. 577.

difficile de demander à l'Administration des éléments de preuve supplémentaires, sachant qu'elle avait respecté toutes ses obligations (74).

534. – Face à la situation litigieuse, le commissaire du gouvernement a considéré que le système de la preuve objective était la moins mauvaise des méthodes. Il proposa donc d'apprécier « cas par cas, au vu du dossier, si la preuve de l'envoi des différents avis pouvait être considérée comme apportée ». L'arrêt n'est pas loquace quant à l'appréciation ainsi faite : « il résulte de l'instruction que l'Administration doit être regardée, dans les circonstances de l'espèce, comme ayant justifié de l'envoi au contribuable des trois documents désignés ci-dessus ». La formule n'est pas non plus très explicite quant à la dévolution de la charge de la preuve. Certes, on trouve la mention « il résulte de l'instruction », mais la décision ne paraît pas abandonner tout à fait l'idée que l'Administration doit supporter la charge de la preuve. M. Arrighi de Casanova éclaire la solution : le fait que le service ait présenté les doubles des avis de vérification, que le contribuable fit l'objet – dès le début du contrôle – d'investigations ressortissant à la VASFE, a emporté, avec d'autres circonstances, sa conviction.

535. – Quelques mois plus tard, le Conseil d'État eut à trancher un litige très proche de l'affaire *Baleston*. Là encore, le contribuable soutenait ne pas avoir reçu l'avis de VASFE accompagnant un avis de vérification de comptabilité et la charte. Cependant, le service avait pris la précaution de joindre au courrier un bordereau, dont il avait conservé un double, récapitulant les documents envoyés. Dans ces conditions, le juge a estimé que le contribuable aurait dû faire diligence pour se procurer l'avis mentionné sur le bordereau et qu'il disait absent. Outre la mention « il résulte de l'instruction », le Conseil d'État indique que le contribuable n'établit pas avoir entrepris cette démarche, qu'en revanche l'Administration, grâce à la précaution du bordereau, doit être regardée comme démontrant l'envoi régulier de l'avis de VASFE (75).

536. – Sans lever toute ambiguïté, la décision semble s'engager davantage dans la preuve objective que l'arrêt *Baleston*. Même si le juge paraît exiger une preuve de l'Administration, il ne lui en attribue pourtant pas la charge, puisqu'il est reproché au contribuable de ne pas établir l'accomplissement des diligences qu'il aurait dû entreprendre. Or, que chacune des parties soit ainsi tenue à des obligations probatoires forme l'un des indices de la preuve objective. La règle dégagée pour l'envoi d'avis de vérification a bientôt été retenue s'agissant des avis d'imposition.

B. – Avis d'imposition

537. – Un contribuable avait déménagé sans avertir l'Administration de son changement d'adresse, ni fait suivre son courrier. Il disait n'avoir pas reçu d'avis d'imposition en matière de taxe d'habitation, que l'Administration envoie par lettre simple. En conséquence, il contestait la pénalité de 10 % qui lui fut infligée pour paiement tardif. Comme le relève le commissaire du gouvernement, dans les conclusions sur l'arrêt qui trancha cette affaire (76),

(74) Le juge a confirmé la possibilité pour l'Administration d'envoyer, dans le même pli, un avis de VASFE et un avis de vérification de comptabilité : CE, 10 nov. 1993, req. n° 62445, *Gianoli* : *RJF* 1994, n° 1, 68, concl. O. Fouquet, p. 10. Bien entendu, le service pourra éviter ces difficultés en adressant les deux avis par des plis séparés. Il serait alors prudent, pour éviter toute contestation, que chacun des courriers soit accompagné de la charte.

(75) CE, 9 déc. 1991, req. n° 67055, *André* : *RJF* 1992, n° 2, 226.

(76) CE, sect., 20 nov. 1992, req. n° 71902, *Seigneur* : *RJF* 1993, n° 1, 143, concl. J. Arrighi de Casanova, p. 10.

il n'aurait été raisonnable de faire peser la charge de la preuve ni sur le dos du contribuable, ni sur celui de l'Administration. Le contribuable aurait été tenu à une preuve impossible : pour peu qu'il soit de bonne foi, comment pourrait-il démontrer ne pas avoir reçu ce qui précisément n'existe pas ? Attribuer la charge de la preuve à l'Administration aurait été tout aussi dommageable. Le fisc envoie chaque année plus de 70 millions d'avis d'imposition, or le seul moyen dont il disposerait pour se ménager une preuve serait de les adresser en recommandé avec accusé de réception, procédure aussi lourde que ruineuse.

538. – En proposant de retenir le système de la preuve objective, M. Arrighi de Casanova met en évidence la spécificité de l'avis d'imposition. En effet, le contribuable doit s'attendre à recevoir, chaque année, ce courrier, au moins pour la taxe d'habitation. Au contraire, les autres actes de l'administration fiscale, dès lors qu'ils ne sont pas périodiques, sont généralement adressés en recommandé avec demande d'avis de réception. Sans contraindre le contribuable à s'inquiéter de ne pas avoir reçu d'avis d'imposition, ce qui serait contraire à la nature non déclarative des impôts locaux, on attend de lui qu'il signale un changement d'adresse.

539. – Dès lors, le commissaire du gouvernement pose une présomption : il est raisonnable de croire que l'Administration envoie des avis d'imposition ; si ce n'est pas le cas, il appartient au contribuable d'établir qu'il a informé le service de son changement d'adresse ou a fait suivre son courrier. À défaut, il est présumé avoir reçu l'avis d'imposition, comme en l'espèce. De cette façon, aucune des parties n'est tenue d'apporter la preuve que l'avis a été envoyé ou reçu. Le système de la preuve objective s'applique également pour l'envoi des avis d'imposition (supplémentaire) qui découlent d'une rectification (77), comme s'agissant d'autres documents.

C. – Autres documents

Il s'agit de la lettre de rappel (1°), de la charte du contribuable vérifié et de l'éventuel additif qui l'accompagne (2°), enfin de la proposition de rectification lorsque celle-ci est incomplète (3°).

1° Lettre de rappel

540. – Les règles retenues pour les avis de vérification et d'imposition l'ont été également pour la lettre de rappel qui précède l'envoi du commandement de payer (78). Un contribuable soutenait ne pas avoir reçu cette lettre, document que ni la loi ni le règlement ne contraignent le fisc à adresser en recommandé avec demande d'avis de réception. Or, l'Administration était incapable d'en produire une copie, ni d'indiquer sa date d'envoi. De son côté, le contribuable a fourni une attestation du service postal certifiant qu'il avait bien fait suivre son courrier à la suite d'un changement d'adresse. Le juge a donc posé dans la balance les éléments apportés par les parties et donné raison à celle dont le plateau était le plus lourd : le contribuable.

541. – Dans une autre affaire, l'Administration invoquait l'article L. 260 du Livre des procédures fiscales qui la dispense, dans certaines hypothèses,

(77) CE, 16 déc. 1992, req. n° 123268, *Sté Liviana Anstalt* : *Dr. fisc.* 1993, n° 31, 1607, concl. M.-D. Hagelsteen.
(78) CE, 10 mai 1999, req. n° 184528, *Ournier* : *Dr. fisc.* 1999, n° 43, 796, concl. G. Bachelier.

d'envoyer une lettre de rappel. Or, le juge lui reprocha de ne pas établir que l'espèce entrait dans le champ de cette disposition, tout en notant que les pièces fournies ne lui permettaient pas de s'en assurer lui-même. Par ailleurs, la cour fit remarquer qu'aucun document présent au dossier ne mentionnait l'existence d'une éventuelle lettre de rappel (79). Elle prononça, en conséquence, la décharge. On notera le souci du juge de se fonder sur les pièces dont il dispose. Il est normal qu'il soit plus exigeant envers l'Administration, sachant que l'envoi d'une lettre de rappel constitue une garantie pour son destinataire ; comme la charte du contribuable.

2° Charte du contribuable vérifié et additif

542. – La preuve objective a également été retenue à propos de l'envoi des additifs que l'Administration élabore pour mettre à jour la charte du contribuable vérifié (80). Si le destinataire soutient que la charte était périmée faute d'avoir été adressée avec un additif, il lui appartient de faire toute diligence pour se le procurer, dès lors que l'avis de vérification mentionne tant la charte que l'additif (81). La règle est la même que celle applicable aux avis de vérification adressés avec un bordereau (V. *supra*, n° 535). Elle vaut également si le contribuable prétend ne pas avoir reçu la charte elle-même (82). Il en va d'autant plus ainsi lorsque l'accusé de réception postal mentionne la charte parmi les documents envoyés (83). Doit aussi se montrer diligent le contribuable qui a reçu une notification de redressement incomplète.

3° Proposition de rectification incomplète

543. – La situation est celle du contribuable affirmant qu'un feuillet est manquant dans la proposition de rectification qu'il a reçue. Il lui appartient de solliciter l'Administration pour qu'elle complète le document (84). La cour administrative d'appel de Paris fit de cette jurisprudence une application contestable (85). Le contribuable soutenait avoir reçu une notification de redressement ne comportant pas d'intercalaires, où sont motivées les rectifications. Il avait écrit au service, quelques jours après la réception du document, pour réclamer une notification complète. Sans contester l'existence de cette demande, dont la date est indiquée dans l'arrêt, la cour a donné raison au service, en se référant à la « forte présomption » résultant des arguments avancés par celui-ci. L'Administration invoquait une mention sur l'accusé de réception postal, indiquant le numéro d'imprimé et l'année du redressement ; par ailleurs, il était précisé sur la première page de la notification que celle-ci comportait dix feuillets. Or, la seule circonstance que le service n'a pas donné suite à la demande du contribuable de compléter l'envoi aurait dû conduire à la nullité de la procédure.

544. – En revanche, si le contribuable invoque l'absence de feuillets et que le nombre de ceux-ci n'est pas indiqué sur la première page de l'imprimé, il

---

(79) CAA Marseille, 6 févr. 2003, req. n° 98-2091, *Dame Unia* : *RJF* 2004, n° 6, 655.

(80) CAA Paris, 12 mars 2002, req. n° 99-1961, *Sté Ember Taxis* : *Dr. fisc.* 2002, n° 46, 908, concl. D. Kimmerlin.

(81) CE, 7 avr. 2004, req. n° 242965, *SARL Leroy Énergie* : *RJF* 2004, n° 7, 748. – CE, 26 mars 2008, req. n° 280833, *Melloul* : *RJF* 2008, n° 6, 632.

(82) CAA Douai, 6 juill. 2000, req. n° 96-1854, *Goidin* : *RJF* 2000, n° 12, 1477.

(83) CAA Nancy, 23 janv. 2003, req. n° 98-777, *Flechtner* : *RJF* 2003, n° 5, 588.

(84) CE, 20 oct. 2004, req. n° 255533, *Gabet : RJF* 2005, n° 1, 62, concl. L. Vallée *in BDCF* 2005, n° 1, 11 ; *Procédures* 2005, n° 1, p. 29, note J.-L. Pierre.

(85) CAA Paris, 9 févr. 2006, req. n° 03-2875, *Dame Soulié : Dr. fisc.* 2006, n° 27, 491 ; *RJF* 2006, n° 12, 1578.

n'a pas à faire diligence pour se les procurer. Dans une pareille situation, l'Administration succombe à l'instance car la notification, *a priori* incomplète, est réputée ne pas être motivée (86). Le système de la preuve objective s'applique également à certaines règles relatives aux vérifications.

§ 2. – Règles relatives aux vérifications

Il s'agit tout d'abord de l'importante question du débat oral et contradictoire (A), ensuite de l'emport et la restitution de documents appartenant au contribuable (B), enfin de la limitation dans le temps des vérifications intéressant les petites entreprises (C).

A. – Débat oral et contradictoire

545. – Ce principe fait l'objet, plus loin (V. *infra*, n° 715 et s.), d'une étude générale, on ne traitera ici que du rapport qu'il a entretenu, pour un temps, avec le système de la preuve objective. Précisons seulement qu'il s'agit d'une garantie fondamentale du contribuable, sanctionnée par la nullité de la procédure d'imposition. Hélas, l'effectivité de la règle est affaiblie par la difficulté que l'on rencontre pour démontrer l'absence de débat oral et contradictoire. À tel point que le juge ne contrôle pas la réalité de ce débat, il se contente de vérifier que les conditions matérielles de sa réalisation sont réunies. Or, pendant longtemps, il a appartenu au contribuable de prouver que le vérificateur s'était refusé à toute discussion. Cette preuve était presque impossible à apporter. Dès lors, il n'est pas surprenant que le juge se soit tourné vers le système de la preuve objective (1°). Pourtant, par la suite, la jurisprudence y a renoncé (2°).

1° Recours à la preuve objective

546. – Deux premiers arrêts, sur ce point bien peu motivés, firent usage de la preuve objective (87). Ils ont été suivis d'un troisième, rendu en formation de plénière fiscale (88), avec d'importantes conclusions de M. Fouquet. Le commissaire du gouvernement y précise que, désormais, le juge n'exige plus du contribuable la preuve de l'absence de débat oral et contradictoire, mais se fonde sur les résultats de l'instruction (89). Dans cette affaire, le contribuable affirmait, sans être contredit par l'Administration, que le vérificateur n'aurait pas, sur place, critiqué les conditions de fonctionnement de la société et qu'il aurait déclaré n'avoir « rien trouvé de bien important ». En recevant la notification de redressement, la société fut visiblement convaincue du contraire. Pourtant, le juge refusa de contrôler la teneur même des échanges entre le vérificateur et le contribuable, sachant l'impossibilité matérielle que cela représentait. Du moment que des contacts ont été établis entre le service et

---

(86) CE, 26 nov. 1999, req. n° 150391, *SARL Le Mazurier* : *RJF* 2000, n° 1, 83.

(87) CE, 27 juill. 1988, req. n° 60112, *Vinciguerra : Dr. fisc.* 1989, n° 1, 44 ; *LPA* 1989, n° 9, p. 6, concl. O. Fouquet. Le commissaire du gouvernement indique (p. 7) : « Les faits sont les suivants. Nous les exposerons tels qu'ils résultent de l'instruction, sans vouloir attribuer à l'une ou l'autre partie la charge de les démontrer ». – CE, 25 sept. 1989, req. n° 59585, *Mourot* : *Dr. fisc.* 1990, n° 16, 824.

(88) CE, 22 déc. 1989, req. n° 50674, *SCM du cabinet médical d'Origny-Sainte Benoite* : *Dr. fisc.* 1990, n° 19, 926, concl. O. Fouquet.

(89) *Dr. fisc.* 1990, n° 19, p. 674.

l'entreprise, il en a conclu que la garantie du débat oral et contradictoire avait été respectée.

547. – On peut se demander, dans ces conditions, où se trouve l'avancée que devrait représenter l'usage de la preuve objective. Dès lors que les allégations de l'entreprise ne sont pas déniées par l'Administration, si le juge en déduit qu'un débat oral et contradictoire a néanmoins eu lieu, c'est que la preuve continue de peser sur le contribuable. Une preuve impossible, car il suffit normalement au plaideur de ne pas être contredit par son adversaire pour que les faits qu'il invoque soient tenus pour vrais.

548. – Seules des circonstances exceptionnelles sont de nature à démontrer une absence de débat oral et contradictoire. Ainsi dans une affaire où le vérificateur avait envoyé une notification de redressement le lendemain de la première et unique intervention. Même si cette proposition avait pour objet d'interrompre la prescription, même s'il était question d'une exonération en faveur des entreprises nouvelles dont la société ne remplissait manifestement pas les conditions, le juge a considéré que les droits du contribuable n'avaient pas été respectés (90). La cour administrative d'appel de Nantes s'est fondée sur l'instruction pour aboutir à cette solution. Or, le service lui-même a apporté la preuve qui le fit succomber à l'instance. Car il a suffi de comparer la date de la première intervention – indiquée sur l'avis de vérification – et le jour de la notification de redressement, pour en conclure que les droits du contribuable n'avaient pas été respectés. Là encore, on peut s'interroger sur l'utilité du système de la preuve objective. Sans doute est-ce la raison pour laquelle le juge a décidé de ne plus y recourir.

2° Renoncement à la preuve objective

549. – Le Conseil d'État, par un arrêt *Brunetti*, a renoncé à cette méthode s'agissant d'apprécier la preuve du débat oral et contradictoire (91). Certes, les circonstances de l'espèce étaient particulières. Les dirigeants de la société avaient été condamnés au pénal à raison de graves délits économiques et également pour fraude fiscale. Après leur incarcération, l'entreprise a cessé toute activité et sa liquidation judiciaire fut prononcée. Lorsque débuta la vérification de comptabilité, l'entreprise ne disposait plus d'aucun local où le contrôle aurait pu se dérouler. Le syndic-liquidateur a donc demandé que le vérificateur opère ses investigations au cabinet de l'expert-comptable. Alors même qu'il n'avait pas délivré à celui-ci de mandat pour représenter la société, le syndic n'a manifesté aucune intention de participer au contrôle. Ce qui ne l'a pas empêché, devant le juge, de plaider l'absence de débat oral et contradictoire.

550. – Le Conseil d'État a attribué au contribuable la charge de la preuve. On comprend cette réaction au vu des circonstances de l'espèce, le fardeau probatoire paraît constituer une sanction prononcée à l'encontre de la société. Mais le juge de cassation a étendu cette solution à l'ensemble des situations dans lesquelles, non seulement le contrôle a lieu chez le comptable, mais aussi dans les locaux de l'entreprise. Pourquoi, à partir d'un cas très particulier, étendre la solution à l'ensemble des hypothèses de la vérification de comptabilité, hormis celles où le contrôle se déroule dans les bureaux de l'Adminis-

(90) CAA Nantes, 31 déc. 1992, req. n° 91-251, *Sté Bertho* : *Dr. fisc.* 1993, n° 40, 1851.

(91) CE, 17 févr. 1997, req. n° 165573, *Sté commerciale Paul Brunetti : Dr. fisc.* 1997, n° 26, 748, concl. F. Loloum ; *RJF* 1997, n° 3, 238, chron. S. Austry, p. 142 ; *RGDP* 1998, n° 1, p. 118, note J. Lamarque.

tration ? Pourquoi mettre la charge de la preuve sur le dos du contribuable alors que le juge sait fort bien qu'elle est impossible à apporter ? Cet arrêt est un mystère et même M. Austry conseille d'en mesurer la portée avec précaution (92). Il n'est dès lors pas surprenant qu'il fut suivi d'une jurisprudence pour le moins hésitante (93).

551. – Enfin, le Conseil d'État a clairement réaffirmé la solution de l'arrêt *Brunetti :* la preuve que l'Administration se serait soustraite à tout échange de vues pèse sur le contribuable, que le contrôle se soit déroulé chez l'expert-comptable ou dans les locaux de l'entreprise (94). On peut concevoir que les difficultés matérielles rencontrées pour l'établissement de cette preuve aient conduit le juge à l'idée qu'il ne peut pas se forger une intime conviction sur ce point. Dès lors, le retour à l'état du droit antérieur serait le constat de cet échec. Il reste que même si le juge estime irréalisable un examen de la réalité du débat, pour s'en tenir à l'assurance de ses conditions matérielles, statuer au vu de l'instruction présente plus de garanties que la preuve impossible pesant sur le contribuable. Que chacune des parties soit tenue d'apporter les éléments dont elle dispose permettrait beaucoup plus sûrement d'atteindre la vérité que d'acculer le requérant à une preuve insurmontable. Mais il est d'autres domaines où le juge montre plus de détermination.

B. – Emport et restitution de documents appartenant au contribuable

On trouve ici deux situations. Tout d'abord, l'obligation qu'a le service de restituer, à l'issue d'un ESFP, les documents que le contribuable lui a confiés (1°). Puis l'interdiction pour le fisc d'emporter, lors d'une vérification de comptabilité, des pièces appartenant à l'entreprise (2°).

1° Restitution de documents à l'issue d'un ESFP

552. – Sous peine de nullité de la procédure, l'Administration doit, à l'issue d'un ESFP, restituer au contribuable les documents que celui-ci lui a confiés – particulièrement les relevés bancaires – avant de lui adresser une demande de justifications. En effet, le contrôle se déroulant essentiellement sur la base de ces relevés, le contribuable doit en disposer pour être en mesure de répondre aux questions du service.

553. – En ce domaine, la jurisprudence s'est orientée assez tôt vers la preuve objective. Ainsi pour un contribuable qui n'avait pas conservé les relevés périodiquement envoyés par sa banque et qui demanda à celle-ci des duplicata, faits à partir de microfilms. Il remit au vérificateur les reproductions élaborées par la banque sans conserver copie de ces documents. Or, le service, convaincu que les relevés confiés étaient des photocopies, ne les a pas restitués avant l'envoi de la demande de justifications, pensant que les originaux étaient restés en possession du contribuable. Ce n'est que plusieurs années après le contrôle, à la suite d'un avis favorable de la Commission d'accès aux documents administratifs, que le fisc restitua les pièces. Il n'a pas nié les avoir conservées. En dépit des soupçons entretenus par le commissaire

---

(92) S. Austry, chron. *in RJF* 1997, n° 3, p. 146 et 147.
(93) CE, 20 mai 1998, req. n° 159877, *Sté Veticlam* : *Dr. fisc.* 1998, n° 44, 979, concl. J. Arrighi de Casanova. – CE, 31 mai 2000, req. n° 178122, *Catania* : *RJF* 2000, n° 7-8, 956.
(94) CE, 30 déc. 2002, req. n° 231167, *SARL Le grand Bazar* : *Dr. fisc.* 2003, n° 14, 278.

du gouvernement quant à la sincérité du contribuable, le Conseil d'État, se fondant sur l'instruction, donna raison à celui-ci (95).

554. – En pratique, l'Administration restitue les documents au contribuable en les adressant en recommandé avec demande d'avis de réception, ou en lui faisant signer une décharge lors du dernier rendez-vous de l'examen contradictoire de l'ensemble de la situation fiscale personnelle.

Si le service n'est pas en mesure de justifier ainsi de la restitution des pièces, il a toutes les chances de voir le contrôle annulé. Car il est facile alors, pour le contribuable, de prétendre qu'il n'a pas conservé les originaux ou une copie des relevés bancaires. En conséquence, tout en restant à l'intérieur du système de la preuve objective, les obligations probatoires pèsent essentiellement sur l'Administration. Ainsi, dans une affaire jugée par la cour administrative d'appel de Paris (96), le service soutenait avoir restitué les relevés bancaires par le même pli, recommandé avec accusé de réception, que la demande de justifications. En déclarant se fonder sur l'instruction, la cour a donné tort à l'Administration, sachant que rien n'établissait l'envoi des relevés avec la demande de justifications, notamment pas une mention en ce sens sur l'accusé de réception postal.

555. – Pourquoi avoir retenu le système de la preuve objective alors qu'en pratique cette preuve pèse essentiellement sur l'Administration ? Il s'agit là encore d'épargner au contribuable de bonne foi une preuve insurmontable, car il lui serait impossible d'établir l'absence de restitution si effectivement celle-ci n'a pas eu lieu. Pour autant, il ne serait pas judicieux de faire supporter tout le poids de la preuve à l'Administration. Ainsi, on peut déduire de l'arrêt *Dame Le Gall* précité que si la mention des relevés bancaires avait figuré sur l'accusé de réception, il aurait appartenu au contribuable soutenant ne pas les avoir reçus de faire toute diligence pour se les procurer (V. *supra*, n° 535). L'autre hypothèse est celle d'un emport de documents lors d'une vérification de comptabilité.

2° Emport de documents lors d'une vérification de comptabilité

On distinguera l'emport de documents originaux (*a*) et de photocopies (*b*).

a) Emport de documents originaux

556. – Deux hypothèses sont ici en cause. Dans la première, l'Administration ne nie pas avoir procédé à un emport de document. Il faudra alors démontrer que les conditions de cet emport sont, ou non, régulières (1). Dans la seconde, le service se défend d'avoir privé le contribuable de documents lui appartenant. Se pose alors la question de la preuve de l'emport en lui-même (2). Seule la seconde situation donne lieu à l'application du système de la preuve objective. Mais il est nécessaire d'exposer la première pour faire état de l'ensemble des difficultés probatoires soulevées par cette question.

1) Preuve de la régularité de l'emport

557. – La possibilité pour un vérificateur d'emporter des documents appartenant au contribuable est encadrée par des règles très strictes, issues

---

(95) CE, 16 mai 1990, req. n° 90437, *Touton* : *Dr. fisc.* 1993, n° 6, 263, concl. M. Liébert-Champagne. – Dans le même sens : CE, 6 juill. 1990, req. n° 62903, *Bocat* : *RJF* 1990, n° 10, 1152. – V. aussi : CE, 5 oct. 1998, req. n° 145608, *Dame d'Estainville Ducrey Giordano* : *RJF* 1998, n° 12, 1392.

(96) CAA Paris, 11 juill. 1991, req. n° 2328, *Dame Le Gall* : *RJF* 1991, n° 12, 1467.

de la jurisprudence (97). Le juge poursuit deux objectifs. D'une part, l'entreprise ne saurait être dépossédée de documents à partir desquels elle pourrait justifier sa situation et donc assurer sa défense. D'autre part, à raison du risque de voir le vérificateur examiner la comptabilité dans son bureau et non plus sur place, elle ne doit pas être privée d'un débat oral et contradictoire. C'est donc au contribuable qu'il revient d'autoriser, par écrit, le vérificateur à emporter des documents. Le service lui délivre un reçu des pièces, qu'il doit restituer, décharge à l'appui, avant la dernière intervention sur place (98).

558. – En effet, ces formalités ne dispensent pas l'inspecteur de se rendre, à plusieurs reprises, dans les locaux de l'entreprise, pour faire bénéficier celle-ci d'un débat oral et contradictoire ; notamment sur la base des documents emportés. Est ainsi irrégulière la vérification au cours de laquelle l'inspecteur n'a rencontré le contribuable qu'à trois reprises avant l'envoi de la notification de redressement : une première fois, lorsqu'il a emporté les documents comptables ; une deuxième pour une discussion d'une heure portant sur un point particulier, les périodes de solde ; une troisième fois pour restituer les documents (99). Si l'entreprise ne dispose d'aucun local pour accueillir le vérificateur, le déroulement du contrôle dans les bureaux de l'Administration ne dispense pas le service de suivre la procédure de l'emport de documents (100). Il appartient de plus à l'inspecteur de respecter l'exigence du débat oral et contradictoire en recevant le contribuable à plusieurs reprises (101). Il est prudent, dans ces conditions, de le convoquer, pour chaque réunion, par lettre recommandée avec demande d'avis de réception.

559. – La jurisprudence et la doctrine administrative insistent sur l'idée que la demande d'emport de documents doit résulter d'une initiative du contribuable. Le service doit donc disposer d'une sollicitation écrite et préalable de celui-ci pour être en droit d'emporter les pièces. Ainsi, une lettre adressée par le contribuable à l'Administration après la vérification, selon laquelle l'emport aurait été effectué avec son plein accord, ne couvre pas l'irrégularité (102). L'utilisation d'un document pré-imprimé et issu du service, dont le contribuable doit remplir les mentions manquantes, démontre que la demande d'emport n'est pas issue de l'entreprise (103). Toutefois, la position du Conseil d'État est aujourd'hui moins rigoureuse : lorsque la formule, même pré-imprimée, traduit manifestement une demande d'emport du contribuable, la procédure est régulière (104). De même, la lettre d'un commerçant ambulant, qui ne dispose d'aucun local professionnel, tendant à ce que le contrôle se déroule dans les bureaux de l'Administration, équivaut à une demande d'emport de documents (105).

560. – La preuve de cet emport va donc essentiellement résulter d'écrits préconstitués : la demande du contribuable, le reçu des pièces rédigé par le

---

(97) CE, sect., 21 mai 1976, req. n° 94052 : *Dr. fisc.* 1976, n° 25, 878, concl. M.-A. Latournerie ; *RJF* 1976, n° 7-8, 250, chron. B. Martin Laprade, p. 224.

(98) CE, 10 avr. 1991, req. n° 68705, *Barret de Nazaris* : *RJF* 1991, n° 6, 825.

(99) CE, 7 déc. 1983, req. n° 36722, *Bensoussan* : *Dr. fisc.* 1984, n° 14, 734, concl. O. Fouquet ; *RJF* 1984, n° 2, 138, chron. M. de Guillenchmidt, p. 52.

(100) CE, 2 juill. 1986, req. n° 55961 : *RJF* 1986, n° 10, 909.

(101) CE, 19 mars 2001, req. n° 197352, *Renoux* : *Dr. fisc.* 2001, n° 40, 895, concl. J. Courtial.

(102) CE, 3 juill. 1985, req. n° 32294 : *RJF* 1985, n° 10, 1337.

(103) CE, 17 févr. 1986, req. n° 49926, *di Stephano* : *RJF* 1986, n° 4, 401, concl. M. de Guillenchmidt, p. 201. – CAA Nancy, 21 mai 1992, *Bertus* : *RJF* 1992, n° 10, 1387.

(104) CE, 11 juill. 1991, req. n° 69831, *Lelouch* : *Dr. fisc.* 1993, n° 5, 171, concl. O. Fouquet. – CE, 12 oct. 1992, req. n° 74535, *SARL Sovetex* : *RJF* 1992, n° 12, 1684.

(105) CE, 19 mars 2001, req. n° 197352, *Renoux* : *Dr. fisc.* 2001, n° 40, 895, concl. J. Courtial.

vérificateur, la décharge que celui-ci va demander à l'entreprise en lui restituant les documents. En cas de litige, il appartient à l'Administration de fournir ces écrits et ainsi d'apporter la preuve qu'elle a respecté ses obligations. Ce n'est donc pas le système de la preuve objective qui s'applique ici. En effet, l'emport de documents constitue une entorse à la règle posée à l'article L. 13 du Livre des procédures fiscales, voulant que la vérification se déroule sur place. Puisque l'Administration déroge au principe, il lui appartient de supporter le poids de la preuve.

561. – Encore faut-il, cependant, que l'entreprise soutienne que des documents ont été irrégulièrement emportés et que ces affirmations ne soient pas déniées par le service. C'est là où se situe la difficulté de la preuve initiale qui pèse sur le contribuable : convaincre le juge d'un emport de documents. Car, quand aucun écrit n'a été rédigé, c'est la parole du contribuable contre celle du fisc, lequel doit, en quelque sorte, « avouer ». Or, lorsque le service nie avoir emporté des documents, il est quasiment impossible au contribuable de prouver le contraire. D'où la nécessité de recourir au système de la preuve objective.

2) Preuve de l'emport lui-même

562. – Plusieurs décisions montrent que le juge utilise la méthode de la preuve objective. Tout d'abord, deux arrêts du même jour (106), relatifs à des affaires dans lesquelles le vérificateur a emporté des documents sans demande écrite du contribuable et sans délivrer de reçu à celui-ci, viciant ainsi la procédure. Les deux décisions comportent la mention « il résulte de l'instruction » et n'attribuent la charge de la preuve à aucune des parties.

563. – Dans l'affaire *Sté La Poterne 21*, l'Administration niait l'emport irrégulier de documents comptables. Cependant, le commissaire du gouvernement indiqua : « les circonstances confirment plutôt la thèse du contribuable ». C'est là un signe de preuve objective, dès lors que le juge se fonde sur son intime conviction, éclairée par la vraisemblance. La société avait produit une attestation de son expert-comptable, dans le cabinet duquel la vérification s'était déroulée, lettre où le conseil indiquait qu'il avait fourni au vérificateur un inventaire des stocks. Après le départ de l'inspecteur, ce document ne fut pas retrouvé. En première instance, le juge ordonna une expertise et l'expert déplora l'absence de l'inventaire. L'Administration finit par produire, devant le tribunal administratif, une copie du document. Certes, l'emport d'une photocopie n'est pas irrégulier (V. *infra*, n° 568), mais par cette production le fisc démontrait que le vérificateur avait bien eu l'inventaire entre les mains et rendait ainsi plausible la thèse du contribuable. C'est donc logiquement que l'Administration succomba à l'instance.

564. – Dans l'affaire *Mercier*, lors d'une visite du contribuable et de son comptable au bureau du vérificateur, il fut remis à celui-ci divers documents, notamment des relevés bancaires. L'inspecteur conserva les pièces pendant plus d'un mois avant de les restituer. Dès lors qu'aucune demande écrite et préalable n'émanait de M. Mercier, la procédure était viciée. Le contribuable, dans un « excès de zèle », avait, lors d'une visite ultérieure au centre des impôts, laissé un livre comptable dans le bureau du vérificateur, à l'insu de celui-ci. Le commissaire du gouvernement interpréta ces circonstances comme

---

(106) CE, 2 juill. 1986, req. n° 55961, *Mercier : RJF* 1986, n° 10, 909 ; *LPA* 1986, n° 123, p. 7, concl. O. Fouquet. – CE, 2 juill. 1986, req. n° 54642, *SARL La Poterne 21 : RJF* 1986, n° 10, 910 ; *LPA* 1986, n° 123, p. 5, concl. O. Fouquet.

une manœuvre du contribuable tendant à entacher d'irrégularité la procédure (c'était déjà fait...). Mais l'inspecteur avait bien réagi car, sitôt qu'il s'était rendu compte de la présence du livre comptable, il le renvoya à son propriétaire. M. Fouquet estime que cette attitude aurait permis de tenir la procédure d'imposition comme régulière, si elle n'avait pas déjà été viciée.

De manière générale, si le contribuable se rend spontanément au bureau du vérificateur pour lui confier un document, le service doit lui réclamer une demande et délivrer un reçu (107). L'absence de ces écrits ne peut cependant affecter la régularité du contrôle en cas de manœuvre de l'intéressé pour provoquer un vice de procédure (108). Le zèle de M. Mercier serait donc aujourd'hui vain.

565. – Plus intéressante encore est l'affaire *Lemercier* (109). Le contribuable soutenait que le vérificateur, lors de la première intervention, avait emporté des documents comptables sans avoir sollicité d'autorisation écrite et préalable, ni avoir délivré de reçu. Or, tout au long de la procédure, l'Administration a nié ces faits. Il a fallu que le contribuable, devant le Conseil d'État, produise une attestation de son comptable, pour emporter la conviction du juge. Ce témoignage était particulièrement affirmatif et circonstancié. Le comptable a ainsi indiqué la nature précise des documents emportés et ajouté que leur transport avait nécessité « deux caisses à pommes de terre ». Lorsqu'elle a répliqué face à cette attestation, l'Administration a répondu de manière évasive, sans réellement nier les faits allégués. Dans ces conditions, le juge a conclu – en mentionnant « il résulte de l'instruction » – à l'irrégularité de la procédure.

Même solution pour une autre affaire où l'emport irrégulier de documents résultait de l'attestation d'une secrétaire, réitérée devant huissier après son départ de la société ; tandis que le service produisait, pour la première fois en appel, une attestation du vérificateur (110).

566. – Certes, l'issue de ces affaires est heureuse, mais elle traduit bien les difficultés que rencontre le contribuable quand il soutient que le service a irrégulièrement emporté des documents. Lorsque l'Administration persiste à nier, il y a peu de chance de faire reconnaître l'irrégularité de la procédure. En règle générale, le juge n'accorde guère de crédit aux attestations (V. *supra*, n° 41 et s.). Car il serait facile, pour un chef d'entreprise peu scrupuleux, d'exiger un faux témoignage de personnes placées sous son autorité ou, comme les conseils, rémunérés par l'entreprise. La jurisprudence *Lemercier* doit donc, hélas, être tenue comme exceptionnelle.

567. – L'emport de photocopies n'a pas pour effet de priver le contribuable d'un document utile à sa défense, puisqu'il est censé avoir conservé l'original. Les garanties de procédure étudiées ci-dessus n'ont donc pas lieu d'être. Pourtant, l'Administration peut là encore méconnaître les droits du contribuable. Ici, de nouveau, on abordera un domaine qui n'est pas (encore) régi par la preuve objective ; le souci de la complétude nous conduit cependant à l'étudier.

b) Emport de photocopies

568. – Il est arrivé qu'un vérificateur emporte des documents à l'insu du contribuable, pour en prendre des copies, puis les replace dans l'entreprise.

(107) CE, 21 juill. 1989, req. n° 52156, *Deloménie* : *RJF* 1989, n° 10, 1135.
(108) CE, 22 nov. 1991, req. n° 62005, *Damiani* : *RJF* 1992, n° 1, 96.
(109) CE, 5 févr. 1992, req. n° 68808, *Lemercier* : *Dr. fisc.* 1993, n° 13, 645, concl. J. Gaeremynck.
(110) CE, 27 juill. 2005, req. n° 261111, *Louise* : *RJF* 2005, n° 12, 1385.

Un inspecteur fut ainsi confondu par la présence, dans le dossier du contribuable, de photocopies qu'il prétendait avoir faites sur place, alors que l'entreprise était dépourvue de copieur. La procédure fut annulée pour emport irrégulier de documents (originaux) (111). En règle générale, l'emport de photocopies de documents appartenant à l'entreprise ne peut constituer une irrégularité et le vérificateur n'a pas à suivre une quelconque procédure (112). Mais la qualité des copieurs modernes fait qu'il est parfois difficile de distinguer les copies des originaux. Aussi, l'Administration recommande-t-elle à ses agents de faire apposer une mention sur les photocopies par le représentant de l'entreprise (113). Sur le premier feuillet, le contribuable écrira : « Copies remises au vérificateur le (date et signature) » ; au besoin, il précisera le nombre de feuilles copiées. Un vérificateur prudent pourra demander au contribuable de parapher chaque feuillet.

569. – Le service doit d'autant plus se montrer prudent que la jurisprudence est très stricte. Ainsi un inspecteur avait, sans l'accord du gérant, déplacé des documents comptables du siège de la société dans les locaux voisins d'une autre entreprise, pour en faire des copies. La procédure a été reconnue irrégulière (114) alors même que la seconde société avait acquis le fonds de la première, notamment son matériel de bureau.

Il est tentant pour l'Administration de prétendre avoir emporté des photocopies et non des originaux. Une entreprise a pu démontrer que le service l'avait privée de pièces originales, grâce à des attestations de salariés, recoupées par une déposition du vérificateur devant le juge pénal (115). Même si l'arrêt comporte la mention « il résulte de l'instruction », le commissaire du gouvernement ne doute pas, dans une pareille hypothèse, que la preuve pèse sur le contribuable. Peut-être en irait-il différemment aujourd'hui. Les difficultés probatoires de ce genre de litiges sont suffisamment grandes pour que le juge décide de recourir à la preuve objective. On notera que les copies de fichiers informatiques suivent le même régime que celui des documents sur support papier (116).

La preuve objective tend à garantir également la protection des petites entreprises face au contrôle fiscal, dès lors que la loi limite la durée de celui-ci.

C. – Limitation de la durée des vérifications de comptabilité

570. – En vertu de l'article L. 52 du Livre des procédures fiscales, la vérification de comptabilité des entreprises dont le chiffre d'affaires ne dépasse pas les limites du régime simplifié d'imposition ne peut durer plus de trois mois. Il s'agit de ménager les petites entreprises, pour lesquelles un contrôle sur place peut représenter un manque à gagner important. En effet, lorsque le vérificateur est sur place le contribuable ne peut guère se consacrer à son

(111) CE, 2 oct. 2002, req. n° 224719, *Vial* : *RJF* 2002, n° 12, 1398. – Pour un litige très proche, V. CAA Lyon, 5 juill. 2007, req. n° 03-1756, *SARL Sté d'exploitation des chalets de Thorens* : *RJF* 2008, n° 1, 60. – *Contra* : Cass. com., 23 sept. 2008, req. n° 873, FPB, *Sté Kourou bardage* : *RJF* 2009, n° 1, 85.

(112) CE, 25 mars 1991, req. n° 87731, *Jullian* : *RJF* 1991, n° 5, 646. – CE, 28 févr. 2007, req. n° 283441, *SARL Louvigny* : *RJF* 2007, n° 5, 542.

(113) *Doc. adm. DGI*, 13 L-1313, n° 17, 1er juill. 2002.

(114) CAA Nancy, 13 févr. 2003, req. n° 00-1207, *SARL Agence française d'intérim* : *RJF* 2003, n° 6, 736.

(115) CE, 2 oct. 1985, req. n° 45548 : *Dr. fisc.* 1986, n° 5, 146, concl. P.-F. Racine. – Dans le même sens : CAA Nantes, 25 sept. 1991, req. n° 320, *Molina* : *RJF* 1992, n° 1, 99.

(116) CAA Nantes, 21 déc. 1995, req. n° 93-781, *Hallais* : *Dr. fisc.* 1996, n° 16, 541. – CE, 5 mai 1999, req. n° 197379, *SA Ardex* : *RJF* 1999, n° 6, 739.

travail et le coût d'un conseil, présent à chaque intervention, serait trop élevé. Le but recherché est également de limiter le traumatisme que peut représenter le contrôle fiscal pour les petites entreprises.

571. – Après avoir étudié les modalités probatoires de la garantie (1°), on examinera deux questions particulièrement épineuses. La première se rapporte aux démarches menées par l'Administration, après l'envoi de la proposition de rectification, afin d'instruire les observations du contribuable en réponse à celle-ci (2°). Le service peut profiter de cette occasion afin de poursuivre la vérification au-delà de trois mois. Par ailleurs, on étudiera l'hypothèse de vérifications successives (3°) qui, lorsqu'elles ne forment en réalité qu'une seule, violent également l'article L. 52.

1° Modalités probatoires de la garantie

572. – Le délai de trois mois a pour point de départ le jour de la première intervention sur place. Son point d'arrivée est situé à la date de la dernière intervention précédant l'envoi de la proposition de rectification. S'il est avéré que le vérificateur a procédé pendant plus de trois mois au contrôle de l'entreprise, la procédure est irrégulière et entraîne la décharge des droits et pénalités découlant de la vérification (117). Toutefois, si une notification de redressement est adressée avant l'expiration du délai, notamment pour interrompre la prescription sur le premier exercice vérifié, les impositions ainsi notifiées ne sont pas atteintes par le vice de procédure (118). Cette solution est contestable pour nuire à la protection du contribuable voulue par le législateur. En effet, à la suite d'un désaccord entre l'Administration et le Conseil d'État sur la sanction devant découler de la violation de l'article L. 52, la loi (27 déc. 1963, art. 32) y a ajouté la mention liminaire « Sous peine de nullité de l'imposition ». Pour une fois, c'est donc le point du vue du juge qui l'a emporté, la loi marquant la volonté d'accorder au contribuable la protection la plus grande possible.

573. – La preuve du respect du délai découle avant tout de documents administratifs. En effet, l'avis de vérification comporte la date de la première intervention, tandis que la proposition de rectification rappelle ce jour et indique celui du dernier rendez-vous. Il est évidemment très rare que l'Administration fasse l'aveu écrit de la violation du délai de trois mois. L'hypothèse s'est pourtant rencontrée (119). Dans la première de ces affaires, la notification de redressement indiquait que le contrôle avait commencé le 16 juillet pour se terminer le 16 octobre. Or le délai se décompte de quantième à quantième, le 15 octobre constituait donc la limite des trois mois. Mais le juge a admis qu'il ressortait de l'instruction, et notamment des justifications produites par l'Administration, qu'il s'agissait d'une simple erreur, car la vérification avait effectivement pris fin le 15 octobre. Hélas, l'arrêt ne précise pas comment le fisc a pu convaincre le Conseil d'État du respect du délai.

574. – Si le juge, relativement à la règle des trois mois, recourt au système de la preuve objective (120), c'est parce qu'elle présente de grandes difficultés

---

(117) CE. 28 oct. 1983, req. n° 30902 : *Dr. fisc.* 1984, n° 7, 278, concl. O. Fouquet.

(118) CE 23 juin 1993, req. n° 96477, *Dame Bichet* : *RJF* 1993, n° 8-9, 1183. – CE, 30 nov. 2007, req. n° 293341, *Jacquet* : *RJF* 2008, n° 2, 178.

(119) CE, 3 nov. 1976, req. n° 98040 : *RJF* 1976, n° 12, 557. – CE, 19 juin 1991, req. n° 68513, *Dame Gilberton* : *Dr. fisc.* 1991, n° 42, 1961 : la date de la dernière intervention sur place, indiquée sur la notification de redressement, correspondait à un dimanche, il s'agissait donc manifestement d'une erreur.

(120) CE, 7 nov. 1986, req. n° 50981, *Sté Autier et Soulard* : *RJF* 1987, n° 1, 67. – CE, 23 mars 1988, req. n° 62742 : *RJF* 1988, n° 5, 625. – CE, 20 mars 1996, req. n° 123716, *Dame Angelvy* : *Dr. fisc.* 1997, n° 41, 1045.

probatoires. Comment démontrer la présence du vérificateur dans les locaux professionnels, à une date précise, sinon au moyen d'attestations qui sont toujours sujettes à caution (V. *supra*, n° 41 et s.) ? Ainsi, un contribuable avait sollicité à deux reprises le report de la vérification de comptabilité de son entreprise, pour enfin demander qu'elle se déroule au cabinet de son comptable. Il produisit devant le juge des attestations tendant à démontrer que le contrôle avait commencé à la date fixée par le premier avis de vérification, pour dépasser trois mois. Le juge se fonda sur les correspondances échangées entre le vérificateur et le contribuable pour nier toute valeur probante aux attestations (121). La ficelle était un peu grosse.

575. – Cependant, dès lors que la date de la première intervention est décidée à la seule initiative de l'inspecteur, dans l'avis de vérification, il est fréquent que le contribuable, pour ne pas être disponible, en sollicite le report (V. *infra*, n° 748). Dans cette hypothèse, l'Administration doit établir qu'ayant accédé à la demande de l'entreprise, la date de première intervention est différente de celle indiquée sur l'avis de vérification (122). Elle peut le faire en produisant la correspondance échangée avec le contribuable. En effet, elle n'est pas tenue d'adresser un second avis (123), mais doit se ménager cette preuve, en envoyant une lettre recommandée avec demande d'avis de réception, pour confirmer le report de la première intervention. Le contribuable a également intérêt à retranscrire par courrier (recommandé avec demande d'avis de réception) les échanges téléphoniques avec le vérificateur, ne serait-ce pour se protéger de toute accusation d'opposition à contrôle fiscal.

576. – La preuve objective n'interdit pas au juge de demander à l'une des parties de lui fournir des éléments probatoires. Ainsi, de manière générale, au regard de l'article L. 52, c'est au contribuable qu'il revient d'apporter des éléments pour convaincre le juge que le délai de trois mois n'aurait pas été respecté. À défaut, sa demande est vouée à l'échec (124). Si la jurisprudence traduit une méfiance à l'égard des attestations, leur principe même ne peut être écarté car, outre les écrits relatifs à la vérification, elles constituent le seul moyen pour l'entreprise d'introduire un doute dans l'esprit du juge.

En principe, le délai de trois mois prend fin lors de la dernière intervention sur place précédant l'envoi de la proposition de rectification. Mais l'Administration peut poursuivre ses investigations, de manière à instruire les observations du contribuable produites en réponse à la notification. La question de l'article L. 52 se pose alors de nouveau.

2° Instruction des observations du contribuable

577. – L'article L. 52-2°, alinéa 2 du Livre des procédures fiscales dispose que le délai de trois mois n'est pas opposable à l'Administration lorsque les contacts avec le vérificateur, après l'envoi de la proposition de rectification, ont pour objet d'instruire les observations présentées par le contribuable. Il est néanmoins tentant pour ce dernier de soutenir que les visites de l'inspecteur ont conduit à un contrôle d'une durée supérieure à trois mois. Démontrer

---

(121) CE, 15 nov. 1989, req. n° 73141, *Sigonneau : RJF* 1990, n° 1, 56 ; *LPA* 1990, n° 35, p. 4, concl. O. Fouquet.

(122) CE, 23 juin 1993, req. n° 96477, *Dame Bichet* : *RJF* 1993, n° 8-9, 1183.

(123) CE, 10 nov. 2000, req. n° 204805, *Milhau* : *RJF* 2001, n° 2, 194.

(124) CAA Bordeaux, 14 févr. 1991, req. n° 90-345, *Dame Bernard* : *Dr. fisc.* 1992, n° 18, 948 : la circonstance que la notification de redressement fut adressée six mois après la fin des interventions sur place n'a aucune incidence au regard de l'article L. 52 du Livre des procédures fiscales.

la présence du vérificateur dans les locaux professionnels est déjà difficile, prouver qu'il a poursuivi le contrôle et non instruit les observations du contribuable tend vers l'impossible.

Raison de plus pour que le juge recoure à la preuve objective (125). Dans ce litige, les parties ne contestaient pas le fait que le vérificateur avait procédé, après l'envoi de la notification de redressement, à deux courtes visites sur place. Le commissaire du gouvernement se fonda sur la vraisemblance pour affirmer que ces interventions avaient pour but d'instruire les observations du contribuable, sachant que celui-ci avait envoyé une lettre de douze pages en réponse à la notification. La circonstance que l'inspecteur procéda ultérieurement à une réintégration supérieure à celle initialement notifiée n'a pas été interprétée comme une conséquence de la poursuite du contrôle (126) ; ce qui paraît discutable.

578. – Dans une autre affaire (127), le Conseil d'État s'est appuyé sur les mentions de l'avis de passage, pour en déduire que la visite faite après l'envoi de la notification de redressement n'avait pas pour objet la poursuite du contrôle. Il est assez facile pour le service, dans ces conditions, de prétendre vouloir n'instruire que les observations du contribuable, tout en permettant au vérificateur de poursuivre ses investigations. Surtout s'il lui est permis d'envoyer une nouvelle notification comportant des redressements plus élevés que la première.

Tout aussi contestable, une espèce où le contribuable, dans sa réponse à la notification de redressement, soutenait qu'il avait divisé un immeuble en lots, en vue de sa revente. Pour s'en assurer, le vérificateur avait visité les lieux, au-delà du délai de trois mois. Le juge n'y a pas vu de violation de l'article L 52 (128). Certes, l'inspecteur n'est pas retourné dans l'entreprise, ni n'a examiné la comptabilité. Mais la vérification ne se limite pas à l'analyse des documents comptables, elle consiste également dans des constatations matérielles, par exemple pour faire le décompte des immobilisations.

579. – En revanche, le juge a reconnu la violation de la règle des trois mois dans une espèce où l'Administration, après expiration du délai, avait demandé au contribuable de lui adresser des documents comptables. Il s'agissait en l'occurrence du bilan détaillé d'un exercice vérifié. Or, si le contribuable avait refusé les redressements notifiés, il n'avait présenté aucune observation à l'appui de son refus. De plus, le bilan envoyé au service a servi de base à une nouvelle notification de redressement. Dans ces conditions, le juge prononça la décharge en reprochant à l'Administration de ne pas démontrer que sa demande avait pour but d'instruire les observations du contribuable ; ce alors même que le vérificateur n'était pas retourné sur place (129).

580. – De même, une réunion tenue au-delà du délai de trois mois, dans les locaux du service, pour laquelle le vérificateur a demandé au contribuable d'apporter des documents, dont l'Administration n'établit pas qu'ils seraient étrangers à l'activité professionnelle, vicie la procédure (130). Il s'agissait de relevés bancaires, expressément mentionnés dans l'avis de vérification parmi les documents à tenir à la disposition de l'inspecteur. À la suite du rendez-

(125) CE, 28 janv. 1981, req. n° 16600 : *Dr. fisc.* 1981, n° 18, 981, concl. C. Schricke.
(126) Solution confirmée : CE, 22 déc. 1982, req. n° 19905 : *RJF* 1983, n° 2, 257.
(127) CE, 14 avr. 1982, req. n° 27228 : *RJF* 1982, n° 6, 572.
(128) CE, 4 août 2006, req. n° 276555, *Tcherbakov* : *RJF* 2006, n° 11, 1413.
(129) CE, 19 mars 2001, req. n° 206846, *Dame Crousel* : *Dr. fisc.* 2001, n° 37, 811, concl. G. Bachelier.
(130) CE, 23 mars 1988, req. n° 62742 : *RJF* 1988, n° 5, 625

vous, le contribuable avait fourni par écrit des précisions sur des recettes professionnelles inscrites au crédit de ses comptes bancaires.

À l'inverse, une réunion tenue après l'expiration du délai, dans les locaux de l'Administration, ne vicie pas la procédure, dès lors que le contribuable ne fournit aucun élément pour établir qu'il aurait apporté des documents comptables et que le vérificateur les aurait examinés (131).

De son côté, l'Administration peut être tentée de tourner la règle des trois mois en procédant à deux contrôles, dont la durée respective serait inférieure à ce délai.

3° Vérifications successives

581. – Un service avait ainsi envoyé deux avis de vérification en vue du contrôle d'années différentes. Si le vérificateur a adressé à l'entreprise également deux notifications de redressement, qui prenaient soin de mentionner des délais d'intervention sur place inférieurs à trois mois, elles furent cependant envoyées à la même date. De plus, certains redressements, relatifs à la première période vérifiée, étaient motivés par référence à des constatations faites sur la seconde. En conséquence, le juge, se fondant sur les résultats de l'instruction, en a conclu à la violation de la garantie prévue à l'article L. 52 du Livre des procédures fiscales (132).

À l'inverse, l'envoi de deux avis de vérification, pour le contrôle de trois années successives, ne contrarie pas la règle des trois mois, même si l'ensemble des opérations sur place a dépassé le délai. Peu importe qu'une seule notification de redressement ait été adressée, dès lors que, pour chaque vérification, le service a procédé au contrôle des déclarations correspondant à chaque période vérifiée (133). Il est trop facile dans ces conditions, pour l'Administration, de tourner la loi. Le législateur devrait poser un délai – une année serait raisonnable – durant lequel le fisc se verrait interdire de procéder à nouveau au contrôle de l'entreprise.

582. – Une autre tentation, pour l'Administration, est de tout d'abord procéder à une vérification simple, généralement limitée à la TVA et, si les résultats sont concluants, de lancer ensuite un autre contrôle, se rapportant à l'impôt sur les bénéfices. Par mimétisme avec la règle *non bis in idem* (V. *infra*, n° 768 et s.), le fisc pourra alors dire qu'il n'a pas violé le délai de trois mois puisqu'il a – certes sur la même période – contrôlé des impositions différentes. L'illégalité de ce procédé a été reconnue par la cour administrative d'appel de Paris (134), puis par le Conseil d'État (135).

Dans la première de ces affaires, une seule et même notification de redressement avait été adressée, pour l'ensemble des impôts vérifiés, à l'issue du second contrôle. Le commissaire du gouvernement souligna très justement que le vérificateur doit examiner les mêmes documents comptables pour contrôler tant la TVA que l'impôt sur les bénéfices. Le service procède donc bien à une seule et même vérification. La preuve objective a le mérite d'épargner au contribuable la démonstration – difficile – que la même facture, par

---

(131) CAA Nancy, 24 avr. 2003, req. n° 98-993, *Zeidler* : *RJF* 2003, n° 10, 1127.

(132) CE, 18 oct. 1989, req. n° 54774, *SA La vieille chaumière* : *Dr. fisc.* 1990, n° 14, 706.

(133) CAA Nantes, 1er juin 1994, req. n° 92-762, *Assoc. française de soins et de cure* : *RJF* 1994, n° 12, 1348. – V. aussi CAA Marseille, 6 mars 2003, req. n° 98-2172, *Vadillo* : *RJF* 2003, n° 8-9, 998.

(134) CAA Paris, plén., 17 déc. 2004, req. n° 00-409, *SARL Sotracar* : *Dr. fisc.* 2005, n° 12, 316, concl. F. Magnard.

(135) CE, 13 janv. 2006, req. n° 256797, *Gravas* : *Dr. fisc.* 2006, n° 20, 403, concl. S. Verclytte ; *RJF* 2006, n° 4, 409.

exemple, aurait servi au vérificateur pour opérer à la fois un rappel de TVA et un rehaussement du résultat imposable ; et qu'ainsi les deux vérifications ne font qu'une.

583. – Toujours sous l'égide de la preuve objective, un arrêt (136) illustre ces mêmes difficultés. La société requérante soutenait que les deux vérifications de comptabilité successives dont elle fit l'objet ne constituaient en réalité qu'une seule, conduite au-delà de trois mois. Pourtant, elle reçut deux avis de vérification (le second remis en main propre) et trois notifications de redressement qui, étrangement, ne comportaient pas les dates des contrôles. Pour tenter de démontrer la réalité d'une seule et même vérification, la société produisit deux attestations, l'une issue de son chef comptable, l'autre d'une secrétaire comptable. Si le commissaire du gouvernement a noté que les deux attestations étaient rédigées en des termes différents, il leur reprocha d'avoir été établies près de dix ans après les faits. Leur force probante ne résistait pas à celle des documents issus de l'Administration.

584. – En effet, s'agissant du second contrôle, la notification de redressement fut adressée à une date nettement inférieure à trois mois, par rapport à l'avis de vérification, remis en main propre le jour même de la première intervention sur place. De plus, le contribuable n'avait pas soulevé le moyen constitué par ce qui ressemblait fort à un contrôle inopiné, à l'époque irrégulier. Le juge reconnut donc que la seconde vérification n'avait pas dépassé le délai de trois mois. Il faut bien admettre, en effet, qu'il était difficile pour les témoins de se rappeler des dates remontant à près de dix ans. En revanche, le commissaire du gouvernement leur accorda plus de crédit en rapprochant les attestations des deux notifications de redressement envoyées à l'issue de la première vérification. Car il était tout de même étrange que ces deux documents ne comportent pas les dates du début et de la fin du contrôle.

585. – M. Fouquet, à propos de cette affaire, dépeint ainsi les mœurs fiscales : « Certes, il est toujours difficile de faire la part des choses entre un contribuable qui a tendance à prendre ses désirs pour des réalités et une Administration qui, lorsqu'elle a pris conscience d'une irrégularité commise par l'un de ses agents, se contente d'affirmations prudentes et qui, sans travestir la vérité, ne se croit pas obligée de la dire tout entière ». L'arrêt accorde la décharge en notant que l'Administration n'a pas été en mesure de préciser la date d'achèvement du contrôle. Les mentions manquantes sur les notifications de redressement font figure d'aveux, corroborés par des attestations pourtant peu crédibles. Cependant, on notera que l'absence des dates d'intervention sur la notification ne rend pas celle-ci irrégulière, faute de disposition législative ou réglementaire prescrivant une telle mention (137).

586. – La règle posée à l'article L. 52 conduit à un modèle très élaboré de preuve objective. Les difficultés décrites par M. Fouquet amènent en effet le juge à interroger sa plus intime conviction. Même si, chaque fois que cela est possible, il sollicite les parties pour qu'elles lui fournissent des éléments, son office est ici important. Il lui arrive ainsi de reconstituer les faits, en s'appuyant sur les écrits et témoignages dont il dispose, dont il mesure soigneusement la force probante. La vraisemblance constitue, pour ce travail, une donnée décisive.

---

(136) CE, 28 oct. 1983, req. n° 30902 : *Dr. fisc.* 1984, n° 7, 278, concl. O. Fouquet.
(137) CE, 20 mars 1996, req. n° 123716, *Dame Angelvy* : *Dr. fisc.* 1997, n° 41, 1045.

587. – S'il faut saluer ces efforts, sachant qu'ils ont pour effet d'épargner au contribuable une preuve impossible, il reste que la garantie n'est pas appliquée avec suffisamment de rigueur. Toute imposition découlant d'un contrôle irrégulier devrait être annulée, y compris si elle résulte d'une proposition de rectification envoyée, pour interrompre la prescription, avant l'expiration des trois mois. De même, tout nouveau contact avec le contribuable au-delà du délai, et conduisant à des redressements supérieurs à ceux déjà notifiés, devrait laisser présumer que la garantie n'a pas été respectée. Il est trop facile à l'Administration de tourner la règle en procédant à deux vérifications successives. Enfin, le doute devrait davantage profiter au contribuable, dès lors que le législateur a entendu protéger celui-ci.

La dernière application de la preuve objective se rencontre en matière de détournement de procédure.

§ 3. – Détournement de procédure

588. – Si, dans ce domaine, le juge statue également au vu de l'instruction (A), on trouve pourtant des hypothèses qui se situent en dehors du champ d'application de la preuve objective et où, néanmoins, on assiste à une « objectivisation » de la preuve (B). Ce phénomène tendrait donc à démontrer qu'une nouvelle méthode probatoire se généralise.

A. – Preuve objective

589. – La matière fiscale connaît plusieurs cas de détournement de procédure, comme par exemple un droit de communication qui dégénère en vérification de compatibilité (V. *infra*, n° 688 et s.). L'hypothèse la plus classique est celle d'une perquisition menée sur le fondement de l'ordonnance du 30 juin 1945, pour rechercher des infractions en matière économique, alors qu'en réalité la visite n'a d'autres fins que fiscales. Si c'est le cas, le détournement de procédure entraîne la décharge des impositions établies à la suite de la perquisition (138), notamment celles issues d'une vérification de comptabilité. Autrement dit, le vice qui affecte la visite contamine la procédure d'imposition.

Cette question n'appartient pas seulement au passé car, même depuis la création du droit de visite et de saisie, par la loi de finances pour 1985, les risques de détournement demeurent. Ainsi, la procédure de flagrance fiscale permet à l'Administration, sans autorisation du juge, de pénétrer dans des locaux professionnels pour prendre connaissance, et au besoin copie, de tout document (LPF, art. 16-0 BA IV). Sachant que la flagrance a pour objet de constater des fraudes caractérisées, sans devoir nécessairement recourir à la procédure de visite et saisie, le risque de confusion est manifeste.

590. – La preuve du détournement de procédure, si elle pesait sur le contribuable, serait insurmontable. Car la démonstration est en elle-même très difficile à apporter. Ainsi, le juge est contraint de se fonder sur des indices pour conclure à une telle irrégularité. Si la perquisition a donné lieu à des poursuites pénales, ou à une transaction, elle ne peut en principe être constitutive d'un détournement de procédure (139). En effet, les poursuites laissent

(138) Par ex. : CE, 1er juin 1990, req. n° 90502, *Sté L'Hermitage* : *RJF* 1990, n° 8-9, 1051.
(139) Par ex. : CE, 25 oct. 1989, req. n° 67367, *Langier* : *RJF* 1989, n° 12, 1414.

entendre qu'une infraction, de nature économique par exemple, a été commise, donc la perquisition n'avait pas un but uniquement fiscal. À l'inverse, si aucune poursuite n'a été exercée, ni même le procès-verbal transmis au parquet, la procédure est présumée irrégulière (140). Outre la nécessité d'épargner au contribuable une preuve impossible, on comprend que l'appréciation de ces indices, relevant de la conviction du juge, ait conduit la jurisprudence à retenir le système de la preuve objective (141).

591. – Toutefois, l'Administration, en l'absence de poursuites, peut renverser la présomption pesant sur elle, en faisant état de circonstances particulières qui pouvaient laisser penser que le contribuable avait commis des infractions d'ordre économique (142). Ainsi, dans la première de ces espèces, la perquisition avait été motivée par la réception d'une dénonciation précise, écrite et signée, faisant état de fausses factures, lesquelles entraient dans le champ d'application de l'ordonnance de 1945. De plus, le juge doit rechercher la motivation réelle de la perquisition : le simple fait qu'un procès-verbal ait été établi et transmis au parquet ne suffit pas à établir la régularité de la procédure, dès lors qu'aucune poursuite n'a été déclenchée (143).

592. – La transmission du procès-verbal au parquet ne doit pas être utilisée par l'Administration pour se ménager le moyen de prouver la régularité de la perquisition. La manœuvre est ainsi caractérisée lorsque le service transmet le procès-verbal plus de deux ans après son établissement et alors que le contribuable vient de saisir le tribunal administratif. Dans cette hypothèse, en l'absence de tout soupçon précis et sérieux d'infraction à la législation économique, le détournement de procédure est avéré (144). Il en va de même lorsqu'il est manifeste qu'une perquisition ne pouvait avoir d'intérêt pour la recherche d'infractions d'ordre économique, mettant ainsi en évidence sa seule finalité fiscale (145). Le Conseil d'État a reconnu un détournement de procédure, alors même qu'un procès-verbal avait été dressé, puis transmis au parquet, lequel déclencha des poursuites, suspendues par une transaction (146).

593. – La Cour de cassation est encore plus exigeante. Lors d'une perquisition opérée par des agents des douanes, accompagnés de deux inspecteurs des impôts, des infractions à la législation sur les changes ont été constatées. Alors même qu'elles donnèrent lieu à une condamnation définitive, le juge judiciaire, saisi de poursuites pour fraude fiscale, a qualifié de détournement de procédure l'intervention des deux agents des impôts, dès lors qu'elle était uniquement motivée par la recherche d'infractions fiscales (147).

Sans même que le juge ne statue au vu de l'instruction, la jurisprudence, toujours dans le domaine du détournement de procédure, met en évidence une « objectivité » de la preuve.

---

(140) CE plén., 11 févr. 1987, req. n° 40565 : *RJF* 1987, n° 4, 414.

(141) CE, sect., 6 déc. 1995, req. n° 126826, *SA Samep : Dr. fisc.* 1996, n° 7, 203, concl. G. Bachelier ; *RJF* 1996, n° 1, 61, chron. G. Goulard, p. 2.

(142) CE, 3 déc. 1990, req. n° 103101, *SA Antipolia* : *Dr. fisc.* 1991, n° 7, 259, concl. J. Arrighi de Casanova. – CE, 23 juill. 1993, req. n° 78594, *Miche* : *RJF* 1993, n° 10, 1323.

(143) CE, 6 mai 1999, req. n° 132522, *SARL Link* : *RJF* 1996, n° 6, 749.

(144) CAA Nancy, 28 nov. 1991, req. n° 90-667, *Corsetti* : *RJF* 1992, n° 5, 688.

(145) CAA Nantes, 12 mai 1991, req. n° 89-900, *Perrin* : *Dr. fisc.* 1992, n° 11, 568.

(146) CE, 5 juin 1989, req. n° 78301, *Guyot* : *RJF* 1989, n° 8-9, 985.

(147) Cass. crim., 25 mai 1988, req. n° 87-90429 : *RJF* 1989, n° 2, 193.

B. – « Objectivité » de la preuve

594. – En dehors du système de la preuve objective, le juge peut faire valoir une « objectivité de la preuve » poursuivant les mêmes fins ; une affaire, particulièrement topique, le démontre (148). Des perquisitions avaient été menées, au début des années 1980, à l'encontre de la société requérante, sur le fondement de la recherche d'infractions économiques. En réalité, le but poursuivi était fiscal et, en conséquence, le détournement de procédure avéré. L'imposition litigieuse était viciée puisque l'Administration, lors du contrôle ultérieur de l'entreprise, avait utilisé des éléments recueillis lors des perquisitions.

595. – Cependant, la société n'était pas en mesure d'invoquer l'irrégularité commise dès lors que, faute d'avoir déposé ses déclarations de résultat et de chiffre d'affaires, elle se trouvait en situation de taxation d'office. Mais cette circonstance ne peut être opposée au contribuable lorsque c'est la procédure d'investigation elle-même, en l'espèce la perquisition, qui a révélé à l'Administration que l'intéressé encourait une imposition d'office (149). En effet, lors de la réalisation de l'irrégularité, le contribuable n'était pas (encore) en situation de taxation d'office. Dès lors, l'ensemble de la procédure est vicié par la faute originaire du service.

596. – Dans cette affaire, le juge d'appel avait exigé de l'Administration la preuve qu'elle connaissait la situation de taxation d'office de la société avant d'entreprendre les perquisitions. Demande bien maladroite car, au jour de la première de ces procédures, les délais pour souscrire les déclarations au titre d'un exercice vérifié ultérieurement n'avaient pas commencé à courir. De plus, la cour avait reproché au service de ne pas avoir adressé de mises en demeure à la société, alors que cette procédure n'était pas obligatoire à l'époque s'agissant de l'IS et qu'elle ne l'est toujours pas aujourd'hui pour la TVA. Autrement dit, le juge d'appel exigeait de l'Administration une preuve impossible, tenant à la connaissance subjective de la situation du contribuable au jour de la première perquisition.

597. – Le Conseil d'État a censuré ce raisonnement pour erreur de droit, jugeant que la situation objective de taxation d'office dans laquelle se trouvait la société suffisait pour lui interdire d'invoquer un vice de procédure. Il est clair, dans cette espèce, que la preuve pesait sur l'Administration, en tant que celle-ci faisait valoir les conséquences découlant de l'absence de déclarations. Il ne s'agit donc pas d'une application du système de la preuve objective. Cependant, le juge de cassation s'est appuyé sur l'instruction, révélant la situation de taxation d'office, pour soulager les obligations probatoires pesant sur le fisc. On retrouve donc ici une « objectivité de la preuve » conçue pour faciliter la démonstration, que cette aide profite au contribuable ou à l'Administration. Donc, en dehors même des hypothèses où le juge se prononce au vu des résultats de l'instruction, la preuve fiscale tend à « s'objectiviser ».

Il nous reste à dresser le bilan de l'ensemble de la jurisprudence relative à la preuve objective.

(148) CE, 5 juin 2002, req. n° 201066, *Sté Link* : *Dr. fisc.* 2002, n° 43, 854, concl. J. Courtial.
(149) CE, 10 déc. 1980, req. n° 14878 : *Dr. fisc.* 1981, n° 10, 476.

Section 3

BILAN

598. – Il y a lieu de s'interroger sur la spécificité de la preuve objective (§ 1), avant d'en mesurer les avantages et inconvénients (§ 2), puis tenter de prévoir l'avenir que cette méthode pourrait connaître (§ 3).

§ 1. – Spécificité de la preuve objective

599. – Après avoir étudié le lien entre l'objectivité de la preuve et celle du droit (A), on délimitera le domaine d'application de la preuve objective (B). Celle-ci se distingue enfin par l'office que le juge (C) déploie lorsqu'il la met en œuvre.

A. – Objectivité de la preuve et objectivité du droit

600. – De l'opposition entre la règle de droit et la règle de preuve (1°), on retient que la preuve objective se rencontre le plus souvent lorsque le fait et le droit sont intimement liés, soit dans l'hypothèse d'une qualification juridique des faits (2°).

1° Règle de droit et règle de preuve

601. – On l'a vu (V. *supra*, n° 460), l'*ob-jectum* représente ce qui est extérieur au sujet, « jeté devant lui ». À l'inverse, le *sub-jectum* est propre, inhérent au sujet. Cette opposition est particulièrement illustrée, dans le système de la preuve objective, par les litiges relatifs à la durée des amortissements (V. *supra*, n° 505). Le temps ainsi autorisé découle des usages, qui sont extérieurs à l'entreprise. Pour démontrer que les amortissements pratiqués par celle-ci correspondent aux usages, il faut donc recourir à la preuve objective. À l'inverse, si l'entreprise prétend retenir des durées autres que celles issues des usages, à raison de circonstances lui étant propres, c'est elle qui supporte la charge de la preuve, dès lors qu'elle invoque des données non plus exogènes, mais endogènes.

De la même façon, dans l'affaire *Association Jeune France* (V. *supra*, n° 514), le juge a renoncé à appliquer un critère subjectif, l'utilité sociale représentée par l'œuvre, pour retenir un critère objectif, l'absence de concurrence produite par l'association. Enfin, on a vu comment le commissaire du gouvernement Bataille, en concluant sur l'arrêt *Sté Fauba France* (V. *supra*, n° 496), a rapproché l'objectivité de la TVA de celle de la preuve.

602. – Une démarche objective, dans l'appréciation de la preuve, ne doit pas surprendre en droit fiscal, matière imprégnée d'objectivité. Cette nature est en effet indispensable au respect d'un principe fondamental : l'égalité devant l'impôt. La situation de tous les contribuables doit être appréciée de façon objective, à raison de règles générales et impersonnelles, et non d'après les velléités particulières de chacun. Cependant, porté à l'extrême, ce raisonnement, au regard de la preuve, se trouve privé de sens. On peut même se demander, lorsque le juge se prononce selon les résultats de l'instruction, s'il est encore question de preuve.

603. – Un commissaire du gouvernement, M. Loloum, a soutenu qu'un litige portant sur l'appréciation de purs faits devait donner lieu à une dévolution de la preuve selon la procédure de redressement suivie (150). Ce qui signifierait, *a contrario*, qu'une affaire mêlée de droit et de fait devrait répondre au système de la preuve objective. Cette opinion est partagée par un autre « rapporteur public », M. Grangé qui, en concluant sur la décision *Guégan* (V. *supra*, n° 517), soutient qu'un litige présentant une difficulté de qualification juridique des faits doit être résolu grâce à la preuve objective. Or, la question de la preuve ne se pose que s'agissant des faits. *A priori* donc, on serait en présence d'une confusion entre l'objectivité de la preuve, en tant qu'elle se rapporte aux faits, et l'objectivité du droit. Certes, les règles de preuve sont des normes juridiques, mais si elles sont rattachées aux règles de fond (V. *supra*, n° 2 et s.), elles n'y appartiennent pas tout à fait, pour ressortir également à la procédure. L'hypothèse où le droit et le fait sont mêlés est celle d'une qualification juridique des faits.

2° Qualification juridique des faits

604. – La grande majorité des litiges, en matière fiscale, présentent une difficulté de qualification juridique des faits, dans laquelle les données factuelles et celles relatives aux règles de fond sont inextricablement liées. Par exemple, on analyse de la façon suivante la situation d'un contribuable : il perçoit des gains, réguliers, donc il dispose de revenus, qui doivent être soumis à l'IR. En apparence, sont ici en cause deux appréciations de fait : le contribuable perçoit des gains, ils sont réguliers ; et une appréciation de droit : il est imposable car ces versements sont susceptibles de se renouveler.

En réalité, lorsqu'on a dit que les gains perçus étaient réguliers, on a déjà procédé à l'appréciation de droit, car il en résulte immédiatement qu'ils sont susceptibles de se renouveler. Donc il n'y a pas une question de fait d'un côté et une question de droit de l'autre, il n'y a qu'une seule question de qualification juridique des faits. Dans ces conditions, on comprend que l'on puisse confondre l'objectivité de la preuve et celle du droit. Il demeure que la règle de preuve ne peut se rapporter qu'aux faits, à défaut on ne la distingue plus de la règle de fond.

605. – Pour autant, on ne peut nier le rapport entretenu entre l'objectivité de la preuve et celle du droit. Là encore, il faut raisonner par opposition au critère légal, qui punit le contribuable défaillant par la charge de la preuve, ce qui suppose d'apprécier son comportement. Au contraire, la preuve objective ne retient pas cette dimension. Par exemple, en matière d'exonération en faveur des entreprises nouvelles, on a vu (V. *supra*, n° 490) que certaines espèces présentaient une nature « objective », car l'attitude du contribuable n'était pas en cause. L'Administration ne lui faisait pas reproche d'avoir abusivement profité de l'exonération. Le litige tenait seulement à la nature commerciale de l'activité exercée, qui conditionnait l'imposition des bénéfices. L'appréciation d'une activité commerciale se réalise à partir d'éléments de fait, tenant à l'importance des moyens humains et matériels mis en œuvre pour les besoins de l'exploitation.

Mais on a vu également que le juge a retenu le même système de la preuve objective pour un contribuable qui avait manifestement abusé de l'exonéra-

---

(150) F. Loloum, concl. sur CE, 18 mai 1998, req. n° 159846, *Sté Yves Saint-Laurent* : *Dr. fisc.* 1998, n° 48, p. 1485.

tion. Pour autant, cette espèce n'a pas été traitée de manière « subjective », dès lors que ce sont les faits qui importent et non l'attitude de l'entreprise.

De même, dans l'affaire *Fauba France* (V. *supra*, n° 491 et s.), l'objectivité de la TVA et celle de la preuve épargnent au juge la nécessité de se convaincre d'une fraude commise par le contribuable.

606. – On peut donc dire que la preuve objective se rencontre, particulièrement, dans les contentieux où l'on trouve ce lien ténu entre le fait et le droit. Pour reprendre l'exemple du contribuable qui perçoit des gains pouvant constituer des revenus, deux sortes de difficultés probatoires sont susceptibles de se rencontrer. Tout d'abord, elles peuvent tenir à la réalité de l'encaissement des sommes : le contribuable les a-t-il réellement perçues ? Seuls des faits entrent ici en jeu. Ensuite, on peut s'interroger sur la nature des gains perçus : sont-ils suffisamment réguliers pour être en mesure de se renouveler et ainsi constituer des revenus ? Dans cette seconde hypothèse, on va se trouver en face de données factuelles et normatives qui caractérisent la qualification juridique des faits. Sachant que le droit relève du juge, tandis que le fait est davantage l'affaire des parties, on comprend la distinction probatoire qui en découle. La preuve de purs faits doit dépendre de la procédure de redressement suivie, pour incomber donc, soit au contribuable, soit à l'Administration. La démonstration de faits mélangés de droit relève du juge et, dès lors, de la preuve objective.

607. – Dans cette seconde hypothèse, on reste dans le domaine de la preuve car il s'agit toujours d'établir des faits, même s'ils sont étroitement liés au droit. Il est naturel que le juge s'y approprie la question des faits, de manière à tenir le raisonnement finaliste qui va lui permettre de résoudre le litige : des gains ont été perçus, ils sont réguliers, donc imposables. À raison du lien inextricable entre le fait et le droit, dans cette qualification, l'objectivité de la règle de fond va dépeindre sur la règle de preuve. Au contraire, si seule la question de l'encaissement des sommes se posait, il appartiendrait – selon la procédure de redressement suivie – soit au contribuable, soit à l'Administration, de supporter la preuve.

Que cette démonstration soit faite ou non, il est possible que seule la règle de preuve soit utilisée, sans donc besoin de recourir à la règle de fond. Si, par exemple, l'obligation probatoire pesait sur l'Administration et qu'elle ne parvenait pas à la satisfaire, le juge raisonnerait de la façon suivante : la preuve incombe au service, celui-ci ne l'apporte pas, donc le contribuable n'a pas perçu les sommes litigieuses. Dès lors que la règle de fond n'entre pas en jeu, son objectivité ne peut avoir d'influence sur la règle de preuve.

608. – Pour autant, le juge peut user du système de la preuve objective pour établir de purs faits, par exemple déterminer le contenu d'un courrier (V. *supra*, n° 531 et s.). Il demeure que face à un litige présentant une difficulté de qualification juridique des faits, les chances sont plus grandes de le voir statuer d'après l'instruction. Mais il ne s'agit que d'une application parmi d'autres du système de la preuve objective, dont le domaine est plus vaste.

B. – Domaine d'application

609. – Le commissaire du gouvernement Pierre Collin, dans ses conclusions sur l'arrêt *Lebreton* (V. *supra*, n° 394 et s.), conditionne l'usage de la preuve objective à une symétrie d'informations entre le contribuable et l'Administration (151). À savoir que les deux parties devraient chacune disposer d'éléments de preuve pour que ce système soit utilisable. En effet, il serait vain et injuste de faire supporter une obligation probatoire à un plaideur tout en sachant pertinemment qu'il n'a aucun moyen d'accéder à la vérité. Pour autant, on ne peut en déduire que la preuve objective exigerait un équilibre entre Administration et contribuable. En effet, dans la grande majorité des hypothèses, ce dernier est le seul à connaître toute la vérité. Du moins ce qu'on nous appelons la vérité endogène, par opposition à la vérité exogène, plus facilement accessible à l'Administration. Car le fisc dispose des moyens de recouper les informations qu'il collecte auprès du contribuable : droit de communication, de contrôle, de perquisition. De ce point de vue, il existe presque toujours une symétrie d'informations entre l'Administration et le contribuable, seules diffèrent les formes d'accès à la vérité.

Après avoir identifié les litiges où, jusqu'à présent, le juge utilise fréquemment le système de la preuve objective (1°), on tentera de définir une méthode permettant d'anticiper l'usage de cette technique (2°).

1° Domaines où s'applique la preuve objective

610. – Le premier objet de la preuve objective est d'épargner aux plaideurs une démonstration impossible. De ce point de vue, son usage à l'appui des règles de procédure est plus significatif que celui fait aux règles de fond. Dans toutes les questions de procédure que nous avons étudiées, la preuve était soit très difficile à apporter, soit impossible : établir le contenu d'un courrier ou l'envoi d'une lettre simple, démontrer l'emport ou la restitution de documents, prouver que le contrôle a duré plus de trois mois, caractériser un détournement de procédure. Dans certaines de ces matières, on trouve certes des difficultés de qualification juridique des faits. Par exemple, identifier un détournement de procédure suppose de mettre en évidence des faits correspondant à cette notion. Mais, dans d'autres litiges, seule se pose l'appréciation de purs faits. Ainsi, déterminer si un courrier contenait bien un avis de vérification de comptabilité, un avis d'ESFP et la charte du contribuable, ne se rapporte qu'aux faits : tous ces documents étaient-ils présents dans l'enveloppe ?

611. – S'agissant des règles de fond, on rencontre certes des difficultés de preuve : distinguer entre les frais de gestion et les frais de gérance (V. *supra*, n° 520 et s.), démontrer que des terrains sont à usage agricole ou forestier (V. *supra*, n° 487 et s.), établir le passage de la frontière pour justifier une livraison intracommunautaire (V. *supra*, n° 491 et s.). Mais, dans l'ensemble, ce ne sont pas les difficultés de la preuve qui expliquent, pour ces matières, que le juge s'y prononce au vu de l'instruction. Ici, il y a réellement une relation entre l'objectivité de la preuve et celle du droit, car la grande majorité des affaires en cause présentent une difficulté de qualification juridique des faits. Le litige tient en effet au champ d'application de l'impôt, d'une part, aux exonérations et plus généralement aux mesures avantageuses pour le contribuable, d'autre part. Ainsi, une association peut-elle être qualifiée de lucrative et donc entrer dans le champ des impôts commerciaux (V. *supra*, n° 514) ; ou des améliorations techniques apportées par une entreprise sont-elles assez substantielles pour lui ouvrir droit au crédit d'impôt recherche (V. *supra*, n° 522) ?

---

(151) P. Collin, concl. sur CE, sect., 20 juin 2003, req. n° 232832, *Sté Ets Lebreton-Comptoir général de peintures et annexes* : *RJF* 2003, n° 10, p. 756 et 758.

612. – Restent des hypothèses de preuve objective qui ne s'expliquent ni par de grandes difficultés probatoires, ni par une question de qualification juridique des faits. Même si les contentieux en cause peuvent présenter de pareilles situations. Elles correspondent aux cas les plus anciens. Les premiers dans lesquels le juge s'est prononcé selon les résultats de l'instruction : en matière d'impôts locaux (V. *supra*, n° 463 et s.) et s'agissant de la durée des amortissements (V. *supra*, n° 505). Ici, il faut entendre la preuve objective dans son sens littéral : elle s'impose car les données du litige sont extérieures au contribuable ; soit que l'Administration procède seule à l'établissement de l'imposition, comme pour les impôts locaux, soit que la règle résulte des usages, pour la durée des amortissements. On remarquera que les usages, dans cette dernière hypothèse, font office de règles de droit. Cependant, eux-mêmes sont issus de faits : les durées d'amortissement les plus souvent pratiquées dans le commerce et l'industrie. Là encore, la preuve objective s'illustre par le lien entre droit et fait. Tentons maintenant de définir une méthode pour anticiper son application à de nouveaux contentieux.

2° Méthode d'anticipation de la preuve objective

613. – Le développement actuel de la preuve objective, dans le contentieux fiscal, fait peser un risque sur le plaideur. S'agissant de matières où la preuve incombait jusqu'alors aux parties, subitement le juge décide de se prononcer au vu de l'instruction. Le contribuable ou le service qui pensait avoir la partie facile, car la charge de la preuve pesait sur son adversaire, se voit alors reprocher de ne pas apporter suffisamment d'éléments probatoires. Or, il est parfois trop tard pour réagir, lorsque ce grief est le fait du juge d'appel, ou pire, du juge de cassation.

614. – Pour savoir si un litige risque de donner lieu au système de la preuve objective, on proposera la méthode suivante, faite de questions hiérarchisées et successives, qui doivent donc être posées par ordre décroissant d'importance.

La solution du litige dépend-elle d'une preuve difficile à apporter ? Particulièrement dans le domaine de la procédure, où la difficulté à prouver la violation d'une garantie du contribuable risque d'en priver celui-ci. S'agissant des règles de preuve qui viennent à l'appui de règles de fond, le juge pourra également vouloir simplifier celles qui contraignent le contribuable à des obligations probatoires trop lourdes.
Le litige présente-t-il une question de qualification juridique des faits ? Sachant qu'une telle question se rencontre le plus souvent soit pour délimiter le champ d'application de l'impôt, soit à raison d'une exonération ou plus largement d'une mesure avantageuse pour le contribuable. La preuve objective intéresse alors plus les règles de fond que celles relatives à la procédure. À raison du lien ténu entre le fait et le droit, l'objectivité du droit va dépeindre sur celle de la preuve.
Les données du litige sont-elles extérieures au contribuable ? Par exemple, dès lors qu'un impôt local est entièrement établi par l'Administration, les faits retenus par le service pour l'asseoir sont par principe extérieurs au contribuable.

615. – Cette méthode n'est qu'une proposition, résultant d'une analyse qui mérite d'être confirmée par le développement jurisprudentiel de la preuve objective. On ne peut donc cacher sa nature contingente. De plus, les décisions dans lesquelles le juge se prononce au vu de l'instruction sont peu motivées, ce qui ne facilite pas l'analyse. De même, les commissaires du gouvernement sont généralement peu bavards sur les raisons les amenant à proposer de recourir à la preuve objective. Ce phénomène n'est pas bon signe : il caractérise l'empirisme que le juge administratif aime se réserver. En matière fiscale, il peut décider qu'un domaine contentieux doit répondre au système de la preuve objective, tandis que d'autres doivent échapper à cette technique. Il s'attachera alors moins à des critères, comme la difficulté de la preuve ou sa nature exogène, qu'à une simple opportunité : le juge décide du système probatoire qui lui semble correspondre le mieux aux litiges en cause.

Il faut s'attendre, à cet égard, à la poursuite du développement de la preuve objective. Car ce système permet au juge de disposer d'une plus grande liberté dans l'instruction de l'affaire. Il est moins dépendant des parties, forge lui-même sa conviction. Son office est donc plus grand.

C. – L'office du juge

616. – Un commissaire du gouvernement a pu dire que l'instruction des affaires fiscales n'était pas menée de façon sensiblement différente selon que le juge use ou non du système de la preuve objective (152). Car si la loi ou la jurisprudence désigne un plaideur comme devant supporter la charge de la preuve, cela ne dispense pas son adversaire, par le jeu de la dialectique, de lui répliquer en apportant ses propres éléments probatoires. De même, en matière d'impôts locaux, on a pu remarquer que le régime de la preuve objective ne différait guère de celui applicable au système déclaratif (V. *supra*, n° 479 et s.).

Sans doute, mais la preuve objective s'impose particulièrement face à de grandes difficultés probatoires, pour lesquelles elle constitue la seule méthode praticable. Or, on n'a pas vu, en matière d'impôts locaux, de litiges – hormis l'affaire des Témoins de Jéhovah (V. *supra*, n° 477 et s.) – où la preuve serait insurmontable. Face aux espèces dans lesquelles la démonstration des faits est très difficile, la preuve objective permet au juge de venir en aide aux plaideurs. Plutôt que de les contraindre à fournir une démonstration impossible, il prend en charge la nécessité d'éclairer les faits, de manière à véritablement résoudre le différend. En conséquence – et c'est ce qui distingue la preuve objective –, son office est plus grand que dans les litiges où la charge probatoire est attribuée aux parties.

617. – Cela n'empêche pas le juge de son montrer exigeant envers celles-ci. Dès lors qu'il lui faut disposer de tous les éléments pour résoudre le litige, il va même se montrer pressant pour réclamer aux plaideurs les pièces dont ils disposent. Ainsi, en matière d'impôts locaux, pour la détermination des valeurs locatives, le juge tient à connaître l'ensemble des éléments de comparaison, de façon à former sa conviction quant à l'évaluation litigieuse (V. *supra*, n° 465 et s.). De même dans l'affaire *Diebold Courtage* (V. *supra*, n° 510), on a vu comment le Conseil d'État a censuré le juge d'appel pour n'avoir pas considéré toutes les données fournies par l'Administration et le contribuable.

618. – Dans le système de la preuve objective, le juge refuse de prendre en considération le comportement du contribuable. Ceci par opposition au critère

(152) G. Goulard, concl. sur CE, 26 févr. 2003, req. n° 223092 et 223293, *Sté Pierre de Reynal et Cie* : *Dr. fisc.* 2003, n° 24, p. 804.

légal, qui punit sa mauvaise attitude par la charge de la preuve. Ce refus se manifeste tant dans l'analyse des opérations de contrôle fiscal, pour apprécier la bonne foi de l'intéressé, que lors de la procédure contentieuse. Ainsi, on a vu (V. *supra*, n° 473) le Conseil d'État désavouer une cour qui reprochait au contribuable de ne pas lui avoir fourni assez d'éléments sur sa situation. Ce souci d'objectivité de la part du juge paraît excessif. En effet, dans une telle hypothèse, l'attitude du plaideur est nécessairement sanctionnée. Car toute juridiction, convaincue qu'un justiciable lui cache la vérité, est portée à lui donner tort.

619. – Il serait donc inexact de penser – le juge faisant sienne l'obligation d'éclairer les faits – que le système de la preuve objective dispense les parties de leurs obligations probatoires. Simplement parce qu'une juridiction ne peut résoudre un litige sans les lumières apportées par les plaideurs. Mais autant le juge peut laisser le contribuable, ou l'Administration, sans secours face à une preuve dont la charge est infligée par la loi ou la jurisprudence, autant son aide est décisive lorsqu'il use de la preuve objective. On, ainsi vu, dans l'affaire des fonds turbo (V. *supra*, n° 528), comment le Conseil d'État avait utilisé la technique de l'économie de moyens pour faciliter la démonstration pesant sur le fisc. Comme dans le contentieux administratif, le juge de l'impôt déplace la charge de la preuve pour la faire peser sur la partie la plus apte à faire connaître la vérité. Mais il prend garde à ce que cette obligation ne repose pas entièrement sur l'un ou l'autre des plaideurs.

620. – Lorsque le poids de la preuve est attribué au contribuable ou à l'Administration, le juge ne manque certes pas de confronter les éléments présentés par les plaideurs. Cependant, même dans un contentieux de nature inquisitoire comme celui de l'impôt, la question des faits relève des parties plus que du juge. Dans la preuve objective, le juge fait sienne l'obligation d'éclairer les faits, allant même jusqu'à les reconstituer. La dialectique joue donc un rôle plus grand que dans les autres domaines contentieux. Parce que la vérité peut être impossible à atteindre, le juge prend le plus grand soin à mesurer la force probante des éléments présentés par les parties. De même, il les confronte, sachant que les insuffisances ou incohérences affectant certaines pièces, ou explications, peuvent renforcer la position de l'adversaire.

Le juge se prononce vraiment selon son intime conviction, car souvent il ne pourra pas mettre en évidence des preuves proprement dites mais de simples présomptions. La vraisemblance joue alors un rôle décisif : le juge tient pour avérés les faits les plus probables. Le plus grand avantage qu'on puisse ainsi reconnaître à la preuve objective est de permettre au juge de soulager les parties face à une obligation probatoire insurmontable.

§ 2. – Avantages et inconvénients de la preuve objective

On pourrait appliquer à la preuve objective cette expression populaire et baroque : « elle a les défauts (B) de ses qualités (A) ».

A. – Avantages

La preuve objective permet de surmonter une impossibilité de prouver et favorise la simplification de l'état du droit (1°). Elle tend à établir une présomption de régularité de la situation du contribuable (2°), présomption cependant bien relative.

1° Surmonter la preuve impossible et simplifier l'état du droit

621. – C'est précisément lorsque la preuve devient difficile à apporter que les critères en attribuant la charge montrent, avec une plus grande évidence, leurs limites. Ainsi, quand en application de la loi une partie supporte le poids de la preuve et ne parvient pas à la fournir, le juge, dans l'ignorance des faits, se résout à lui donner tort. Face à une pareille hypothèse, on ne peut dire que la juridiction tranche réellement le litige. Celui-ci aboutit à une impasse, où il s'arrête. La passivité du juge donne une impression de déni de justice, sans doute pas au regard du dispositif, mais du moins dans la lecture des motifs de la décision.

622. – De ce point de vue, en épargnant au plaideur les conséquences d'une démonstration insurmontable, la preuve objective est bien plus satisfaisante. Elle montre qu'il peut être abusif de faire peser tout le poids probatoire sur une seule des parties, alors qu'il est plus juste et plus efficace de solliciter les deux. L'échange dialectique permet beaucoup plus sûrement d'atteindre la vérité que la démonstration, souvent orientée, d'un seul plaideur. Sans doute cette dialectique existe-t-elle également en dehors de la preuve objective (153). Mais plus les difficultés probatoires sont grandes, plus le juge se montre exigeant envers la partie que la loi ou la jurisprudence désigne comme devant fournir la preuve. Le plaideur qui supporte la charge de celle-ci a donc toutes les chances de perdre le procès.

623. – On peut également reconnaître à la preuve objective le mérite de simplifier l'état du droit. Ainsi, elle a mis fin à l'obligation, pour le contribuable percevant des revenus fonciers, de distinguer les frais de gestion des frais de gérance dans les honoraires facturés par le gérant de l'immeuble (V. *supra*, n° 520 et s.). De même, une association n'est plus aussi dangereusement menacée par les impôts commerciaux que naguère (V. *supra*, n° 514). Ou encore, une société coopérative d'artisans n'a plus à démontrer qu'elle fonctionne conformément aux dispositions qui lui sont applicables et peut donc bénéficier de l'exonération de taxe professionnelle (V. *supra*, n° 474 et s.). La preuve objective tend ainsi à reconnaître au contribuable le bénéfice d'une présomption de régularité de sa situation.

2° Présomption de régularité de la situation du contribuable

624. – L'Administration doit combattre l'apparence de régularité qui profite souvent au contribuable lorsque le juge statue selon les résultats de l'instruction. Il arrive même que cette présomption soit très favorable aux intéressés, sachant la difficulté pour le fisc de la combattre, ainsi s'agissant des masseurs-kinésithérapeutes face à l'exonération de TVA (V. *supra*, n° 486). Cette conséquence, lorsqu'elle joue aux dépens de l'Administration, est mécanique : la preuve objective a pour principal objet d'épargner au plaideur une démonstration impossible, ce qui ne le dispense pas, bien sûr, de toute obligation probatoire ; mais dès lors que le fardeau est allégé d'un côté, il devient plus lourd de l'autre.

625. – Pour autant, la preuve objective ne s'affranchit pas des règles générales : il appartient toujours au contribuable de présenter des justificatifs pour

---

(153) V. CE, 2 févr. 1990, req. n° 62056, *Boucard* : *RJF* 1990, n° 3, 286. – CE, sect., 20 juin 2003, req. n° 232832, *Sté Ets Lebreton-Comptoir général de peintures et annexes* : *RJF* 2003, n° 10, 1140, concl. P. Collin, p. 754 ; *Procédures* 2003, n° 10, p. 33, note J.-L. Pierre. – CE, 28 mai 2004, req. n° 250817, *Sté Magneti Marelli France* : *Dr. fisc.* 2005, n° 21, 428, concl. G. Bachelier.

établir l'apparente régularité de sa situation, condition indispensable au bénéfice de la présomption. Or, on a vu que cette justification (V. *supra*, n° 116 et s.) constitue un préalable nécessaire à la recherche d'une preuve complète, en même temps qu'elle forme le premier et principal élément de celle-ci. L'essentiel de la preuve continue donc de peser, dans la grande majorité des hypothèses, sur le contribuable. Il en va d'autant plus ainsi, bien entendu, lorsque la preuve objective est utilisée pour venir en aide à l'Administration (V. *supra*, n° 509 et s. et n° 528).

626. – On pourra sans doute faire un parallèle entre la présomption de régularité résultant de la preuve objective et celle qu'on dit profiter à la déclaration des bases imposables, sachant que la situation du contribuable découle des formulaires qu'il souscrit. Mais nous avons vu (V. *supra*, n° 287 et s.) que la présomption attachée aux déclarations n'existait pas. L'obligation de justification préalable qui pèse, en toute circonstance, sur le contribuable rend tout aussi relatif l'*a priori* de régularité dont il profite grâce à la preuve objective. Il ne saurait en bénéficier qu'après avoir présenté les justificatifs qu'on exige de lui. Le propre de la présomption est de dispenser son bénéficiaire d'une preuve, ou du moins d'alléger celle-ci. Or, ici l'essentiel du fardeau probatoire continue de peser sur le contribuable. Pour autant, on ne peut nier que la preuve objective présente plus d'avantages que d'inconvénients.

B. – Inconvénients

627. – Si l'office du juge caractérise la preuve objective, encore faut-il qu'il prenne le temps de l'exercer, car cette méthode a le défaut de sensiblement allonger la durée de l'instruction. En effet, le rapporteur doit réclamer des explications et des justificatifs aux parties, puis les transmettre à l'adversaire, avec un délai pour présenter d'éventuelles observations. Or, sachant l'encombrement des juridictions et la « productivité » qu'on attend d'elles, l'application du système de la preuve objective risque de demeurer bien théorique.

628. – On a pu remarquer que bon nombre d'arrêts, lorsque le juge statue selon les résultats de l'instruction, étaient bien peu motivés, voire dépourvus de toute motivation quant à l'origine des faits sur la base desquels la juridiction se prononce. Si le juge de l'impôt est aussi peu prolixe, c'est bien sûr parce que la preuve objective ne pèse sur aucune des parties. Dès lors qu'il statue au vu de l'instruction, en forgeant sa propre opinion, il n'a pas à indiquer qui, de l'Administration ou du contribuable, a pu établir tel ou tel fait.

Mais, outre que la décision peut être indéchiffrable quant au système probatoire utilisé, cette démarche est bien peu didactique pour le justiciable. Or, celui-ci a besoin de savoir quels sont les éléments qu'il lui faut apporter pour convaincre le juge. Certes, on peut recourir aux conclusions, quand elles sont publiées. Cependant, même lorsque le commissaire du gouvernement a été suivi, rien n'assure que ses recommandations correspondent tout à fait aux vœux de la juridiction. On peut donc, sans peine, encourager le juge à plus de pédagogie. Le plaideur est avide de considérants de principe qui, dégagés des circonstances de l'espèce, peuvent préciser quelle partie doit justifier de tel ou tel élément.

629. – La preuve objective représente un progrès, dans la recherche de la vérité, dont il faut se féliciter. Elle a, cependant, le défaut de l'ésotérisme : il est difficile de la mettre en évidence, dans la lecture des arrêts comme dans sa spécificité. Ceci parce que la preuve fiscale demeure avant tout une preuve morale : le juge de l'impôt aura beau user de critères savants pour répartir la charge d'établir la vérité, sa démarche naturelle est de se fonder sur son intime conviction. Plus qu'un retour au droit commun, la preuve objective correspond à la nature profonde des méthodes de la juridiction administrative. Elle apparaît en surimpression dans un décor qui lui a toujours ressemblé, où donc elle tend à se fondre.

630. – Le principal défaut que l'on pourra trouver dans la preuve objective mérite une confirmation de la jurisprudence. Dès lors que ce système épargne aux parties l'obligation d'apporter une preuve complète, il peut, dans certaines situations, dispenser l'Administration d'obligations probatoires protectrices du contribuable. Ainsi, dans l'affaire *Fauba France*, on a vu (V. *supra*, n° 500) que le juge avait épargné à l'Administration l'obligation de prouver la fraude commise par la société. Le service a seulement fourni des indices permettant de penser que les livraisons intracommunautaires litigieuses n'avaient pas de réalité. Certes, le juge a annulé la majoration pour manquement délibéré que l'Administration avait appliquée. Mais il demeure que s'il a maintenu certains rappels, c'est avec la conviction que les livraisons n'avaient pas été faites et que, dès lors, le contribuable avait déclaré des ventes fictives.

Sachant la gravité des accusations ainsi portées, il serait bon que la démonstration de leur bien-fondé pèse pour l'essentiel sur l'Administration. Si la preuve objective profite généralement au contribuable, on voit qu'elle recèle également des dangers. Quel avenir peut-on lui réserver ?

§ 3. – Avenir de la preuve objective

631. – On peut se demander si le succès rencontré par cette méthode, ces dernières années, ne tient avant tout à l'échec des critères de dévolution de la preuve issus de la loi et de la jurisprudence (V. *supra*, n° 325 et s. et n° 452). Sachant que le contribuable trouve bien plus de garantie dans la conviction du juge que dans l'application d'un critère incohérent, on pourrait souhaiter la généralisation de la preuve objective. Le contentieux fiscal retrouverait alors, dans le giron du contentieux administratif, le droit commun. Mais il y a des raisons de douter de cette perspective.

632. – Si la preuve objective peut passer outre les dispositions de la loi, le juge de l'impôt s'en montre néanmoins, généralement, respectueux. Lorsque le critère légal trouve à s'appliquer, la preuve objective doit donc, normalement, s'effacer. On voit mal ainsi le juge venir au secours du contribuable, pour faciliter ses obligations probatoires, lorsque l'intéressé n'a pas déposé ses déclarations. En effet, le premier objet de la preuve objective est de faciliter une démonstration difficile pesant sur un plaideur qui, le plus souvent, se trouve être le contribuable. Lorsque l'attitude de celui-ci est répréhensible, il serait particulièrement mal venu que le juge lui vienne en aide. Ainsi, on a vu (V. *supra*, n° 594 et s.), en matière de détournement de procédure, que le juge ne statuait plus au vu de l'instruction lorsque le contribuable se trouvait en situation de taxation d'office. La preuve objective semble donc complémentaire du critère légal.

633. – Sachant que la grande majorité du contentieux fiscal est provoquée par le contrôle de l'impôt, la preuve objective semble limitée à un aspect seulement des investigations ainsi menées par le fisc. En effet, le contrôle fiscal présente un double objet. D'une part, rétablir la légalité en rectifiant la situation du contribuable, lorsque celle-ci est bien sûr irrégulière. C'est l'effet produit par un redressement : reconstituer ce qui aurait dû être. Il s'agit, d'autre part, d'apprécier la moralité fiscale de l'intéressé : a-t-il eu l'intention d'échapper à l'impôt ? On entre ici dans le domaine des sanctions. Dès lors que le juge, lorsqu'il se prononce au vu de l'instruction, refuse d'apprécier le comportement du contribuable, la preuve objective semble limitée au premier objet du contrôle fiscal. Et il serait heureux qu'il en fût ainsi. De manière à ce que, pour la protection du contribuable, la preuve du bien-fondé des sanctions pèse sur l'Administration.

634. – Il est peu probable que le juge étende le système de la preuve objective à la matière de l'acte anormal de gestion. Car même si cette qualification peut s'appliquer en dehors de toute sanction, elle constitue une accusation emportant des conséquences importantes. Non seulement l'entreprise qui s'en trouve coupable voit son résultat rehaussé, mais le bénéficiaire de l'avantage indu doit également en répondre. C'est pourquoi, le juge tient à ce que l'Administration supporte le poids de la preuve d'un acte anormal de gestion, même si ce vœu ne correspond pas vraiment à la réalité (V. *supra*, n° 435). Il s'agit de protéger le contribuable face à l'accusation que porte le service à son encontre.

La preuve objective a permis d'aborder les difficultés probatoires que présente la procédure fiscale.

Troisième partie

PREUVE ET CONTRÔLE FISCAL

Les principales questions de preuve que pose le contrôle fiscal seront ici exposées, en dehors des hypothèses déjà examinées plus haut faisant intervenir le système de la preuve objective. Après l'étude de difficultés communes à la procédure fiscale (titre 1), on examinera la matière de la preuve dans la recherche de l'information, les procédures de contrôle et les sanctions (titre 2).

Titre 1

QUESTIONS COMMUNES

On étudiera la preuve des formalités (chapitre 1), puis l'obligation pour l'Administration d'établir la compétence de ses agents (chapitre 2).

Chapitre 1

LES FORMALITÉS

635. – Il appartient à celui qui soutient avoir réalisé une formalité, comme l'envoi d'un courrier, d'en apporter la preuve (1). Ainsi, l'expéditeur d'une lettre recommandée avec accusé de réception (section 1) doit établir qu'elle a été délivrée. De même, le contribuable doit démontrer qu'il a déposé sa déclaration (section 2).

636. – La preuve de l'envoi de documents par la voie postale peut poser de grandes difficultés. C'est pourquoi, le juge recourt au système de la preuve objective (V. *supra*, n° 531 et s.) pour tenter de résoudre les problèmes ici les plus aigus. Il s'agit, tout d'abord, de l'envoi de plusieurs documents par la même lettre recommandée avec accusé de réception : avis de vérification de comptabilité et charte du contribuable vérifié, accompagnée le cas échéant d'un additif de mise à jour, à quoi peu s'ajouter, toujours dans le même pli, un avis d'ESFP. Relève également de la preuve objective l'hypothèse dans laquelle manquerait un ou plusieurs feuillets dans une proposition de rectification. Enfin, le juge statue au vu de l'instruction pour s'assurer de la réalité d'envois par lettre simple : avis d'imposition et lettre de rappel.

Section 1

ENVOI D'UN COURRIER RECOMMANDÉ AVEC DEMANDE D'AVIS DE RÉCEPTION

637. – Dans le domaine de la procédure fiscale, la lettre recommandée avec demande d'avis de réception est souvent le seul moyen d'apporter la preuve réelle de l'accomplissement d'une formalité. La lettre recommandée sans accusé de réception établit l'envoi du courrier, mais pas sa réception effective. Or, nous verrons qu'il appartient à l'expéditeur d'apporter la preuve que le pli a bien été distribué, ou mis à la disposition du destinataire (V. *infra*, n° 649). Après avoir étudié les formalités d'effet équivalent à la lettre recommandée

(1) CE, sect., 22 nov. 1963, *Vanesse : Rec. CE*, p. 577.

avec demande d'avis de réception (§ 1), on examinera les situations dans lesquelles son usage s'impose (§ 2), avant d'analyser les règles postales et fiscales qui régissent son envoi (§ 3). Dès lors que ces questions intéressent l'ensemble de la matière fiscale, on y comprendra le recouvrement et le contentieux.

§ 1. – Formalités d'effet équivalent à la lettre recommandée avec demande d'avis de réception

638. – Certaines formalités produisent un effet équivalent à l'envoi d'un courrier recommandé avec accusé de réception. Ainsi, le service peut valablement remettre un avis de vérification de la main à la main (2), sans omettre la charte du contribuable vérifié et, le cas échéant, l'additif de mise à jour de celle-ci. De même, il est fréquent, lorsqu'une vérification de comptabilité est entreprise en fin d'année, que l'inspecteur remette en main propre une proposition de rectification relative au premier exercice vérifié, de manière à interrompre la prescription sur cette année. La jurisprudence a reconnu la régularité de cette procédure (3).

Le représentant légal de l'entreprise vérifiée, ou son mandataire, doit accuser réception de la proposition sur l'exemplaire conservé par l'inspecteur. Il écrira, de sa main : « Original remis par le vérificateur le ... », date et signature. La prescription est interrompue au jour indiqué par cette mention (4). Celle-ci caractérise, dans les mêmes circonstances, la remise manuelle d'un avis de vérification, sans oublier d'indiquer la délivrance de la charte, voire de l'additif.

639. – Rien n'empêche le contribuable de déposer une réclamation, ou tout autre document, auprès du service compétent, plutôt que l'envoyer par la poste. C'est particulièrement le cas si l'intéressé réclame oralement, en se rendant au centre des impôts, situation dans laquelle l'agent rédige une fiche de visite qu'il fait signer au contribuable. Le service doit alors lui délivrer un accusé de réception (LPF, art. R. 190-1, al. 7). La règle vaut pour toutes les réclamations, mais n'est pas toujours respectée. Il est donc plus que conseillé de demander un récépissé si l'on vient réclamer auprès du service, ou d'envoyer la réclamation par lettre recommandée avec demande d'avis de réception. Il est tout aussi loisible de déposer une requête directement auprès de la juridiction compétente, le greffe devant alors délivrer un certificat attestant la présentation de la demande (CJA, art. R. 413-6).

640. – Bien entendu, la notification d'un courrier par acte d'huissier est, en matière de formalités, la forme la plus aboutie de preuve. Le service des impôts pourra y recourir si, par exemple, un contribuable refuse d'accuser réception d'une proposition de rectification que le vérificateur entend lui remettre en main propre. Le constat de l'huissier attestant ce refus permettra de valablement interrompre la prescription. L'Administration peut également recourir aux services de l'officier ministériel si elle ne parvient pas à adresser un courrier au contribuable. L'huissier doit alors faire toute diligence afin de

---

(2) CE, 23 mars 1992, req. n° 99425, *SARL Nouvelle Rivastella* : *RJF* 1992, n° 5, 704.

(3) CE, 17 mai 1989, req. n° 62199, *SARL « Miss Kate »* : *RJF* 1989, n° 7, 860. – Également pour un avis de vérification de comptabilité : CE, 3 nov. 1989, req. n° 55056, *Martinez* : *RJF* 1990, n° 1, 52.

(4) CE, 1er déc. 1982, req. n° 27387 : *RJF* 1983, n° 2, 263.

délivrer effectivement le pli, en mettant tout en œuvre pour localiser comme identifier le destinataire (5). S'il n'y parvient pas, ses recherches doivent être consignées dans le constat (CPC, art. 655, al. 2).

641. – Outre une lettre recommandée avec demande d'avis de réception, il est possible d'adresser un pli Chronopost qui, moyennant un coût élevé, assure que le courrier sera présenté au destinataire le lendemain de son envoi, si celui-ci a été effectué avant 19 heures. L'expéditeur apporte la preuve de la réception du pli en produisant une attestation circonstanciée du bureau de poste (6), certifiant que le courrier a bien été présenté.

Dans de nombreuses situations, la lettre recommandée avec demande d'avis de réception constitue l'unique moyen de prouver l'accomplissement d'une formalité.

§ 2. – Applications

642. – Même en l'absence de texte en imposant l'usage, on ne peut que vivement conseiller de recourir à la lettre recommandée avec demande d'avis de réception, chaque fois qu'il s'agit de prouver l'envoi d'un courrier et, *a fortiori*, le respect d'un délai. Ainsi, cette formalité trouve de nombreuses applications dans la procédure fiscale, qu'on illustrera par les principales, qu'il s'agisse du contrôle (A) ou du contentieux (B) de l'impôt.

A. – Contrôle fiscal

643. – On sait qu'une procédure de rectification, qu'elle soit contradictoire ou d'office, est écrite, et ce pour des raisons de preuve. Chacune des parties, Administration et contribuable, doit être en mesure de prouver, par un écrit, qu'une notification de redressement a bien été envoyée, que son destinataire a refusé les rectifications proposées, ou encore que le service a répondu aux observations du contribuable. Le respect des délais, particulièrement pour qu'une proposition de rectification interrompe valablement la prescription, commande également l'usage de la lettre recommandée avec demande d'avis de réception. En effet, l'accusé de réception, dûment daté et signé, constitue la preuve de l'envoi du pli, de sa date de réception, voire de son contenu lorsque l'Administration prend la précaution d'y indiquer les numéros des imprimés envoyés (7). Ainsi, en s'abstenant d'envoyer un avis de vérification de comptabilité par lettre recommandée avec demande d'avis de réception, l'Administration n'apporte pas la preuve que le contribuable a été avisé en temps utile de la faculté de se munir d'un conseil (8).

Les mêmes précautions doivent être prises en matière de contentieux.

---

(5) TA Paris, 29 juill. 2004, req. n° 97-5624/1, *SA Groupe Hoche* : *Dr. fisc.* 2004, n° 46, 835, concl. M.-G. Merloz.

(6) CAA Marseille, 23 oct. 2000, req. n° 97-1793, *SA Biopharm* : *RJF* 2001, n° 12, 1552. – CE, (na), 19 déc. 2001, req. n° 228192, *SA Biopharm* : *RJF* 2002, n° 3, 303.

(7) Le contenu d'une lettre peut également être établi par le montant de l'affranchissement : eu égard à celui payé par un contribuable, le courrier ne pouvait pas contenir la déclaration qu'il soutenait avoir ainsi envoyée (CE, 27 juin 2005, req. n° 253284, *Aferiat* : *Dr. fisc.* 2005, n° 46, 741, concl. M.-H. Mitjavile).

(8) CE, plén., 29 avr. 1977, req. n° 92446 : *RJF* 1977, n° 6, 360.

B. – Contentieux

644. – Une irrégularité affectant l'envoi d'une décision contentieuse, par laquelle l'Administration statue sur une réclamation, a pour conséquence de ne pas faire courir le délai pour saisir le juge. Cette question est décisive pour le contribuable lorsque celui-ci se voit opposer une forclusion, à savoir qu'on lui reproche d'avoir saisi le tribunal trop tard. C'est pourquoi, la doctrine administrative impose l'envoi par lettre recommandée avec demande d'avis de réception des décisions contentieuses qui ne donnent pas entière satisfaction au contribuable, tandis que les autres peuvent être adressées par lettre simple (9). On notera que même si la réclamation a été présentée par un avocat, la décision contentieuse n'est valablement notifiée qu'à l'adresse du contribuable (10). La solution est identique pour la notification d'un jugement (11).

645. – Sous peine d'irrecevabilité, la requête du contribuable doit être présentée à la juridiction compétente avant l'expiration du délai de recours contentieux. C'est donc ce jour de présentation de la demande qui constitue la date limite, et non celui de son enregistrement par le greffe (12). Sauf à se déplacer (V. *supra*, n° 639), il est vivement conseillé d'adresser la requête par lettre recommandée avec demande d'avis de réception, de manière à se ménager la preuve du respect du délai. En effet, certaines juridictions, fortement encombrées, prennent facilement prétexte d'un retard pour rejeter la requête comme tardive. Il appartient donc au requérant d'envoyer sa demande en temps utile, compte tenu des délais normaux – en règle générale quarante-huit heures (13) – d'acheminement du courrier.

Seul un retard imputable au service postal est de nature à relever l'expéditeur de la forclusion (14), à l'exclusion de toute autre circonstance : l'absence du contribuable pendant l'écoulement du délai ne saurait, bien sûr, excuser la tardiveté de la requête, pas plus que la maladie ou une incapacité physique. Aucun retard, dès lors qu'il est imputable à l'expéditeur, ne peut le relever de la forclusion, par exemple une erreur quant à l'adresse de la juridiction (15). La tardiveté d'une requête est d'ordre public (16) : l'Administration ne peut renoncer à l'invoquer et le juge doit la relever d'office.

646. – Cependant, toute demande parvenue au greffe après l'expiration du délai de recours contentieux n'est pas nécessairement jugée irrecevable. En effet, seul le contribuable qui a manqué de diligence pour faire parvenir sa demande en temps utile encourt la déchéance. Cette question relève du pouvoir souverain du juge du fond (17), qui tient compte de circonstances particu-

(9) *Doc. adm. DGI*, 13 O-2155, 30 avr. 1996, n° 6. – La régularité de l'envoi par lettre simple des décisions donnant toute satisfaction au contribuable a été reconnue par la Cour de cassation : Cass. com., 10 oct. 2000, req. n° 1655 FD, *Tantin* : *RJF* 2001, n° 1, 114.

(10) CE, 5 janv. 2005, req. n° 256091, *Sugier* : *RJF* 2005, n° 3, 265.

(11) CE, 28 janv. 1987, req. n° 50521 : *RJF* 1987, n° 3, 293.

(12) CE, 3 juill. 2002, req. n° 214393, *Assoc. des contribuables associés* : *RJF* 2002, n° 10, 1169.

(13) CE, 2 juin 1986, req. n° 42230 : *RJF* 1986, n° 8-9, 835. Par exemple, une requête adressée par pli recommandé un vendredi, depuis un bureau de poste du département, siège du tribunal, pour arriver le lundi, date limite, n'est pas irrecevable, même si elle n'a été enregistrée par le greffe que le mardi (CE, 2 avr. 1993, req. n° 55247, *Verani* : *RJF* 1993, n° 5, 721). En revanche, une requête postée le mercredi à 18 heures pour parvenir le vendredi, date d'expiration du délai, n'a pas été expédiée en temps utile dès lors que le jeudi était un jour férié (CAA Nantes, 5 juin 2001, *Piardon* : *RJF* 2001, n° 10, 1253).

(14) CE, 8 févr. 1999, req. n° 167179, *Guerin* : *RJF* 1999, n° 4, 465.

(15) CE, 4 oct. 1988, req. n° 58459 : *RJF* 1988, n° 12, 1384.

(16) CE, 26 nov. 1984, req. n° 35104 : *RJF* 1985, n° 1, 99.

(17) CE, 1er mars 2000, req. n° 124795, *Jolivet* : *RJF* 2000, n° 4, 563.

lières, comme la présence d'un jour férié, un dysfonctionnement postal, ou encore la distance séparant l'expéditeur du destinataire : plus celle-ci est grande, plus le courrier doit être posté tôt. Le respect des règles postales, que viennent assouplir quelques normes fiscales, est donc décisif.

§ 3. – Règles postales et fiscales

647. – Si le destinataire est absent lors de la présentation (A) du courrier par le facteur, le pli est mis en instance (B) au bureau de poste, auprès duquel l'intéressé est invité à venir le retirer, à défaut la lettre est retournée à l'expéditeur (C).

A. – Présentation du pli

648. – La réglementation postale, commentée dans une instruction parue au *Bulletin officiel des PTT* le 11 mai 1990, prévoit non plus deux comme auparavant, mais une seule présentation du pli recommandé au domicile ou siège du destinataire. Pour la remise d'une proposition de rectification, la date de cette présentation est celle à compter de laquelle la prescription est interrompue, de même elle fait courir le délai de trente jours permettant au contribuable de présenter ses observations. La charge de la preuve est partagée entre l'expéditeur (1°) et le destinataire (2°).

1° Preuve à la charge de l'expéditeur

649. – La preuve de la réception d'une lettre recommandée avec demande d'avis de réception repose sur l'expéditeur. En effet, il ne lui suffit pas de démontrer l'envoi du courrier, il faut aussi établir sa réception effective par le destinataire. Cependant, l'expéditeur n'est pas tenu à une obligation de résultat, il doit seulement justifier qu'il a tout mis en œuvre pour que le courrier parvienne à son destinataire (18). Ainsi, il incombe à l'Administration de prouver – lorsqu'elles sont contestées par le contribuable – l'existence et la date de réception d'une notification de redressement (19). Il lui faut donc produire, devant le juge, outre la copie du document envoyé, l'accusé de réception postal, daté et signé par le destinataire (20). C'est en effet l'avis de réception qui fait foi de l'identité de celui-ci et de l'adresse à laquelle le courrier a été envoyé. Si l'accusé de réception n'est pas retourné à l'expéditeur, ou s'il ne comporte pas la signature du destinataire (21), il revient au premier de produire une attestation circonstanciée du bureau de poste distributeur certifiant que le pli a bien été délivré (22), ou tout autre élément de preuve (23).

---

(18) Ce principe est remis en cause par la deuxième chambre civile de la Cour de cassation, à propos d'un commandement de payer des loyers à un organisme public : dès lors que le destinataire n'a pas retiré le pli au bureau de poste, la prescription n'est pas valablement interrompue (Cass. 2e civ., 9 juin 2005, req. n° 913 FS-PB, *Mandereau* : *RJF* 2005, n° 11, 1311). Si la solution est transposable au recouvrement de l'impôt, rien ne dit cependant que la chambre commerciale suivra le même raisonnement.

(19) CE, 10 oct. 1984, req. n° 37323 : *RJF* 1984, n° 12, 1477.

(20) CE, 19 mars 2001, req. n° 169880, *Chabannier* : *RJF* 2001, n° 6, 822.

(21) CE, 17 juin 1988, req. n° 50471 : *RJF* 1988, n° 8-9, 959.

(22) CE, 27 juill. 1988, req. n° 55252 : *RJF* 1988, n° 11, 1230. – CE, 27 juill. 1990, req. n° 70806, *Zirmi* : *RJF* 1990, n° 10, 1246. – CE, 9 avr. 2004, req. n° 250079, *Calvao* : *Dr. fisc.* 2004, n° 44-45, 820, concl. F. Séners.

(23) CE, plén., 23 juin 1986, req. n° 53052 : *RJF* 1986, n° 8-9, 834. Par cette mention, le juge tient à souligner que la preuve est libre et non limitée à certains modes probatoires. Mais on peut se demander

650. – Le juge est particulièrement exigeant lorsqu'il s'agit de s'assurer de la réception effective d'un courrier. Ainsi, un facteur avait lui-même signé l'avis de réception sans présenter le pli au destinataire. L'attestation du service des postes, reconnaissant ces faits, permit de démontrer que l'expéditeur ne prouvait pas la réception de la lettre, bien qu'il avait produit un avis de réception daté et signé. L'arrêt d'appel, où était reconnue la régularité de l'envoi, fut annulé pour inexactitude matérielle des faits (24). En cas de doute sur la réception effective d'un courrier en recommandé avec demande d'avis de réception, il est prudent, si les délais le permettent, de procéder à un nouvel envoi. Cependant, la charge de la preuve ne repose pas entièrement sur l'expéditeur, elle pèse également sur le destinataire.

2° Preuve à la charge du destinataire

651. – En sens inverse, il appartient au destinataire de prendre ses dispositions pour recevoir lui-même le courrier, comme il est de règle. S'agissant d'une personne morale, seul son représentant légal y est normalement habilité. Selon la réglementation postale, peuvent seuls réceptionner un pli le destinataire de celui-ci et son fondé de pouvoir, à savoir la personne munie d'une procuration déposée par le premier au bureau de poste dont il dépend. Les règles fiscales sont beaucoup plus souples. Elles tendent, en effet, à alléger les lourdes obligations de preuve qui pèsent sur l'expéditeur. Si le destinataire ne conteste pas la régularité de la remise du courrier, particulièrement l'adresse d'expédition, il ne peut valablement soutenir, sans autre précision, que la signature figurant sur l'avis de réception ne serait pas la sienne ou celle de son fondé de pouvoir (25).

652. – En pratique, le destinataire ne pourra contester la régularité de la formalité que si l'avis de réception a été signé par une personne avec laquelle il n'entretenait pas des liens personnels ou professionnels suffisants, autrement dit quelqu'un d'étranger à sa famille ou son entreprise. Il lui revient donc d'apporter la preuve que le signataire, faute d'entretenir avec lui de tels liens, n'avait pas qualité pour recevoir le pli (26). À notre sens, cette démonstration, difficile car négative, peut être faite en produisant ensemble deux sortes de justificatifs. D'une part, une attestation du signataire certifiant qu'il n'entretient aucune relation avec le destinataire. D'autre part, pour établir l'absence de liens familiaux, une copie du livret de famille du destinataire ; ou, afin de prouver l'absence de liens professionnels, une copie de la déclaration DADS 1, qui comporte la liste des salariés de l'entreprise. Dans une affaire relative à l'envoi d'un avis à tiers détenteur, le juge reproche au contribuable de ne pas avoir présenté de liste des personnes qui auraient eu qualité pour signer l'avis de réception (27). Le requérant doit, dès lors, se ménager cette preuve.

---

quel autre moyen de preuve que ceux évoqués pourrait permettre d'établir la réception d'une lettre recommandée avec demande d'avis de réception.

(24) CE, 13 mars 1998, req. n° 138122, *Dupré* : *RJF* 1998, n° 5, 576.

(25) CE, 4 févr. 1985, req. n° 50258 : *RJF* 1985, n° 4, 617.

(26) CE, sect., 11 juill. 1988, req. n° 52639 : *Dr. fisc.* 1989, n° 7, 292, concl. Ph. Le Roy. – Cass. com., 17 janv. 1989, req. n° 121 P, *Pinaton* : *RJF* 1989, n° 6, 782. – CAA Paris, 29 mars 2001, req. n° 98-1451, *SARL Baray* : *RJF* 2002, n° 4, 424 : une notification de redressement avait été remise à un tiers qui l'avait rapportée au bureau de poste, elle a cependant valablement interrompu la prescription dès lors que le contribuable n'a pu établir que ladite personne n'avait pas qualité pour recevoir le pli. – Cass. com., 26 juin 2007, req. n° 06-13112 FPB, *Mariani* : *Dr. fisc.* 2007, n° 49, 1033.

(27) CE, 27 mars 2009, req. n° 293871, *Dolomel de Bournet* : *RJF* 2009, n° 6, 598. – Solution confirmée, pour l'envoi d'un avis de vérification : CE, 27 mai 2009, req. n° 307957, *SNC St Honoré* : *Dr. fisc.* 2009, n° 28, 412, concl. C. Legras.

653. – On remarquera donc qu'en l'absence de contestation du nom et de l'adresse du destinataire, la formalité est présumée régulièrement faite. Si le droit fiscal se montre ainsi plus souple que la réglementation postale, c'est pour plusieurs raisons (28). Tout d'abord, parce que la finalité poursuivie n'est pas la même : les règles postales ont pour objet de limiter la responsabilité du service des postes vis-à-vis des usagers et non de régir les relations juridiques qui unissent l'expéditeur au destinataire. Ensuite et surtout, car l'expéditeur n'a aucun moyen de vérifier l'identité du signataire de l'avis de réception, *a fortiori* de s'assurer de la nature des liens qui l'unissent au destinataire, ou encore d'authentifier la signature. L'y obliger reviendrait à exiger une preuve impossible. Il serait d'ailleurs trop facile de signer l'avis de réception de manière fantaisiste, pour ainsi brouiller les pistes. Enfin, si l'on se place du côté de l'administration fiscale, celle-ci ne peut contrôler le travail des agents des services postaux, elle reste donc à la merci d'un retard ou d'une erreur.

Si le facteur n'a pu remettre le pli à son destinataire, le courrier est mis en instance.

B. – Mise en instance

654. – En l'absence du destinataire, ou s'il refuse de recevoir le courrier, le préposé dépose dans sa boîte à lettres un avis de mise en instance (ou « avis de passage du facteur ») invitant l'intéressé à retirer le pli au bureau de poste dans un délai de quinze jours. Précisons que la date de présentation du courrier n'est pas prise en compte pour le calcul de ce délai. Si le destinataire retire la lettre, c'est au jour de l'avis de mise en instance, soit le même que celui de la présentation, que la formalité est effectuée. C'est donc à cette date, pour une proposition de rectification, que la prescription est interrompue. Il en va de même si le pli est retourné à l'expéditeur, faute d'avoir été retiré par son destinataire au bureau de poste (29) : la prescription cesse de courir au jour de présentation de la lettre.

655. – Contrairement à un mythe répandu chez les contribuables, il est vain de tarder à retirer un courrier adressé en fin d'année, avec l'idée que son retrait dans les premiers jours de l'année suivante fera perdre un an de prescription à l'Administration (30). Car seule la date de présentation du pli, donc de l'avis de mise en instance, importe. Il est tout aussi inutile de souscrire, auprès du bureau de poste, un ordre de réexpédition vers la Patagonie. En effet, le Conseil d'État a jugé que la présentation d'une notification de redressement un 26 décembre était valablement faite, quelles que soient les instructions données par le contribuable au service postal (31).

En revanche, toujours si le courrier n'a pu être remis lors de sa présentation, le délai de trente jours ouvert au contribuable pour répondre à une notification de redressement court à compter de la date de retrait du document au bureau de poste (32). Il en va de même pour le délai à l'intérieur duquel

---

(28) Ph. Crouzet, *Réglementation postale et régularité de la notification de redressement* : *RJF* 1985, n° 11, p. 737 et 738.

(29) CE, plén., 24 juin 1987, req. n° 33739 : *RJF* 1987, n° 8-9, 942.

(30) CE, 6 juin 1984, req. n° 36254 : *RJF* 1984, n° 8-9, 1021.

(31) CE, 31 mars 1989, req. n° 75652, *Schnell* : *RJF* 1989, n° 5, 600. – Dans le même sens : Cass. com., 20 mars 2007, req. n° 06-15535, *Sté Eurêka France international* : *RJF* 2007, n° 7, 866.

(32) CE, 28 mars 1984, req. n° 49304 : *RJF* 1984, n° 6, 763.

le contribuable peut saisir le juge (33), après avoir reçu notification de la décision du directeur de rejeter sa réclamation.

656. – Le tableau ci-dessous résume l'état du droit, en prenant l'exemple de l'envoi d'une proposition de rectification :

	Interruption de la prescription	**Délai de 30 jours pour répondre à la proposition de rectification**
Remise du pli lors de sa présentation par le facteur	Date de présentation	Date de présentation
Retrait au bureau de poste	Date de présentation	Date de retrait
Retour à l'envoyeur	Date de présentation	–

657. – En cas d'absence temporaire du contribuable, quelle qu'en soit la cause, il lui appartient de prendre toute disposition pour faire suivre son courrier, ou pour désigner un fondé de pouvoir. Ainsi, le juge a reconnu la régularité d'un courrier adressé par l'Administration à une société dont les bureaux étaient fermés en août et dont le président se trouvait en vacances à l'étranger (34). De manière générale, même si le destinataire n'a pas pris connaissance du courrier, la notification de celle-ci est réputée régulièrement faite dès lors que l'empêchement est imputable à l'intéressé. À défaut d'être retiré, le pli est renvoyé à l'expéditeur.

C. – Retour à l'expéditeur

658. – Dans l'hypothèse où le pli n'est pas retiré par le destinataire, et donc renvoyé à l'expéditeur, il ne faut surtout pas ouvrir l'enveloppe, qui doit porter les mentions « absent avisé » et « non réclamé », mais la conserver scellée pour démontrer que le courrier a bien été mis à la disposition du destinataire. Pour que l'expéditeur puisse valablement apporter cette preuve, le bureau de poste doit indiquer lisiblement la date de présentation du pli sur l'enveloppe elle-même, ou l'avis de réception (35). Il faut également qu'y soit spécifié, notamment par la mention « absent avisé », que le destinataire a été informé de la mise en instance du courrier (36). Si les mentions sont absentes ou peu claires, notamment pour être difficilement lisibles, le service doit demander une attestation au bureau de poste.

659. – Là encore, le juge est très exigeant. Ainsi, l'Administration n'a pu prouver la réception d'une notification de redressement en produisant deux attestations du service des postes, eu égard à l'imprécision de ces docu-

(33) CE, 21 nov. 1979, req. n° 12799 : *RJF* 1980, n° 1, 55. – Même solution pour l'appel : CE, 27 juill. 2005, req. n° 272290, *Sté Palmir* : *RJF* 2005, n° 11, 1247.

(34) CE, 3 avr. 1981, req. n° 22026 : *RJF* 1981, n° 6, 627.

(35) CE, 9 févr. 2001, req. n° 187015, *Poignand du Fontenioux* : *RJF* 2001, n° 4, 525.

(36) CE, plén., 23 juin 1986, req. n° 53052, *SARL Plawag : Dr. fisc.* 1986, n° 46, 2037, concl. M.-A. Latournerie. – CAA Paris, 17 oct. 2005, req. n° 02-3619, *Atanas Salabaschew : Procédures* 2006, n° 1, p. 27, note J.-L. Pierre. – CE, 19 déc. 2008, req. n° 284064, *Moyrand : Dr. fisc.* 2009, n° 4, 95, concl. P. Collin ; *RJF* 2009, n° 3, 283.

ments (37). En effet, l'attestation postale doit non seulement préciser la date de présentation du pli, mais également certifier qu'un avis de mise en instance a été déposé auprès du destinataire (38). Bien entendu, le fait que celui-ci n'a pas retiré le pli n'enlève rien à la régularité de la formalité, dès lors qu'il a été avisé que le courrier était à sa disposition. Pour une proposition de rectification, la prescription est interrompue au jour de la présentation du pli, soit la même date que celle de la mise en instance.

660. – Enfin, lorsque le pli revient avec la mention NPAI (« n'habite pas à l'adresse indiquée »), il appartient à l'expéditeur de vérifier la validité du nom et de l'adresse portée sur le courrier. Une notification de redressement qui ne comporte pas le nom exact du contribuable est réputée n'avoir pu être présentée à son domicile ; en conséquence, elle n'interrompt pas la prescription (39). Même solution pour un pli envoyé à une adresse qui n'est pas exactement celle du contribuable (40). En règle générale, un courrier à l'attention d'une personne morale doit être adressé au lieu de son principal établissement, s'agissant d'une personne physique à son domicile.

661. – Si le service des impôts est à l'origine de l'envoi, l'adresse du contribuable est la dernière communiquée par ce dernier à l'Administration. Le service doit cependant vérifier que le destinataire ne l'a pas averti d'un changement d'adresse ou a fait suivre son courrier. Ainsi, une notification de redressement n'est pas valablement adressée dès lors qu'elle revient avec la mention NPAI, si le contribuable a déposé au bureau de poste un ordre de réexpédition définitif de son courrier, alors même que le service avait retenu l'adresse indiquée dans la dernière déclaration de revenus de l'intéressé (41). Un ordre de réexpédition ne produisant ses effets que pendant un an (42), c'est à bon droit que l'Administration a pu, une fois ce délai expiré, envoyer un courrier à l'ancienne adresse du contribuable, faute de connaître la nouvelle (43). Dans le cas où le fisc a vainement envoyé un pli à l'adresse indiquée par le contribuable, il peut valablement lui notifier des redressements à une adresse différente, qui lui a été communiquée par un autre service public (44).

La lettre recommandée avec demande d'avis de réception permet également de prouver le dépôt d'une déclaration.

Section 2

DÉPÔT DES DÉCLARATIONS

662. – Le contribuable ne doit pas se contenter d'établir qu'il a déposé une déclaration (§ 1), il lui revient également de prouver que cette souscription a été régulièrement faite (§ 2). Très rares sont les cas de force majeure (§ 3) pouvant excuser un défaut de déclaration.

(37) CE, 3 déc. 1990, req. n° 50260, *Casanova* : *RJF* 1991, n° 2, 207.
(38) CE, 8 juill. 2005, req. n° 259616, *Dieudonné* : *Dr. fisc.* 2005, n° 50, 818.
(39) Cass. com., 3 juill. 1990, req. n° 937 D, *Grandbois de Villeneuve* : *RJF* 1990, n° 10, 1294.
(40) CAA Marseille, 28 mars 2006, req. n° 03-28, *SCI Asclepios III* : *Dr. fisc.* 2006, n° 47, 743.
(41) CAA Paris, 29 sept. 2004, req. n° 00-24, *Schlumberger* : *RJF* 2005, n° 2, 147.
(42) Sauf renouvellement.
(43) CE, 29 juill. 1983, req. n° 29565 : *RJF* 1983, n° 11, 1422.
(44) CAA Nantes, 5 mai 2008, req. n° 07-1453, *Baraer* : *RJF* 2008, n° 12, 1369.

§ 1. – Preuve du dépôt d'une déclaration

663. – Les contribuables ignorent souvent qu'il leur appartient de prouver qu'ils ont régulièrement déposé une déclaration. Or, l'envoi par lettre simple, ou le dépôt du document dans la boîte à lettres du centre des impôts, ne peut suffire pour apporter cette démonstration. Seul l'envoi d'une lettre recommandée avec demande d'avis de réception ou la possession d'un récépissé issu du service le peut. La solution la plus simple et la moins coûteuse est de se rendre au centre des impôts, déposer la déclaration et demander un accusé de réception (imprimé n° 2085). Celui-ci, rédigé par le service, doit indiquer la ou les déclarations souscrites et les justificatifs qui les accompagnent. Il lui faut également comporter le nom et l'adresse du contribuable, la date de souscription comme le tampon du service. L'apposition d'un timbre à date sur le double de la déclaration vaut également accusé de réception (45) ; il s'agit d'un tampon comportant la dénomination du service et la date du jour.

664. – L'envoi d'un message électronique comportant des données devant être transmises à l'administration fiscale, tient lieu de déclaration écrite (CGI, art. 1649 *quater* B *bis* pour les entreprises, art. 1649 *quater* B *ter* pour les particuliers). Lorsque le contribuable souscrit sa déclaration d'ensemble des revenus (n° 2042) par Internet, il lui est proposé un accusé de réception qu'il est prudent d'imprimer et de conserver. Le récépissé comporte des codes permettant d'éviter les falsifications.

665. – L'article 45 de l'annexe III au CGI dispose :

> « Les déclarations dûment signées sont remises ou adressées par les contribuables au service des impôts du lieu de leur résidence ou de leur principal établissement dans le délai prévu à l'article 175 du Code général des impôts. Il en est délivré récépissé ».

On sait qu'en droit l'indicatif a la valeur de l'impératif. Les services fiscaux devraient donc envoyer un accusé de réception pour chaque déclaration souscrite. La règle est beaucoup trop lourde au vu du nombre de documents que l'Administration reçoit chaque année. En pratique, c'est seulement lorsque le contribuable en fait la demande que le service lui délivre un récépissé. Il est vain, lorsqu'on prétend qu'une déclaration a été déposée, de reprocher à l'Administration de n'avoir pas d'elle-même délivré un accusé de réception (46). Néanmoins, avec la généralisation de l'informatique, le texte devrait, à terme, pouvoir être respecté.

666. – La production d'une photocopie de la déclaration ne suffit pas pour établir que l'original a été déposé en temps utile (47). En effet, l'acte déclaratif doit être pourvu d'une signature originale et non reproduite. Cependant, l'envoi d'une copie de la déclaration, accompagnée d'une lettre comportant la signature originale, vaut régularisation (48). De même, le contribuable qui présente un extrait de rôle, signé par le comptable public et faisant état de la mise en recouvrement de l'impôt, démontre qu'il a déposé sa déclaration, alors que l'Administration ne conteste pas sérieusement la validité du document produit (49).

---

(45) CE, 16 janv. 2006, req. n° 265844, *Elhaik* : *RJF* 2006, n° 4, 405.
(46) CE, 3 déc. 1986, req. n° 41389 : *RJF* 1987, n° 2, 201.
(47) CE, 15 avr. 1988, req. n° 58907 : *RJF* 1988, n° 6, 689.
(48) CE, 10 août 2007, req. n° 281848, *Bentounes* : *RJF* 2007, n° 12, 1470.
(49) CAA Bordeaux, 6 févr. 2001, req. n° 98-421, *Fosto* : *RJF* 2001, n° 6, 749.

667. – Le contribuable pouvant ainsi établir qu'il a déposé une déclaration est réputé avoir rempli ses obligations. Reste bien sûr, si le courrier a été adressé en recommandé avec demande d'avis de réception, à déterminer son contenu. Dès lors que l'Administration soutient que le pli ne comportait pas la déclaration, il lui appartient de le prouver, soit par les diligences qu'elle aurait vainement entreprises auprès du contribuable, soit par tout autre moyen. Ainsi, elle apporte cette preuve en arguant du fait qu'à raison du trop faible affranchissement de la lettre, celle-ci ne pouvait contenir la déclaration (50). La même démonstration peut, bien sûr, être apportée pour contester le contenu d'une lettre simple, dès lors que le service ne nie pas l'avoir reçue.

Il ne suffit pas de déposer une déclaration, cette souscription doit être régulièrement faite.

§ 2. – Déclaration régulièrement souscrite

Cette régularité intéresse la déclaration proprement dite (A), mais également l'exercice d'une option (B).

A. – Déclaration proprement dite

668. – Le contribuable qui ne peut apporter de preuve du dépôt de sa déclaration encourt une imposition d'office (51). Subit le même sort celui qui soutient avoir souscrit une déclaration que l'Administration aurait égarée, sans fournir en ce sens aucun commencement de preuve (52). De même, si le document a été adressé à un service qui n'avait pas compétence pour le recevoir : la formalité n'est pas régulièrement faite (53). Solution rigoureuse lorsque l'on sait, en droit administratif, que toute autorité saisie d'une demande qu'elle ne peut connaître doit la transmettre au service compétent (54). Toutefois, la charge de la preuve est partagée lorsque le contribuable a plusieurs résidences et dépose une déclaration auprès du service correspondant à l'une d'entre elles. Dans cette hypothèse, si l'Administration soutient que le document n'a pas été souscrit auprès du service compétent, il lui appartient d'en fournir la preuve. Autrement dit, il lui faut démontrer que le service qui a reçu la déclaration n'est pas celui de l'établissement principal du contribuable (55). Ce qui suppose, bien sûr, de pouvoir identifier cette résidence.

669. – Le dépôt d'une déclaration n'est pas régulièrement fait lorsqu'elle comporte des irrégularités telles que sa valeur probante s'en trouve réduite à néant. Ainsi, une déclaration n° 2042 n'indiquant ni les revenus, ni les charges du contribuable, ne permet pas à celui-ci d'être libéré de son obligation déclarative (56). Même solution s'agissant d'un médecin qui, sur sa déclaration de bénéfices non commerciaux (BNC), n'indique pas le montant des recettes réalisées (57). Une déclaration non signée n'est pas régulière dès lors qu'elle

---

(50) CE, 27 juin 2005, req. n° 253284, *Aferiat* : *Dr. fisc.* 2005, n° 46, 741, concl. M.-H. Mitjavile.
(51) CE, 17 févr. 1982, req. n° 23152 : *RJF* 1982, n° 4, 401.
(52) CE, 17 févr. 1982, req. n° 21810 : *RJF* 1982, n° 4, 448.
(53) CAA Paris, 19 déc. 2003, req. n° 99-3781, *Bonneval* : *RJF* 2004, n° 4, 342.
(54) L. n° 2000-321, 12 avr. 2000 relative aux droits des citoyens dans leurs relations avec les administrations, art. 20.
(55) CE, 3 oct. 1984, req. n° 42088 : *RJF* 1984, n° 12, 1470.
(56) CE, 28 juill. 1941, req. n° 63940 : *RO*, p. 240.
(57) CE, 17 déc. 1980, req. n° 15942 : *RJF* 1981, n° 3, 215.

ne permet pas d'authentifier son auteur (58). La règle est donc appliquée avec souplesse car elle a pour but, si l'on ne peut pas identifier le contribuable, d'éviter une erreur d'imposition. Par exemple une CA3 non signée, mais accompagnée d'un chèque, ne peut donner lieu à une taxation d'office dès lors que l'identité du redevable n'est pas douteuse (59). Une déclaration incomplète n'est pas régulièrement souscrite ; ainsi s'agissant d'une société établie en Nouvelle-Calédonie qui n'a pas joint à sa déclaration de résultat le bilan d'un établissement stable situé en France (60).

670. – La déclaration faite sur papier libre, alors que l'imprimé est obligatoire, n'est pas régulière (61). L'Administration ne peut reprocher au contribuable de ne pas avoir souscrit le bon imprimé si elle l'a induit en erreur : par exemple, l'intéressé a reçu du service un formulaire nominatif préimprimé correspondant au régime réel, alors qu'il relevait du régime simplifié (62) ; il est réputé avoir régulièrement déposé sa déclaration. En revanche, est à bon droit évalué d'office celui qui, relevant de la déclaration contrôlée, n'a pas souscrit l'imprimé correspondant (n° 2035), alors même qu'il a déposé le formulaire n° 2037 propre à l'évaluation administrative (63). Le contribuable qui a déposé une déclaration de bénéfices non commerciaux (BNC), alors qu'il relevait des bénéfices industriels et commerciaux (BIC), est valablement évalué d'office (64). Solution rigoureuse lorsque l'on sait que la frontière entre les deux catégories de revenus peut être difficile à trouver.

En souscrivant une déclaration, le contribuable peut exercer une option.

B. – Exercice d'une option

671. – En opérant ce choix, l'intéressé supporte la même obligation de preuve : à lui de démontrer qu'il a levé l'option, laquelle doit être expresse (65). La (maigre) jurisprudence, en ce domaine, est rigoureuse. Ainsi, un contribuable soutenait avoir envoyé une lettre (simple) par laquelle il aurait renoncé à un régime d'imposition. En l'absence de toute preuve de cet envoi, le juge a reconnu le bien-fondé du redressement qui lui fut appliqué (66). Pourtant, l'Administration lui avait réclamé des justificatifs correspondant à cette renonciation. Ce qui laissait entendre que le service avait bien eu connaissance de la lettre et l'aurait égarée.

672. – Un contribuable ne peut soutenir avoir valablement opté pour le bénéfice réel en souscrivant la déclaration correspondant à ce régime, alors que la loi lui impose d'informer l'Administration de manière expresse, en levant l'option avant un délai fixe (67). L'intéressé, imposé au forfait, prétendait faire valoir un déficit.

L'option pour le régime du réel normal devant être faite tant au regard de la TVA que de l'impôt direct sur les bénéfices, celle formulée pour l'une seule-

---

(58) CE, 28 sept. 1988, req. n° 44514 : *RJF* 1988, n° 11, 1185.

(59) CE, 12 févr. 1986, req. n° 47903, *Sté Sotemo* : *RJF* 1986, n° 4, 416.

(60) CE, 20 avr. 2005, req. n° 251568, *SA Figesbal* : *RJF* 2005, n° 7, 743.

(61) CE, 17 mai 1982, req. n° 19338 : *RJF* 1982, n° 7, 686. – CE, (na), 23 nov. 2005, req. n° 272537, *Sté de travaux publics et de bâtiment du Montal* : *RJF* 2006, n° 2, 185.

(62) CE, 13 nov. 1998, req. n° 154350, *Entremont* : *RJF* 1999, n° 1, 69. – V. aussi CE, 29 janv. 1992, req. n° 75611, *Assoc. sportive du tennis-club des Caillols* : *RJF* 1992, n° 3, 380.

(63) CE, 7 févr. 1983, req. n° 28186 : *RJF* 1983, n° 4, 521.

(64) CE, 20 mai 1981, req. n° 16026 : *RJF* 1981, n° 7-8, 648.

(65) CAA Paris, 24 nov. 2006, req. n° 04-2999, *Caron* : *Dr. fisc.* 2007, n° 51, 1058.

(66) CE, 1er avr. 1987, req. n° 60501 : *RJF* 1987, n° 5, 535.

(67) CE, 26 mai 1982, req. n° 24520 : *RJF* 1982, n° 7, 629.

ment de ces impositions n'est pas régulière ; elle ne produit donc aucun effet (68).

Une société ne peut valablement opter pour le régime des SARL de famille si tous les associés n'ont pas donné leur accord, conformément à l'article 239 *bis* AA du Code général des impôts (69). Pourtant, la gérante avait reçu de l'Administration une demande de renseignements et, à la question « optez-vous pour le régime des sociétés de personnes ? » avait répondu par l'affirmative. Cependant, l'option est valablement formulée dès lors que tous les associés ont donné leur accord, même si certaines formalités n'ont pas été respectées (70).

Seul un cas de force majeure peut excuser le défaut ou retard de déclaration, épargnant au contribuable une imposition d'office.

§ 3. – Force majeure

673. – La notion de force majeure, en procédure fiscale, est extrêmement étroite (71). Rien ne peut absoudre le défaillant dès lors que l'empêchement est dû à sa situation : son âge, son état de santé, son incarcération, la destruction de la comptabilité à partir de laquelle doit être souscrite la déclaration (vol, incendie, dégât des eaux), ni même son décès dès lors que les héritiers se voient transmettre l'obligation déclarative (72). Seul le fait d'un tiers peut constituer un cas de force majeure : l'armée (contribuable mobilisé), la poste (retard dans la distribution), une administration ou juridiction ayant engagé une procédure conduisant à la saisie des documents comptables. Et encore, dans cette dernière hypothèse, il faut que le contribuable ait vainement demandé à accéder à sa comptabilité (73). S'il y parvient, il doit respecter un délai « raisonnable » pour déposer sa déclaration (74). La notion de tiers est elle-même étroite : un retard dû au comptable n'épargne pas la taxation d'office à son client (75).

674. – On comprend qu'il faille se montrer strict pour que le contribuable respecte ses obligations déclaratives, mais cette jurisprudence paraît trop sévère. Cependant, le juge se montre tout aussi exigeant pour imposer à l'Administration qu'elle fasse la preuve de la compétence de ses agents.

---

(68) CE, 6 févr. 1981, req. n° 11933, *Dame Descrevel* : *RJF* 1981, n° 4, 324. – CE, 9 oct. 1991, req. n° 80461, *Motte* : *RJF* 1991, n° 11, 1349. La règle demeure aujourd'hui pour une entreprise relevant du réel simplifié et qui opte pour le réel normal.

(69) CAA Bordeaux, 26 oct. 2006, req. n° 03-1521, *Leroux* : *Dr. fisc.* 2007, n° 20, 517.

(70) CE, 21 déc. 2006, req. n° 282078, *Bohbot* : *Dr. fisc.* 2007, n° 50, 1044.

(71) Cf. Ch. de la Mardière, *Droit fiscal et force majeure : à l'impossible le contribuable est-il tenu ?* : *LPA* 1999, n° 46, p. 3.

(72) CE, 6 janv. 1984, req. n° 36980 : *RJF* 1984, n° 3, 350.

(73) CE, 9 mai 1990, req. n° 68329, *Mobb-meubles-pilotes* : *RJF* 1990, n° 7, 883.

(74) CE, 28 sept. 1988, req. n° 44514 : *RJF* 1988, n° 11, 1185.

(75) CE, 7 mai 1975, req. n° 92375 : *RJF* 1975, n° 7-8, 328. – CE, 14 avr. 1982, req. n° 14767 : *RJF* 1982, n° 6, 585.

Chapitre 2

LA COMPÉTENCE DES AGENTS DE L'ADMINISTRATION

675. – Le juge tient au strict respect des règles de compétence que doivent suivre les agents des services fiscaux dans l'exercice de leurs fonctions. Ainsi, la méconnaissance des règles de compétence territoriale constitue un vice substantiel de procédure, qui entraîne donc la décharge tant des droits que des pénalités issus d'un contrôle (1). De même, l'incompétence matérielle d'un agent, qui ne pouvait valablement exercer un droit de communication, forme un vice substantiel conduisant à la décharge des impositions et pénalités découlant des constatations faites lors de l'exercice de ce droit (2). Cette sévérité tend tout d'abord à protéger le contribuable. Par exemple, que le modeste artisan de la Creuse ne soit pas tenu de se rendre à Paris pour faire valoir son droit de saisir l'interlocuteur départemental.

676. – Mais la rigueur du juge est avant tout issue du droit administratif. En effet, les règles de compétence sont édictées dans l'intérêt général, notamment en vue d'une bonne organisation administrative. L'efficacité de l'administration fiscale commande donc le strict respect des règles de compétence. Ainsi, alors même qu'un contribuable est en situation d'évaluation d'office, il peut valablement invoquer le vice substantiel constitué par l'incompétence territoriale de l'agent qui lui a adressé une notification de redressement (3). Mais l'incompétence des agents de l'Administration ne constitue pas un moyen d'ordre public (4).

677. – La même exigence explique qu'il appartienne à l'Administration de prouver la compétence de ses agents (5). Dès lors que le contribuable conteste

(1) CE, sect., 6 juill. 1990, req. n° 92330, *Baptiste : RJF* 1990, n° 8-9, 1083 ; *Dr. fisc.* 1990, n° 40, 1754, concl. P.-F. Racine.

(2) CAA Lyon, 31 déc. 1996, req. n° 95-496, *Genestar* : *RJF* 1997, n° 3, 241. – CAA Marseille, 28 nov. 2002, req. n° 97-5542, *Garcia* : *RJF* 2003, n° 8-9, 1008.

(3) CE, 6 juin 2001, req. n° 196052, *Lahterman* : *RJF* 2001, n° 11, 1448.

(4) CE, sect., 6 déc. 1995, req. n° 126826, *SA Samep* : *RJF* 1996, n° 1, 61.

(5) Arrêts *Genestar* et *Garcia* préc. – Cass. com., 14 janv. 2003, req. n° 99 FD, *Sté Activ* : *RJF* 2003, n° 4, 516.

cette compétence, le service doit indiquer l'identité et le grade du fonctionnaire mis en cause, au besoin produire son acte de nomination, ou encore les documents signés de sa main. Par exemple, dans l'affaire *Garcia* précitée, le juge avait demandé au service de lui fournir les demandes de renseignements que l'agent avait adressées aux fournisseurs du contribuable, en vertu du droit de communication. En effet, il semblait que l'agent n'avait pas le grade nécessaire pour exercer ce droit, car à l'époque il fallait appartenir aux catégories A (inspecteur) ou B (contrôleur). Faute de s'être exécutée, l'Administration a succombé à l'instance.

Entrons maintenant dans le vif du contrôle fiscal.

Titre 2

PREUVE, INVESTIGATIONS ET SANCTIONS

678. – L'Administration sait qu'elle ne peut faire un usage immodéré de son pouvoir de contrôle. Il lui faut choisir les bonnes cibles, les contribuables qui méritent son attention. D'où l'importance des prérogatives lui permettant de rechercher l'information (chapitre 1), tel le droit de communication. C'est grâce à de pareils moyens que le fisc pourra repérer ceux qui doivent faire l'objet d'une procédure de contrôle (chapitre 2) et, éventuellement, de sanctions (chapitre 3).

Chapitre 1

LA RECHERCHE DE L'INFORMATION

679. – Deux procédures principales permettent à l'Administration de recueillir des renseignements, soit pour décider d'un contrôle, soit pour aider à l'accomplissement d'investigations en cours. Il s'agit du droit de communication (section 1) et de la perquisition fiscale, ou droit de visite et de saisie (section 2). Les demandes d'éclaircissements ou de justifications, parce qu'elles peuvent déboucher sur une taxation d'office, seront rattachées aux procédures proprement dites de contrôle fiscal (V. *infra*, n° 807 et s.).

Section 1

LE DROIT DE COMMUNICATION

680. – Parce qu'il ne connaît pas de formes, le droit de communication présente des difficultés de preuve qui lui sont propres (§ 1). Le plus grand danger qu'il recèle est de constituer un début de vérification de comptabilité (§ 2).

§ 1. – Difficultés probatoires posées par le droit de communication

L'absence de règles de procédure (A) conduit à des difficultés de preuve et surtout à une protection insuffisante du contribuable (B).

A. – Absence de règles de procédure

681. – Le droit de communication autorise les agents de l'administration fiscale à obtenir des renseignements – ou à prendre connaissance, et au besoin copie, de documents (1) – détenus par certaines personnes à raison de leur activité professionnelle (V. *supra*, n° 203 et s.), en vue de l'assiette, du contrôle et du recouvrement de l'impôt. Cette prérogative s'exerce moyennant des sanctions pouvant conduire jusqu'à une peine d'emprisonnement (V. *supra*, n° 188). Par souci d'efficacité, le droit de communication ne connaît pas de formes (2). Il s'opère sans règles de procédure (3), de manière à ménager un certain « effet de surprise ». Ainsi, l'Administration n'est pas tenue d'envoyer un avis de passage à une entreprise (V. *infra*, n° 683), lorsqu'elle se rend dans ses locaux pour prendre connaissance d'informations, de manière à ce que les documents ne soient pas subitement égarés ou détruits.

682. – On peut comprendre ce souci, mais il demeure que les contribuables ne sont pas protégés face à cette prérogative. Or, non seulement une personne peut être contrainte – sauf cas de secret professionnel (V. *supra*, n° 181 et s.) – à fournir des renseignements dont elle aurait voulu conserver la confidentialité, mais de plus ces informations sont susceptibles d'être utilisées par l'Administration à ses dépens ou à l'encontre de tiers, sans que le service ait à informer ceux-ci des recherches dont ils ont fait l'objet (4). C'est seulement lorsque le fisc use des renseignements recueillis lors d'un contrôle fiscal, qu'il doit engager à leur propos un débat oral et contradictoire avec le contribuable (V. *infra*, n° 737 et s.). Mais les garanties qui protègent alors celui-ci sont propres au contrôle et non à la procédure de recherche de l'information. L'absence de formes est donc préjudiciable et la rareté de la jurisprudence relative à l'exercice du droit de communication inquiétante.

683. – De même, les difficultés de preuve que présente ce droit sont d'autant plus grandes que les règles de procédure sont absentes. Car la forme est conçue pour protéger le contribuable. Moins elle est présente, plus il est difficile d'établir que l'Administration a outrepassé ses compétences. Or, les personnes soumises au droit de communication ne sont même pas en droit de démontrer qu'elles ont fait l'objet de cette procédure, dès lors que l'avis de passage, qui prévient de l'intervention, n'est pas obligatoire (5). Il revient normalement à l'Administration, dès lors qu'elle a effectué la formalité (6), de prouver que le droit de communication a été régulièrement exercé, condition pour qu'elle puisse utiliser les informations collectées. Cependant, c'est bien le contribuable qui peut se plaindre d'une illégalité, par exemple un droit de communication qui, en réalité, a constitué un début de vérification de comptabilité. Il doit apporter des éléments à l'appui de ses accusations. Or, comment prouver ce qui n'a laissé aucune trace ? La protection du contribuable est donc insuffisante.

---

(1) Dans la pratique, l'agent commence par recueillir des informations, par exemple en examinant la comptabilité, et s'il trouve quelque chose d'intéressant, il en demande copie de façon à disposer de la preuve écrite des renseignements relevés.

(2) CE, 27 avr. 1987, req. n° 63634, *Menella : Dr. fisc.* 1987, n° 43, 1948, concl. M. de Saint-Pulgent.

(3) Par exemple, l'assistance d'un conseil n'est pas garantie : CE, 24 juill. 1981, req. n° 16733, *Buhrer : Dr. fisc.* 1982, n° 6, 239, concl. J.-F. Verny.

(4) CE, sect., 6 oct. 2000, req. n° 208765, *Sté Trace : Dr. fisc.* 2000, n° 49, 975, concl. G. Bachelier ; *RJF* 2000, n° 12, 1497, chron. J. Maïa.

(5) CE, 10 déc. 1990, req. n° 68670, *CBI Import* : *RJF* 1991, n° 2, 193 : l'exercice du droit de communication n'est assorti d'aucune formalité, il n'a pas notamment à être précédé de l'envoi d'un avis de passage au contribuable.

(6) CE, sect., 22 nov. 1963, *Vanesse : Rec. CE*, p. 577.

B. – Une protection insuffisante du contribuable

684. – Certes, la doctrine administrative commande aux agents d'adresser un avis de passage (imprimé n° 3925) aux intéressés, avant d'intervenir, « afin qu'aucun doute n'existe dans leur esprit sur la nature de l'intervention sur place dont ils sont l'objet » (7). Cependant, rien n'est prévu pour laisser au contribuable un délai suffisant en vu de recourir à un conseil. L'intéressé encourt donc le risque de voir le service consulter des pièces auxquelles la loi ne donne pas accès, comme par exemple celles étrangères à son activité professionnelle, ou encore des documents dont le délai de conservation est expiré. Surtout, dès lors que les dispositions en cause se rapportent à la procédure, on ne peut les invoquer sur le fondement de l'article L. 80 A du Livre des procédures fiscales. Or, la même doctrine prévoit la possibilité d'interventions inopinées, au début desquelles le service doit remettre un avis de passage en main propre, ce qui permet certes au contribuable de disposer de la preuve qu'il a fait l'objet d'un droit de communication.

685. – Il demeure que la non-délivrance de cet avis n'est pas sanctionnée, puisque le juge refuse de le faire. Il restera pourtant un moyen de combattre un droit de communication irrégulièrement exercé. Si l'Administration utilise les informations en cause, pour asseoir un redressement, le contribuable pourra produire le document sur lequel elle s'est illégalement fondée, car elle n'y avait pas accès. Dans ce cas, les impositions découlant des constatations ainsi faites ne pourront être mises en recouvrement. C'est même l'ensemble des droits et pénalités issus du contrôle qui seront annulés, s'il n'est pas possible de distinguer les redressements issus d'un droit de communication irrégulier des autres rectifications (8).

686. – On pourrait concevoir un mimétisme entre les règles d'engagement d'un contrôle sur place et l'exercice du droit de communication. Que la loi, ou le règlement, contraigne l'Administration à – par principe – adresser un avis de passage, sauf pour les contribuables dont la moralité fiscale lui paraîtrait douteuse. Sous peine de nullité de la procédure, l'avis devrait indiquer la faculté de se munir d'un conseil, comme ménager plusieurs jours entre sa réception et l'intervention sur place, de manière à ce que le contribuable puisse décrocher son téléphone pour effectivement recourir à son expert-comptable ou son avocat. Cette proposition pourrait cependant nuire à l'efficacité de la lutte contre la fraude.

687. – Le droit de communication présente plus de garanties lorsqu'il s'exerce par correspondance, pratique dont la légalité a été reconnue (9). À savoir que l'agent, au lieu de se déplacer dans l'entreprise, lui adresse une demande d'information. Le contribuable détiendra ainsi la preuve écrite qu'il a fait l'objet d'un droit de communication. De plus, il disposera du temps nécessaire pour recourir à un conseil. Il répondra à la demande par lettre recommandée avec accusé de réception, de manière à détenir la preuve qu'il ne s'est pas soustrait à ses obligations. Surtout, dans l'hypothèse de la demande d'information, aucune confusion n'est possible entre le droit de communication et une vérification de comptabilité.

---

(7) *Doc. adm. DGI*, 13 K-114, 1er juin 2001. La formule n'est pas innocente : elle tend à prévenir un droit de communication qui constituerait, en réalité, un début de vérification de comptabilité. – V. *infra*, n° 688 et s.

(8) CE, 1er juill. 1987, req. n° 54222, *Marcantetti : RJF* 1987, n° 10, 1020, concl. O. Fouquet, p. 505.

(9) CE, sect., 6 oct. 2000, req. n° 208765, *Sté Trace : Dr. fisc.* 2000, n° 49, 975, concl. G. Bachelier ; *RJF* 2000, n° 12, 1497, chron. J. Maïa.

§ 2. – Droit de communication et vérification de comptabilité

Lorsqu'il est conduit sur place, le droit de communication peut se confondre avec un début de vérification de comptabilité, provoquant ainsi un détournement de procédure (A), comme l'illustre la jurisprudence (B).

A. – Risque de détournement de procédure

688. – Le mimétisme le plus grand est celui du contrôle inopiné et du droit de communication pour lequel le service n'a pas envoyé d'avis de passage. En effet, lors du contrôle fait à l'improviste, l'Administration peut aller au-delà des opérations qui caractérisent le droit de communication, comme par exemple réaliser un relevé de prix (V. *infra*, n° 755 et s.). Si, dès lors, le service se présente dans l'entreprise sans remettre d'avis de vérification, donc en soutenant exercer un droit de communication, mais procède, autre exemple, à un inventaire des stocks, le détournement de procédure nous semble avéré.

689. – L'Administration est en droit d'utiliser successivement le droit de communication, puis la vérification de comptabilité (10). La recherche de l'information est donc de nature à révéler, régulièrement, des faits qui conduiront le fisc à lancer un contrôle externe. Le risque de confusion est dès lors limité à un droit de communication mené contre le contribuable, celui qui fera l'objet de la vérification ultérieure, et non un tiers. Il convient cependant d'éviter que le contrôle, en réalité, ne commence dès les opérations de recherche de l'information. Si c'est le cas, le simple fait que le contribuable n'ait pas reçu, au préalable, un avis de vérification, suffit à vicier la procédure, dès lors qu'il n'aura pas été informé de sa faculté de recourir à un conseil. Il s'agit d'un vice substantiel, conduisant donc à l'annulation de l'ensemble des impositions découlant du contrôle (11).

690. – La difficulté à distinguer le droit de communication de la vérification de comptabilité, lorsqu'ils sont exercés, successivement et sur place, à l'encontre du même contribuable, tient à leur finalité commune. Les deux procédures tendent à l'examen critique d'une situation fiscale, soit directement, pour la vérification, soit indirectement lorsqu'il s'agit de collecter des informations pour programmer un contrôle. La grande différence tient au fait que le droit de communication ne constitue pas une procédure de contrôle fiscal. Il n'est donc pas entouré des garanties qui, dans la procédure contradictoire, protègent le contribuable vérifié. Limité à la recherche de l'information, le droit de communication doit être exercé de manière passive, l'agent ne doit que collecter des renseignements. Au contraire, la vérification de comptabilité s'exerce de façon active, parce que critique : il s'agit d'examiner les informations présentes sur place, pour les confronter aux déclarations souscrites.

691. – La distinction est toute relative (12), car si un agent, à la suite d'un droit de communication, propose une entreprise à la programmation du contrôle fiscal, c'est bien qu'il s'est livré à une appréciation critique de la situation du contribuable. Un auteur a pu écrire que le droit de communica-

---

(10) CE, plén., 13 mars 1967, req. n° 62338, *Assoc. football-club de Strasbourg* : *Dr. fisc.* 1967, n° 16, 471 et n° 45, doctr., concl. F. Lavondès. – CE, 20 avr. 1983, req. n° 31095 : *RJF* 1983, n° 6, 798.

(11) CE, 9 juill. 1982, req. n° 26309 : *RJF* 1982, n° 10, 964.

(12) L. Ayrault, *Le contrôle juridictionnel de la régularité de la procédure d'imposition*, L'Harmattan, 2004, coll. « Finances publiques », n° 86.

tion était un moyen de contrôle et la vérification de comptabilité une technique de contrôle (13). D'ailleurs, quand la prérogative de recherche de l'information s'exerce dans le cadre d'une vérification de comptabilité, les deux procédures se confondent en ce sens que les garanties qui entourent le contrôle s'étendent au droit de communication (14).

692. – Lorsqu'il exerce ce droit, le service doit donc prendre les précautions suivantes :

Envoyer un avis de passage.
Limiter le plus possible le nombre et la durée des interventions.
N'interroger le contribuable que sur des questions ponctuelles et précises, portant sur des éléments déjà identifiés.
Prendre copie de documents sans les confronter à d'autres.
Ne pas rapprocher les déclarations de la comptabilité.
Éviter d'apposer tout visa ou mention sur les documents présentés.
Ne pas opérer un relevé de prix, un inventaire du stock, un recensement des immobilisations ou un décompte des espèces en caisse.
Ne pas procéder à la vérification d'une entreprise immédiatement après avoir exercé à son encontre un droit de communication.

693. – Si l'agent méconnaît ces précautions, les erreurs commises seront pourtant bien difficiles à prouver, car on ne le pourrait que grâce à des attestations. Or, on sait que la valeur probante de celles-ci est toujours contestable (V. *supra*, n° 41 et s.). Au moins l'entreprise doit-elle s'assurer de la présence de plusieurs de ses membres, ou de conseils, qui pourront certifier que le service est allé au-delà du droit de communication. Il convient également de noter soigneusement le jour de l'intervention et sa durée, comme les documents consultés. Contrairement à la vérification de comptabilité, procédure lourde pouvant prendre plusieurs mois, le droit de communication doit nécessairement être limité dans le temps. Si, dès lors, le service est intervenu à plusieurs reprises, en demeurant sur place pendant des heures, pour examiner de nombreux documents, il sera difficile pour l'Administration de nier un début de vérification. Ce que confirme la jurisprudence.

B. – Jurisprudence

694. – Ainsi, alors même que le service avait adressé à l'entreprise un avis de passage indiquant qu'il allait procéder à un droit de communication, le début de vérification est avéré dès lors que les interventions se sont succédées du 2 septembre au 21 novembre, qu'elles ont donné lieu à l'examen des documents comptables, en les confrontant aux informations recueillies chez les

(13) J. Meurant, *La distinction entre droit de communication et vérification de comptabilité : application aux entreprises et aux sociétés* : *Rev. sociétés* 1984, p. 501.

(14) Cf. L. Olléon, *Quand la vérification de comptabilité absorbe le droit de communication* : *RJF* 2003, n° 1, p. 3.

fournisseurs, et qu'à partir des pièces bancaires l'agent a établi une balance de trésorerie. Du moment que le contribuable n'a pas été averti de sa faculté de se munir d'un conseil, la procédure est irrégulière, même si son comptable était effectivement présent (15).

Dans une autre affaire, un agent s'était déplacé à deux reprises dans les locaux d'une société civile immobilière. La première fois pour examiner l'ensemble des factures des fournisseurs et leur date de règlement. La seconde pour étudier tous les documents permettant le calcul d'une plus-value. Le juge en a déduit que le service avait confronté les pièces en cause à la déclaration souscrite, la procédure étant ainsi viciée (16). Apparemment, l'Administration n'a pas nié les faits.

695. – À l'inverse, le début de vérification n'a pas été reconnu dans les circonstances suivantes. L'inspecteur s'était rendu au siège de la société pour y examiner le compte courant du dirigeant et le compte rémunération du personnel. Moins d'un mois plus tard, il a adressé à l'entreprise une demande d'information, réclamant un état indiquant la proportion de biens amortissables en dégressif, copie du tableau des amortissements et des factures d'immobilisations. Or, par la suite, la société a fait l'objet d'une vérification de comptabilité à l'issue de laquelle l'exonération en faveur des entreprises nouvelles, alors prévue à l'article 44 *quater* du Code général des impôts, a été remise en cause. Le texte subordonnait l'exonération à une proportion minimale d'immobilisations amortissables en dégressif. On peut en déduire qu'en recevant la réponse de la société à la demande d'information, l'inspecteur était déjà convaincu que l'exonération n'était pas fondée.

696. – Mais le juge n'a évoqué que l'intervention sur place, pour affirmer que le service n'avait pas procédé à un examen critique de la comptabilité, ni confronté les déclarations de l'entreprise aux documents comptables (17). Cette affaire met en évidence toute la relativité de la distinction entre droit de communication et vérification de comptabilité. Les menaces que la perquisition fiscale fait peser sur la liberté et la vie privée du contribuable sont autrement plus graves.

Section 2

LE DROIT DE VISITE ET DE SAISIE

697. – Sous un vocable rassurant se cache une véritable perquisition, soit une mesure d'investigation, pouvant être menée en tous lieux, même privés, et destinée à rechercher, en vue de les saisir, tous documents tendant à établir des faits constitutifs d'une fraude fiscale. Rappelons que le droit de visite et de saisie ne peut être exercé qu'à propos des impôts sur les bénéfices (IS ; IR catégories BIC, BNC, BA) et de la TVA. Le but recherché par l'Administration, au moyen de cette procédure, est de se constituer des preuves en vue d'une plainte pour fraude. Du moins s'agit-il du principe. Car les insuffisances du

(15) CE, 9 juill. 1982, req. n° 26309 : *RJF* 1982, n° 10, 964.
(16) CAA Nantes, 31 déc. 1990, req. n° 727, *Pronier* : *RJF* 1991, n° 3, 309.
(17) CE, 10 déc. 1999, req. n° 201067, *SARL Juventhera* : *RJF* 2000, n° 2, 226.

contrôle exercé par le juge judiciaire, censé autoriser la visite, ont conduit à la banalisation de la perquisition fiscale. Ainsi, il est connu que le fisc utilise le droit de visite et de saisie pour qualifier un établissement stable, de manière à en taxer les bénéfices en France. Ceci alors même que le texte de l'article L. 16 B ne vise que des faits constitutifs de fraude fiscale. La procédure a donc été détournée de son objet.

698. – La circonstance que la prérogative la plus dangereuse détenue par l'Administration soit également la moins encadrée n'a pas manqué d'attirer les foudres de la Cour européenne des droits de l'homme. Ainsi, l'arrêt *Ravon* a reconnu que le contribuable « visité », auquel n'était ouvert qu'un pourvoi en cassation, ne disposait pas d'un recours effectif, permettant au juge d'examiner tant le droit que les faits de l'espèce (18). Quelques mois plus tard, un autre arrêt, *André* (V. *supra*, n° 209), sanctionnait la violation du secret professionnel d'un avocat, dont le cabinet avait fait l'objet d'une perquisition fiscale.

La France a réagi à ces camouflets, en adoptant la loi de modernisation de l'économie du 4 août 2008 (19), laquelle a créé un degré d'appel. Désormais, le contribuable peut contester l'ordonnance ayant autorisé la perquisition, comme la régularité de celle-ci, devant le premier président de la cour d'appel. Il peut également et toujours se pourvoir en cassation. Si la loi de modernisation de l'économie (LME) représente un progrès décisif pour la protection du contribuable, elle a cependant été suivie de la loi de finances rectificative pour 2008 (20) qui, à l'inverse, a accru les pouvoirs de l'Administration. On distinguera la preuve de la légalité de l'autorisation de perquisitionner (§ 1) de celle des opérations de visite (§ 2).

§ 1. – Légalité de l'autorisation de perquisitionner

Aux insuffisances du contrôle (A) fait exception la question de la loyauté de la preuve (B).

A. – Un contrôle notoirement insuffisant

699. – Sachant que la mise en œuvre du droit de visite et de saisie nécessite l'autorisation du juge judiciaire, un contentieux aurait dû naître quant à la matérialité des faits autorisant le fisc à présumer une fraude. En réalité, la jurisprudence qui s'est développée en ce sens ne peut être comprise si l'on ignore les conditions réelles du contrôle exercé par le juge. Il est notoire en effet que l'ordonnance autorisant la perquisition est rédigée par l'administration fiscale, puis signée par le magistrat à l'issue d'un examen rapide. Ainsi, dans plusieurs espèces (21) où il n'était pas contesté que le juge n'avait pas rédigé lui-même l'ordonnance, la Cour de cassation a pourtant reconnu la régularité de la procédure. Dans une autre affaire, l'ordonnance avait été rendue le même jour que la présentation de la demande du fisc auprès du juge.

(18) CEDH, 21 févr. 2008, req. n° 18497/03, *Ravon : Dr. fisc.* 2008, n° 12, 227, note D. Ravon et Ch. Louit ; *RJF* 2008, n° 5, 571, chron. B. Hatoux, p. 454 et *in RJF* 2008, n° 6, p. 552.

(19) L. (LME) n° 2008-776, 4 août 2008 : *Dr. fisc.* 2008, n° 36, 474.

(20) L. n° 2008-1443, 30 déc. 2008, portant loi de finances rectificative pour 2008 : *Dr. fisc.* 2009, n° 5 et 6.

(21) Par ex. : Cass. com., 29 juin 1991, req. n° 1331 P, *Fouquet et Pelfanian* : *RJF* 1992, n° 1, 80.

Or, celle-ci comportait en annexe 138 pièces représentant plus de 400 pages. Matériellement, il est difficilement concevable que le magistrat les ait examinées sérieusement, pourtant la régularité de l'ordonnance a été admise (22).

700. – Il en résulte que le contentieux relatif à l'exercice du droit de visite et de saisie intéresse bien davantage la procédure qui entoure celui-ci, que le fond de l'affaire, particulièrement la nature des faits pouvant laisser présumer une fraude et donc motiver la perquisition. Ainsi, une abondante jurisprudence se rapporte à la façon dont l'ordonnance est rédigée, bien plus qu'à son contenu. S'expose à la censure de la Cour de cassation l'autorisation du juge qui analyse de manière vague et imprécise les pièces produites par l'Administration pour établir la présomption de fraude (23). La cour annule alors l'ordonnance précisément parce qu'elle ne lui permet pas d'exercer son contrôle. Celui-ci reste symbolique car le juge du fond se voit reconnaître un pouvoir souverain d'appréciation.

Le rôle du magistrat autorisant la visite demeure malgré tout formel dès lors qu'il n'a pas à s'assurer de la réalité des faits invoqués par l'Administration à l'appui de sa demande. De plus, le service n'est pas tenu de transmettre au juge l'intégralité des éléments dont il dispose quant à la situation de la personne visée. En conséquence, l'Administration ne fournit que les documents « à charge ». Il revient au contribuable d'établir que la décision du juge aurait été différente s'il avait disposé d'autres pièces que celles transmises (24). Soit une preuve extrêmement difficile à apporter, dont l'appréciation est particulièrement subjective (25).

701. – Une décision a même nié au contribuable la possibilité de contester la valeur des éléments présentés par le fisc pour motiver la perquisition (26). Elle signifie cependant que seule l'ordonnance peut être critiquée, devant le juge de cassation, et non la demande de l'Administration. Ainsi, quelques arrêts se rapportent aux éléments retenus par l'ordonnance pour autoriser la visite. Par exemple, le fait que trois chèques, destinés à rémunérer des soins prodigués par un chirurgien-dentiste, aient été encaissés par une compagnie d'assurances, laisse présumer que les recettes correspondantes n'ont pas été comptabilisées (27). Des honoraires versés à des sociétés établies dans des paradis fiscaux sont *a priori* fictifs, compte tenu des condamnations antérieures pour fausses factures qui ont frappé les dirigeants de l'entreprise (28). Une société qui inscrit un aéronef à l'actif du bilan pour une valeur nettement inférieure à son prix d'acquisition est suspecte (29). Une entreprise qui poursuit son activité tout en étant défaillante fiscalement depuis plusieurs exercices est présumée se soustraire au paiement de l'impôt sur les bénéfices et de la TVA (30).

702. – Même si le nombre de décisions est encore insuffisant pour qu'une jurisprudence ait pris naissance, on peut espérer que la procédure d'appel

---

(22) Cass. crim., 22 mars 2001, req. n° 2275 FD, *Sté Trigone Conseil Littoral* : *RJF* 2001, n° 10, 1252.

(23) Cass. com., 22 oct. 1991, req. n° 1270 D, *Gautier* : *RJF* 1991, n° 12, 1559.

(24) Cass. com., 12 janv. 1999, req. n° 122 D, *Sté LC Investissement* : *RJF* 1999, n° 4, 431. – Cass. crim., 24 sept. 2003, req. n° 4490 FD, *Sté Leroy* : *RJF* 2004, n° 2, 152.

(25) L. Ayrault, *Le contrôle juridictionnel de la régularité de la procédure d'imposition*, L'Harmattan, 2004, coll. « Finances publiques », n° 303.

(26) Cass. com., 9 nov. 1993, req. n° 1724 D, *Nedellec* : *RJF* 1994, n° 1, 54.

(27) Cass. com., 4 juin 1996, req. n° 1081 D, *Davidas* : *RJF* 1996, n° 10, 1174.

(28) Cass. com., 19 mai 1998, req. n° 1087 D, *Sté GRC Emin* : *RJF* 1998, n° 8-9, 961.

(29) Cass. com., 20 févr. 1996, req. n° 94-16246, *Duret* : *Dr. fisc.* 1996, n° 20, 640.

(30) Cass. com., 12 janv. 1999, req. n° 122 D, *Sté LC Investissement* : *RJF* 1999, n° 4, 431.

issue de la LME va permettre de sensiblement améliorer l'état du droit. Car le contribuable, enfin, peut contester, en droit comme en fait, la valeur des informations fournies par l'Administration pour solliciter la visite. Il lui est permis de critiquer la régularité de la procédure de visite quelques semaines après le déroulement de celle-ci. Le contribuable est lui-même en mesure de présenter des éléments à décharge, par exemple un avis d'absence de redressement. Il peut également contester la licéité des pièces produites par le service.

B. – Loyauté de la preuve

703. – La Cour de cassation montre une ferme exigence pour que le juge du fond s'assure de la loyauté de la preuve (sur cette notion, V. *supra*, n° 18 et s.), autrement dit de la licéité des éléments invoqués par le fisc pour solliciter la visite. En effet, le juge, dans son ordonnance, ne peut se fonder que sur des pièces détenues par l'Administration de manière apparemment licite. Le magistrat doit donc, dans l'autorisation qu'il donne, indiquer l'origine patente des documents (31). La technique est habile car elle oblige l'Administration à révéler la source des renseignements qu'elle détient. Cependant, le juge ne peut se tenir qu'à l'apparence, il n'a pas à rechercher l'origine des renseignements que le fisc lui présente (32). Il doit, néanmoins, écarter une pièce si elle lui paraît suspecte, ce qui semble être la moindre des choses dans une procédure qui, s'agissant de l'autorisation, n'est ni publique, ni contradictoire.

704. – Avant la LME, le contribuable ne pouvait contester la licéité des éléments ayant motivé la visite que dans le contentieux proprement fiscal, ou pénal (33). Autrement dit si, après la visite, l'Administration déclenchait un contrôle ou portait plainte pour fraude, il était alors seulement possible de critiquer la validité des documents saisis, en soutenant qu'ils étaient eux-mêmes issus de renseignements obtenus de manière illicite (34). Cependant, l'autorisation donnée par le juge dans son ordonnance conférait aux éléments retenus une présomption de licéité. Il revenait donc au contribuable de combattre cette apparence en apportant la preuve que l'origine des faits relevés était irrégulière. Or, plus le temps écoulé était grand, plus cette démonstration était difficile à faire. Avec la nouvelle procédure d'appel, cette même contestation peut être menée en très peu de temps, puisque le recours doit être introduit dans les quinze jours de la visite.

705. – Parmi les moyens offerts à l'Administration pour recueillir des renseignements qui motiveront la visite, sont reconnus licites l'usage régulier du droit de communication, de l'assistance administrative internationale, des enquêtes menées par les autorités administratives, ou encore des perquisitions faites antérieurement à l'encontre d'autres contribuables. En revanche, est irrégulière la visite motivée sur la foi de documents détournés par d'anciens salariés du contribuable (35). À l'inverse, rien n'interdit au juge de se fonder sur des attestations régulièrement issues d'anciens employés de l'entreprise (36), ou encore une attestation d'un agent des impôts qui avait constaté

(31) Cass. com., 27 nov. 1991, req. n° 1495 P, *Sté Jean Lefebvre*, req. n° 1496 P, *Michaud : RJF* 1992, n° 1, 81.
(32) Cass. crim., 25 janv. 2001, req. n° 599 FD, *Levasseur* : *RJF* 2001, n° 6, 809.
(33) Cass. com., 5 juill. 1994, req. n° 1611 P, *Sté El développement* : *RJF* 1994, n° 12, 1343.
(34) Cass. com., 20 févr. 1996, req. n° 93-11878, *SCP Mouial Scharwitzel* : *Dr. fisc.* 1996, n° 17, 573.
(35) Cass. com., 4 févr. 1997, req. n° 254 D, *EURL Jacky Chris* : *RJF* 1997, n° 5, 447.
(36) Cass. com., 2 nov. 1994, req. n° 1961 D, *Halfon* : *RJF* 1995, n° 1, 43.

des infractions dans une discothèque, alors même qu'il s'y trouvait à titre privé (37). De façon générale, doivent être écartées les pièces que l'Administration s'est procurée par un moyen constituant une infraction pénale, comme le recel.

706. – Il faut regretter le crédit que la Cour de cassation accorde aux dénonciations anonymes, car beaucoup sont mensongères, ce qui explique, certes, que l'Administration les vérifie avec généralement un soin particulier. De plus, elles ne peuvent être visées dans l'ordonnance qu'à la condition que leur contenu soit corroboré par d'autres renseignements également retenus par le juge (38). La dénonciation peut, soit être issue d'une lettre régulièrement adressée aux services fiscaux (il convient alors de conserver l'enveloppe), soit des dires du délateur que l'agent doit consigner dans un document signé par lui-même (39).

707. – L'annulation de l'ordonnance par le juge judiciaire interdit à l'Administration d'utiliser, pour les besoins d'un contrôle ou d'une plainte, les renseignements irrégulièrement recueillis ; ce même si le contribuable se trouve en situation de taxation ou d'évaluation d'office (40). L'interdiction s'étend aux renseignements supplémentaires que le service pourrait ultérieurement obtenir, en exploitant les informations initialement recueillies. On notera que si l'Administration entend redresser un contribuable qui a fait l'objet d'une visite annulée, elle doit établir que les faits motivant la rectification n'ont pas été révélés par la perquisition (41), mais par une autre procédure, comme un droit de communication.

708. – En revanche, l'annulation d'une ordonnance prise pour la visite d'une société ne fait pas obstacle à ce que le fisc utilise les renseignements collectés à l'encontre de son dirigeant (42). À l'égard de celui-ci, ou de tout autre « tiers », les pièces saisies conservent donc leur valeur probante (43). Le Conseil d'État consacre ainsi une conception radicale de l'indépendance des procédures, fort contestable. Pour quelles raisons les mêmes informations, irrégulièrement recueillies, ne sauraient être opposées à une société et pas à son dirigeant ? Le juge a cependant reconnu que si, lors d'une perquisition, le service a saisi des pièces uniquement relatives à un tiers, il ne peut les opposer à celui-ci (44). En effet et en quelque sorte, l'intéressé a fait l'objet d'une visite sans bénéficier des garanties qui entourent celle-ci. Les mêmes conséquences sont attachées à l'illégalité des opérations de visite.

§ 2. – Légalité des opérations de visite

709. – Par principe, et sous peine de nullité de la procédure, les agents procédant à une perquisition ne peuvent faire que ce qui est prescrit par l'or-

(37) Cass. com., 27 janv. 1998, req. n° 292 D, *Sté Le Queen* : *RJF* 1998, n° 5, 572.
(38) Cass. com., 26 oct. 1993, req. n° 1601 P, *SA Trabet* : *RJF* 1994, n° 1, 56.
(39) Cass. com., 28 juin 2006, req. n° 05-83782 FD, *Antoine* : *Dr. fisc.* 2007, n° 28, 738.
(40) CE, avis, sect., 1er mars 1996, req. n° 174245, *SARL France Finibéton* : *RJF* 1996, n° 4, 462, chron. S. Austry, p. 231.
(41) CE, 4 août 2006, req. n° 264624, *Louerat* : *Dr. fisc.* 2007, n° 11, 286, concl. C. Verot.
(42) CE, avis, sect., 1er mars 1996, req. n° 174244, *Egot* : *RJF* 1996, n° 4, 463, chron. S. Austry, p. 231.
(43) CE, avis, 10 juin 1998, req. n° 194330, *Thoury* : *RJF* 1998, n° 8-9, 966.
(44) CE, 16 nov. 2005, req. n° 264077, *SARL Sarim : Dr. fisc.* 2006, n° 27, 490, concl. L. Vallée, note A. Lefeuvre ; *RJF* 2006, n° 2, 169.

donnance du juge. Ainsi à propos d'une affaire qui en dit long sur le zèle de certains fonctionnaires, ceux-ci ayant creusé le sol de la cave du lieu visité. L'irrégularité de la procédure a été reconnue dès lors que l'ordonnance n'autorisait pas l'Administration à agir de la sorte (45). Faute de précision de l'autorisation donnée par le juge, les agents doivent se tenir aux actes courants d'investigation (46) : fouiller le local pour y rechercher et saisir des pièces en rapport avec la fraude supposée.

Ainsi, ils ne sauraient inspecter le sac à main d'une personne présente dans les locaux visités (47). En revanche, ils peuvent, sans autorisation expresse du juge, procéder à un inventaire du stock des marchandises présentes, sans que cela constitue un début de vérification de comptabilité (48). Aujourd'hui, l'article L. 16 B III *bis*, alinéa 2, du Livre des procédures fiscales, autorise l'Administration à demander aux personnes présentes dans les lieux, si elles y consentent, de justifier de leur identité et de leur adresse.

710. – Jusqu'à une époque récente, un début – irrégulier – de contrôle sur place était encouru si les agents procédaient à l'interrogatoire des personnes présentes, car ils pouvaient alors se livrer à une appréciation critique de la situation de l'entreprise. La loi de finances rectificative pour 2008 (LPF, art. L. 16 B III *bis*) prévoit désormais que l'Administration peut demander au contribuable perquisitionné « des renseignements et justifications » sur les faits dont il est soupçonné. La confusion est désormais manifeste entre ce qui constituait jusqu'alors une procédure de recherche de l'information, le droit de visite et de saisie, et un contrôle sur place. La nature législative de la disposition nouvelle suffira-t-elle à couvrir l'irrégularité d'un début de contrôle non précédé de l'envoi d'un avis de vérification, informant le contribuable de son droit d'être assisté d'un conseil ? Certes, depuis la LME (LPF, art. L. 16 B II d), l'ordonnance, lue au début des opérations, doit faire mention de cette faculté, mais sans que l'exercice de celle-ci n'entraîne la suspension de la visite. Autrement dit, il n'est pas besoin d'attendre que l'avocat arrive pour procéder aux opérations (49). Au total, rien ne garantit que le contribuable puisse effectivement être assisté.

Or, le premier président de la cour d'appel de Paris a annulé la saisie de documents dans le cabinet d'un avocat, dès lors que celui-ci n'avait pu être assisté, lors de l'ouverture des scellés dans le bureau du juge des libertés, par son propre avocat. L'ordonnance est fondée sur le principe constitutionnel des droits de la défense (50).

711. – La preuve que la perquisition a tourné au contrôle devrait être facile à faire, car l'article L. 16 B (III *bis*) prévoit lui-même que les « renseignements et justifications » obtenus du contribuable doivent être consignés dans un compte rendu annexé au procès-verbal, dont une copie est remise à l'intéressé. Naïve, la loi de finances rectificative pour 2008 prévoit que l'audition du contribuable ne peut être faite qu'avec l'accord de celui-ci et après autorisation du juge. Or, le « visité » bien conseillé ne manquera pas de donner son consentement si cela est de nature à provoquer un vice de procédure…

Autre nid à contentieux issu de cette loi, si le contribuable fait obstruction à la restitution des pièces saisies, les informations qu'elles contiennent lui sont

(45) Cass. ch. mixte, 15 déc. 1988, req. n° 87-11944/C : *RJF* 1989, n° 3, 328.
(46) Cass. com., 15 mars 1994, req. n° 743 P, *Lagier* : *RJF* 1994, n° 7, 808.
(47) Cass. com., 19 déc. 1995, req. n° 1997 P, *Garcia-Heller et Rachlin* : *RJF* 1996, n° 3, 315.
(48) Cass. com., 7 juin 1994, req. n° 1400 P, *Sté art et style d'Aquitaine* : *RJF* 1994, n° 11, 1217.
(49) Instr. 1er avr. 2009 : *BOI* 13 K-4-09, n° 13 et 14 ; *Dr. fisc.* 2009, n° 16, 14084.
(50) CA Paris, ord., 7 mai 2009, req. 08-22474 : *RJF* 2009, 8/9, 756.

opposables au terme d'un délai de trente jours. Autrement dit, l'Administration pourra les utiliser à des fins de contrôle fiscal, alors même que les documents ne seront pas en possession de l'intéressé. Cette belle violation des droits de la défense sera difficile à justifier si le service ne parvient pas à démontrer que le contribuable a réellement fait obstacle à la restitution des pièces. Or, cette preuve ne manquera pas d'être délicate à apporter, surtout à raison de faits enfermés dans un délai de trente jours.

712. – L'Administration ne peut (en principe...) saisir que les documents de nature à apporter la preuve de la fraude dont la recherche a été permise. Un inventaire des pièces ou des fichiers, pour le cas d'un disque dur, doit être dressé et signé par les agents du fisc, l'officier de police judiciaire et le contribuable. Celui-ci a intérêt à vérifier la liste et, si elle est erronée, peut refuser de signer l'inventaire ; mention étant faite de ce refus au procès-verbal. Cependant, l'appréhension de documents non inventoriés ne vicie pas la saisie des autres pièces (51). Un procès-verbal doit être dressé sur place, à l'issue de l'opération, pour relater les modalités et le déroulement de celle-ci, comme les constatations faites. Il est signé dans les mêmes conditions que l'inventaire. L'attention du contribuable doit être attirée sur le fait que s'il accepte de signer ce document, la contestation ultérieure de la régularité de la procédure sera rendue plus difficile. Mais il peut accompagner sa signature d'observations ou de réserves.

713. – L'état du droit qui entoure la perquisition fiscale n'a rien de satisfaisant. Il ne serait pourtant pas inconcevable de désigner un magistrat, judiciaire ou administratif, qui disposerait du temps et des compétences nécessaires à un réel contrôle, notamment par sa présence lors des opérations. En moyenne 250 perquisitions fiscales sont entreprises chaque année. Mais les derniers textes adoptés n'ont fait qu'entretenir les confusions et offrir davantage de voies de contestation. On ne sait pas aujourd'hui si le droit de visite et de saisie, dès lors qu'il permet à l'Administration d'interroger le contribuable, est devenu ou non une procédure de contrôle fiscal.

---

(51) Cass. com., 12 janv. 1999, req. n° 142 P, *Sté Prodigest* : *RJF* 1999, n° 4, 433.

Chapitre 2

LES PROCÉDURES DE CONTRÔLE

L'enjeu probatoire ici en cause tient essentiellement à rendre effectives les garanties du contribuable vérifié (section 1), comme à protéger celui faisant l'objet d'un ESFP, puis d'une demande de justifications (section 2).

Section 1

LES GARANTIES DU CONTRIBUABLE VÉRIFIÉ

Ces garanties sont principalement de trois ordres. Tout d'abord faire respecter la règle du contradictoire (§ 1), ensuite permettre au contribuable d'être assisté du conseil de son choix (§ 2), enfin assurer sa tranquillité en limitant l'étendue du contrôle fiscal dans le temps (§ 3).

§ 1. – Le principe du contradictoire

714. – Ce principe contraint l'Administration à ménager les conditions d'un débat oral et contradictoire lors d'une vérification de comptabilité (A). La contradiction existe également dans l'ESFP (B), mais elle a le tort de ne pas y être, nécessairement, orale. Enfin, le service doit informer le contribuable de la teneur et de l'origine des renseignements issus de tiers, dès lors qu'ils ont servi à asseoir les redressements litigieux (C).

A. – Le débat oral et contradictoire dans la vérification de comptabilité

715. – Il s'agit d'une garantie fondamentale du contribuable vérifié, la seule, avec l'assistance d'un conseil, dont la méconnaissance entraîne la nullité de la procédure pénale tendant à réprimer la fraude (1). De plus, la règle du débat oral et contradictoire permet d'assurer la qualité du contrôle fiscal. En effet, rien n'est pire qu'un vérificateur qui travaille seul dans son coin, sans poser de questions, ni annoncer comme expliquer les redressements qu'il va notifier. Car bien des situations *a priori* anormales sont éclaircies par une simple discussion.

Qu'on permette ici à un ancien vérificateur de faire état d'une expérience personnelle. Je procédais au contrôle d'une société dont l'activité consistait dans la fabrication de jouets. Or, en examinant les frais généraux, je découvris la facture d'un détective privé, qui présentait un montant non négligeable. Je soupçonnais alors le dirigeant d'avoir engagé cette personne, aux frais de la société, pour « filer » une épouse volage. Les explications du directeur financier et la lecture du rapport d'activité du détective m'ont convaincu qu'il s'agissait de surveiller un concurrent que l'entreprise suspectait de contrefaçon.

716. – L'effectivité du débat oral et contradictoire est conditionnée par sa sanction, la nullité de la procédure conduisant à la décharge des impositions découlant du contrôle (2). Or, cette garantie est souvent bafouée, faute de pouvoir établir que l'Administration ne l'a pas respectée. L'état du droit est en la démonstration, dès lors que le juge se tient à l'apparence (1°). C'est principalement la durée de la vérification (2°) qui peut permettre d'établir l'absence de débat oral et contradictoire, avant le respect d'autres conditions (3°).

1° L'état du droit : une garantie de l'apparence

717. – Si la règle du débat oral et contradictoire est de nature jurisprudentielle, d'emblée il n'a pas été fait mystère des difficultés pour établir sa méconnaissance :

« En réalité cette condition, dont le principe est pratiquement incontrôlable au contentieux, paraît surtout destinée à inciter l'Administration à ne pas systématiser les travaux sur pièces dans ses bureaux au détriment du contact humain irremplaçable, susceptible de s'établir chez le contribuable lui-même » (3).

En effet, les difficultés de preuve en ce domaine sont telles qu'un député est allé jusqu'à proposer au ministre des finances de faire enregistrer les débats entre le vérificateur et le contribuable. Le ministre a décliné l'invitation, sachant qu'elle n'était pas de nature à améliorer les relations du fisc avec ses administrés (4).

718. – Si les conditions étudiées ci-dessous (V. *infra*, nº 722 et s.) sont respectées, il appartient au contribuable de prouver l'absence de débat oral et contradictoire, en démontrant que le vérificateur s'est refusé à tout échange de vues (5), ce qui relève de l'impossible. Le seul moyen d'en apporter la preuve est de fournir des attestations de personnes ayant assisté au contrôle et par lesquelles elles affirment que l'inspecteur a refusé toute discussion. Or,

(1) Cass. crim., 23 nov. 1992, req. nº 90-86657 PF, *Sztergbaum : RJF* 1993, nº 2, 290, rapp. B. de Massiac ; *Dr. fisc.* 1993, nº 20, 1059, note G. Tixier et Th. Lamulle.

(2) CE, sect., 21 mai 1976, req. nº 94052 : *Dr. fisc.* 1976, nº 25, 878, concl. M.-A. Latournerie ; *RJF* 1976, nº 7-8, 250, chron. B. Martin Laprade, p. 224.

(3) B. Martin Laprade, chron. préc., p. 226.

(4) Rép. min. Frédéric-Dupont : *JOAN* CR, 28 janv. 1991, p. 312, nº 31102.

(5) CE, 28 janv. 1987, req. nº 48571 : *RJF* 1987, nº 3, 330. – CE, 3 nov. 1989, req. nº 55056, *Martinez : RJF* 1990, nº 1, 52.

le juge se méfie beaucoup de ce mode de preuve et il est bien rare qu'il accorde aux attestations une réelle valeur probante (V. *supra*, n° 41 et s.). En effet, il serait trop facile, pour un chef d'entreprise peu scrupuleux, de solliciter le faux témoignage de personnes placées sous son autorité ou, comme les conseils, rémunérés par l'entreprise.

Un moment, le juge s'est orienté vers le système de la preuve objective, où aucun des plaideurs ne supporte tout le poids probatoire, précisément pour épargner au contribuable une démonstration impossible (V. *supra*, n° 545 et s.). Mais cette technique n'a pas permis de résoudre les difficultés en cause et la jurisprudence, après quelques hésitations, y a renoncé. Par retour au *statu quo ante*, il revient de nouveau au contribuable de prouver l'absence de débat oral et contradictoire (6).

719. – Cet état du droit n'a évidemment rien de satisfaisant. En effet, le Conseil d'État s'est résigné à un examen sommaire du respect de la règle :

> « Le contrôle du juge porte moins sur l'objet du débat oral et contradictoire que les *conditions de sa possibilité*. Le vérificateur, dans et par l'exercice de son contrôle, doit mettre en mesure le contribuable d'engager le débat avec lui. Mais, comme le dialogue ne se prescrit ni se décrète, le vérificateur n'a pour obligation positive que de créer les circonstances propices à l'initiative du contribuable » (7).

Il paraît abusif d'attendre de ce dernier qu'il sollicite l'inspecteur pour s'inquiéter des redressements qu'on lui prépare. La démarche inverse serait bien plus naturelle (8).

720. – Nombre de vérificateurs, par crainte du conflit, n'osent pas révéler à l'entreprise, notamment lors de la dernière intervention sur place, les redressements qu'ils entendent notifier (9). Ce manquement au débat oral et contradictoire est source de complications car, une fois la vérification terminée, la procédure, sauf recours amiables, n'est plus qu'écrite. Généralement, il est beaucoup plus commode et rapide de s'entendre face à face, car si une vérification se déroule sur place, c'est précisément pour avoir un contact avec l'entreprise et un accès direct à sa comptabilité. Il est particulièrement regrettable que le juge ne sanctionne pas les vérificateurs qui s'abstiennent de faire connaître, sur place, les redressements qu'ils envisagent de notifier (10). En effet, la jurisprudence n'y voit pas une irrégularité, « dès lors que le vérificateur n'a pas privé le contribuable de la possibilité d'un débat oral et contradictoire », autrement dit si le second a été en mesure de prendre contact, à plusieurs reprises, avec le premier. Or, tout l'intérêt de ce débat réside dans la discussion des redressements que l'Administration propose de notifier. Mais comment prouver que le vérificateur s'y est soustrait ? Cela tend vers l'impossible.

721. – On pourrait concevoir l'obligation (11), pour le service, de dresser un procès-verbal à l'issue de la dernière intervention, document signé par le

---

(6) Une décision semble cependant faire reproche à l'Administration de ne pas établir la réalité du débat oral et contradictoire, en notant qu'aucune pièce du dossier ne permet de s'assurer de la présence du vérificateur dans l'entreprise (CAA Marseille, 7 déc. 2006, req. n° 02-1479, *Cento* : *RJF* 2007, n° 8-9, 940).

(7) F. Loloum, concl. sur CE, 17 févr. 1997, req. n° 165573, *Sté commerciale Paul Brunetti : Dr. fisc.* 1997, n° 26, p. 883, § II.

(8) J. Lamarque, *À propos de la preuve : trois questions dérangeantes* : *Dr. fisc.* 2007, n° 23, p. 14.

(9) J. Schmidt, *Le contrôle des activités professionnelles*, in *L'amélioration des rapports entre l'administration fiscale et les contribuables*, PUF, 1989, coll. « Université d'Orléans », p. 17.

(10) CE, 9 mars 1988, req. n° 66954 : *RJF* 1988, n° 5, 624.

(11) J. Ajroud, *L'obligation du débat oral et contradictoire sur les renseignements obtenus auprès de tiers : à propos des arrêts* Baudry *et* Bozzi : *Dr. fisc.* 2006, n° 5, p. 233.

vérificateur et le dirigeant, où seraient, brièvement, consignés et chiffrés les redressements et pénalités annoncés. Toute somme notifiée, mais ne figurant pas sur le procès-verbal serait nulle. Mais, pour l'heure, le juge se borne à « contrôler s'il y [a] eu le minimum de contacts physiques indispensables entre le contribuable et le vérificateur et, à défaut, si la responsabilité de l'absence de contacts incombait au contribuable ou au vérificateur » (12).

Dès lors qu'une vérification de comptabilité s'est déroulée, conformément à l'article L. 13 du Livre des procédures fiscales, dans les locaux de l'entreprise, la jurisprudence pose une présomption selon laquelle la garantie du débat oral et contradictoire a été respectée. Il en va de même si le contrôle a été effectué, à la demande de l'entreprise, dans le lieu où se trouvait la comptabilité, particulièrement le cabinet de l'expert-comptable. À raison de cette présomption, il revient donc au contribuable d'apporter la preuve que le vérificateur n'a pu permettre un débat oral et contradictoire (13). C'est essentiellement la durée du contrôle qui est de nature à le démontrer.

2° Durée de la vérification

722. – On peut établir la violation de la garantie à partir d'éléments « objectifs » tenant au nombre et à la durée des interventions sur place. Et encore, le contribuable ne doit pas être contredit par l'Administration lorsqu'il affirme que le temps du contrôle fut insuffisant. C'est sa parole contre celle du service, car rien n'est prévu par les textes pour attester le nombre et la durée des rendez-vous. Certains vérificateurs, au début de la proposition de rectification, mentionnent les jours où ils se sont rendus dans l'entreprise, notamment la date de la dernière intervention et les personnes qui y étaient présentes, mais cela n'a rien d'une obligation. D'autres adressent des courriers, parfois en recommandé avec demande d'avis de réception, pour confirmer les rendez-vous ; là encore, ce n'est pas obligatoire et cette pratique n'est utilisée que lorsque le vérificateur a le sentiment que le contribuable entend se dérober au contrôle, en ne répondant pas – ou insuffisamment – aux questions qu'on lui pose. Enfin et bien sûr, l'examen du respect de la garantie se fait au cas par cas, à raison des circonstances propres à chaque affaire.

723. – La durée du contrôle est fonction de la taille de l'entreprise et de la nature des irrégularités relevées par le vérificateur. Ainsi, deux interventions sur place, à l'issue desquelles l'inspecteur a constaté l'absence ou l'irrégularité de la comptabilité, suffisent pour conclure au respect du débat oral et contradictoire (14). Le temps du contrôle dépend également de son objet. Ainsi, une vérification de comptabilité limitée à l'examen de crédits d'impôt imputés sur l'IS d'un seul exercice, qui ne consistait donc qu'à examiner quelques écritures comptables, a pu valablement se dérouler sur une seule journée (15). Même solution pour une vérification limitée à une seule entrevue avec le gérant de la société, du moment qu'il n'était question que d'une avance en compte courant consentie à celle-ci (16).

L'attitude du contribuable a aussi son importance. Bien que le vérificateur ne se soit rendu dans l'entreprise que deux fois, le contrôle est régulier dès

(12) O. Fouquet, concl. sur CE, 22 déc. 1989, req. n° 50674, *SCM du cabinet médical d'Origny-Sainte Benoite* : *Dr. fisc.* 1990, n° 19, p. 674.

(13) CE, 17 févr. 1997, req. n° 165573, *Sté commerciale Paul Brunetti : Dr. fisc.* 1997, n° 26, 748, concl. F. Loloum ; *RJF* 1997, n° 3, 238, chron. S. Austry, p. 142.

(14) CE, 14 nov. 1988, req. n° 58952, *Peril* : *RJF* 1989, 1, 25.

(15) CE, 23 avr. 2008, req. n° 271853, *SA Kraft Foods France : Dr. fisc.* 2008, n° 26, 399, concl. P. Collin ; *RJF* 2008, n° 7, 863.

(16) CE, 4 mars 2009, req. n° 296956, *SARL Aux villes de l'Est et MHB* : *RJF* 2009, n° 6, 575.

lors que le service a abordé, en présence du conseil, l'ensemble des redressements envisagés et proposé, par téléphone, au dirigeant, qui a refusé, un troisième rendez-vous pour exposer les résultats de la vérification (17).

724. – En dehors de circonstances particulières tenant à l'état de la comptabilité, l'objet du contrôle, ou au comportement du contribuable, le juge reconnaît cependant la validité d'un contrôle pour lequel le vérificateur ne s'est déplacé que deux fois (18). Dans cette affaire, le Conseil d'État s'est contenté d'indiquer que l'appréciation de la réalité du débat oral et contradictoire relevait de la souveraineté des juges du fond. Deux fois, cela semble bien peu sachant qu'un vérificateur – pour le contrôle d'une entreprise de taille moyenne – se déplace une journée par semaine pendant un à trois mois, selon ce qu'il découvre.

725. – Il faut donc que la vérification soit des plus rapides pour conclure à l'absence de débat oral et contradictoire. Ainsi pour celle qui dura deux heures, bien qu'il s'agissait du contrôle d'un forfaitaire (19). Le service qui n'opère qu'une seule intervention, et notifie des redressements dès le lendemain, prive le contribuable de la garantie, même s'il ne s'agissait que d'interrompre la prescription ; le débat qui s'est déroulé après l'envoi de la notification, à propos de l'exonération en faveur des entreprises nouvelles, ne saurait couvrir l'irrégularité (20). Un vérificateur prive le contribuable de débat oral et contradictoire dès lors qu'il ne l'a rencontré, dans les locaux de l'Administration, que durant une seule journée (21).

La question du temps de la vérification est donc essentielle. Mais d'autres conditions doivent être réunies pour conclure au respect de la garantie.

3° Autres conditions du débat oral et contradictoire

Tout d'abord, le service doit mener le contrôle avec le bon interlocuteur de l'entreprise, à savoir le représentant légal de celle-ci (*a*). La question du lieu de la vérification a également son importance (*b*). Enfin, on évoquera le contrôle de la comptabilité qui a fait l'objet d'une saisie (*c*).

a) L'interlocuteur du service

726. – Le respect du débat oral et contradictoire suppose, en principe, que les discussions soient menées avec le représentant légal de l'entreprise, soit son principal dirigeant. Il s'agira, par exemple, de l'exploitant dans une entreprise individuelle, du gérant pour une SARL, ou du président du conseil d'administration d'une société anonyme. Dès lors que le dirigeant ne peut être présent à chaque intervention, il est prudent, pour le vérificateur, de réclamer un mandat écrit, au profit de son interlocuteur, chef comptable, directeur financier ou conseil. Certes, le juge utilise en ce domaine la théorie de l'apparence. Ainsi, un inspecteur a pu valablement penser que son interlocuteur, en l'absence du dirigeant et de mandat exprès, avait été régulièrement habilité à représenter la filiale objet du contrôle, alors même qu'il s'agissait du directeur financier de la société mère (22).

727. – En somme, l'entreprise ne peut se plaindre du non-respect de la garantie dès lors qu'il lui est imputable : il appartient au dirigeant, s'il ne peut

(17) CE, 16 déc. 1992, req. n° 95653, *SARL Dorbes* : *RJF* 1993, n° 2, 201.
(18) CE, (na), 25 nov. 1998, req. n° 195742, *SA Meubles Montparnasse* : *RJF* 1999, n° 3, 335.
(19) CAA Nancy, 4 juin 1992, req. n° 567, *Corteville* : *RJF* 1992, n° 10, 1388.
(20) CAA Nantes, 31 déc. 1992, req. n° 91-251, *Sté Bertho* : *Dr. fisc.* 1993, n° 40, 1851.
(21) CAA Lyon, 10 juill. 1996, req. n° 94-1567, *Amphoux* : *RJF* 1996, n° 11, 1313.
(22) TA Dijon, 9 mars 1999, req. n° 97-1942, *Sté Colombes distribution* : *RJF* 1999, n° 6, 741.

être présent, de désigner un mandataire. Pourtant, dans une affaire récente, le juge a reconnu l'absence de débat oral et contradictoire mené avec une personne non mandatée, qui n'avait plus la qualité de gérant à la date du contrôle, et alors que les services fiscaux avaient été informés du changement de direction (23). Il revient donc au vérificateur de s'assurer que son interlocuteur est habilité à représenter l'entreprise. Cependant, le Conseil d'État a reconnu la régularité d'un contrôle mené avec l'administrateur réel, et non légal, d'un GIE (24). Le service doit également prendre garde au lieu du contrôle.

b) Lieu de la vérification

728. – Une vérification peut valablement se dérouler, pour son intégralité, hors de l'entreprise, dans le lieu où se trouve la comptabilité, même au domicile du dirigeant (25), dès lors que le service et le contribuable l'ont décidé d'un commun accord (26). L'Administration n'est pas tenue de justifier d'une demande écrite de l'entreprise en ce sens (27), ni d'un mandat écrit (28), au profit de l'expert-comptable par exemple. Il reste que toute vérification menée en dehors des locaux de l'entreprise déroge à l'article L. 13 du Livre des procédures fiscales, qui assure au contribuable que le contrôle se déroule sur place, soit la garantie matérielle du débat oral et contradictoire.

Il est donc prudent, pour le vérificateur, de se ménager des moyens de prouver que les conditions de ce débat ont été réunies. Ainsi en réclamant au contribuable une demande écrite pour que le contrôle se déroule hors de l'entreprise (29), de même qu'un mandat écrit au profit de la personne qui suit le contrôle, s'il ne s'agit pas du représentant légal de l'entreprise. En l'absence de mandat explicite, il est sage de convoquer, à plusieurs reprises, le dirigeant, par lettre recommandée avec demande d'avis de réception, pour être en mesure de démontrer la matérialité du débat oral et contradictoire. Enfin, le vérificateur ne doit pas omettre de se rendre dans l'entreprise s'il est besoin, par exemple, de répertorier les immobilisations.

729. – En revanche, et par principe, la vérification ne doit pas se dérouler dans les locaux de l'Administration. La règle rejoint celle qui interdit l'emport irrégulier de documents comptables de l'entreprise par le vérificateur (V. *supra*, n° 556 et s.) : si le contrôle a lieu dans le bureau de celui-ci, le contribuable est privé de débat oral et contradictoire. Ainsi, un inspecteur ne pouvait exiger que la vérification d'une société en liquidation amiable, ne disposant plus de locaux, se déroulât au centre des impôts, alors que le liquidateur avait proposé que le contrôle eût lieu à son domicile, où se trouvait la comptabilité (30). Est également irrégulière une vérification qui s'est entièrement déroulée dans les locaux de l'Administration, alors que l'inspecteur n'eut qu'une seule entrevue avec le dirigeant (31). Il est cependant toléré que le vérificateur demande au contribuable, avec l'accord de celui-ci, de venir à son bureau pour un entretien, dès lors que l'essentiel du contrôle a eu lieu

(23) CAA Marseille, 24 mars 2005, req. n° 02-1886, *Sté YBB* : *RJF* 2006, n° 5, 556.
(24) CE, 18 mai 2009, req. 300279, *Beladina* : *RJF* 2009, 8/9, 758.
(25) CE, 15 juin 2001, req. n° 277330, *Gonzales* : *RJF* 2001, n° 10, 1266.
(26) CE, sect., 26 févr. 2003, req. n° 232841, *Morera* : *RJF* 2003, n° 5, 591, concl. G. Goulard, p. 399.
(27) CE, 8 juin 2005, req. n° 241932, *SA France équipements industriels* : *RJF* 2005, n° 8-9, 894.
(28) CE, 12 mai 1976, req. n° 94895 : *RJF* 1976, n° 7-8, 343.
(29) Rép. min. Louvot : *JO* Sénat Q, 20 août 1987, n° 5810, p. 1319.
(30) CAA Nancy, 1er déc. 1994, req. n° 91-765, *Vilain* : *RJF* 1995, n° 5, 627.
(31) CAA Marseille, 28 févr. 2002, req. n° 98-1311, *Allègre* : *RJF* 2003, n° 5, 592.

dans l'entreprise. Le dirigeant peut apporter des documents comptables, pour les besoins du rendez-vous, à la condition de les remporter à l'issue de celui-ci (32).

Les modalités du contrôle d'une comptabilité ayant fait l'objet d'une saisie doivent également être évoquées.

c) Comptabilité ayant fait l'objet d'une saisie

730. – Les conditions du débat oral et contradictoire doivent être réunies pendant toute la durée du contrôle. Ainsi, une vérification avait été interrompue lors de la saisie, par l'autorité judiciaire, de la comptabilité. Usant du droit de communication auprès des services de justice, l'inspecteur avait poursuivi le contrôle dans le bureau du juge d'instruction. Le contribuable a été ainsi privé de débat oral et contradictoire dès lors que l'Administration ne l'a pas informé de la poursuite du contrôle, ni de la possibilité de demander au juge l'accès aux documents saisis (33). En effet, dès lors que le service use du droit de communication dans le cadre de la vérification de comptabilité, les garanties qui entourent la seconde prérogative s'étendent à la première. Si le droit de communication avait été exercé avant le début du contrôle sur place, la procédure aurait été régulière (34).

731. – Toutefois, la méconnaissance de l'obligation d'information qui pèse sur le service n'a pas de conséquences dès lors qu'un débat contradictoire sur les pièces saisies a effectivement eu lieu et qu'une copie des documents en cause a été jointe à la notification de redressement (35). La régularité de la procédure a également été reconnue dans le cas où la société vérifiée a elle-même prévenu le service de la saisie et l'a invité à examiner les pièces dans les locaux de la gendarmerie. Si, dans cette affaire, la notification de redressement n'était pas accompagnée d'une copie des documents, un débat oral et contradictoire a effectivement eu lieu dès lors que plusieurs entrevues se sont déroulées tant dans l'entreprise qu'à la gendarmerie (36).

732. – Cependant, l'obligation du débat oral et contradictoire ne porte que sur les pièces comptables de l'entreprise (37), puisqu'elles constituent la base à partir de laquelle s'exerce la vérification de comptabilité. La notion de document comptable est néanmoins entendue largement : il peut s'agir de tout écrit tendant à établir la sincérité de la comptabilité, par exemple des bons de chargement saisis par les douanes auprès du chauffeur routier de la société vérifiée (38). En revanche, les relevés de Sécurité sociale ne font pas partie de la comptabilité du médecin (39).

L'Administration n'a pas à soumettre à un débat oral et contradictoire les factures du fournisseur de l'entreprise, obtenues grâce au droit de communication pendant le déroulement de la vérification (40). En effet, le contrôle porte sur la comptabilité de l'entreprise, pas celle des tiers. En revanche, et

---

(32) CE, 10 janv. 2001, req. n° 211966, *Cantié* : *RJF* 2001, n° 4, 517.

(33) CE, 13 nov. 1996, req. n° 148578, *SARL « Au Cheval Blanc »* : *Dr. fisc.* 1997, n° 13, 373, concl. G. Bachelier.

(34) CE, 13 nov. 1996, req. n° 155013, *Gaignerot* : *Dr. fisc.* 1997, n° 13, 373, concl. G. Bachelier.

(35) CE, 2 oct. 2002, req. n° 224786, *Delle de Nayer* : *RJF* 2002, n° 12, 1399.

(36) CE, 25 avr. 2003, req. n° 234812, *Sté Impremanus* : *RJF* 2003, n° 7, 877.

(37) CE, 28 nov. 2003, req. n° 255954, *SA Tekelec Airtronic* : *Dr. fisc.* 2004, n° 21, 507, concl. G. Goulard. – CE, 22 nov. 2006, req. n° 280252, *Bozzi* : *RJF* 2007, n° 2, 180.

(38) CAA Nantes, 15 déc. 2004, req. n° 01-2305, *SARL Claude Raimbert* : *RJF* 2005, n° 6, 577.

(39) CE, 27 juin 2008, req. n° 301472, *Fretin* : *RJF* 2008, n° 11, 1191.

(40) CE, 22 nov. 2006, req. n° 280252, *Bozzi* : *RJF* 2007, n° 2, 180. – CE, 17 avr. 2008, req. n° 292714, *Hervet* : *RJF* 2008, n° 7, 848.

en application de l'article L. 76 B du Livre des procédures fiscales (V. *infra*, n° 737 et s.), l'Administration doit indiquer la teneur et l'origine des factures, si elle utilise celles-ci pour asseoir des redressements, comme les communiquer au contribuable s'il en fait la demande. Paradoxalement, le respect du contradictoire est mieux garanti dans la vérification de comptabilité que dans l'examen contradictoire de la situation fiscale personnelle (ESFP).

B. – Le débat contradictoire dans l'ESFP

733. – Au motif que l'ESFP n'aurait pas de nature contraignante, les obligations du débat oral et contradictoire y seraient moindres que dans la vérification de comptabilité (41). On sait toute l'hypocrisie du principe non contraignant de l'ESFP, car si le contribuable qui en fait l'objet ne collabore pas avec le service, celui-ci peut l'y contraindre avec une demande de justifications, sanctionnée par la taxation d'office. L'ESFP forme une procédure très attentatoire aux libertés comme à la vie privée du contribuable, où les garanties protégeant celui-ci devraient être les plus grandes. Il est paradoxal qu'un mode de contrôle dont la dénomination même comporte le mot « contradictoire » soit, sur ce point, perfectible.

734. – Certes, le juge a reconnu que le service devait engager un débat contradictoire avec le contribuable faisant l'objet d'un ESFP, avant l'envoi de la proposition de rectification, qui marque la fin du contrôle. La même obligation pesait sur l'Administration avant l'envoi d'une demande de justifications. Cependant, cette seconde contrainte ne résultait pas des textes, mais de la charte du contribuable vérifié, en tant que celle-ci est opposable au fisc (42). Depuis 1996, l'Administration a, bien sûr, modifié la charte pour qu'elle ne comporte plus explicitement l'engagement d'une discussion contradictoire avant l'envoi d'une demande de justifications. Surtout, le dialogue n'a pas besoin d'être oral (43), ce qui est éminemment regrettable car rien ne remplace un échange verbal (44).

735. – Si cependant des entrevues ont lieu, ce qui n'est évidemment pas interdit, un seul contact de cet ordre peut suffire à satisfaire l'exigence du débat contradictoire (45) ; en l'espèce, un seul redressement était discuté, relatif à une plus-value sur la cession de droits sociaux. En toute hypothèse, puisque l'entretien de vive voix n'est pas obligatoire, l'administration est en mesure de démontrer la réalité du débat contradictoire en produisant les échanges de courriers entre le service et le contribuable. En effet, le vérificateur peut tout d'abord envoyer des demandes d'informations (imprimé n° 754), qui n'ont pas de caractère contraignant, avant d'adresser une demande de justifications. La teneur de ces documents, comme les réponses du contribuable, peuvent attester de la réalité du débat.

736. – Faute de jurisprudence, à notre connaissance, sur ce point, on peut imaginer qu'un vérificateur qui ne tiendrait pas compte des arguments et justificatifs produits par le contribuable manquerait à l'obligation du débat contradictoire. Mais le juge préférera sans doute prononcer la décharge des

(41) Cf. P. Philip, *Les droits de la défense face au contrôle fiscal*, Economica, 2e éd. 2005, p. 89.
(42) CE, 10 janv. 2001, req. n° 211967, *Loubet* : *RJF* 2001, n° 4, 436, chron. J. Maya.
(43) CE, 5 déc. 2001, req. n° 215649, *Giresse* : *RJF* 2002, n° 3, 263.
(44) Cf. J. Lamarque, *L'ESFP et la jurisprudence « Giresse » sur le dialogue écrit : le facteur sonnera plus de trois fois* : *Dr. fisc.* 2003, n° 26, p. 857.
(45) CAA Nancy, 8 janv. 2000, req. n° 96-962, *Hans* : *RJF* 2001, n° 4, 437. – CE (na), 11 janv. 2002, req. n° 224074, *Hans* : *RJF* 2002, n° 5, 464.

rectifications ainsi mal fondées, sans qualifier un vice de procédure. Ce serait seulement en cas d'abus manifeste du service, pour se refuser à toute discussion, que la reconnaissance d'un tel vice permettrait de décharger le contribuable de l'ensemble des droits et pénalités.

Le respect du contradictoire suppose également que le contribuable vérifié puisse connaître l'origine et la teneur des renseignements issus de tiers.

C. – Renseignements issus de tiers

737. – S'agissant des informations issues de tiers au contribuable, et que l'Administration utilise pour asseoir des impositions réclamées à ce dernier, la loi a repris la jurisprudence à son compte. En effet, l'article 27 de l'ordonnance n° 2005-1512 du 7 décembre 2005 a été codifié à l'article L. 76 B du Livre des procédures fiscales. Ce texte prévoit que l'Administration est tenue d'informer le contribuable de la teneur comme de l'origine des renseignements et documents obtenus de tiers, et sur lesquels le service s'est fondé pour établir l'imposition notifiée. Si le contribuable en fait la demande, le service doit lui communiquer copie des documents, avant la mise en recouvrement.

Ces règles s'appliquent tant à la procédure contradictoire de rectification qu'à celles d'imposition d'office (46), qu'il s'agisse d'un contrôle sur pièces ou sur place, vérification de comptabilité ou ESFP. Elles intéressent toute la procédure d'imposition, autrement dit les informations utilisées à l'appui de la proposition de rectification, de la réponse aux observations du contribuable (47), comme celles fournies à la commission départementale des impôts (48).

738. – Le juge avait, de même, interdit à l'Administration d'utiliser des informations ou écrits issus de tiers, notamment par le biais du droit de communication, si le contribuable vérifié n'en n'avait pas été informé et mis à même, en temps utile, de les contester. Plus loin que le respect du contradictoire, la règle relève des droits de la défense (49) et sa violation constitue dès lors un vice substantiel de procédure, conduisant à la décharge des droits et pénalités. En effet, le contribuable doit pouvoir contester l'imposition, si les informations issues de tiers sont inexactes quant à la matérialité ou la qualification des faits (50). Pour le cas où l'Administration refuse de fournir copie des documents, en dépit de la demande explicite du contribuable, la procédure est irrégulière, même si la notification de redressement comportait tous les éléments pour permettre à l'intéressé de faire valoir ses observations (51). Selon la Cour de cassation, le service a l'obligation d'envoyer la copie de l'intégralité du document (52).

L'Administration doit indiquer au contribuable, de manière circonstanciée, tant la teneur que l'origine des informations recueillies auprès de tiers. Est

(46) Sauf opposition à contrôle fiscal : CE, 6 oct. 2008, req. n° 299933, *Caigny : Dr. fisc.* 2008, n° 49, 612, concl. N. Escaut, note C. Baylac ; *RJF* 2008, n° 12, 1363, chron. *in RJF* 2009, n° 1, p. 3 ; *Procédures* 2009, n° 1, 33, note J.-L. Pierre.

(47) CE, 7 nov. 2008, req. n° 300662, *Monsieur* : *Dr. fisc.* 2008, n° 51, 634, concl. L. Olléon, note B. Le Griel ; *RJF* 2009, n° 1, 55, chron. *in RJF* 2009, n° 1, p. 3 ; *Procédures* 2009, n° 1, 33, note J.-L. Pierre.

(48) CE, 6 oct. 2008, req. n° 299768, *Erbin* : *RJF* 2008, n° 12, 1364.

(49) CE, 31 oct. 1990, req. n° 51223, *Centre des infirmières danoises diplômées* : *RJF* 1990, n° 12, 1513.

(50) CE, 15 févr. 1989, req. n° 36146, *Verdu* : *RJF* 1989, n° 4, 491.

(51) CE, 27 juill. 2005, req. n° 253112, *Sté européenne de participations industrielles* : *RJF* 2005, n° 11, 1228.

(52) Cass. com., 9 juin 2009, req. 08-14806, *Le Saux* : *Dr. fisc.* 2009, comm. 446, note. J.-P. Maublanc.

ainsi irrégulière la notification de redressement qui, tout en indiquant explicitement la teneur des renseignements, ne comporte aucune indication précise quant à leur origine (53).

739. – Il appartient au contribuable d'établir qu'il a expressément demandé, avant la mise en recouvrement, communication des documents issus de tiers (54). Cela suppose qu'il réponde par lettre recommandée avec demande d'avis de réception soit à la proposition de rectification, soit à la réponse aux observations du contribuable. De son côté, l'Administration doit prouver qu'elle a bien adressé les documents, par lettre recommandée avec demande d'avis de réception, ou au moyen d'un accusé de réception signé de la main du contribuable, si celui-ci s'est déplacé dans les locaux du service. Par ailleurs, le fisc doit être en mesure de produire, devant le juge, les documents en cause.

740. – Le secret peut valablement faire obstacle à la connaissance de renseignements issus de tiers. Ainsi lorsqu'ils ont été obtenus auprès d'une administration étrangère, grâce à l'assistance administrative, et que la convention internationale signée avec l'État considéré interdit toute communication des informations transmises (55). De même si les renseignements, en l'espèce issus de la vérification de comptabilité d'un tiers, sont couverts par le secret de l'impôt auquel sont tenus les agents du fisc (56). L'Administration n'a pas à communiquer des renseignements couverts par le secret, notamment celui de la vie privée, si le tiers intéressé s'oppose à leur divulgation. Il en va différemment si les informations en cause sont celles visées par les règles de publicité de l'impôt (57) (V. *supra*, n° 234 et s.) ; à savoir, pour l'IR, le nombre de parts, le montant du revenu imposable et celui de l'impôt. Cette jurisprudence relative au secret est évidemment préjudiciable pour le contribuable redressé, qui devrait connaître tous les éléments retenus contre lui (58).

741. – L'Administration doit informer le contribuable de la teneur et de l'origine des renseignements issus de tiers, même s'ils ne procèdent d'aucun document que le service aurait pu transmettre (59). En l'espèce, le vérificateur n'avait pas indiqué, dans la notification de redressement, que les informations étaient issues d'un droit de communication exercé au siège d'une société. Il n'avait donc pas révélé l'origine des renseignements. Même si le droit de communication est normalement entrepris sur place, l'Administration serait avisée, dans cette hypothèse, d'en faire usage en adressant un courrier au tiers ainsi interrogé. En effet, la réponse de celui-ci serait transmise au contribuable qui serait, dès lors, mieux à même d'en discuter le contenu.

À propos de cette même affaire *Rouch*, le Conseil d'État a précisé que le manquement aux obligations qui pèsent sur l'Administration ne prête pas à

(53) CE, 16 nov. 2005, req. n° 270342, *SARL Manufacture française des chaussures Eram* : *RJF* 2006, n° 2, 179.

(54) CE, 1er mars 2000, req. n° 181665, *Rousseaux* : *RJF* 2000, n° 4, 524. – CE, 6 août 2008, req. n° 293106, *Pusztay : Dr. fisc.* 2008, n° 42, 546, concl. P. Collin ; *RJF* 2008, n° 11, 1236 ; *Procédures* 2008, n° 12, p. 36, note J.-L. Pierre.

(55) TA Besançon, 17 avr. 1997, req. n° 94-1127, *Sté Decoflock Clara Lander* : *RJF* 1998, n° 1, 67. – En revanche, le juge ne saurait statuer qu'au vu de renseignements communiqués à chacune des parties : CE, 4 juin 2008, req. n° 301776, *Sté Sparflex : Dr. fisc.* 2008, n° 29, 418, concl. N. Escaut ; *RJF* 2008, n° 10, 1055.

(56) CAA Versailles, 7 juin 2005, req. n° 03-238, *SARL GEI* : *RJF* 2005, n° 11, 1227.

(57) CE, avis, 21 déc. 2006, req. n° 293749, *Duguay* : *RJF* 2007, n° 3, 314.

(58) Cf. A. Lefeuvre, *Le devoir de l'administration fiscale de communiquer au contribuable les renseignements obtenus auprès de tiers* : *Dr. fisc.* 2007, n° 38, p. 17.

(59) CE, 29 déc. 2000, req. n° 209523, *Rouch* : *RJF* 2001, n° 3, 341.

conséquences dès lors que les renseignements en cause étaient nécessairement connus du contribuable (60). En l'occurrence, il s'agissait du prix d'actions cédées par ce dernier. Or, cette décision a été contredite par une solution récente, par laquelle le Conseil d'État affirme le droit du contribuable de se voir communiquer les pièces, même si les informations qu'elles comportent sont connues de lui, « afin notamment de lui permettre d'en vérifier, et le cas échéant d'en discuter, l'authenticité et la teneur » (61). Dans le cas où les documents sont détenus par une autre administration, le fisc doit orienter le contribuable vers celle-ci (62).

Autre garantie fondamentale, le droit du contribuable d'être assisté d'un conseil.

§ 2. – L'assistance d'un conseil

742. – Il s'agit là encore d'un droit essentiel, le seul, avec le respect du débat contradictoire, dont la méconnaissance entraîne la nullité de la procédure pénale tendant à réprimer la fraude fiscale (63). Même si le contribuable, dès le début des opérations de contrôle, a effectivement été assisté d'un conseil, le seul fait qu'il n'ait pas été informé de sa faculté d'être ainsi conseillé vicie la procédure (64). En s'abstenant d'envoyer un avis de vérification de comptabilité par lettre recommandée avec demande d'avis de réception, l'Administration n'apporte pas la preuve – lui incombant – que le contribuable a été avisé en temps utile de la faculté de se munir d'un conseil (65). La complexité du droit fiscal est telle que l'intéressé doit comprendre ce qu'on lui reproche, particulièrement lorsqu'il s'agit d'accepter des redressements.

Le service est tenu de laisser au contribuable un délai, entre la réception de l'avis de vérification et la première intervention sur place, pour qu'il puisse effectivement recourir à un conseil (A). Par ailleurs, le principal risque du contrôle inopiné (B) est de priver le contribuable d'une assistance.

A. – Durée entre l'avis de vérification et la première intervention sur place

On examinera les règles communes (1°) à la vérification de comptabilité et à l'ESFP, puis celles propres à ce dernier mode de contrôle (2°).

(60) CE, 29 juin 2005, req. n° 256163, *Rouch* : *RJF* 2005, n° 10, 1067. – Dans le même sens, à propos de l'origine des renseignements : CE, 5 oct. 2005, req. n° 270341, *Blondeau* : *RJF* 2005, n° 12, 1438. – CE, 13 déc. 2006, req. n° 289131, *Bensabath* : *RJF* 2007, n° 3, 315. – CE, 7 nov. 2008, req. n° 301642, *Fontana* et *dame de Framont* : *Dr. fisc.* 2008, n° 52, 646, concl. L. Olléon ; *RJF* 2009, n° 1, 56, chron. *in RJF* 2009, n° 1, p. 3.

(61) CE, 31 juill. 2009, req. n° 297308, *Sté financière François 1er* : *Dr. fisc.* 2009, n° 40, 492, concl. E. Glaser, note J.-L. Pierre.

(62) CE, 26 nov. 2007, req. n° 291048, *Sté éditions de Tournon* : *Dr. fisc.* 2007, n° 51, 1071 ; *RJF* 2008, n° 2, 183.

(63) Cass. crim., 4 déc. 1978, *Venutolo* : *Bull. crim.* 1978, p. 887, n° 340. Pourtant, le Conseil d'État n'y voit pas une obligation découlant du principe général des droits de la défense (CE, 13 déc. 2002, req. n° 225777, *SA Sotrama* : *RJF* 2003, n° 3, 305. – CE, 6 juin 2007, req. n° 277391, *SAS Giraud Nord* : *RJF* 2007, n° 10, 1065).

(64) CE, 17 oct. 1984, req. n° 41880 : *Dr. fisc.* 1985, n° 1, 31.

(65) CE, plén., 29 avr. 1977, req. n° 92446 : *RJF* 1977, n° 6, 360.

1° Règles communes

Un délai de deux jours francs (*a*) doit se dérouler entre la réception de l'avis de vérification et la première intervention sur place. Le début du contrôle peut être affecté par des incidents (*b*).

a) La règle des deux jours francs

743. – L'article L. 47 du Livre des procédures fiscales prévoit qu'une vérification de comptabilité ou un ESFP ne peut être engagé sans que le contribuable en ait été informé par l'envoi ou la remise d'un avis de vérification. Celui-ci doit mentionner les années contrôlées et indiquer expressément que le contribuable a la faculté de se faire assister du conseil de son choix. Cette dernière mention figure sur les imprimés n° 3927 (vérification de comptabilité) et 3929 (ESFP). Elle est également indiquée sur les propositions de rectification (imprimés n° 2120 et 3924) en vertu de l'article L. 54 B du Livre des procédures fiscales. Pour que la garantie de l'assistance d'un conseil soit effective, il convient que plusieurs jours séparent la réception de l'avis de vérification par le contribuable et la date de première intervention sur place, soit le premier rendez-vous avec le vérificateur. Ainsi, le contribuable va disposer du temps nécessaire pour appeler son conseil et s'assurer qu'il sera disponible le jour dit. La règle s'impose tant en matière de vérification de comptabilité que d'ESFP.

744. – Le délai de « courtoisie », généralement respecté par l'Administration, est de quinze jours entre l'envoi de l'avis de vérification et la première intervention. Ainsi, non seulement le contribuable dispose du temps pour appeler son conseil, mais également afin de préparer le contrôle, par exemple et au besoin mettre en ordre la comptabilité sur les années vérifiées. Il arrive cependant que le délai soit plus court lorsqu'on se trouve en fin d'année et que le service doit « courir » après la prescription : il faut s'empresser de vérifier le premier exercice, pour que le contribuable reçoive la proposition de rectification au plus tard le 31 décembre. Parfois même, sans entreprendre un contrôle inopiné, l'Administration a néanmoins des doutes sur la moralité du contribuable ; de crainte qu'il ne disparaisse, ou que la comptabilité ne soit détruite par un soudain incendie, elle raccourcit le délai.

745. – La jurisprudence impose un délai minimal de deux jours francs, ouvrés et non fériés, entre la réception de l'avis de vérification et la première intervention sur place. À défaut, la procédure est irrégulière et entraîne la décharge des droits et pénalités. Dans le décompte de ce délai, on exclut le jour de réception de l'avis et celui de la première intervention (66). Par exemple, un contribuable informé le vendredi 29 mai d'un contrôle commençant le mardi 2 juin n'a pas disposé d'un délai suffisant, dès lors que le samedi et le dimanche ne sont pas des jours ouvrés (67) ; il n'y a eu qu'une seule journée « utile », le lundi 1er juin. En revanche, il n'est pas nécessaire que les deux jours francs soient consécutifs. Ainsi, un contribuable recevant un avis de vérification le jeudi 14 mai pour une première intervention le mardi 19 mai a disposé d'un délai suffisant (68) ; les deux jours utiles sont le vendredi 15 et le lundi 18, qu'importe qu'ils soient séparés par le week-end.

---

(66) CE, 14 mars 1990, req. n° 65110, *Kaufmann : RJF* 1990, n° 5, 574 ; *LPA* 1990, n° 71, concl. O. Fouquet.

(67) CE, 25 avr. 1990, req. n° 76752, *Ruch* : *RJF* 1990, n° 6, 720.

(68) CE, 2 oct. 2002, req. n° 228436, *Delarue : RJF* 2002, n° 12, 1348 ; *Dr. fisc.* 2003, n° 7, 126, concl. M.-H. Mitjavile.

746. – Cette jurisprudence, sans porter la marque explicite de la preuve objective, n'impose aucune obligation probatoire ni à l'Administration, ni au contribuable. Il suffit en effet d'examiner l'avis de vérification, au besoin la proposition de rectification – qui rappelle les jours de première et dernière interventions, pour établir le respect de la garantie. En revanche, si l'une des parties conteste les dates indiquées sur les imprimés, il lui reviendra de prouver qu'elles diffèrent de la réalité (69). La règle est connue : celui qui conteste l'apparence, ou la vraisemblance, supporte la charge de la preuve. Seul l'ESFP y déroge (V. *infra*, n° 753).

Le juge du fond apprécie souverainement la date à laquelle une vérification a commencé, en se fondant sur les pièces qui lui sont soumises (70). Le mieux est de produire un écrit, issu des échanges de courrier entre le service et le contribuable. À défaut, il faudra se contenter d'attestations rédigées par les personnes ayant assisté à la première intervention et indiquant la date de celle-ci. On sait cependant (V. *supra*, n° 41 et s.) le peu de crédit que le juge accorde à ces témoignages. Des incidents peuvent intervenir au début du contrôle.

b) Incidents

747. – Si le contribuable est absent le jour de présentation de l'avis de vérification par le facteur, celui-ci laisse dans sa boîte à lettres un avis de mise en instance (V. *supra*, n° 654) l'invitant à retirer le pli au bureau de poste. L'intéressé dispose alors d'un délai de quinze jours pour s'exécuter. Le service ne doit pas procéder à la première intervention tant qu'il n'a pas reçu l'accusé de réception ou, si le pli n'est pas retiré, tant que le délai de quinze jours n'est pas expiré. En effet, même si le contribuable peut se voir reprocher de ne pas être allé retirer le courrier à la poste, il demeure qu'il n'a pas été informé de sa faculté d'être assisté d'un conseil. Est ainsi irrégulière une vérification de comptabilité pour laquelle la première intervention fut entreprise à une date où le délai de retrait du pli au bureau de poste n'était pas expiré (71).

748. – Il est courant que le contribuable demande le report de la première intervention, parce que lui-même, ou son conseil, n'est pas disponible le jour indiqué. Il est néanmoins recommandé, pour échapper à tout soupçon d'opposition à contrôle fiscal, de pouvoir invoquer un motif sérieux, comme par exemple un rendez-vous important qui ne peut être déplacé. Dans une telle hypothèse, il convient de téléphoner au vérificateur pour l'avertir et convenir avec lui d'une autre date. En cas d'absence du fonctionnaire, souvent en déplacement, cet entretien peut être mené avec le chef de brigade, qui préviendra l'intéressé. La conversation téléphonique doit être immédiatement suivie d'un courrier en recommandé avec demande d'avis de réception, dans lequel le contribuable prie le service de l'excuser et confirme la nouvelle date de première intervention.

De son côté, l'Administration confirme également cette date par une lettre recommandée avec accusé de réception ; elle n'a pas à adresser un nouvel avis de vérification (72), même si c'est elle qui a pris l'initiative du report de

(69) CE, 1er févr. 1989, req. n° 68348, *Bracelet* : *RJF* 1989, n° 4, 439.
(70) CE, 18 juin 1997, req. n° 154506, *Rejany* : *RJF* 1997, n° 8-9, 813.
(71) CE, 29 avr. 2002, req. n° 224497, *SA Sireto* : *RJF* 2002, n° 7, 818.
(72) CE, 10 nov. 2000, req. n° 204805, *Milhau* : *RJF* 2001, n° 2, 194.

la première intervention (73). En effet, le contribuable, par la réception de l'avis et de la charte, a été suffisamment informé de ses droits et obligations.

749. – Les règles imposant un délai entre la réception de l'avis de vérification et le début du contrôle s'appliquent, on l'a vu, tant en matière de vérification de comptabilité que d'ESFP. Cependant, ce dernier présente des difficultés particulières.

2° Règles propres à l'ESFP

750. – S'agissant de l'ESFP, en effet, il y a lieu de se demander quel est l'acte de l'Administration qui marque le début du contrôle. Le Conseil d'État avait posé comme principe que le vérificateur, après avoir envoyé l'avis d'ESFP, devait respecter un délai suffisant avant d'effectuer toute démarche tendant à recueillir des informations ou documents, soit auprès du contribuable lui-même, soit auprès de tiers (74). Cette solution condamnait la pratique administrative consistant à envoyer une demande de relevés des comptes bancaires avec l'avis de vérification. Considérant sans doute que cette jurisprudence retardait trop le déroulement du contrôle, l'Administration a obtenu, par la loi de finances pour 1990, que ladite pratique soit légalisée (LPF, art. L. 47, al. 3) et les contrôles en cause validés. Le service peut donc envoyer ensemble un avis d'ESFP et une demande de relevés bancaires.

751. – Malgré le mal que l'on peut penser des validations législatives, il faut reconnaître que la question est partagée. En effet, les demandes de renseignements ou de documents n'appartiennent pas au contrôle fiscal proprement dit. Elles relèvent davantage des procédures de recherche de l'information, comme le droit de communication. Mais, d'un autre côté, dès lors que le contrôle est lancé par l'envoi d'un avis de vérification, tout acte que réalise le service est censé s'y rattacher. Ainsi, un droit de communication exercé après l'engagement d'une vérification contraint l'Administration à entretenir un débat contradictoire sur les informations collectées (V. *supra*, n° 730). Dans l'intérêt du contribuable, dont la liberté comme l'intimité sont gravement menacées par l'ESFP, on peut donc légitimement pencher pour la seconde opinion.

752. – La matière est régie par une jurisprudence pour le moins chaotique. Tout d'abord, le juge s'est classiquement fondé sur l'apparence, telle qu'elle ressort du dossier. Ainsi, un contribuable avait reçu un avis de vérification approfondie de situation fiscale d'ensemble (VASFE) le 13 juin 1980, puis une notification de redressement indiquant que le contrôle s'était déroulé à partir de ce même jour. Dès lors que l'Administration n'a pu faire valoir aucun élément probant pour démontrer que le début effectif du contrôle correspondait à une date différente, il est établi que le contribuable n'a pas disposé d'un délai suffisant pour être assisté d'un conseil (75). De la même façon, la Cour de cassation a jugé que le jour du début du contrôle indiqué sur la notification de redressement est présumé exact, présomption qu'il appartient à l'Administration de renverser si elle soutient que le contrôle a commencé à une date postérieure (76).

---

(73) CE, 28 juill. 2000, req. n° 185401, *SARL Distel : RJF* 2000, n° 11, 1303 ; *Dr. fisc.* 2001, 6, n° 108, concl. J. Arrighi de Casanova.

(74) CE, sect., 11 juill. 1988, req. n° 73302, *Léonard : Dr. fisc.* 1988, n° 44, 2044, concl. Ph. Le Roy, note G. Gest ; *RJF* 1988, n° 10, 1055, chron. J. Turot, p. 574.

(75) CE, 1er déc. 1993, req. n° 84818, *Macheret* : *RJF* 1994, n° 1, 7.

(76) Cass. com., 22 févr. 2000, req. n° 478 P, *Terrier* : *RJF* 2000, n° 5, 723.

753. – Pourtant, dans une hypothèse identique à celle de l'arrêt *Macheret* (début de VASFE le jour même de la réception de l'avis de vérification), le Conseil d'État a retenu la solution exactement inverse. La mention sur la notification de redressement ne suffit pas à rendre la procédure irrégulière dès lors qu'il n'est pas établi que le contrôle aurait commencé à la date indiquée sur l'imprimé (77). Non seulement ce revirement fut brutal, mais surtout il est fortement contestable. On peut en effet attendre de l'Administration qu'elle remplisse correctement ses propres imprimés. Les mentions en cause devraient donc être présumées exactes, sauf au service, qui aurait alors commis une erreur, à démontrer qu'elles seraient fausses. Ce d'autant plus qu'il peut être difficile de prouver la date d'une première intervention (V. *supra*, n° 746). En l'état du droit, il revient pourtant au contribuable de démontrer qu'il a été privé d'un délai suffisant pour recourir à un conseil. Ce qui, pour une procédure aussi dangereuse que l'ESFP, est un comble.

754. – Le juge a tout de même reconnu irrégulière une procédure dans laquelle l'inspecteur, le jour où il entreprenait une vérification de comptabilité, remit au contribuable un avis de VASFE et procéda tout de suite à l'examen de relevés de comptes bancaires mixtes, autrement dit à la fois professionnels et privés (78). Pour le coup, le contribuable n'a disposé d'aucun délai pour recourir à un conseil. De même, une demande d'information ou de document – faite pour les besoins de l'ESFP – et adressée avant l'avis de vérification, marque le début du contrôle et prive le contribuable du délai pour être assisté d'un conseil (79). Il faut donc que ce droit soit totalement bafoué pour être sanctionné.

Le contrôle inopiné – pour revenir à la vérification de comptabilité – donne également lieu à des abus.

B. – Contrôle inopiné

755. – La technique du contrôle inopiné est utilisée pour procéder à la vérification de comptabilité d'un contribuable dont la moralité fiscale paraît douteuse à l'Administration. De crainte qu'il ne disparaisse pour échapper au contrôle, ou que des documents soient subitement détruits ou égarés, le service se rend dans l'entreprise sans avoir au préalable envoyé d'avis de vérification, lequel est remis en main propre au contribuable. La première intervention doit se limiter à la constatation matérielle « des éléments physiques de l'exploitation ou de l'existence et de l'état des documents comptables » (LPF, art. L. 47, al. 4). Le contrôle proprement dit, soit l'examen critique de la situation fiscale de l'entreprise, ne doit commencer qu'après l'écoulement du délai d'au moins deux jours francs (V. *supra*, n° 743 et s.). Ainsi, le contribuable dispose du temps, entre la première et la deuxième intervention, pour recourir à un conseil.

Il est instructif de rapprocher ici les solutions retenues par la doctrine administrative (1°) et la jurisprudence (2°).

---

(77) CE, 13 févr. 1995, req. n° 129485, *Delzor* : *RJF* 1995, n° 4, 438. – Dans le même sens : CE, 2 juin 1999, req. n° 184896, *Zanetti : Dr. fisc.* 2000, n° 5, 59, concl. J. Arrighi de Casanova ; *RJF* 1999, n° 7, 820.

(78) CE, plén., 19 oct. 1990, req. n° 56370, *Faverot : Dr. fisc.* 1991, n° 21-22, 1154, concl. Ph. Martin ; *RJF* 1990, n° 12, 1427.

(79) CAA Nantes, 29 mai 2002, req. n° 98-2559, *Dame Lerouge* : *RJF* 2002, n° 11, 1208.

1° Doctrine administrative

756. – Selon l'Administration, les constatations matérielles de la première intervention du contrôle inopiné ont une nature distincte de celle du droit de communication (80). Pourtant, les deux procédures se ressemblent en ce sens qu'elles doivent demeurer passives. Au contraire, une démarche active, et critique, caractérise le contrôle fiscal. Dans la première hypothèse, on doit par exemple se contenter de constater l'existence d'un livre comptable. Dans la seconde, on procède à son analyse critique, ainsi en le rapprochant des justificatifs qui viennent à son appui.

Il est exact cependant que dans le contrôle inopiné, le service peut aller au-delà d'un simple droit de communication, par exemple en opérant un relevé de prix, ou un inventaire des stocks. Car son but est de procéder à des constatations qui perdraient toute valeur si elles étaient différées. Mais, du même coup, on se rapproche dangereusement du contrôle fiscal. Or s'il est avéré, lors de la première intervention, que le service est allé plus loin que de simples constatations matérielles, la procédure est irrégulière car une vérification de comptabilité a débuté sans que le contribuable ait disposé d'un délai suffisant pour recourir à un conseil.

757. – Toujours selon l'instruction du 25 juin 1984 précitée, le service, lors de la première intervention du contrôle inopiné, peut procéder à plusieurs sortes d'opérations. La constatation des éléments physiques de l'exploitation consiste à recenser le personnel et les immobilisations. L'existence et l'état des documents comptables est une question délicate car le service doit certes s'assurer de leur présence, mais ne peut, selon l'instruction, examiner leur contenu. Or, à quoi sert-il de vérifier l'existence d'un livre d'inventaire, par exemple, si celui-ci est vide ? La jurisprudence apporte des précisions sur ce point (V. *infra*, n° 761).

En cas d'absence de documents dont la tenue est obligatoire, le service dresse un procès-verbal et invite le contribuable à le contresigner. L'inventaire des stocks permettra, plus tard, de le rapprocher des valeurs déclarées en comptabilité. De même pour la caisse : l'Administration autorise les agents à décompter les encaisses, mais sans rapprochement avec le compte correspondant. Enfin, le relevé de prix va permettre de vérifier la sincérité des comptes quant aux recettes déclarées, mais l'instruction précise bien que le contrôle de la marge brute doit être reporté à plus tard.

La jurisprudence n'est pas non plus dépourvue d'ambiguïté.

2° Jurisprudence

758. – Prenons un premier exemple. Le contrôle inopiné de l'exploitant d'un manège, dans une fête foraine, servit à « constater », successivement, la fréquentation et les plages horaires de l'attraction, le nombre de clients par chariot, la cadence de départ et la durée des tours de manège. Le juge a considéré que le service n'avait procédé qu'à la constatation matérielle des éléments physiques de l'exploitation, au sens de l'article L. 47, alinéa 4 du Livre des procédures fiscales (81). Or, ces investigations ressemblent fort à une reconstitution de recettes. Certes, celle-ci suppose de rejeter la comptabi-

---

(80) Instr. 25 juin 1984 : *BOI* 13 L-3-84 ; *Doc. adm. DGI*, L 1311, 1er juill. 2002. Pour être relatifs à la procédure fiscale, ces textes ne peuvent être opposés à l'Administration sur le fondement de l'article L. 80 A du Livre des procédures fiscales.

(81) TA Melun, 19 nov. 1996, req. n° 95-10295, *Maury* : *RJF* 1997, n° 2, 146.

lité, donc un examen critique de cette dernière. Mais une fois le « vrai » contrôle engagé, que restera-t-il à faire sinon rapprocher les chiffres relevés des recettes déclarées ?

Dans ces conditions le contribuable n'aurait-il pas mérité d'être assisté d'un conseil dès le départ ? On ne doute pas de la légitimité de la lutte contre la fraude, mais la décision de procéder à un contrôle inopiné ne relève que du service, le juge refuse d'examiner le bien-fondé de cet acte (82). Appartient-il à la seule Administration de décider qui mérite protection et qui, à l'inverse, voit ses droits réduits ?

759. – Le même raisonnement peut être tenu avec un relevé de prix qui servira, plus tard, à reconstituer les recettes. Le juge voit bien qu'une telle pratique tend vers le contrôle fiscal, puisqu'il refuse de la déclarer irrégulière dès lors que le service, durant la première intervention, n'a consulté aucun document comptable (83). C'est en effet le rapprochement entre les constatations faites et la comptabilité qui permet d'identifier un début de contrôle (84). Pourtant, le Conseil d'État n'a pas reconnu d'irrégularité dans une affaire où certes le service avait pris acte de l'existence et de l'état de la comptabilité, mais également procédé à un relevé de prix, noté la nature des marchandises en stock et les références de certains articles figurant sur les factures d'achat (85). Or, ne s'agit-il pas ici d'un rapprochement entre des éléments physiques et les documents comptables ?

760. – À l'inverse, un contrôle inopiné lors duquel les agents ont immédiatement procédé à un inventaire des stocks, puis recherché des achats sans facture en demandant les pièces justificatives, est irrégulier (86). En effet, ces pièces constituent des documents comptables qu'il s'agissait de rapprocher des éléments physiques révélés par l'inventaire des stocks. On notera qu'il est bien difficile de faire le départ, au regard de l'espèce citée précédemment, entre la procédure régulière et celle qui ne l'est pas. Dans l'affaire *Guyot* cependant, la recherche immédiate d'achats sans facture traduit une démarche incontestablement critique, donc un contrôle fiscal.

761. – Mais une autre affaire entretient la nature litigieuse de la question. Un vérificateur a procédé à la première intervention d'un contrôle inopiné. Il a examiné l'état de la comptabilité et dressé procès-verbal des livres manquants. Mais il a également consulté le journal des opérations diverses et constaté que les amortissements n'étaient pas comptabilisés. Or, cette « constatation » a directement pour effet le rejet des annuités pratiquées puisque leur comptabilisation est une condition de leur déduction. La première intervention conduit donc le vérificateur à déjà procéder à un redressement, résultant d'un examen nécessairement critique des documents comptables. Pourtant, le juge n'y voit pas un début de contrôle fiscal (87).

762. – On notera que les irrégularités commises par l'Administration, lors d'un contrôle inopiné, ne peuvent être invoquées par le contribuable que si les éléments relevés ont effectivement été utilisés par le service pour asseoir les impositions litigieuses. Ainsi, un vérificateur avait procédé à un inventaire

(82) CE, 15 févr. 1999, req. n° 187962, *SARL Sporting plage* : *RJF* 1999, n° 4, 444.
(83) CE, 19 mars 1986, req. n° 40370 : *RJF* 1986, n° 5, 519. Dans cette affaire, les recettes ont effectivement été reconstituées.
(84) CE, 3 mai 1989, req. n° 79893, *Pere* : *RJF* 1989, n° 6, 714.
(85) CE, 29 déc. 1999, req. n° 189591, *Chollet* : *RJF* 2000, n° 2, 224.
(86) CE, 5 juin 1989, req. n° 78301, *Guyot* : *RJF* 1989, n° 8-9, 985.
(87) CE, 26 juill. 2006, req. n° 266087, *Sébastien* : *RJF* 2006, n° 11, 1315.

des stocks avant même l'envoi de l'avis de vérification. Cette circonstance ne prête pas à conséquences dès lors que l'inventaire n'a pas servi à établir les impositions contestées (88).

763. – La jurisprudence doit se montrer nettement plus rigoureuse pour assurer au contribuable une réelle protection. Toute dérive vers l'appréciation critique des éléments relevés devrait être sanctionnée par la nullité de la procédure. Il faut rappeler qu'à l'origine, le Conseil d'État a condamné le principe même des contrôles inopinés. C'est l'Administration, en obtenant l'adoption de lois rétroactives, qui imposa son point de vue. Au juge de se montrer conséquent en sanctionnant tout abus.

Comme pour un droit de communication exercé sur place, sans avoir été précédé de l'envoi d'un avis de passage (V. *supra*, n° 686), le contribuable devrait jouir d'une garantie supplémentaire. À savoir que si le service décide d'un contrôle inopiné, il devrait remettre à l'intéressé un avis motivé, dans lequel seraient indiquées les raisons pour lesquelles l'Administration n'a pas cru bon de lui adresser, au préalable, un avis de vérification. L'absence ou l'insuffisance de motivation conduirait à la nullité de la procédure de contrôle.

Une plus grande rigueur est également souhaitable s'agissant de limiter le contrôle fiscal dans le temps.

§ 3. – La limitation du contrôle dans le temps

764. – En vertu de l'article L. 52 du Livre des procédures fiscales, la durée des vérifications de comptabilité des petites entreprises est limitée à trois mois. Cette règle fait l'objet d'une étude au sein des développements consacrés à la preuve objective (V. *supra*, n° 570 et s.). En dehors de cette hypothèse, la limitation du contrôle fiscal dans le temps se rapporte à la durée de l'ESFP (A) et à la règle *non bis in idem* (B). Cette dernière interdit à l'Administration de vérifier le même contribuable à raison du même impôt et sur la même période d'imposition.

A. – Durée de l'ESFP

765. – Sous peine de nullité des impositions rappelées, l'article L. 12, alinéa 3 du Livre des procédures fiscales limite à un an la durée de l'ESFP. La règle a pour but de ménager le contribuable, dont la liberté et la vie privée sont menacées par le principe même de ce contrôle. En effet, il doit répondre de ses revenus et dépenses, de son train de vie et de son patrimoine. Des cas de prorogations du délai sont limitativement prévus par la loi, dans des hypothèses où les investigations du service doivent être approfondies. Le point de départ du délai est constitué par le jour de réception ou de remise de l'avis d'ESFP. Car cet avis peut être remis de la main à la main lorsque la vérification de comptabilité de l'entreprise conduit à l'ESFP de son dirigeant. Le point d'arrivée correspond à l'envoi de la proposition de rectification, puisque c'est elle qui clôture le contrôle proprement dit. Le délai se calcule de quantième à quantième. Par exemple, pour un ESFP dont l'avis est parvenu le 15 janvier, la date limite d'envoi de la notification de redressement est fixée au 14 janvier de l'année suivante.

---

(88) CE, 23 nov. 1998, req. n° 158511, *SARL Le Mousquetaire* : *RJF* 1999, n° 1, 86.

766. – Sans que la matière ne soit régie par la preuve objective, aucune obligation probatoire ne pèse sur les parties puisqu'il suffit, pour savoir si la règle a été respectée, d'examiner la date de réception de l'avis d'ESFP et celle d'envoi de la proposition de rectification. Le contribuable prendra garde de conserver les enveloppes des courriers qu'il reçoit du service, afin de se ménager la preuve du jour de réception de l'avis (au besoin il est possible de solliciter le juge pour qu'il impose à l'Administration de produire l'accusé de réception). Si l'avis a été remis de la main à la main, le vérificateur aura demandé au contribuable d'en accuser réception par une mention sur le double du document ; ici encore, le juge peut enjoindre au service de produire ce double. Enfin, la date d'envoi de la proposition de rectification correspond à celle du cachet de la poste figurant sur l'enveloppe.

767. – La faute est caractérisée si le service adresse une notification de redressement plus d'un an après la réception de l'avis d'ESFP. L'Administration peut cependant, au-delà du délai, envoyer une nouvelle notification, à la condition que celle-ci soit simplement rectificative. Autrement dit, les impositions précédemment notifiées ne sont pas rehaussées et le service ne s'est livré à aucune investigation supplémentaire. Par ailleurs, il faut bien entendu que la première notification ait été, quant à elle, adressée dans le délai. Ainsi, le juge a reconnu la régularité d'un ESFP où l'Administration avait dû envoyer une notification rectificative, corrigeant la première pour tenir compte des conséquences du mariage du contribuable (89).

À l'inverse, est irrégulier l'ESFP pour lequel une seconde notification a été envoyée au-delà du délai d'un an, même s'agissant de corriger une erreur de calcul du revenu global, dès lors que la base s'en est trouvée rehaussée (90). En revanche, la procédure n'est pas viciée par l'envoi d'une seconde notification permettant au service de procéder à une substitution de base légale, question qui relève également de la règle *non bis in idem* (V. *infra*, n° 786 et 797).

B. – Règle *non bis in idem* (non-renouvellement du contrôle)

768. – L'Administration ne peut vérifier le même contribuable à raison du même impôt et de la même période d'imposition. La règle a pour but de ménager l'intéressé, dont la tranquillité doit être garantie à l'issue d'un contrôle sur place. Elle vaut tant en matière d'ESFP (1°) que de vérification de comptabilité (2°).

1° ESFP

769. – En vertu de l'article L. 50 du Livre des procédures fiscales, un contribuable ayant subi un ESFP ne peut plus faire l'objet de redressements pour la même période (que celle vérifiée) et le même impôt (sur le revenu (91)), sauf s'il a fourni au service, lors du contrôle, des éléments incomplets ou inexacts. La loi supprime donc le droit de reprise de l'Administration au profit du contribuable de bonne foi, pour la période déjà vérifiée : celle-ci n'est plus exposée à de nouvelles rectifications. La violation de l'article L. 50 constitue une erreur substantielle au sens de l'article L. 80 CA du Livre des

(89) CAA Lyon, 31 janv. 1996, req. n° 94-863, *Soulier* : *RJF* 1996, n° 4, 403.
(90) CAA Lyon, 31 déc. 2007, req. n° 04-755, *Girac* : *RJF* 2008, n° 8-9, 925.
(91) Les contributions sociales (CSG et CRDS) constituent des impositions distinctes de l'IR, qui peuvent faire l'objet d'une proposition de rectification venant régulièrement s'ajouter à celle intéressant l'impôt sur le revenu (CAA Bordeaux, 19 juin 2008, req. n° 06-1952, *Sorriaux* : *RJF* 2009, n° 1, 6).

procédures fiscales, entraînant la décharge des droits et pénalités (92). L'irrégularité vicie de la sorte tout redressement supplémentaire, même si le contribuable est en situation de taxation d'office (93). En revanche, les impositions résultant d'une première proposition de rectification, marquant régulièrement la fin de l'ESFP, restent valables.

L'article L. 50 se contente donc de limiter dans le temps le droit de reprise de l'Administration (*a*). Cependant, le juge utilise le principe d'indépendance des procédures (*b*) pour réduire la garantie, qui ne profite, en toute hypothèse, qu'au contribuable de bonne foi (*c*).

a) Limitation du droit de reprise

770. – La garantie s'applique après l'envoi de la proposition de rectification (ou de l'avis d'absence de redressement) (94). Celui qui a subi la pénible épreuve de l'ESFP peut donc aspirer à la tranquillité, ne pouvant plus faire l'objet de nouvelles rectifications sur la période vérifiée. La règle ne doit pas être assimilée à celle limitant à trois mois la vérification de comptabilité des petites entreprises, qui prohibe toute nouvelle investigation sur place. En matière d'ESFP, l'article L. 50 interdit seulement à l'Administration de procéder à de nouveaux redressements. Par exemple, le vérificateur peut, à la suite de la proposition de rectification qui a clos le contrôle personnel, examiner des documents produits par le contribuable à l'appui de ses observations, dès lors qu'aucune nouvelle rectification n'en découle (95). De même, l'Administration est en droit d'envoyer plusieurs propositions successives, se rapportant à des années différentes, notamment pour interrompre la prescription (96) ; à la condition, cependant, d'en faire mention dans le document lui-même (97).

771. – Le service est en mesure d'adresser de nouvelles demandes d'éclaircissements ou de justifications, après l'envoi de la notification de redressement, dès lors qu'elles ne sont suivies d'aucun nouveau rehaussement (98). Mais on peut se demander quel intérêt, pour l'Administration, représente cet envoi, sinon obtenir des précisions, par exemple afin d'opérer une substitution de base légale. En effet, le service est en droit d'adresser au contribuable une nouvelle notification de redressement, pour procéder à une substitution de base légale, dès lors qu'aucune rectification supplémentaire n'en découle (99). Car l'article L. 50 ne fait qu'interdire de nouveaux redressements et, de plus, l'envoi d'une autre notification permet au contribuable d'y répondre, pour présenter des observations quant au nouveau fondement légal invoqué par le service. Pour les mêmes motifs, cet envoi ne proroge pas illégalement le délai d'un an (V. *supra*, n° 767).

Le juge utilise le principe d'indépendance des procédures pour réduire le bénéfice de la garantie.

---

(92) CAA Lyon, 14 mai 1991, req. n° 709, *Bresson* : *RJF* 1991, n° 8-9, 1037.

(93) CE, 3 juin 1992, req. n° 75309, *Benghosi* : *RJF* 1992, n° 7, 935.

(94) CE, 28 sept. 1983, req. n° 37524 : *Dr. fisc.* 1984, n° 23-24, 1145, concl. P. Léger ; *RJF* 1983, n° 11, 1261.

(95) CE, 30 janv. 1987, req. n° 52227 : *RJF* 1987, n° 3, 264.

(96) CE, 17 avr. 1991, req. n° 62641, *Delattre* : *RJF* 1991, n° 6, 717.

(97) TA Versailles, 18 nov. 1997, req. n° 87-810, *Cuypers* : *RJF* 1998, n° 5, 535.

(98) CE, plén., 26 juill. 1985, req. n° 34071 : *RJF* 1985, n° 10, 1332.

(99) CE, 5 oct. 1998, req. n° 145608, *Dame d'Estainville Ducrey Giordano* : *RJF* 1998, n° 12, 1392. – CE, 26 févr. 2003, req. n° 222163, *Flament* : *RJF* 2003, n° 5, 535 ; *Dr. fisc.* 2003, n° 20, 380, concl. Ch. Maugüe, note M. Sieraczek-Abitan.

b) Indépendance des procédures

772. – L'Administration peut mettre fin à une VASFE, puis envoyer une notification de redressement procédant à une taxation selon les éléments du train de vie (CGI, art. 168) (100). Certes en renonçant à la VASFE, le service n'a pas clos le contrôle puisque la notification de redressement n'était pas encore envoyée. Mais le détournement de procédure n'est pas loin, en ce sens que la VASFE n'a pas été conçue pour permettre l'exercice de l'article 168. Ce sont deux procédures d'imposition distinctes. L'indépendance des procédures est également utilisée par le juge pour reconnaître la régularité de pratiques pourtant contestables.

773. – Ainsi, un contribuable avait reçu un avis d'absence de redressement à l'issue d'une VASFE, mais s'était vu réclamer des impositions, sur la même période, résultant de redressements notifiés antérieurement au titre d'une vérification de comptabilité. Le juge n'y vit pas d'irrégularité (101), alors que l'avis d'absence de redressement était pour le moins malvenu. En effet, le service informait le contribuable qu'il ne serait passible d'aucune imposition supplémentaire, alors que la solution contraire était déjà acquise. L'Administration devrait, dans une telle hypothèse, envoyer une lettre (imprimé n° 751 AR) au contribuable, l'informant de l'absence de redressement s'agissant du revenu global, tout en rappelant l'existence de rehaussements pour les revenus professionnels. L'information du contribuable en serait ainsi améliorée. Mais il est exact, sur le fond, que l'ESFP n'a trait qu'au revenu global. Son déroulement ne doit donc pas faire obstacle à l'exercice du droit de reprise de l'Administration quant aux revenus catégoriels.

774. – Ainsi, un dirigeant de société faisait l'objet d'un ESFP et, durant le déroulement de celui-ci, reçut une notification de redressement relative à des distributions découlant de la vérification de comptabilité de l'entreprise. Le juge a reconnu que cette circonstance n'interdisait pas au service d'envoyer une autre notification, tirant les conséquences de l'ESFP (102). Autrement dit, la première proposition, dès lors qu'elle ne se rapportait pas au revenu global, ne pouvait marquer la fin de l'ESFP.

La garantie ne profite qu'au contribuable de bonne foi.

c) Notion de bonne foi

775. – Ne peut bénéficier de la règle *non bis in idem* que le contribuable de bonne foi, à savoir celui qui a fourni à l'Administration, pendant le contrôle, des informations exactes et complètes. Ce n'est, par exemple, pas le cas de celui qui a omis d'indiquer qu'il disposait de revenus importants issus d'une société civile immobilière dont il était le gérant (103). Ou celui qui n'a pas révélé l'existence d'une reconnaissance de dette à son profit (104). Même solution pour le contribuable qui s'est abstenu d'aviser l'Administration que son bateau de plaisance battait pavillon d'un pays n'ayant pas conclu de convention d'assistance administrative avec la France, alors même que le vérificateur l'avait invité par écrit à préciser les éléments de son train de vie (105). De

---

(100) CE, 20 janv. 1988, req. n° 60056 : *RJF* 1988, n° 3, 252.
(101) CE, 28 sept. 1990, req. n° 69986, *Brégeon* : *RJF* 1990, n° 11, 1306.
(102) TA Dijon, 24 juin 1997, req. n° 94-283, *Moureau* : *RJF* 1997, n° 10, 879. – *Contra* : TA Nice, 28 mai 2002, req. n° 98-3422, *Fighiera* : *RJF* 2003, n° 1, 9.
(103) CE, 14 mai 1986, req. n° 48723 : *RJF* 1986, n° 7, 671.
(104) CE, 20 avr. 1988, req. n° 81787 : *RJF* 1988, n° 6, 690.
(105) CE, 8 janv. 1997, req. n° 139711, *Fattel* : *RJF* 1997, n° 3, 195.

plus, l'article 168 du Code général des impôts, pour la reconstitution des revenus d'après les éléments du train de vie, quintuple la base imposable que représente un bateau dans une telle situation. Il était donc effectivement douteux que l'intéressé fût de bonne foi.

776. – En revanche, le contribuable qui n'a pas révélé l'existence d'un compte bancaire de sa mère, sur lequel il avait une procuration, ne peut être privé de la garantie dès lors que le service ne lui a demandé aucune précision sur ses comptes (106). De même, l'Administration ne peut reprocher au contribuable de lui avoir fourni des renseignements inexacts ou incomplets, au motif qu'il n'aurait pas révélé l'existence d'un compte bancaire, alors que le vérificateur ne lui a pas adressé de demande d'éclaircissements ou de justifications lui réclamant la liste de ses comptes (107). Le service qui n'établit pas que des minorations de stocks ont eu pour conséquence l'appréhension de sommes distribuées au gérant de la société, n'apporte pas la preuve que l'intéressé aurait omis d'informer l'Administration de l'existence des revenus correspondants (108).

777. – En somme, le contribuable doit se conduire en enfant bien élevé : il prend la parole quand on l'interroge. Inutile de faire du zèle en donnant des informations qui ne sont pas réclamées par le service. Mais il faut se montrer loyal, en jouant le jeu de l'ESFP. Ainsi, celui qui ne relève pas une source de revenus importants, au prétexte qu'on ne l'a pas interrogé sur ce point, ne permet pas au service de reconstituer son train de vie.

778. – L'ESFP est assimilé à un contrôle sur place par opposition au contrôle sur pièces. Cependant, il se déroule au bureau du vérificateur et non au domicile du contribuable. Il n'y a donc pas de risque qu'à raison d'un nouveau contrôle le service se rende de nouveau « sur place ». C'est pourquoi, l'article L. 50 limite le droit de reprise de l'Administration, en l'empêchant de procéder à des redressements supplémentaires. À l'inverse, la vérification de comptabilité est un vrai contrôle externe, pour lequel le service est présent dans l'entreprise. La même règle *non bis in idem* va donc interdire à l'Administration de retourner sur place pour procéder à une nouvelle vérification, de manière à assurer la tranquillité du contribuable.

2° Vérification de comptabilité

779. – En vertu de l'article L. 51 du Livre des procédures fiscales, lorsqu'une vérification de comptabilité est achevée, le service ne peut plus examiner sur place les documents en possession de l'entreprise, au regard de la période et des impôts contrôlés. La disposition ne peut s'appliquer qu'aux personnes astreintes à la tenue d'une comptabilité. Elle ne retire pas à l'Administration son droit de reprise. Ainsi, après avoir vérifié une société, le vérificateur peut engager une procédure de redressement à l'encontre de ses dirigeants et associés, puisqu'elle est distincte de celle intéressant l'entreprise (109). Selon un récent arrêt (110), la question de savoir si une entreprise a fait l'objet de deux contrôles sur place successifs releverait de la preuve objective. Cette solution, motivée de façon lapidaire, mérite d'être confirmée.

(106) CE, 16 mai 1990, req. n° 54135, *Colombani* : *RJF* 1990, n° 7, 778.

(107) CE, 31 juill. 1992, req. n° 73475, *Fournier* : *RJF* 1992, n° 11, 1459 ; *LPA* 1993, n° 24, concl. J. Arrighi de Casanova. La solution est transposable à l'ESFP.

(108) CE, 29 sept. 1989, req. n° 75304, *Venutolo* : *Dr. fisc.* 1990, n° 5, 142, concl. O. Fouquet.

(109) CE, 23 janv. 1985, req. n° 41509 : *RJF* 1985, n° 3, 416.

(110) CE, 18 mai 2009, req. 300279, *Beladina* : *Dr. fisc.* 2009, n° 37, 457, concl. L. Olléon ; *RJF* 2009, n° 8/9, 758.

780. – Lorsque des vérifications successives ont porté sur la même période, la procédure est présumée irrégulière. Il appartient à l'Administration de renverser cette présomption, par exemple en démontrant que l'imposition litigieuse résulte de la seule exploitation des déclarations souscrites par le contribuable (111) et non d'une seconde vérification. Autrement dit, le service n'est pas retourné sur place, il s'est contenté d'opérer un redressement au seul vu des pièces du dossier. Mais que la même période ait fait l'objet de deux contrôles sur place est une situation *a priori* anormale, en conséquence le fisc doit s'en expliquer en supportant la charge de la preuve. La violation de la garantie vicie les redressements qui procèdent de la seconde vérification (112), les droits et pénalités qui en résultent ne peuvent être mis en recouvrement.

781. – Avant d'examiner les conditions d'application de la garantie (*c*), il convient de déterminer la date d'achèvement d'une vérification de comptabilité (*a*), puis, distinguer celle-ci des autres pouvoirs de l'Administration (*b*). En effet, seul le droit de vérification est limité, le service peut donc utiliser ses autres prérogatives.

a) Date d'achèvement d'une vérification

782. – Une vérification de comptabilité est achevée, au sens de l'article L. 51, le jour de la dernière intervention sur place. Comment cependant identifier celle-ci ? Une maigre jurisprudence apporte un début de réponse. Un contribuable avait fait l'objet, pour la même période vérifiée, d'interventions sur place effectuées par trois vérificateurs successifs. Dès lors que le second lui a indiqué, verbalement, que le contrôle était terminé, les interventions du troisième ont été faites en violation de l'article L. 51 et les impositions qui en découlaient furent déchargées (113). Il est très rare que le juge de l'impôt accorde une valeur probante à de simples paroles. On peut penser, qu'en l'espèce, il a estimé, à juste titre, que la tranquillité du contribuable, voulue par le législateur, n'avait pas été respectée.

Le fait que des vérificateurs distincts se sont succédés pour contrôler les mêmes exercices traduit une violation de la garantie, même si leurs notifications de redressement respectives concernaient l'une le début de la période vérifiée et l'autre la fin (114). L'entreprise a pu légitimement penser que la première notification marquait la fin du contrôle.

783. – Cependant, dans une autre affaire, un contribuable fut vérifié par un premier agent puis, neuf mois plus tard, par un autre, sur la même période. Dès lors que le premier vérificateur n'a pas annoncé la fin du contrôle, ni qu'aucune notification de redressement ne fut adressée entre les deux phases de la vérification, l'article L. 51 a été respecté (115).

Une notification, envoyée pour interrompre la prescription sur le premier exercice vérifié, peut être suivie d'une seconde, portant sur les autres années, sans violer la garantie (116). La première doit néanmoins indiquer clairement

(111) CE, 19 oct. 1988, req. n° 49692 : *RJF* 1988, n° 12, 1356.
(112) CE, plén., 26 juill. 1978, req. n° 1483 : *RJF* 1978, n° 11, 485.
(113) CE, plén., 21 juin 1972, req. n° 77234 : *Dupont* 1972, p. 333.
(114) CE, 17 janv. 1979, req. n° 8735 : *RJF* 1979, n° 3, 156.
(115) CE, 27 févr. 1991, req. n° 73995, *Sté Marseille assainissement : Dr. fisc.* 1992, n° 15, 786, concl. Ph. Martin ; *RJF* 1991, n° 4, 500.
(116) CE, 14 mars 1990, req. n° 65110, *Kaufmann* : *RJF* 1990, n° 5, 574.

quel est son objet : interrompre la prescription, et mentionner que le contrôle se poursuit s'agissant des autres exercices (117).

784. – On relève donc plusieurs indices de violation de la garantie. Tout d'abord, des vérificateurs distincts se sont succédés pour contrôler une période identique. Même si le premier peut laisser à l'autre un rapport de vérification provisoire, il est difficile pour le second de ne pas reprendre l'ensemble des investigations. C'est en effet le meilleur moyen de se faire une opinion sûre quant à la régularité de la situation de l'entreprise. En ce sens, celle-ci fait bien l'objet de deux contrôles. L'autre indice est la tenue d'une dernière intervention, par le premier agent, qui aura ainsi indiqué la fin de la vérification. Il est difficile, pour le juge, de se fier à de simples dires ; mais l'entreprise pourra produire l'attestation d'un conseil ayant assisté à ce qui était présenté comme l'ultime rendez-vous. Enfin, l'envoi d'une proposition de rectification constitue le dernier indice, dès lors que ce document marque la fin du contrôle sur place et le début de la procédure de redressement.

Seul le contribuable ayant fait l'objet d'une vérification de comptabilité peut invoquer le bénéfice de la garantie.

b) Vérification de comptabilité et autres prérogatives

785. – L'article L. 51 ne s'applique que si les deux interventions successives de l'Administration ont chacune la nature d'une vérification de comptabilité. On peut définir celle-ci comme l'ensemble des opérations consistant à examiner sur place la comptabilité d'une entreprise, pour la confronter aux éléments d'exploitation, de manière à contrôler la sincérité des déclarations souscrites (118). Le fisc peut donc utiliser, avant ou après une vérification de comptabilité, ses autres prérogatives, même si elles portent sur des impôts et une période identiques. Ainsi s'agissant d'un contrôle sur pièces : un contribuable taxé d'office à ce titre, pour n'avoir pas souscrit sa déclaration d'ensemble des revenus, peut valablement faire l'objet d'une vérification de comptabilité (119). L'exercice est cependant périlleux si le contrôle sur place révèle un résultat ou un chiffre d'affaires inférieur à ceux taxés d'office. Le contribuable qui a fait l'objet d'une vérification de comptabilité reçoit régulièrement une demande d'éclaircissements ou de justifications sur les mêmes années (120). Un contrôle sur pièces succédant à une vérification de comptabilité est régulier (121).

786. – L'article L. 51 ne prive pas l'Administration de son droit de reprise, il lui interdit seulement de procéder à une nouvelle vérification de comptabilité, autrement dit de retourner dans l'entreprise pour examiner les documents en possession de celle-ci. *A contrario*, le fisc est en mesure d'user de son droit de répétition sur la base des pièces du dossier du contribuable, de déclarations spontanées de celui-ci, des renseignements collectés sur place, ou encore d'informations provenant de l'extérieur. Le service peut donc envoyer une première proposition de rectification, puis une seconde, rectificative, avec éventuellement une base plus élevée, du moment que le vérificateur n'a pas

---

(117) CAA Paris, plén., 28 avr. 2005, req. n° 01-1372, *SA Simar* : *RJF* 2006, n° 3, 286. – CE, (na), 18 déc. 2006, req. n° 281797, *Sté Segula industries* : *RJF* 2007, n° 5, 585 (Il s'agit bien de la même affaire, la société Segula étant venue aux droits de la SA Simar).

(118) A. Barilari et R. Drapé, *Lexique fiscal*, Dalloz, 2e éd. 1992, p. 180.

(119) CE, 24 nov. 1980, req. n° 10650 : *RJF* 1981, n° 1, 62.

(120) CE, 23 nov. 1983, req. n° 34313 : *RJF* 1984, n° 1, 4.

(121) CE, 17 juin 1996, req. n° 140510, *SARL du casino municipal de Cassis* : *RJF* 1996, n° 8-9, 966.

procédé à une nouvelle vérification sur place (122). Ainsi, l'Administration est en droit de notifier un redressement qu'elle avait omis, corriger une erreur, ou procéder à une substitution de base légale. Là encore, la tranquillité du contribuable, voulue par le législateur, est bien mal assurée.

787. – Dès lors que l'article L. 51 ne prive l'Administration que de la possibilité de procéder à une nouvelle vérification de comptabilité, il ne lui retire pas l'usage de son droit de communication. Or, lorsque celui-ci s'exerce sur place, il est bien difficile de le distinguer du droit de contrôle. Ainsi, lors d'une vérification de comptabilité, l'inspecteur avait reconstitué les recettes de l'entreprise sur la base de la consommation d'électricité. Il avait ensuite exercé un droit de communication auprès d'EDF pour obtenir les relevés de consommation électrique. Puis, après l'achèvement du contrôle, il était retourné sur place pour examiner la consistance de l'équipement électrique. Le juge a considéré qu'il n'avait pas ainsi procédé à une nouvelle vérification, faute d'avoir examiné la comptabilité, laquelle était par ailleurs inexistante (123).

La solution est contestable, car une vérification ne consiste pas seulement à examiner la comptabilité, mais également à apprécier les conditions d'exploitation de l'entreprise. Ce qui était bien le cas en l'espèce puisqu'il s'agissait de reconstituer ses recettes. Face aux risques d'abus, l'Administration ne devrait pas pouvoir retourner sur place.

788. – L'interdiction de vérifications successives sur les mêmes impôts et la même période doit être distinguée de celle faisant défense de contrôler une petite entreprise sur plus de trois mois (V. *supra*, n° 570 et s.). S'il s'agit, dans les deux hypothèses, d'apprécier le comportement de l'agent sur place, la vérification de comptabilité des grandes entreprises n'est pas soumise à une condition de délai. C'est pourquoi, les modalités d'application de la garantie prévue à l'article L. 51 sont différentes.

c) Modalités d'application de la garantie

789. – Le principe (1) même de la règle *non bis in idem* peut être remis en cause lorsque l'on mesure l'étendue des tolérances (2) qui viennent l'assouplir.

1) Principe

790. – Examinons tout d'abord les hypothèses dans lesquelles le juge a reconnu la violation de la garantie. Après une vérification de comptabilité, dont l'achèvement avait été marqué par l'envoi d'une notification de redressement, l'inspecteur est retourné dans l'entreprise pour examiner les livres comptables. Puis il a envoyé une nouvelle notification, qui rejetait la comptabilité pour ne pas être sincère. La procédure est irrégulière au regard de l'article L. 51 (124).

Un vérificateur adresse à l'entreprise une notification de redressement, indiquant la date d'achèvement du contrôle, puis retourne sur place examiner une convention. Il envoie ensuite une seconde notification, irrégulière pour découler d'une nouvelle vérification (125).

---

(122) CE, 30 déc. 2002, req. n° 81989, *SARL Twenty Shop* : *RJF* 2003, n° 3, 333.

(123) CE, 17 déc. 2003, req. n° 247988, *Nguyen : Dr. fisc.* 2004, n° 22-23, 532, concl. F. Séners ; *RJF* 2004, n° 3, 298. – V. aussi, s'agissant d'une nouvelle intervention sur place, faite pour les besoins d'une substitution de motifs : arrêts *SA Simar* et *Sté Segula industries SA*, préc.

(124) CE, 26 oct. 1983, req. n° 34587 : *RJF* 1983, n° 12, 1525.

(125) CAA Lyon, 7 déc. 1994, req. n° 93-953, *SA SPIT* : *RJF* 1995, n° 2, 216.

791. – En revanche, de nouveaux redressements sont réguliers dès lors qu'ils résultent de l'exploitation de renseignements issus d'investigations menées chez des tiers (126). Dans une autre affaire, un contribuable avait fait l'objet d'une vérification générale, portant donc principalement sur les bénéfices industriels et commerciaux (BIC) et la TVA. En réponse à la notification de redressement, qui ne rehaussait que les BIC, l'intéressé fit l'aveu d'une insuffisance de TVA en produisant divers documents comptables, ayant donné lieu à plusieurs entretiens avec le vérificateur. Le juge estime que les rappels de TVA qui en découlèrent ne procédaient pas d'une seconde vérification de comptabilité (127). Le fait que les informations nouvelles furent spontanément fournies par le contribuable, sans que le vérificateur ait à retourner sur place, semble avoir motivé cette solution.

792. – Par ailleurs, l'agent peut se déplacer à nouveau dans l'entreprise pour examiner avec le contribuable les réponses de celui-ci à la proposition de rectification. Mais il ne doit pas procéder à une nouvelle vérification (128), autrement dit il lui faut s'abstenir d'examiner les documents en possession de l'entreprise. Dans cette affaire, le retour sur place du vérificateur avait été suivi d'une notification de redressement rectificative, ce qui ne faisait qu'entretenir l'ambiguïté, mais elle comportait une base inférieure à la précédente. Il serait pourtant avisé, pour le service, de ne pas retourner sur place mais, si besoin est, de convoquer le contribuable dans les bureaux de l'Administration.

793. – On peut donc déduire de cette jurisprudence que la garantie est violée si, d'une part, le service revient sur place et examine effectivement des documents – comptables ou non – de l'entreprise. Soit le propre d'une vérification, nouvelle. D'autre part, de ce nouveau contrôle doit découler un redressement supplémentaire (129), du moins un rehaussement de la base initialement notifiée. Ainsi, un contribuable soutenait qu'en revenant sur place, au motif d'y instruire la réponse à la notification de redressement, le service aurait procédé à une nouvelle vérification. Il invoquait en ce sens la seconde notification, dont les redressements étaient supérieurs à ceux de la première. Cette circonstance ne suffit pas à démontrer la violation de la garantie, dès lors qu'il n'est pas établi qu'en retournant dans les locaux de l'entreprise, l'inspecteur se soit livré à une nouvelle vérification (130).

Cette preuve est évidemment très difficile à apporter. Le seul moyen de la fournir est de produire une attestation des personnes présentes lors du retour sur place, pour certifier que l'agent a examiné des documents de l'entreprise.

Au principe de la règle *non bis in idem* il existe, non des exceptions, mais des tolérances.

2) Tolérances

794. – L'article L. 51 interdit à l'Administration de vérifier deux fois le même impôt sur la même période. Mais la règle ne prohibe pas une certaine souplesse, conçue pour faciliter le travail du vérificateur. Ainsi, une entreprise a subi deux vérifications de suite, mais portant sur des périodes se succédant, ce qui n'est pas *a priori* irrégulier. Le juge considère comme licite le fait que

(126) CE, plén., 9 avr. 1986, req. n° 22690 : *RJF* 1986, n° 6, 633, concl. O. Fouquet, p. 359.

(127) CAA Bordeaux, 2 mai 2001, req. n° 98-632, *Lasserre* : *RJF* 2001, n° 10, 1267.

(128) CE, 16 févr. 1987, req. n° 52542 : *RJF* 1987, n° 4, 426 ; *Dr. fisc.* 1987, n° 29, 1417, concl. B. Martin Laprade.

(129) CE, 22 janv. 1982, req. n° 21823 : *RJF* 1982, n° 3, 258.

(130) CE, 22 déc. 1982, req. n° 19905 : *RJF* 1983, n° 2, 257.

l'agent procède à des comparaisons entre les deux périodes vérifiées, de manière à faciliter la reconstitution des bénéfices (131).

Une provision, inscrite au bilan d'un exercice soumis à une première vérification et non contestée lors de celle-ci, peut être mise en cause à l'occasion d'un second contrôle, dès lors qu'elle figure toujours dans les comptes (132).

La même solution est retenue pour un déficit attaché à un exercice faisant l'objet d'une vérification et que le service peut valablement remettre en cause, lors d'un autre contrôle, sur l'année où il est imputé (133).

Cette jurisprudence est contestable. Le contribuable devrait être assuré que l'Administration ne puisse revenir sur une situation réputée régulière à l'issue d'un premier contrôle, dès lors que le service n'a rien trouvé à y redire.

795. – L'Administration peut procéder à deux vérifications de la même période dès lors qu'elle ne se livre pas à des investigations intéressant le même impôt. Ainsi, un contrôle limité à la TVA peut être suivi d'un autre, portant sur les mêmes années, mais relatif à l'IS. Une entreprise s'était trouvée dans une telle situation, les deux vérifications portant sur une période partiellement commune. Or, l'inspecteur s'était fondé sur des irrégularités comptables, constatées lors du second contrôle, pour effectuer des rappels de TVA sur la période couverte également par le premier. Le juge a conclu à une double vérification dès lors que le même impôt, la TVA, avait été contrôlé deux fois sur la même période (134). En revanche, l'Administration peut régulièrement utiliser des éléments recueillis lors du premier contrôle pour fonder un redressement relatif au second (135).

La protection du contribuable mériterait plus de rigueur, seule de nature à éviter les abus. La meilleure preuve de ceux-ci résulte des propositions de rectifications, qui indiquent les périodes et impositions vérifiées. Cependant, une mention erronée quant à la période vérifiée, dans l'une des deux notifications successives, n'établit pas la violation de la garantie, dès lors qu'elle résulte d'une simple erreur (136).

796. – La jurisprudence admet également que l'Administration puisse vérifier deux fois, sur la même période et à raison du même impôt, un contribuable, si celui-ci exerce plusieurs activités professionnelles, de natures différentes. Par exemple un chirurgien, relevant à ce titre des bénéfices non commerciaux (BNC), exploitait également une clinique, soumise aux bénéfices industriels et commerciaux (BIC). Il avait fait l'objet d'une première vérification sur son activité non commerciale, puis d'une autre portant sur la clinique. Les deux contrôles intéressaient les mêmes années et le même impôt, en l'occurrence sur le revenu. Bien que les redressements opérés en BNC avaient influé sur la détermination du revenu global, le juge n'y a pas vu d'irrégularité (137). Solution contestable car l'article L. 51 n'évoque pas explicitement la nature de l'activité exercée par le contribuable.

797. – Le vérificateur peut valablement retourner sur place, alors même que la vérification de comptabilité est achevée, dès lors qu'il s'agit : d'instruire

(131) CE, 15 avr. 1982, req. n° 34464 : *RJF* 1982, n° 6, 552.

(132) CAA Nantes, 22 févr. 1996, req. n° 93-979, *Sté SIP* : *RJF* 1996, n° 6, 758. – CE, CAPC, 14 mai 1997, req. n° 130116, *Sté SIP* : *RJF* 1997, n° 7, 705.

(133) CE, 13 mai 1988, req. n° 49437 : *RJF* 1988, n° 7, 892.

(134) CE, 12 oct. 1984, req. n° 36696 : *RJF* 1984, n° 12, 1504.

(135) CE, 16 avr. 1982, req. n° 36463 : *RJF* 1982, n° 6, 573.

(136) CE, 12 nov. 1986, req. n° 51141, *Sté Yto* : *RJF* 1987, n° 1, 29.

(137) CE, 12 févr. 1988, req. n° 43309 : *Dr. fisc.* 1988, n° 25, 1279. – V. aussi CAA Bordeaux, 9 nov. 2006, req. n° 03-569, *Petit* : *RJF* 2007, n° 4, 468.

les observations présentées par le contribuable en réponse à la proposition de rectification, opérer une compensation ou une substitution de base légale, satisfaire une demande de la commission départementale des impôts (138) ou du juge – s'agissant d'éclairer un point particulier. En revanche, aucun redressement nouveau ne peut en résulter (139).

798. – Encore une fois, la protection du contribuable est bien mal assurée, du fait d'une jurisprudence qui a plus le souci de faciliter le travail de l'Administration que de garantir la tranquillité du citoyen. Celui-ci peut avoir le sentiment de subir un acharnement des services fiscaux du fait de vérifications successives. Surtout, les difficultés probatoires, pour les questions de limitation du contrôle dans le temps, mériteraient que le juge y adopte le système de la preuve objective. On comprend mal que cette technique soit retenue pour la règle des trois mois et non pour l'interdiction d'une vérification sur le même impôt et la même période.

La situation du contribuable n'est pas meilleure face à l'ESFP et aux demandes de justifications.

Section 2

ESFP ET DEMANDE DE JUSTIFICATIONS

799. – Il importe avant tout de définir l'examen contradictoire de la situation fiscale personnelle (ESFP) (§ 1), pour le distinguer du contrôle sur pièces et de la vérification de comptabilité. En effet, et notamment, un contrôle fait depuis le bureau de l'agent qui serait trop approfondi peut être requalifié d'ESFP, contrôle externe alors opéré irrégulièrement. La suite logique de l'ESFP est constituée par la demande de justifications (§ 2).

§ 1. – La notion d'ESFP

800. – L'article L. 12 du Livre des procédures fiscales définit l'examen contradictoire de la situation fiscale personnelle (ESFP, anciennement VASFE : vérification approfondie de situation fiscale d'ensemble (140)) comme le contrôle de la cohérence entre, d'une part, les revenus déclarés et d'autre part, le patrimoine, la trésorerie et le train de vie du foyer fiscal. De même qu'un contrôle sur pièces peut cacher un ESFP (B), il faut différencier celui-ci de la vérification de comptabilité (A).

A. – ESFP et vérification de comptabilité

801. – Il importe de distinguer la vérification de comptabilité de l'ESFP dès lors que la première prérogative peut donner l'occasion au service d'exercer la seconde. Ainsi, un contrôle sur place avait porté non seulement sur les béné-

(138) CAA Paris, 7 mai 1992, req. n° 240, *SA Orcival* : *RJF* 1992, n° 8-9, 1221.
(139) CAA Lyon, 13 juill. 1989, req. n° 89-60, *Lombard* : *RJF* 1989, n° 11, 1248.
(140) Selon le mot de maître J. Turot, la VASFE est le « nom de jeune fille » de l'ESFP.

fices non commerciaux du contribuable, mais également sur ses traitements et salaires, revenus fonciers et revenus de capitaux mobiliers. Dès lors que ces catégories ont donné lieu à des redressements l'intéressé a fait l'objet d'une VASFE irrégulière puisque non précédée d'un avis de vérification (141).

En revanche, une vérification de comptabilité portant sur les bénéfices industriels et commerciaux du contribuable, et un contrôle sur pièces relatifs aux autres revenus, n'équivalent pas à une VASFE (142). On remarquera que la distinction demeure formelle car il suffit d'envoyer deux propositions de rectification, une première relative à la vérification de comptabilité (imprimé n° 3924) et une seconde issue du contrôle sur pièces (imprimé n° 2120), pour échapper à la confusion. Cependant, si le vérificateur a rapproché les revenus déclarés du patrimoine, de la trésorerie ou du train de vie du contribuable, cette circonstance peut caractériser un ESFP (143).

Il est plus fréquent, cependant, qu'un contrôle sur pièces puisse se confondre avec un ESFP.

B. – ESFP et contrôle sur pièces

802. – On peut, pour distinguer l'ESFP du contrôle sur pièces, brièvement décrire le premier. Car le début de l'ESFP commence nécessairement par un examen des pièces du dossier du contribuable. Mais il se caractérise aussi par le contrôle des comptes bancaires et par des recherches extérieures, notamment au moyen du droit de communication. L'ESFP suppose également que l'agent prenne contact avec le contribuable, pour lui demander des explications ou des documents, de manière à ce que l'intéressé puisse justifier certaines opérations (144). À l'inverse, le contrôle fait depuis le bureau de l'agent peut se limiter à l'envoi d'une proposition de rectification.

803. – La confusion entre les deux procédures dépend de l'ampleur du contrôle sur pièces et des recherches mises en œuvre par le service, comme de la nature des investigations menées (145). Ainsi, dès lors que les redressements découlent de l'examen des pièces du dossier du contribuable, il ne peut s'agir d'un ESFP (146). De même si le contrôle se borne à apprécier l'exactitude des déclarations : un inspecteur avait reconstitué des revenus fonciers, en convoquant deux fois le contribuable et en lui adressant, face à l'imprécision des réponses, cinq demandes d'informations. De plus, le service avait exercé un droit de communication auprès des sociétés locataires des immeubles. Pourtant le juge n'y a pas vu de VASFE, dès lors que l'Administration s'était limitée à compléter la déclaration, lacunaire, des revenus fonciers (147). Comme l'a précisé le commissaire du gouvernement, la VASFE se définit moins par l'étendue des recherches qu'à raison de leur nature. En

(141) CE, 5 juin 1985, req. n° 42253, *Bigo* : *RJF* 1985, n° 9, 1148, concl. O. Fouquet, p. 598.

(142) CE, 27 janv. 1986, req. n° 46063, *Assoun* : *RJF* 1986, n° 3, 252 ; *LPA* 1986, n° 42, p. 4, concl. O. Fouquet.

(143) CAA Nancy, 4 avr. 2002, req. n° 98-74, *Richaume* : *RJF* 2002, n° 8-9, 898. – CE, 28 déc. 2007, req. n° 287847, *Paupe* : *RJF* 2008, n° 3, 262. Ces décisions ont reconnu la régularité des procédures suivies par l'Administration. Elles n'apportent donc pas d'éléments pour savoir comment prouver les dérives en cause.

(144) CE, sect., 11 juill. 1988, req. n° 73302, *Léonard : Dr. fisc.* 1988, n° 44, 2044, concl. Ph. Le Roy, note G. Gest ; *RJF* 1988, n° 10, 1055, chron. J. Turot, p. 574.

(145) CE, 5 juin 1989, req. n° 76990, *Poisson* : *RJF* 1989, n° 8-9, 920, concl. O. Fouquet, p. 468.

(146) CE, 5 avr. 1998, req. n° 147642, *Tirilly* : *RJF* 1998, n° 5, 591.

(147) CE, 31 oct. 1990, req. n° 81132, *Bocobza : Dr. fisc.* 1991, n° 21-22, 1153, concl. M.-D. Hagelsteen ; *RJF* 1990, n° 12, 1426.

l'espèce, si les investigations furent importantes, elles n'ont notamment pas porté sur la concordance des comptes bancaires avec le revenu global déclaré.

804. – Cependant, l'étendue des recherches contribue à la détermination de leur nature. Plus les demandes faites à l'intéressé sont nombreuses et variées, plus elles sont susceptibles d'intéresser l'ensemble de sa situation fiscale. Ainsi, un contribuable avait fait l'objet de plusieurs demandes d'informations, réclamant également des justificatifs, avant qu'il ne reçoive un avis de VASFE. Or, le service l'avait interrogé sur divers éléments de son patrimoine et les modalités de leur acquisition. Eu égard au nombre des demandes, à la nature et à l'étendue des renseignements réclamés, l'Administration avait procédé à un début de VASFE, irrégulière pour ne pas avoir été précédée d'un avis de vérification (148). Le fait que le contribuable fut interrogé sur son patrimoine est caractéristique du contrôle externe, puisqu'il s'agit de s'assurer de la cohérence des revenus déclarés avec la situation patrimoniale.

805. – Pourtant, une recherche relative au capital ne traduit pas nécessairement un début d'ESFP. Ainsi, un contribuable avait acquis un immeuble payable en partie sous la forme d'une rente viagère. Un inspecteur du service de la fiscalité immobilière lui a demandé des explications sur les modalités du paiement du prix et sur l'origine des fonds ayant permis de l'acquitter. Par ailleurs, le service lui a réclamé ses relevés bancaires postérieurs à l'achat. Plus tard, un avis de VASFE lui fut adressé, puis une demande d'éclaircissements ou de justifications. Le juge a considéré que les recherches faites avaient pour objet le contrôle des droits d'enregistrement et ne caractérisaient pas un début de VASFE (149).

Certes, il n'est pas douteux que l'inspecteur soupçonnait une donation déguisée. Ainsi, l'examen des relevés bancaires avait pour objet de vérifier si le prix fut effectivement versé. Mais la solution est contestable, car le service a également voulu savoir si le contribuable disposait des ressources nécessaires à l'acquisition du bien, de ce point de vue il a considéré la situation patrimoniale dans son ensemble. De même, on peut supposer que des anomalies repérées grâce aux relevés bancaires ont pu motiver l'engagement de la VASFE. D'ailleurs, la cour administrative d'appel, dont l'arrêt fut donc annulé, avait reconnu l'irrégularité de la procédure.

806. – Pour résumer, il est certain que l'exercice isolé d'une prérogative de l'Administration ne peut suffire à caractériser un ESFP : demande d'informations, ou même de justificatifs, droit de communication et assistance administrative internationale, même s'il s'agit d'obtenir des relevés bancaires (150). En revanche, plus les demandes sont combinées, nombreuses et variées, plus on s'approche de l'ESFP, lequel intéresse nécessairement le revenu global et la situation patrimoniale du contribuable. Le service doit également rechercher des informations de l'extérieur, soit de la part de l'intéressé lui-même, soit d'un tiers. S'il se contente de tirer les conséquences des éléments en sa possession, notamment les pièces du dossier, il ne peut s'agir d'un ESFP.

La nature prétendument non contraignante du contrôle personnel est compensée par le caractère nettement coercitif de la demande de justifications.

---

(148) CE, 11 juill. 1991, req. n° 75561, *Koch* : *RJF* 1991, n° 10, 1179 ; *D.* 1992, p. 65, note G. Tixier et Th. Lamulle.

(149) CE, 2 juin 1999, req. n° 184896, *Zanetti : Dr. fisc.* 2000, n° 5, 59, concl. J. Arrighi de Casanova ; *RJF* 1999, n° 7, 820.

(150) CE, 15 févr. 2002, req. n° 217394, *Schmitt : Dr. fisc.* 2002, n° 29, 623, concl. M.-H. Mitjavile ; *RJF* 2005, n° 2, 463.

§ 2. – Demandes de justifications

807. – Preuve que la demande de justifications (LPF, art. L. 16) et l'ESFP sont intimement liés, dès lors qu'une telle demande résulte des seules constatations faites pendant une VASFE, l'irrégularité de la seconde entache la première et donc la taxation d'office qui lui fait suite (151). Autrement dit, un vice de procédure qui affecte le contrôle personnel contamine également la demande de justifications, car celle-ci résulte nécessairement des résultats de la VASFE.

La taxation d'office appliquée au contribuable pour n'avoir pas, ou insuffisamment, répondu à la demande est donc également irrégulière. La décharge des sommes rappelées s'impose. En revanche, si le service a envoyé en même temps et par plis séparés un avis de vérification de comptabilité et des demandes de justifications, ces dernières n'ont pu trouver leur origine dans le contrôle de l'entreprise, donc l'irrégularité de la vérification ne peut affecter la taxation d'office (152).

Après avoir étudié la mise en œuvre de la demande de justifications (A), on examinera la nature des preuves permettant d'y répondre (B).

A. – Mise en œuvre de la demande de justifications

808. – Parce qu'elle représente une prérogative exorbitante (1°), la demande de justifications voit son champ d'application conditionné par des indices (2°) en présence desquels elle peut valablement être envoyée. Pour le même motif, son usage est limité à la découverte de revenus dissimulés (3°).

1° Une prérogative exorbitante

809. – On sait qu'il faut aujourd'hui distinguer les demandes d'éclaircissements de celles qui réclament des justifications (153). En adressant les premières au contribuable, l'Administration exige qu'une déclaration soit précisée, ou encore des incohérences expliquées. Le champ d'application de la demande d'éclaircissements est donc large. Au contraire, celui de la demande de justifications est strictement encadré par la loi, car la prérogative alors exercée par l'Administration est autrement plus coercitive. En effet, il s'agit d'exiger du contribuable la production d'un élément de preuve. À ce titre, elle est d'autant plus inquisitoriale qu'elle intéresse la vie privée du contribuable En conséquence, la loi énumère, de façon limitative, cinq situations dans lesquelles le service peut réclamer des justifications, par exemple la facture des travaux ayant permis de bénéficier d'une réduction d'impôt.

810. – La dernière situation est de loin la plus menaçante pour le contribuable. Il s'agit de celle où l'Administration est en droit de lui demander des justifications, pour avoir réuni des éléments permettant d'établir que l'intéressé disposerait de revenus plus importants que ceux déclarés (154). Bien

---

(151) CE, 18 mai 1984, req. n° 34234 : *RJF* 1984, n° 7, 813. – Même solution s'agissant d'une vérification de comptabilité : CE, 22 juin 1983, req. n° 27923 : *RJF* 1983, n° 8-9, 932.

(152) CAA Paris, 25 sept. 1990, req. n° 1874, *Dupré* : *RJF* 1991, n° 1, 9.

(153) Cf. S. Verclytte, *Demandes d'éclaircissements et demandes de justifications* : *RJF* 1998, n° 4, p. 247.

(154) On notera avec intérêt que l'Administration ne peut pas adresser une demande de justifications à un contribuable qui n'a pas déclaré ses revenus (CE, 26 janv. 2000, n° 184529, *Perlstein : Dr. fisc.* 2000, n° 47, 917, concl. G. Goulard ; *RJF* 2000, n° 3, 382). En effet, le défaut de déclaration est sanctionné par une procédure d'imposition d'office qui lui est propre et qui suppose, en matière d'impôt sur le revenu, l'envoi préalable d'une mise en demeure (P. Philip, *Les droits de la défense face au contrôle fiscal*, Economica, 2e éd. 2005, p. 180).

entendu, ces soupçons ont été obtenus grâce à l'ESFP, dont le caractère dit non contraignant est pallié par la contrainte que représente la demande de justifications, dès lors que celle-ci peut déboucher sur une taxation d'office. Cette dernière procédure a notamment pour conséquence de placer la charge de la preuve sur le dos du contribuable.

811. – On notera que les éléments permettant à l'Administration d'envoyer une demande de justifications ne constituent pas des preuves, mais des « indices sérieux », ou « suffisants » ; autrement dit des commencements de preuve. La distinction est évidemment décisive, elle signifie que le service n'est pas parvenu à la certitude que des revenus n'ont pas été déclarés. Cependant, il a réuni suffisamment de soupçons pour constituer une présomption en ce sens, apparence qu'il appartient au contribuable de renverser en apportant la preuve contraire. En effet, celui qui fait l'objet d'une taxation d'office doit démontrer que l'imposition qu'il conteste est exagérée, mais de son côté il revient au fisc d'établir qu'il était en droit d'envoyer une demande de justifications (155). Ainsi, lors d'un contrôle, l'Administration soupçonnait le dirigeant d'une société d'avoir versé des espèces sur son compte bancaire à la suite de distributions occultes. Mais le seul fait que le service n'était pas certain de l'origine de cet argent l'autorisait à envoyer une demande de justifications (156).

812. – En revanche, l'Administration commet un détournement de procédure si elle utilise la demande de l'article L. 16, alors qu'elle connaissait l'origine et la nature des revenus en cause (157) ; dans ces conditions, elle aurait dû utiliser la procédure contradictoire de rectification et non la taxation d'office. À l'inverse, le fisc est en droit de taxer d'office des revenus d'origine indéterminée. Cependant, le contribuable peut apporter la preuve qu'ils se rattachent à une catégorie de revenus déterminée. Jusqu'à une époque récente, cette preuve provoquait la décharge totale de l'imposition. Depuis peu, elle conduit seulement à une réduction, égale à la différence entre les bases taxées d'office et celles résultant des règles d'assiette propre à la catégorie de revenus en cause (158). Par exemple, un contribuable qui parvient à démontrer que des gains réputés d'origine indéterminée constituent des dividendes, obtiendra une réduction correspondant aux abattements et au crédit d'impôt propres à ces revenus. Des indices qu'on ne peut qualifier de sérieux ou suffisants rendent irrégulière la demande de justifications (159).

2° Indices autorisant l'envoi d'une demande de justifications

813. – La jurisprudence reconnaît trois indices principaux autorisant le fisc à adresser une demande de justifications : des dépenses disproportionnées par rapport aux revenus déclarés, un solde inexpliqué de la balance de trésorerie et un écart au moins égal au double entre les revenus déclarés et les crédits bancaires.

814. – Une disproportion entre les revenus déclarés et les dépenses réalisées ne constitue un indice suffisant que si elle est importante. Par exemple, un écart de plus d'un million de francs, sur la période vérifiée, entre les reve-

---

(155) CE, 30 oct. 1981, req. n° 22305 : *RJF* 1981, n° 12, 1038.
(156) CE, 10 oct. 2003, req. n° 250389, *Acquaviva* : *RJF* 2004, n° 1, 3.
(157) CE, 7 janv. 2004, req. n° 249713, *Steinhauer* : *RJF* 2004, n° 4, 343.
(158) CE, 13 mars 2006, req. n° 249895, *Pasco : Dr. fisc.* 2006, n° 25, 455, concl. C. Vérot ; *RJF* 2006, n° 6, 656.
(159) CE, 5 déc. 2001, req. n° 223695, *Bennai* : *Dr. fisc.* 2002, n° 21, 455, concl. S. Austry.

nus déclarés et les sorties d'argent : achat d'un immeuble et d'un fonds de commerce, travaux importants, prêt consenti à un tiers (160). Ou encore des dépenses et des versements en compte courant pour le double des revenus déclarés (161). Ou enfin un contribuable qui, au titre des deux années vérifiées, déclare des revenus de 29 700 F et 42 100 F, alors qu'il a payé des travaux pour un total de 250 400 F sur la même période (162). Lorsque la disproportion n'est pas frappante, le service doit recourir à une balance de trésorerie.

815. – Un solde inexpliqué de la balance de trésorerie forme le deuxième indice. Ce tableau présente, d'un côté, les revenus connus, imposables ou non, du contribuable et, de l'autre, les dépenses. Dans celles-ci, on retient les décaissements qui apparaissent sur les relevés bancaires, mais aussi les dépenses en espèces, qu'il s'agit de reconstituer. Si la balance présente un solde débiteur, que donc les décaissements sont supérieurs aux encaissements, le contribuable est interrogé sur l'origine des ressources pouvant expliquer cet écart. Sachant la difficulté à reconstituer le train de vie en espèces du contribuable, le juge n'autorise la demande de justifications que si l'écart est significatif (163).

L'Administration doit donc réunir des éléments suffisamment fiables et précis pour mettre en évidence une disproportion marquée entre revenus et dépenses. Ainsi, le juge a considéré que le service n'était pas en droit d'envoyer une demande de justifications, dès lors qu'une balance de trésorerie avait été établie globalement sur les trois années vérifiées. Certes, le vérificateur avait également dressé une balance pour chaque année, mais sans tenir compte de la variation de certains postes, afférents aux apports et prélèvements relatifs à l'entreprise individuelle du contribuable (164).

816. – Le troisième indice est celui d'une discordance marquée entre les revenus déclarés et les crédits bancaires. La jurisprudence a exigé que les crédits fussent au moins deux fois supérieurs aux revenus pour que le service soit en droit d'envoyer une demande de justifications (165). Cet écart s'apprécie *ab initio*, à partir des crédits figurant sur les relevés bancaires et non en retenant seulement ceux dont l'origine reste inexpliquée après examen des justifications présentées par le contribuable (166). Cependant, la règle du double ne retient pas les sommes créditées par erreur sur le compte bancaire, comme un versement en espèces, pour un montant important, immédiatement annulé par l'écriture inverse, figurant sur la ligne suivante avec les mêmes dates d'opération et de valeur (167).

817. – L'Administration peut bien sûr, s'ils existent, retenir plusieurs indices pour fonder sa demande de justifications. « Abondance d'indices ne nuit pas ». En revanche, le juge lui refuse la possibilité de cumuler des indices insuffisants par eux-mêmes (168). Par exemple, le service ne saurait retenir, d'une part, des crédits bancaires inférieurs au double des revenus déclarés et,

---

(160) CE, 16 avr. 1982, req. n° 22607 : *RJF* 1982, n° 6, 522.
(161) CE, 25 janv. 1985, req. n° 39362 : *RJF* 1985, n° 3, 349.
(162) CE, 14 mai 1986, req. n° 41274 : *RJF* 1986, n° 7, 674.
(163) CE, 6 juill. 1990, req. n° 62070, *Deckert* : *RJF* 1990, n° 10, 1153.
(164) CE, 4 mars 1992, req. n° 64548, *Jurquet* : *RJF* 1992, n° 5, 600.
(165) CE, 22 janv. 1982, req. n° 23454 : *RJF* 1982, n° 3, 238.
(166) CE, 5 mars 1999, req. n° 176799, *Cadart : Dr. fisc.* 1999, n° 40, 733, concl. F. Loloum ; *RJF* 1999, n° 4, 378, chron. E. Mignon, p. 243.
(167) CAA Bordeaux, 30 déc. 2003, req. n° 00-2553, *Camblong* : *RJF* 2004, n° 10, 963.
(168) CE, 19 janv. 1998, req. n° 168129, *Bassaille* : *RJF* 1998, n° 3, 222.

d'autre part, un solde inexpliqué, mais faible, de la balance de trésorerie. Le même souci de limiter les pouvoirs de l'Administration, afin de protéger le contribuable, explique l'interdiction d'utiliser une demande de justifications pour imposer autre chose que des revenus.

3° Limitation des demandes de justifications aux seuls revenus dissimulés

On posera les principes (*a*) avant de les illustrer (*b*).

a) Principes

818. – Le fisc ne saurait, par l'envoi d'une demande de justifications, contraindre le contribuable à préciser la nature et l'objet de ses dépenses, dès lors que la loi a institué cette prérogative pour taxer des revenus dissimulés (169) et pas autre chose. Le juge a donc conscience de l'étendue des pouvoirs, exorbitants, conférés à l'Administration et tient à ce qu'ils restent circonscrits à l'objet que la loi leur a donné. Car le fisc eut tendance, naguère et jadis, à user de cette procédure pour demander toutes sortes de justifications.

819. – Par ailleurs, la loi ne vise que le revenu global, une demande de justifications ne peut donc pas être utilisée pour les seuls revenus professionnels (170) (BIC, BNC, BA), sous peine d'engager une vérification de comptabilité irrégulière. Le non-respect de la loi constitue ici un détournement de procédure, qui conduit à la décharge des sommes rappelées. En effet, la demande de justifications, suivie d'une taxation d'office, est conçue pour imposer des revenus d'origine indéterminée. Si, à l'inverse, l'Administration est en mesure de qualifier les gains en cause, pour les faire entrer dans une catégorie de revenus, elle doit utiliser la procédure contradictoire de rectification.

820. – Le service ne saurait non plus utiliser une demande de justifications pour taxer un capital (171), avec l'idée, qui n'est pas toujours exacte, qu'un patrimoine est formé par l'accumulation de revenus. La demande de justifications implique donc l'existence d'un flux révélant des revenus imposables ; le revenu se traduisant par le mouvement, tandis que, par principe, le capital est fixe. Au flux représenté par le revenu, on peut également opposer le stock constitué par le capital (172). La jurisprudence remonte ainsi aux origines de l'article L. 16 du Livre des procédures fiscales, qui date de la création de l'impôt sur le revenu, même si, aujourd'hui, les demandes de justifications ne se limitent plus à l'IR et donc à l'ESFP. La confusion entre revenu et capital est celle la plus illustrée par la jurisprudence.

b) Illustrations

821. – Voyons comment la jurisprudence restreint l'article L. 16 aux seuls revenus dissimulés. Une agence de caisse d'épargne avait été cambriolée et le coffre d'un contribuable fracturé. Afin d'être indemnisé, il avait signalé une importante somme en espèces déposée dans le coffre. L'Administration lui avait adressé une demande de justifications l'enjoignant d'établir l'origine de cet argent. Le juge a reconnu l'irrégularité de la procédure car l'Administra-

---

(169) CE, 28 juill. 1993, req. n° 96428, *Rubio* : *RJF* 1993, n° 10, 1264.
(170) CE, 10 oct. 2003, req. n° 250389, *Acquaviva* : *RJF* 2004, n° 1, 3.
(171) CE, 4 nov. 1988, req. n° 87594 : *RJF* 1989, n° 1, 7, chron. J. Turot *in RJF* 1989, n° 2, p. 2.
(172) J. Turot, *Taxation d'office pour défaut de réponse à une demande de justifications, le contribuable est-il tenu de justifier de l'origine de son patrimoine ?* : *RJF* 1989, n° 2, p. 2.

tion n'a pas invoqué de déséquilibre entre les revenus déclarés et les dépenses réalisées (173). Autrement dit, la demande de justifications n'a pas été utilisée conformément à son objet : démontrer qu'un écart entre décaissements et encaissements traduit des revenus dissimulés.

822. – Dans une autre affaire, l'Administration a adressé une demande de justifications à un contribuable qui avait déclaré une somme en espèces au titre de l'impôt sur les grandes fortunes (curieuse idée...). Il s'agissait de la première déclaration souscrite à raison de cette imposition. Là encore, la procédure était irrégulière car rien n'indiquait que la somme résultait de revenus perçus lors de l'année écoulée (174). La déclaration d'IGF a seulement révélé l'existence d'un élément du patrimoine, qui pouvait résulter de revenus antérieurs à l'année d'imposition. Seules des déclarations successives, souscrites à raison de l'impôt sur la fortune, pourraient indiquer une variation positive du patrimoine, de nature à traduire des revenus supérieurs à ceux déclarés.

823. – Prenons enfin un exemple illustrant un usage régulier de la demande de justifications. Une dame avait acquis des parts sociales et fait enregistrer la cession. Elle fit l'objet d'une VASFE à l'issue de laquelle le service lui demanda de justifier l'origine des fonds ayant permis d'acquérir les titres. Le juge a reconnu la régularité de la demande dès lors que l'Administration pouvait, grâce à l'enregistrement, établir que l'entrée des parts sociales dans le patrimoine se situait durant la période vérifiée (175). Il ne s'agissait donc pas de mettre en évidence un capital, mais bien de considérer les revenus dont la dame avait pu disposer.

Si le champ d'application de la demande de justifications a ainsi été réduit, il demeure très difficile d'y répondre valablement.

B. – Nature des justifications à produire

824. – Sauf exceptions, il est en effet presque impossible de fournir les preuves demandées (1°). La jurisprudence est cependant plus souple s'agissant des prêts et dons de nature familiale (2°). Mais la loi pose une interdiction de preuve relativement aux opérations couvertes par l'anonymat (3°).

1° Une preuve presque impossible

825. – Une très abondante jurisprudence se rapporte à la question de savoir si la réponse à la demande de justifications autorisait l'application d'une taxation d'office. En effet, le contribuable ne peut se contenter de simples allégations, générales, imprécises et invérifiables. Il doit fournir des éléments complets, circonstanciés, au besoin chiffrés, appuyés de justificatifs probants et contrôlables, que l'Administration pourra donc recouper. Si le service estime que les justifications produites sont précises et vérifiables, mais restent cependant insuffisantes, il ne peut procéder tout de suite à la taxation d'office. Il lui faut adresser au contribuable une mise en demeure de préciser ses réponses.

L'étude de la jurisprudence en cause ne présente guère d'intérêt. Il est très rare en effet que le juge donne raison au contribuable, dès lors que celui-ci n'a pas conservé de justifications précises et complètes. « C'est que la procé-

(173) CE, 26 oct. 1992, req. n° 76326, *Morel* : *RJF* 1992, n° 12, 1614.
(174) CE, 5 nov. 1991, req. n° 79324, *Perbet* : *Dr. fisc.* 1991, n° 52, 2554, concl. J. Arrighi de Casanova ; *RJF* 1992, n° 1, 6.
(175) CE, 10 juill. 1996, req. n° 128593, *Dame Cavard-Courteboeuf* : *RJF* 1996, n° 10, 1132.

dure prévue par les dispositions combinées des articles L. 69 [taxation d'office] et L. 16 du Livre des procédures fiscales fonctionne comme un piège dont le contribuable ne peut se dégager en apportant la preuve du caractère exagéré de l'imposition que dans des cas en pratique exceptionnels » (176).

826. – Le fisc soutient, contre toute évidence, que le contribuable n'est pas tenu de conserver, en tant que particulier, des justificatifs de ses revenus, de son patrimoine et de son train de vie (177). La réalité démontre le contraire. Le seul réel espoir appartient à celui qui peut produire un commencement de preuve et que pourtant l'Administration a taxé d'office, alors qu'elle aurait dû lui envoyer une mise en demeure de préciser sa réponse. La procédure est en conséquence irrégulière.

827. – La même conséquence se produit si la demande de justifications n'était pas suffisamment précise. Le degré de précision d'une telle demande peut correspondre à des hypothèses d'une grande variété. Si cette procédure fait suite à un ESFP, la jurisprudence montre néanmoins en quoi peut tenir l'imprécision. Ainsi, une demande de justifications sur l'origine du versement d'espèces sur les comptes bancaires et comptes courants du contribuable n'est pas suffisamment précise dès lors qu'elle ne mentionne que des chiffres globaux par année vérifiée. Pour chacun des versements, le service aurait dû indiquer la date, le montant de la somme et le compte sur lequel elle a été créditée. La demande n'étant pas suffisamment précise, le contribuable n'a pu y répondre utilement et la taxation d'office n'est pas justifiée (178). La procédure s'en trouve donc irrégulière.

Autre illustration : une demande de justifications interrogeait le contribuable sur l'écart entre des sommes inscrites sur les comptes bancaires et les revenus déclarés. Elle n'était pas suffisamment précise dès lors qu'elle ne comportait pas le détail des crédits en cause, ni le compte correspondant (179).

828. – On peut certes donner quelques exemples des rares hypothèses où le juge reconnaît que le contribuable présente des justifications suffisantes. Une personne a, le 7 juillet 1982, crédité son compte bancaire d'une somme en espèces. Elle produit une attestation émanant d'une banque suisse certifiant, d'une part, que ce montant était disponible le 1er janvier 1982, d'autre part, qu'il a été prélevé le 6 juillet en Suisse pour être déposé en France le 7 de ce même mois (180). Cette attestation a été jugée suffisamment probante pour établir que la somme résultait d'un simple mouvement de compte à compte, et non de revenus dissimulés.

Autre illustration : la réalité d'un prêt consenti par acte sous seing privé est attestée par le commandement de payer adressé au contribuable et l'assignation dont il a fait l'objet (181). Il s'agissait bien d'un prêt, et non d'une somme imposable puisque, à l'évidence, le bénéficiaire ne l'a pas remboursé.

Le seul domaine où la jurisprudence se montre libérale est celui des prêts et dons d'origine familiale.

---

(176) B. Delignières, *Comment un déplacement de l'objet de la preuve a conduit à l'érosion des pouvoirs de l'Administration en matière de taxation d'office des revenus* (LPF, art. L. 69) : *Dr. fisc.* 1993, n° 7, p. 336.
(177) Rép. min. Caillavet : *JO* Sénat Q, 3 févr. 1983, p. 180.
(178) CE, 10 févr. 1988, req. n° 57602 : *RJF* 1988, n° 4, 377.
(179) CE, 30 sept. 1992, req. n° 73824, *Pigerre* : *RJF* 1992, n° 11, 1460.
(180) CAA Nancy, 9 nov. 1995, req. n° 93-685, *Cealy* : *RJF* 1996, n° 10, 1134.
(181) CE, 23 nov. 1992, req. n° 71764, *Laurent* : *RJF* 1993, n° 1, 114.

2° Prêts et dons de nature familiale

829. – En ce domaine, le juge est peu exigeant. Ainsi, la preuve qu'un versement représente le remboursement d'un prêt de même montant, consenti par le contribuable à sa sœur, et donc non imposable, est apportée par la photocopie d'un chèque et un avis de crédit bancaire attestant que ledit chèque a bien été reçu par la banque (182). Dans l'hypothèse d'un prêt familial, en effet, une présomption de véracité joue au profit du contribuable. Si donc la nature familiale du prêt est établie, il revient à l'Administration, même en cas d'imposition d'office, de démontrer que les sommes en cause constituent des revenus (183). Cette présomption est fondée sur la solidarité qui est censée unir la famille. Elle s'explique également par la confiance qui doit régner entre ses membres, laquelle justifie qu'on ne recourt pas à un écrit, ou aux services d'un notaire, pour se prêter ou se donner de l'argent.

830. – L'Administration est supposée détruire la présomption (184) mais, en réalité, l'essentiel de la preuve doit être apportée par le contribuable. Ainsi, il lui faut établir l'origine du crédit bancaire qu'il dit de nature familiale, en indiquant l'identité de l'auteur du versement et la date du paiement. À cette fin, il doit présenter une pièce bancaire : copie de chèque (que peut fournir la banque), bordereau de remise de chèque, avis de virement, relevé bancaire, ou encore une attestation de l'établissement financier. D'autres écrits seront, bien sûr, les bienvenus : attestation de l'auteur du versement, reconnaissance de dette, contrat de prêt, échange de courriers, etc. Tous les justificatifs ne doivent pas émaner du seul contribuable, mais également de tiers. Il leur faut être précis, cohérents, aisément vérifiables.

L'Administration, trop souvent, nie toute valeur probante à un document qui n'a pas date certaine. Cette attitude est abusive dès lors que l'enregistrement de l'opération traduite par l'écrit n'est pas obligatoire (185). D'ailleurs, le juge, s'il retient l'absence de date certaine, l'estime insuffisante à elle seule pour rejeter la requête (186).

831. – La notion de famille est très largement entendue : elle va jusqu'aux frères et sœurs, mais aussi oncles et tantes ou encore concubin, beaux-frères et sœurs et beaux-parents. Le contribuable doit avoir la vraisemblance de son côté. Par exemple, face à un prêt consenti en espèces par une tante à son neveu, argent liquide correspondant à un retrait sur le compte bancaire de la parente, le juge estime plausible que son remboursement ait pu intervenir par un chèque du même montant (187). Autre illustration de la vraisemblance, un présent d'usage est plus crédible en fin d'année. La somme donnée doit être en rapport avec la fortune du donateur. L'objet du paiement est à préciser, par exemple régler des dettes de jeu. Le juge accepte de prendre en considération des faits postérieurs au versement. Ainsi, la circonstance que le contribuable ait fait l'objet d'une interdiction d'accès aux salles de jeu, après la période vérifiée (188). Des remboursements intervenus rapidement, de préférence avant le contrôle, renforcent l'idée que le paiement était motivé par un

(182) CE, 23 oct. 1991, req. n° 68937, *Dame Langres* : *RJF* 1991, n° 12, 1529.
(183) CE, 17 déc. 2003, req. n° 241920, *Dardashti* : *Dr. fisc.* 2004, n° 12, 357, concl. G. Bachelier, note M. Sieraczek-Abitan.
(184) M. Heinis, *Les chèques familiaux devant le juge de l'impôt* : *Gaz. Pal.* 1994, p. 913.
(185) G. Latil, *Contentieux fiscal*, F. Lefebvre, coll. « Dossiers pratiques », 2002, n° 306.
(186) CE, 11 mars 1992, req. n° 82581, *Delamain* : *RJF* 1992, n° 5, 602.
(187) CE, 6 nov. 1991, req. n° 76086, *Jacquet* : *RJF* 1992, n° 1, 7.
(188) Arrêt *Delamain* préc.

prêt. Il revient au juge de former son intime conviction, en considérant les éléments présentés tant par le contribuable que l'Administration. À ce titre, la matière devrait être régie par le système de la preuve objective.

832. – Ce libéralisme de la jurisprudence forme une exception. Il contraste avec la rigueur de la loi qui, relativement aux opérations couvertes par l'anonymat, pose une interdiction de preuve.

3° Opérations couvertes par l'anonymat

833. – Il s'agit de celles relatives à l'or et à certains placements, les bons de caisse essentiellement. L'article L. 16, alinéa 3 du Livre des procédures fiscales interdit au contribuable de faire état de la vente ou du remboursement de bons lorsque, au jour du paiement des intérêts, il avait refusé que son identité et son domicile fiscal fussent communiqués à l'Administration. Il en va de même pour les ventes d'or lorsque l'identité et le domicile du vendeur n'ont pas été enregistrés par l'intermédiaire, ou attestés par la comptabilité de celui-ci. Cet état du droit est pour le moins pervers, car il tolère l'anonymat tout en interdisant au contribuable qui s'y est réfugié de justifier d'une situation *a priori* régulière. En effet, c'est bien la vente d'or ou de bons anonymes qui tend à expliquer le train de vie de l'intéressé. L'attitude de l'État est d'autant plus hypocrite que l'anonymat constitue un encouragement à souscrire des bons du Trésor.

834. – S'agissant des bons anonymes, le contribuable doit être en mesure de présenter un document émis par l'établissement émetteur des bons, attestant qu'il avait autorisé la communication de son identité et de son domicile à l'Administration. À défaut d'avoir ainsi levé l'anonymat au jour de la perception des intérêts, l'intéressé ne peut alléguer du remboursement qu'il soutient avoir reçu (189).

835. – En sens inverse, la cour administrative d'appel de Lyon a jugé que l'interdiction de preuve posée à l'article L. 16, alinéa 3 n'intéressait que la procédure d'établissement de l'impôt. Autrement dit, l'Administration était certes en droit de l'opposer au contribuable lors du contrôle, de manière à mettre en œuvre la taxation d'office. Mais cela n'interdit cependant pas à l'intéressé de combattre celle-ci, devant le juge de l'impôt, en faisant valoir toute justification (190). En l'espèce, le contribuable a pu valablement produire une attestation circonstanciée de sa banque, certifiant qu'il avait perçu un remboursement. La cour de Lyon limite donc la portée de l'article L. 16, alinéa 3 au seul contrôle de l'impôt (titre II du Livre des procédures fiscales, qui intègre la disposition) pour dire qu'il n'intéresse pas le contentieux. Il n'est pas anormal que, face à une mesure aussi rigoureuse que l'interdiction de preuve (V. *supra*, n° 139 et s.), une juridiction veuille en réduire la portée, pour protéger le contribuable. Il appartiendra au Conseil d'État de résoudre le différend qui oppose ainsi les juges du fond.

836. – Pour une vente d'or, le contribuable peut choisir l'anonymat ou, au contraire, autoriser l'intermédiaire à enregistrer son identité et son domicile sur un « registre de garantie ». Dans la seconde hypothèse, l'intéressé pourra répondre à une demande de justifications en vue d'établir que la rentrée d'argent ne correspond pas à un revenu imposable. Cependant, même s'il a choisi l'anonymat, le contribuable peut faire valoir la vente du métal précieux à tout

---

(189) CAA Nancy, 1er avr. 1993, req. n° 92-157, *Zinck* : *RJF* 1993, n° 10, 1269.
(190) CAA Lyon, 10 avr. 2003, req. n° 98-326, *Guérin* : *RJF* 2004, n° 5, 452.

moment et par tout moyen. L'article L. 16, alinéa 3 suggère un de ces moyens, résultant d'une attestation de l'intermédiaire, issue de sa comptabilité. Ce document peut être remis au contribuable soit à l'issue de la vente d'or, soit ultérieurement. Il doit être suffisamment précis, à cette fin la doctrine administrative propose des mentions que le justificatif doit comporter pour être probant (191).

Il est étrange que le contribuable ayant choisi l'anonymat puisse cependant lever celui-ci pour faire valoir une preuve. Comment peut-on l'expliquer ? L'anonymat se rapporte au secret professionnel qui lie la banque vis-à-vis des tiers, car le banquier connaît nécessairement son client. Or, comme tout secret, celui-ci peut être levé à la demande de son bénéficiaire (192).

837. – Il ne faut pas cacher la grande exigence du juge dans l'appréciation des justificatifs se rapportant à l'or et aux bons anonymes (193). Car, d'un côté, ce sont des actifs privilégiés pour l'emploi de revenus dissimulés, de l'autre, le contribuable a tendance à invoquer l'anonymat pour tenter de justifier des crédits bancaires. Il lui revient particulièrement de prouver que les valeurs sont entrées dans son patrimoine avant la période vérifiée et en sont sorties durant cette même durée. En effet si, par exemple, un achat et une vente d'or sont intervenus pendant les années soumises au contrôle, ces opérations vont apparaître dans la balance de trésorerie. Justifier une rentrée d'argent sur la période vérifiée suppose donc, en l'occurrence, que l'investissement lui soit antérieur. D'où la précision que l'on exige des attestations bancaires, qui forment les justificatifs les plus courants. La banque doit donc préciser les dates d'achat et de vente des actifs, la nature des opérations (achat, souscription, vente, remboursement), l'identité du souscripteur, de l'acquéreur ou du vendeur, puisque le contribuable a accepté que soit levé l'anonymat.

838. – Sauf exceptions, il est donc quasiment impossible de démontrer qu'une somme dont on ne peut justifier l'origine ne constitue pas un revenu imposable. C'est là une source d'injustices difficilement supportables et que la simple répression de la fraude ne saurait justifier. Ainsi pour le contribuable qui verse des espèces, fruit de ses économies, sur un compte bancaire et qui n'a aucun moyen d'établir la source de cet argent. Ou encore celui qui commande un voyage pour lui et ses amis et se fait rembourser par ces derniers les sommes qu'il a déboursées pour leur compte. Le juge a certes été sensible à cet état du droit. Depuis la fin des années 1980, il a en effet tenté de rétablir un certain équilibre probatoire, en pesant sur la preuve à la charge de l'Administration (194). On a vu en effet que celle-ci doit non seulement établir qu'elle était en droit d'envoyer une demande de justifications, mais également de taxer d'office le contribuable.

839. – Malgré cela, les procédures en cause constituent une véritable chausse-trappe, qui n'est pas digne d'un État de droit. On fait croire au contribuable qu'il ne pas tenu de conserver de justificatifs, qu'il n'est pas contraint de se soumettre à un ESFP, puis on le met en demeure de s'expliquer, sous peine d'une taxation d'office qui lui inflige la charge de la preuve. Que cette matière illustre les rares cas de preuves impossibles et d'interdictions de prou-

(191) *Doc. adm. DGI*, 5 B-8221, n° 20 à 23, 1er août 2001.
(192) J.-C. Duchon-Doris, *Actif couvert par l'anonymat et demande de justifications* : *BF Lefebvre* 1988, n° 4, p. 210.
(193) *Ibid.*, p. 214.
(194) Cf. B. Delignières, *op. cit.*, p. 336.

ver n'est pas innocent. Elle rappelle la triste époque des reconstitutions de recettes systématiques et grossières, accompagnées par la rectification d'office, véritable piège probatoire, que l'on a fini par supprimer (V. *supra*, n° 53).

« Un équilibre doit nécessairement être trouvé entre l'efficacité du contrôle fiscal et la protection des libertés individuelles. Et un système qui, pour permettre la répression d'un très petit nombre de fraudes, suspend une épée de Damoclès au-dessus de la tête d'un grand nombre de contribuables de bonne foi, n'est peut-être pas le meilleur » (195).

840. – Il faudra bien se résoudre, un jour, à reconnaître que le contribuable doit conserver des justificatifs de son train de vie et de son patrimoine. Donner également un caractère contraignant à l'ESFP, de manière à ce que l'intéressé puisse profiter au mieux du débat *oral* et contradictoire. Interdire l'usage de la demande de justifications à la suite de l'ESFP, remplacer la taxation d'office par la procédure contradictoire et un système de preuve objective. Les sanctions doivent dire leur nom, elles ne devraient pas prendre la forme d'une procédure pénalisante.

(195) J. Turot, *op. cit.*, p. 8.

Chapitre 3

SANCTIONS FISCALES

841. – Elles sont trop nombreuses pour être ici toutes exposées. On retiendra celles qui illustrent le mieux, nous semble-t-il, les difficultés probatoires de ce domaine. S'agissant des pénalités qui sanctionnent le défaut ou retard de déclaration, on se reportera aux procédures d'imposition d'office étudiées ci-dessus (V. *supra*, n° 295 et s.). En effet, les majorations alors encourues par le contribuable ne sont que l'application mécanique de ces règles.

842. – Un principe général voudrait que l'Administration supporte toujours la charge d'établir le bien-fondé des sanctions qu'elle applique. L'idée rejoint bien sûr la présomption d'innocence du droit pénal, dont les normes servent de modèle aux sanctions fiscales. Il s'agirait de protéger le contribuable, dont la bonne foi serait ainsi présumée. Pourtant, la loi fiscale ne comporte pas de disposition ayant cette généralité. Certes, il existe un article L. 195 A du LPF prévoyant qu'en cas de contestation d'une sanction fiscale par le contribuable, la charge d'établir le bien-fondé de la pénalité incombe à l'Administration. Mais la règle n'intéresse pas tous les impôts et toutes les sanctions. Le texte même de l'article L. 195 A en limite la portée à certaines impositions, certes les plus importantes et les plus nombreuses (impôts directs, taxes sur le chiffre d'affaires, droits d'enregistrement, de timbre et taxe de publicité foncière). Surtout, la disposition ne s'applique qu'aux majorations pour manquement délibéré et manœuvres frauduleuses.

On étudiera celles-ci (section 1), puis la répression de l'abus de droit (section 2).

Section 1

MANQUEMENT DÉLIBÉRÉ ET MANŒUVRES FRAUDULEUSES

843. – Le manquement délibéré (§ 1) se caractérise avant tout par un élément intentionnel : c'est sciemment que le contribuable méconnaît ses obligations. Cette circonstance doit également être établie pour démontrer des manœuvres frauduleuses (§ 2), qui sont tout aussi délibérées. Mais s'y ajoute un autre élément, l'utilisation d'un stratagème pour égarer l'Administration.

§ 1. – Manquement délibéré

844. – Cette appellation est récente, elle date de l'ordonnance du 7 décembre 2005. Naguère et jadis, il était question de mauvaise foi. Le droit fiscal moderne a ainsi le souhait, louable, de ménager la susceptibilité du contribuable. Il n'était pas facile, autrefois, de dire à l'intéressé qu'il était de mauvaise foi. Voyons quels sont les principes (A) qui gouvernent la sanction, avant de prendre une illustration avec les minorations de recettes (B).

A. – Principes

845. – Encourt une majoration de 40 % de l'impôt éludé le contribuable qui, délibérément, s'est rendu coupable d'omissions ou d'insuffisances de déclaration ou, plus généralement, a méconnu ses obligations. En vertu de l'article L. 195 A du Livre des procédures fiscales, il appartient toujours à l'Administration de démontrer un manquement délibéré. Le juge viole cette disposition en estimant que le contribuable n'apporte pas la preuve de son absence de mauvaise foi (1).

La cour administrative d'appel qui, pour apprécier le bien-fondé de la majoration en cause, se réfère à l'instruction, commet une erreur de droit (2). En effet, le juge ne doit pas se soucier de rechercher lui-même les éléments de fait, mais seulement d'examiner si l'Administration apporte la preuve qui lui incombe.

Toute la difficulté consiste, bien sûr, à établir le caractère délibéré de l'erreur commise. À savoir que le contribuable avait nécessairement connaissance des faits ou situations qui ont motivé le rappel. Cela suppose de toujours tenir compte des circonstances propres à chaque affaire. Cette exigence doit être particulièrement respectée dans la motivation du redressement ; un manquement délibéré ne pouvant être reproché à raison de considérations générales, éloignées du contexte.

846. – Le juge utilise des indices pour reconnaître la faute. Bien entendu, la preuve est d'autant mieux apportée que plusieurs de ces critères sont vérifiés. À moins d'une irrégularité particulièrement grossière, il est d'ailleurs fréquent que le juge exige de l'Administration la réunion de plusieurs indices pour reconnaître que le manquement délibéré est établi. Tout d'abord, la gravité de l'erreur commise, qui rejoint un autre facteur, l'importance des droits rappelés. Ensuite la grossièreté de l'infraction, tellement flagrante que son auteur ne pouvait ignorer qu'il commettait une faute. Cet indice est lié aux connaissances professionnelles que le contribuable est censé détenir. Ainsi, une faute grossière pour un avocat fiscaliste peut ne pas l'être s'agissant d'un ferrailleur. Le dernier indice est formé par la répétition de l'erreur, soit que le contribuable a déjà été rappelé à l'ordre sur ce point, soit qu'il reproduit à plusieurs reprises la même irrégularité.

La variété des situations est évidemment infinie. De plus, cette matière peut donner lieu à des appréciations très subjectives – à raison des circonstances

(1) CE, 21 mars 2001, req. n° 202490, *Égot : Dr. fisc.* 2001, n° 24, 549, concl. G. Goulard.
(2) CE, 20 nov. 2002, req. n° 221440, *SARL New-Sports* : *RJF* 2003, n° 2, 222.

propres à l'espèce – tant de la part de l'Administration que du juge. Il s'agit en effet d'un domaine qui ressortit largement à l'intime conviction. C'est pourquoi on n'en prendra qu'une illustration, dans la jurisprudence récente, avec les omissions de recettes.

B. – Illustration : les omissions de recettes

847. – Elles constituent un grand classique du manquement délibéré. Plusieurs facteurs concourent à reconnaître leur caractère volontaire : l'importance du chiffre d'affaires non déclaré, des irrégularités comptables, la répétition des omissions (3). Par exemple, l'Administration établit la mauvaise foi du contribuable, dont la comptabilité n'est pas probante, et qui s'est rendu coupable de minorations importantes comme systématiques (4). Il n'est cependant pas nécessaire que tous ces indices soient réunis pour caractériser le manquement délibéré. Ainsi, l'absence de suivi d'une comptabilité non probante et l'importance des minorations de recettes traduisent l'intention délibérée du contribuable de se soustraire à l'impôt, et donc son absence de bonne foi (5).

Dans une autre affaire, le juge d'appel avait déchargé la majoration au motif que l'Administration n'aurait pas démontré le caractère délibéré des omissions de recettes. Le Conseil d'État a annulé l'arrêt pour dénaturation des faits, dès lors que le contribuable avait systématiquement et délibérément omis de comptabiliser des ventes importantes durant deux années (6).

La mauvaise foi est établie face à des irrégularités comptables graves et répétées, conçues pour gêner l'identification des recettes, et déjà constatées lors d'un précédent contrôle (7).

848. – Alors même que plusieurs indices sont réunis, les circonstances de l'espèce peuvent écarter l'accusation de manquement délibéré. Ainsi à propos d'une société à laquelle le vérificateur reprochait des irrégularités comptables et des recettes non déclarées. Les ventes étaient comptabilisées en fin de journée, sans conservation des pièces justificatives ou grâce à un brouillard de caisse qui n'était pas correctement tenu. Mais le vérificateur avait procédé à la reconstitution de recettes de façon trop théorique. Le juge a estimé que les irrégularités comptables étaient dues à la négligence, tandis que le service ne démontrait pas une manipulation des résultats. En conséquence, la mauvaise foi n'était pas établie (8).

849. – On voit que la jurisprudence se montre exigeante quant à la preuve que doit fournir l'Administration. Un dirigeant de société est passible de la majoration pour mauvaise foi dès lors qu'il a personnellement et délibérément participé à des dissimulations de recettes répétées (9) ; la sanction vient

---

(3) Il n'est pas indispensable que lesdites omissions soient de nature strictement identique. Ainsi, une entreprise du bâtiment avait omis de comptabiliser des travaux en cours, puis des travaux réceptionnés. Le juge a estimé que le caractère répétitif des faits en cause traduisait une intention délibérée d'échapper à l'impôt (CE, 3 sept. 2008 req. n° 300988, *SA Jules Bechet* : *Dr. fisc.* 2008, n° 42, 547, concl. P. Collin ; *RJF* 2008, n° 12, 1392).

(4) CE, 31 mars 2006, req. n° 265953, *Blein* : *RJF* 2006, n° 6, 736.

(5) CE, 19 mars 2001, req. n° 197352, *Renoux* : *RJF* 2001, n° 6, 818.

(6) CE, 23 nov. 2001, req. n° 216357, *Chollet* : *RJF* 2002, n° 2, 183.

(7) CE, sect., 22 avr. 2005, req. n° 257254, *Sté Limeligths boys* : *RJF* 2005, n° 7, 724.

(8) CE, 29 janv. 1992, req. n° 65606, *Sté hôtelière savoisienne la Grange* : *RJF* 1992, n° 3, 371.

(9) CE, 27 févr. 1998, req. n° 177991, *Vanadia* : *RJF* 1998, n° 4, 425. Mais le gérant d'une SARL qu'il détient à 96 % doit être regardé comme ayant personnellement et délibérément participé à la dissimulation d'importantes recettes (CE, 31 déc. 2008, req. n° 296472, *Multari* : *RJF* 2009, n° 4, 346).

accompagner les redressements opérés à raison des distributions qu'il a ainsi reçues. Le juge reconnaît le bien-fondé de la majoration non parce qu'un dirigeant est censé savoir ce qui se passe dans son entreprise, mais bien à raison de sa participation personnelle aux fautes commises.

L'étage situé au-dessus du manquement délibéré est constitué par les manœuvres frauduleuses.

§ 2. – Manœuvres frauduleuses

850. – Comme le manquement délibéré, les manœuvres frauduleuses supposent la présence d'un élément intentionnel : le contribuable a agi volontairement. De plus, il a utilisé un stratagème pour dissimuler la faute commise, de manière à égarer l'Administration, ou du moins restreindre ses capacités d'investigation. L'infraction, punie d'une majoration de 80 % de l'impôt éludé, suppose donc de cacher une irrégularité au moyen d'un procédé fictif, comme par exemple des omissions de recettes retranscrites par une comptabilité occulte (10) ; la fiction tenant ici au caractère fallacieux des documents comptables (apparents) présentés lors du contrôle. Le but est soit de faire disparaître ou de réduire la matière imposable, soit d'obtenir du Trésor des remboursements injustifiés, comme un crédit de TVA.

En vertu de l'article L. 195 A du Livre des procédures fiscales, il appartient toujours à l'Administration de démontrer la réalité de manœuvres frauduleuses. En théorie, le service doit établir les deux éléments de l'infraction : le caractère délibéré de l'irrégularité commise, d'une part, l'utilisation d'un artifice, d'autre part. En réalité, la preuve du second élément permet de démontrer le premier : l'usage du stratagème induit que le contribuable a nécessairement agi en connaissance de cause.

851. – La frontière entre le manquement délibéré et les manœuvres frauduleuses est parfois difficile à tracer. Car, entre une majoration de 40 % et une autre de 80 %, on pourrait voir une échelle de gravité de l'infraction commise. Ainsi, des irrégularités ayant causé un important préjudice au Trésor seraient le fait d'un manquement délibéré, tandis qu'un dommage encore plus grand caractériserait des manœuvres frauduleuses. Certes, vouloir égarer l'Administration est plus grave que de se soustraire, volontairement, à l'impôt. Pourtant, outre la nécessité de démontrer l'élément intentionnel, l'application de la majoration de 80 % n'est pas conditionnée par la gravité de l'infraction, en termes de droits rappelés. La sanction ne peut en effet être infligée qu'en présence d'un artifice tendant à égarer l'Administration, ou à restreindre son pouvoir d'investigation.

Ainsi, un contribuable qui omet systématiquement de satisfaire ses obligations déclaratives, en éludant de la sorte des droits particulièrement importants, ne saurait se voir infliger la majoration de 80 %, en l'absence d'artifice dans le comportement qu'on lui reproche. En revanche, le caractère répété des infractions et le préjudice subi par le Trésor motivent la sanction pour mauvaise foi (11).

852. – À l'inverse, toutes sortes d'artifices conçus pour cacher l'infraction peuvent caractériser des manœuvres frauduleuses. Par exemple le recours à

---

(10) CE, 9 nov. 1981, req. n° 19500 : *RJF* 1982, n° 1, 110.

(11) CE, 17 mars 1993, req. n° 74304, *Garcia* : *Doc. fisc. Lefebvre* CF-VIII, n° 9218, feuillet blanc 1er mars 2007.

une société écran, permettant à ses dirigeants de fait de dissimuler des dépenses personnelles sous la forme de charges sociales déductibles (12).

De même, se rend coupable de manœuvres frauduleuses, à raison des sommes distribuées, le gérant d'une société qui a personnellement participé à des dissimulations d'achats équilibrées par des omissions de recettes (13).

La majoration de 80 % est à bon droit appliquée à un expert en joaillerie du fait de deux circonstances (14). D'une part, il réalisait des ventes en espèces en utilisant des prête-noms délivrant des quittances de complaisance moyennant commission. D'autre part, il dissimulait le stock dans la cache aménagée d'un coffre-fort. On remarquera que ce contribuable a non seulement utilisé un montage difficile à déceler, mais de plus il a matériellement voulu dissimuler les biens imposables.

Dernier exemple : constitue une manœuvre frauduleuse le virement systématique du solde débiteur du compte courant d'un associé gérant, sur un autre compte ; de manière à dissimuler, sous forme d'avances, les revenus qui, en réalité, lui étaient ainsi distribués (15).

L'abus de droit rend également passible d'une majoration de 80 % son auteur principal.

Section 2

ABUS DE DROIT

853. – Ce domaine a fait l'objet d'une importante réforme, issue de la loi de finances rectificative pour 2008 (16). La nouvelle définition légale de l'abus de droit comprend, en plus de la simulation, la fraude à la loi. L'infraction intéresse désormais toutes les impositions et n'est plus limitée aux questions d'assiette. Le comité consultatif pour la répression des abus de droit est maintenant appelé comité de l'abus de droit fiscal, à ses membres sont ajoutés un notaire, un expert-comptable et un avocat spécialiste en droit fiscal.

Après une définition générale de l'abus de droit (§ 1), on examinera les modalités de preuve de cette infraction (§ 2), puis la portée de l'avis rendu par le comité (§ 3).

§ 1. – Définition générale de l'abus de droit

854. – L'Administration elle-même reconnaît que la procédure de répression des abus de droit doit rester exceptionnelle (17). Car, par principe, la sincérité des actes privés est acquise, sauf à démontrer que la construction juridique qu'ils contiennent n'a d'autre fin que d'éluder l'impôt. C'est donc

(12) CE, 15 avr. 1991, req. n° 63885, *Sté Sorep* : *RJF* 1991, n° 6, 842.
(13) CE, 17 mai 1991, req. n° 70910, *Ainciart* : *RJF* 1991, n° 7, 950.
(14) CE, 22 janv. 1992, req. n° 46678, *Sté de fait Pierre et André Boutemy* : *RJF* 1992, n° 3, 372.
(15) CAA Nancy, 10 oct. 2002, req. n° 98-1553, *Mayot* : *RJF* 2003, n° 2, 179.
(16) L. n° 2008-1443, 30 déc. 2008, portant loi de finances rectificative pour 2008 : *Dr. fisc.* 2009, n° 5 et 6.
(17) *Doc. adm. DGI*, 13 L-153, n° 1 à 4, 1er juill. 2002.

un souci de sécurité qui explique que la preuve de l'abus de droit soit à la charge du fisc. Le Conseil d'État a en effet reconnu qu'un acte de droit privé, opposable – en tant que tel – aux tiers, l'est également vis-à-vis de l'Administration, tant qu'il n'a pas été déclaré nul par le juge judiciaire. Cette opposabilité de principe peut cependant être écartée si l'acte est fictif ou frauduleux, car conçu, en réalité et délibérément, dans le seul but d'éluder ou d'atténuer la charge fiscale (18).

Dans un autre arrêt de principe, le juge avait décidé qu'afin de « pouvoir écarter comme ne lui étant pas opposables certains actes passés par le contribuable », l'Administration devait « établir que ces actes ont un caractère fictif ou, à défaut, qu'ils n'ont pu être inspirés par aucun motif autre que celui d'éluder ou d'atténuer les charges fiscales que l'intéressé, s'il n'avait pas passé ces actes, aurait normalement supportées eu égard à sa situation et à ses activités réelles » (19). La preuve pèse sur l'Administration, même si le contribuable a accepté le redressement ou se voit reprocher une absence de comptabilité (20).

855. – L'abus de droit se caractérise donc par un acte juridique, apparemment régulier, mais qui en réalité est mensonger. L'Administration, pour l'écarter, doit démontrer cette absence de sincérité, de manière à rétablir la situation qui aurait dû être celle du contribuable. Dans l'hypothèse d'une simulation, il revient au service d'établir le caractère fictif de l'acte litigieux. Sous une apparence régulière, le contrat dissimule sa portée véritable, qui est exclusivement fiscale : éluder ou atténuer l'impôt.

Outre la simulation, la jurisprudence a posé que l'abus de droit pouvait également se traduire par une fraude à la loi, particulièrement si le contribuable revendique l'application littérale d'un texte, alors qu'en réalité il méconnaît la volonté de son auteur (21). Cette jurisprudence se retrouve aujourd'hui à l'article L. 64 du Livre des procédures fiscales, qui déclare inopposables à l'Administration les actes « recherchant le bénéfice d'une application littérale des textes ou décisions à l'encontre des objectifs poursuivis par leurs auteurs ». Là encore, l'abus de droit n'est caractérisé que si le but poursuivi est exclusivement fiscal. Dès lors que l'acte frauduleux ne modifie pas le poids de l'impôt normalement supporté, il ne peut constituer un abus de droit (22). Si, dans l'hypothèse de la fraude à la loi, il n'y a pas d'acte apparent et fictif, il existe néanmoins un artifice, par lequel le contribuable manifeste la volonté de produire des effets de droit.

856. – On réservera la notion d'abus de droit telle qu'elle est retenue, dans une jurisprudence récente, par la Cour de justice des Communautés européennes. En effet, le juge communautaire a adopté une définition beaucoup plus large de l'abus de droit, en retenant que l'avantage fiscal recherché par le contribuable n'avait pas besoin d'être exclusif, mais seulement essentiel (23). Autrement dit, le montage incriminé peut poursuivre une autre finalité que

---

(18) CE, sect., 27 sept. 2006, req. n° 260050, *Sté Janfin : Dr. fisc.* 2006, n° 47, 744, concl. L. Olléon ; *RJF* 2006, n° 12, 1583, chron. Y. Bénard, p. 1083.

(19) CE, 10 juin 1981, req. n° 19079 : *Dr. fisc.* 1981, n° 48-49, 2187, concl. P. Lobry.

(20) J. Turot, *Réalisme fiscal, abus de droit et opposabilité à l'Administration des actes juridiques (ou l'abus de droit rampant)* : *RJF* 1989, n° 8-9, p. 460.

(21) CE, 28 févr. 2007, req. n° 284565, *Persicot* : *Dr. fisc.* 2007, n° 14, 386, concl. L. Vallée, note O. Fouquet ; *RJF* 2007, n° 5, 599.

(22) CE, 5 mars 2007, req. n° 284457, *Sté Pharmacie de Chalonges* : *RJF* 2007, n° 5, 600.

(23) CJCE, 21 févr. 2006, aff. C-255/02, *Halifax plc* : *RJF* 2006, n° 5, 648. – CJCE, 21 févr. 2008, aff. C-425/06, *Part Service Srl* : *Dr. fisc.* 2008, n° 23, 366, note O. Fouquet ; *RJF* 2008, n° 6, 765.

celle de réaliser une économie d'impôt. Non seulement cette jurisprudence est limitée à la TVA, mais de plus elle a été contredite par un autre arrêt, qui retient, comme auparavant, le but exclusivement fiscal (24).

Voyons maintenant quelles sont les modalités de preuve de l'abus de droit.

§ 2. – Modalités de preuve de l'abus de droit

On distinguera l'abus de droit en lui-même (A) et l'abus de droit implicite (B).

A. – L'abus de droit en lui-même

Lorsqu'il se présente sous la forme de la simulation (1°), l'abus de droit est constitué par un acte fictif. Mais il peut également prendre les traits d'une fraude à la loi (2°). On illustrera, par la jurisprudence, ces deux variantes, avant d'examiner les sanctions auxquelles s'expose le contribuable (3°).

1° Simulation

857. – Relève de l'abus de droit un contrat de prêt, sans intérêt, qui s'avère fictif puisque dissimulant le paiement d'une indemnité, qui vient rémunérer un engagement de non-concurrence (25).

Ressortit à l'abus de droit le contrat d'association permettant au contribuable de prendre en charge ses dépenses et de recueillir une partie de ses recettes, dès lors qu'il est le seul maître de la personne morale. En effet, faute de patrimoine lui étant propre, l'association est fictive (26).

Pour mettre fin à une gérance majoritaire, et ainsi lui faire bénéficier du régime avantageux des traitements et salaires, l'épouse d'un gérant de SARL avait cédé des parts à deux de ses neveux. En réalité, cette cession était fictive, car les acquéreurs, étudiants, n'avaient pas eux-mêmes payé le prix des parts. De plus, le gérant était resté maître de l'affaire. L'Administration a régulièrement usé de la procédure de répression des abus de droit, alors même que le montage n'avait pas pour but de directement échapper à l'impôt, mais de changer de catégorie de revenus pour alléger la charge fiscale (27).

Deux actionnaires, largement majoritaires, d'une société anonyme (SA), prétendaient avoir cédé des actions de celle-ci à une société civile immobilière (SCI), dont ils étaient les seuls associés. La SCI avait, par la suite, revendu les parts à la SA. Le montage permettait de bénéficier d'un taux d'imposition réduit. L'Administration a pu régulièrement tenir la cession des actions à la SCI comme fictive, dès lors qu'aucun acte n'avait été rédigé et que le prix n'avait pas été payé. L'opération caractérisait donc un abus de droit (28).

858. – Relève de l'article L. 64 du Livre des procédures fiscales le contrat de location-gérance qui dissimule une cession de fonds de commerce, dès lors

---

(24) CJCE, 22 mai 2008, aff. 162/07, *Ampliscientica Slr* : *RJF* 2008, n° 8-9, 1031.

(25) CAA Nancy, 14 juin 2001, req. n° 96-2261, *Schell* : *RJF* 2002, n° 1, 73.

(26) CE, 23 oct. 1989, req. n° 87266, *Main* : *Dr. fisc.* 1991, n° 8, 306, concl. N. Chahid-Nouraï.

(27) CE, 12 juill. 1989, req. n° 59088, *Derome* : *Dr. fisc.* 1989, n° 50, 2381, concl. M.-D. Hagelsteen. À l'époque, seuls les gérants minoritaires de SARL voyaient leur rémunération imposée en traitements et salaires. Aujourd'hui, la distinction n'existe plus en matière fiscale : tous les gérants de SARL, quel que soit le nombre de parts qu'ils détiennent, relèvent de cette catégorie. L'opposition demeure cependant dans le domaine social : seuls les gérants minoritaires peuvent cotiser au régime général de la Sécurité sociale.

(28) CE, 29 déc. 2000, req. n° 179647, *Roesch* : *Dr. fisc.* 2001, n° 15, 337, concl. J. Courtial.

que la totalité des moyens de production et la clientèle ont été transférés (29). Il s'agissait d'un contribuable qui, connaissant des ennuis de santé, avait confié la gérance du fonds à son gendre et à sa fille. La preuve de la portée véritable du contrat de location-gérance est fournie par plusieurs éléments. Tout d'abord, la société bénéficiaire, en établissant son premier bilan, avait inscrit à l'actif le matériel, les agencements et installations du prétendu bailleur. En contrepartie, elle avait repris au passif les emprunts souscrits par le propriétaire pour financer des travaux et l'acquisition de matériels. On se trouve donc face à une sorte d'aveu comptable. Enfin, les engagements relatifs au bail commercial avaient été mis à la charge de la société.

On trouve, bien sûr, la même jurisprudence, judiciaire, s'agissant des mutations secrètes de fonds de commerce, qui ont pour but d'échapper aux droits d'enregistrement. Par exemple, la location-gérance d'un fonds, suivie de la cession de la plus grande partie du matériel, dissimule une cession dès lors que le vendeur n'est plus en mesure de reprendre personnellement l'exploitation (30).

859. – N'oublions pas le grand classique de l'abus de droit en matière d'enregistrement : la donation déguisée. C'est l'histoire sordide de la grand-mère à l'agonie, la pauvre femme ne va pas passer l'hiver. Plutôt que d'attendre sa mort et payer des droits de succession, son neveu conclut avec elle un contrat de vente de sa maison moyennant rente viagère. Rente qui ne sera pas payée longtemps puisque la grand-mère quitte effectivement ce monde. Plusieurs facteurs sont retenus pour établir une donation déguisée (31) : la qualité de légataire universel de l'acquéreur, la situation financière des parties en jeu, le bref délai écoulé entre la vente et le décès.

Outre la simulation, l'abus de droit peut prendre la forme d'une fraude à la loi.

2° Fraude à la loi

860. – Constitue un abus de droit l'opération consistant à échanger des terrains, de manière à réduire les redevances d'une location-gérance, dans le seul but de bénéficier de l'exonération des plus-values en faveur des petites entreprises (CGI, art. 151 *septies*) (32).

Relève de la fraude à la loi le montage par lequel le contribuable donne à bail des locaux à usage de bureaux, la location étant consentie nue, alors que les preneurs s'engagent à louer également le mobilier, de manière à rendre les lieux opérationnels (33). Ainsi, une opération commerciale prend l'allure d'un acte civil, ce qui permet d'échapper à la TVA, comme à l'IS ; en effet, le contribuable relevait de l'IR, se réservant de la sorte la possibilité de déduire des déficits.

Une agricultrice, désireuse de permettre l'installation de ses deux enfants, constitue avec eux une société civile d'exploitation agricole (SCEA). Au commencement, l'exploitante détient la quasi-totalité des parts. La société clôt un premier exercice comptable de quarante-cinq jours, ne comportant que des

---

(29) CAA Paris, 22 juin 1995, req. n° 94-604, *SARL Corbeil-Viandes* : *Dr. fisc.* 1996, n° 10, 303, concl. M. Martel.

(30) Cass. com., 3 nov. 1983, *Garage Poletti* : *BOI* 7 D-5-84 : *Dr. fisc.* 1984, n° 26, 8081.

(31) Cass. 1re civ., 11 juill. 1984, *Personne* : *BOI* 13 L-5-85.

(32) CAA Nantes, 8 déc. 1993, req. n° 92-256, *Gallard* : *RJF* 1994, n° 2, 173. – CE, CAPC, 12 avr. 1995, req. n° 155466, *Gallard* : *RJF* 1995, n° 6, 761.

(33) CE, 16 mai 1990, req. n° 68584, *SCI La Bretagne* : *Dr. fisc.* 1993, n° 5, 177, concl. M. Liébert-Champagne ; *RJF* 1990, n° 7, 878.

charges, du fait du caractère saisonnier des ventes. Peu de temps après, la mère cède un nombre important de parts aux enfants, condition posée par la législation pour leur installation. L'Administration apporte la preuve d'un abus de droit, dès lors que ce premier et bref exercice comptable n'avait d'autre but que de permettre l'imputation du déficit de la SCEA (767 403 F) sur les bénéfices agricoles de la mère (34).

861. – L'affaire des fonds turbo (V. *supra,* n° 524 et s.) présente, bien sûr, une « très belle » hypothèse d'abus de droit, même si ses protagonistes n'ont pas été sanctionnés à ce titre. Constitue une fraude à la loi l'utilisation, par une société, en vue du paiement de l'IS, d'avoirs fiscaux résultant d'opérations d'achat et de revente de titres, à proximité de la date de détachement des coupons (35).

862. – Une société américaine a conclu avec la Banque d'Écosse un contrat par lequel elle lui confiait, pendant trois ans, l'usufruit de plus de 17 000 actions émises pour l'occasion par une filiale française qu'elle détenait à presque 100 %. Les dividendes versés par la filiale à la banque ont subi la retenue à la source de 25 %. Invoquant la convention fiscale franco-britannique, l'établissement financier a réclamé au Trésor français la limitation de la retenue à la source à 15 % et la restitution de l'avoir fiscal correspondant aux dividendes reçus. Grâce à ce montage, la société américaine, pour prix de l'usufruit, a obtenu de la banque une importante avance de trésorerie, tandis que la rémunération de l'intermédiaire financier était assurée par... le Trésor français. L'opération constitue une fraude à la convention franco-britannique, dès lors que celle signée entre la France et les États-Unis ne permet pas la restitution de l'avoir fiscal (36). Il s'agit donc d'un *treaty shopping,* dans lequel l'intermédiaire écossais est superfétatoire.

Les auteurs comme les bénéficiaires d'un abus de droit s'exposent à des sanctions.

3° Sanctions

863. – Allant dans le sens du droit européen, la loi de finances rectificative pour 2008 a prévu une modulation des sanctions réprimant l'abus de droit (CGI, art. 1729 b). Auparavant, celui-ci exposait son auteur à une majoration de 80 % des droits éludés. Désormais, cette pénalité ne s'applique qu'au contribuable qui a eu l'initiative principale de l'acte frauduleux, ou qui en constitue le principal bénéficiaire. Bien entendu, il revient à l'Administration d'apporter la preuve que l'intéressé se trouve ainsi à l'origine de l'infraction. Si elle n'y parvient pas, mais que néanmoins la démonstration de l'abus de droit est faite, les instigateurs ou bénéficiaires « secondaires » sont punis d'une majoration de 40 %.

On peut, par exemple, distinguer ainsi les actionnaires majoritaires et dirigeants d'une société, auteurs principaux de l'abus de droit, des associés minoritaires, qui n'ont pas nécessairement voulu ou compris le montage frauduleux (37). Les premiers doivent subir la majoration de 80 %, réduite à 40 % pour les seconds.

L'abus de droit peut n'être qu'implicite.

---

(34) CAA Nancy, 11 avr. 1996, req. n° 94-1583, *Dame Truptil* : *Dr. fisc.* 1996, n° 41, 1234.

(35) CE, sect., 27 sept. 2006, req. n° 260050, *Sté Janfin : Dr. fisc.* 2006, n° 47, 744, concl. L. Olléon ; *RJF* 2006, n° 12, 1583, chron. Y. Bénard, p. 1083.

(36) CE, 29 déc. 2006, req. n° 283314, *Sté Bank of Scotland* : *Dr. fisc.* 2007, n° 4, 87, concl. F. Séners, note O. Fouquet ; *RJF* 2007, n° 3, 322, chron. Y. Benard *in RJF* 2007, n° 4, p. 319.

(37) *Dr. fisc.* 2009, n° 5, p. 113.

B. – L'abus de droit implicite

864. – Si l'Administration entend user de la procédure de redressement que constitue l'abus de droit, elle doit respecter les garanties du contribuable, particulièrement la faculté de saisir le comité de l'abus de droit fiscal. C'est pourquoi, la proposition de rectification doit expressément indiquer que le service se place sous la procédure prévue à l'article L. 64 du LPF. À défaut de cette mention (et du visa de l'inspecteur au moins départemental), si le service reproche au contribuable un acte fictif, le juge – à la demande du requérant – peut requalifier l'argumentation du fisc, en considérant que celui-ci invoque implicitement, mais nécessairement, l'article L. 64. C'est ce qu'on appelle un abus de droit implicite, ou encore, rampant (38). Dans cette hypothèse, le contribuable a été privé du droit de saisir le comité, donc la procédure d'imposition est irrégulière et doit conduire à la décharge (39). D'où l'intérêt de pouvoir démontrer un abus de droit implicite.

865. – En soumettant aux droits d'enregistrement une mutation secrète de fonds de commerce, déguisée sous la forme d'un contrat de concession de licence, et alors que le rappel est accompagné de pénalités de mauvaise foi, le service a implicitement, mais nécessairement, invoqué l'article L. 64 du Livre des procédures fiscales (40).

Cependant, en estimant que les redevances versées en exécution d'un contrat de location-gérance représentent en réalité des éléments du prix d'achat du fonds de commerce, l'Administration ne se place pas implicitement sur le terrain de l'abus de droit, mais se borne à qualifier le contrat en interprétant ses clauses (41). Solution contestable car il est clair, dans cette espèce, que le service reprochait à la société de dissimuler la cession du fonds avec les atours de la location-gérance.

866. – Un contribuable soutenait avoir donné une villa en location à son fils. En réalité, aucun loyer n'avait été perçu et le père avait conservé la jouissance de l'immeuble. Pour refuser la déduction de travaux effectués dans la villa, l'Administration, en invoquant ces circonstances, a nécessairement écarté le bail sur le fondement de l'article L. 64 du Livre des procédures fiscales (42).

En soutenant que sous couvert de la location distincte de locaux nus et du mobilier les garnissant, une société assure en réalité la location de logements meublés, le service invoque implicitement un abus de droit (43).

En estimant qu'un dirigeant de sociétés était en réalité le véritable bénéficiaire de commissions versées aux entreprises, le service a écarté les clauses contractuelles qui faisaient desdites sociétés les bénéficiaires apparents des sommes en cause. En conséquence, l'Administration a nécessairement invoqué l'abus de droit (44).

867. – Un vérificateur a requalifié en contrat de travail une convention de prestations de services. Dans la notification de redressement, il a reproché

(38) CE, plén., 21 juill. 1989, req. n° 59970, *Bendjador* : *Dr. fisc.* 1990, n° 1, 28, concl. M. Liébert-Champagne ; *RJF* 1989, n° 8-9, 998, chron. J. Turot.

(39) CAA Nancy, 21 déc. 2000, req. n° 96-2140, *Behr* : *RJF* 2002, n° 1, 72. – CAA Lyon, 2 mars 2006, req. n° 01-1962, *Covarel* : *RJF* 2006, n° 8-9, 1074.

(40) Cass. com., 9 juin 2004, req. n° 913 FSPB, *Sté Prominox* : *RJF* 2004, n° 11, 1202.

(41) CE, 20 juill. 2007, req. n° 294300, *Sté Copadis Stains* : *RJF* 2007, n° 11, 1298.

(42) Arrêt *Covarel*, préc.

(43) CE, 26 juin 1992, req. n° 73462, *Sté d'étude et de réalisation de Port-Deauville* : *RJF* 1992, n° 8-9, 1217.

(44) CAA Nantes, 28 mai 2003, req. n° 98-1176, *Besnardeau* : *RJF* 2003, n° 10, 1137.

au contribuable d'avoir réalisé une « fiction juridique ». La majoration pour mauvaise foi a été appliquée et motivée par l'existence d'un montage conçu pour éluder l'impôt. La procédure d'imposition est irrégulière car le service aurait dû mettre en œuvre l'abus de droit (45). L'Administration peut requalifier une opération sans nécessairement recourir à l'article L. 64 du Livre des procédures fiscales (46). Mais dès lors qu'elle invoque le caractère fictif de ladite opération, elle doit mettre en œuvre la procédure de l'abus de droit.

Un kinésithérapeute avait versé des rétrocessions d'honoraires à son remplaçant, durant les trois mois précédant la cession de son cabinet. En soutenant que le but poursuivi était d'abaisser le chiffre d'affaires pour éluder l'impôt sur la plus-value, l'Administration a implicitement, mais nécessairement, invoqué un abus de droit (47).

868. – Des époux avaient constitué une société de personnes, dont l'objet était l'achat, la vente et la location de bateaux de plaisance. L'entreprise avait acquis un navire pour le donner à bail aux intéressés. L'Administration a estimé que la société n'avait d'autre finalité que la satisfaction des besoins personnels de ses associés. Ne poursuivant pas de but lucratif, elle n'avait donc pas de nature commerciale. Le service a, en conséquence, rejeté les déficits sociaux, imputés sur le revenu global des époux, et rappelé la TVA déduite. En soutenant ainsi que l'activité de la société était fictive, l'administration aurait dû invoquer les dispositions de l'article L. 64 du LPF (48).

La charge de prouver un abus de droit peut dépendre, s'il est saisi, de l'avis rendu par le comité de l'abus de droit fiscal.

§ 3. – Portée de l'avis du comité de l'abus de droit fiscal

869. – L'article L. 64 du Livre des procédures fiscales prévoit que si l'Administration ne s'est pas conformée à l'avis du comité (49), qui lui est donc – par hypothèse – défavorable, elle supporte la charge de la preuve. Plus exactement, elle conserve cette charge, qui pèse sur elle par principe. Ainsi, dans le cas où le comité n'a pas été saisi (50), ou si la procédure menée devant lui n'est pas régulière (51), le fardeau probatoire repose également sur le fisc. Ce serait donc seulement si le comité a été consulté et a donné raison à l'Administration que le contribuable supporterait la charge de la preuve.

870. – Cette solution serait contraire à l'arrêt *Janfin* précité, en vertu duquel la preuve de l'abus de droit repose sur le fisc. Pourtant, le Conseil d'État (52) comme la Cour de cassation (53) ont rejeté la requête d'un contribuable, au motif qu'il n'apportait pas la preuve lui incombant à raison d'un avis du comité favorable au service. Cette jurisprudence est contestable, car il ne

---

(45) TA Lyon, 24 mai 2005, req. n° 02-1040, *SAS Datex Ohmeda* : *RJF* 2005, n° 11, 1235.

(46) CE, plén., 21 juill. 1989, req. n° 58871, *Lalande* : *RJF* 1989, n° 8-9, 999, chron. J. Turot, p. 458.

(47) CAA Nancy, 10 juin 1999, req. n° 95-982, *Tanguy* : *RJF* 1999, n° 10, 1177.

(48) CAA Bordeaux, 27 avr. 2006, req. n° 02-1532, *Sté Richelieu plaisance* : *RJF* 2006, n° 12, 1584.

(49) En pratique, il est rare que l'Administration ne suive pas l'avis du comité.

(50) Arrêt *Tanguy* préc. – CAA Douai, 22 mai 2001, req. n° 96-2857, *SA Ets Alfred Dupont* : *RJF* 2001, n° 11, 1425.

(51) TGI Nanterre, 16 janv. 2001, req. n° 99-14941, *Bouvet* : *RJF* 2001, n° 5, 720.

(52) CE, 12 mai 2003, req. 234811, *Arnaudo* ; *Dr. fisc.* 2003, n° 39, 686, concl. S. Austry ; *RJF* 2003, n° 8 9, 969.

(53) Cass. com., 10 févr. 1998, req. 96-12941, *SARL Brand immobilier* ; *Dr. fisc.* 1998, n° 41, 888 ; *RJF* 1998, n° 5, 633.

devrait appartenir qu'à l'Administration d'établir le bien-fondé d'une accusation aussi grave que l'abus de droit.

On peut s'interroger, dans ces conditions, sur l'intérêt pour le contribuable de saisir le comité. Car si l'avis lui est défavorable, il devra supporter la charge probatoire. Au contraire, s'il s'abstient, elle continuera de peser sur l'Administration. En réalité donc, seul le fisc aurait intérêt à saisir l'organisme consultatif, de manière à voir sa position confortée et à se débarrasser du poids de la preuve sur le dos du contribuable.

871. – Cet état du droit rappelle les débuts de la commission départementale des impôts, à l'époque où elle servait « d'épouvantail » (54). Elle était présidée par le directeur des services fiscaux et seule l'Administration pouvait la saisir. Le fisc choisissait les affaires où ses chances de l'emporter étaient les plus grandes, pour les soumettre à la commission. Si l'avis de cette dernière était défavorable au contribuable, celui-ci supportait la charge de la preuve. Le renversement du fardeau probatoire permettait à l'Administration d'arriver mieux armée devant le juge. Il est troublant de rencontrer le même état du droit, aujourd'hui, avec le comité de l'abus de droit fiscal. L'avis de la commission départementale des impôts n'a plus de conséquence sur la preuve depuis 1987 (V. *supra*, n° 319).

Il est donc surprenant que la loi de finances rectificative pour 2008 n'ait pas supprimé l'incidence probatoire de l'avis du comité. D'autant plus que celui-ci – ses rapports le démontrent – ne doute pas que, par principe, la preuve de l'abus de droit pèse sur l'Administration. Encore une fois, on ne peut qu'encourager le contribuable à se ménager le plus d'éléments possible pour faire la démonstration de sa bonne foi.

(54) Cf. P. Lalumière, *Les récentes transformations de la commission départementale des impôts* in *Mélanges Laborde-Lacoste*, Brière, 1963, p. 263.

Conclusion

872. – Les règles de preuve en droit fiscal se distinguent avant tout par leur complexité. Ce qui entraîne des conséquences pour le moins fâcheuses car, comme l'a souligné un commissaire du gouvernement (1), au début d'un procès, ni l'Administration, ni le contribuable ne savent qui aura la charge de convaincre le juge. Cette situation nous paraît avant tout résulter du refus de reconnaître une réalité pourtant manifeste : l'essentiel de la preuve doit être apporté par le contribuable car, dans le système déclaratif, il est souvent le seul à connaître toute la vérité. Ainsi, il est louable au Conseil d'État de vouloir faire supporter à l'Administration la charge de prouver un acte anormal de gestion, car il s'agit d'une accusation grave, emportant des conséquences importantes. Mais la jurisprudence le démontre, en réalité, l'essentiel de cette preuve repose sur l'entreprise car elle est la mieux placée pour la fournir. Le juge doit donc mettre fin à cette équivoque consistant à soutenir que la démonstration d'un acte anormal de gestion reviendrait par principe à l'Administration.

873. – L'idée que le contribuable n'aurait pas à supporter le poids de la preuve favorise un autre danger : cette prétendue faveur ne doit pas profiter à celui qui ne la mérite pas. On retrouve ici le concept de vérité fiscale qui, au nom de la lutte contre la fraude, utilise la preuve pour les besoins de ce combat, en lui-même légitime. D'où les règles qui acculent le contribuable à une démonstration impossible, ou lui interdisent de l'apporter, ou encore font peser sur lui des présomptions insurmontables. Non seulement ces normes produisent des injustices, mais surtout elles sont inefficaces. Car elles ne font que gêner la manifestation de la vérité devant le juge.

874. – Surtout, il est vain de vouloir punir le mauvais contribuable au moyen de la preuve. La jurisprudence relative aux impositions d'office montre que le juge y est parfois plus exigeant envers l'Administration que le contribuable, pourtant fautif. Ceci simplement parce que le service se trouve à l'origine de l'impôt litigieux, dont il doit établir le principe et le *quantum*. Il est chimérique de vouloir sanctionner le mauvais contribuable par une « punition » qui pèse déjà sur le bon : celui qui dépose ses déclarations, dans les délais, doit néanmoins justifier de leur sincérité. Les sanctions et la privation d'une grande part des garanties de la procédure contradictoire suffisent pour rendre les impositions d'office dissuasives.

875. – Face à l'échec du critère légal, attribuant la charge de la preuve selon la nature de la procédure de redressement employée, le juge a proposé

(1) G. Goulard, concl. sur CE, 26 févr. 2003, req. n° 223092 et 223293, *Sté Pierre de Reynal et Cie* : *Dr. fisc.* 2003, n° 24, p. 803.

de répartir autrement le fardeau probatoire. Si, en principe, sa jurisprudence est limitée à l'acte anormal de gestion, en réalité elle intéresse l'ensemble du système déclaratif, car il y est essentiellement question de la justification des frais. L'état du droit qui en ressort n'est pas plus concluant : on ne comprend pas pourquoi il faudrait opposer les écritures d'actif à celles relatives aux charges. Le juge a reconnu, d'une certaine façon, l'échec de sa tentative puisqu'il s'est orienté, de plus en plus, vers le système de la preuve objective. On ne peut que souhaiter la généralisation de cette méthode, tellement il semble vain de vouloir poser un critère général de dévolution de la charge probatoire. Conformément au droit commun, celui du contentieux administratif, la preuve objective régnerait par principe, sauf quelques exceptions. Ainsi, le législateur devrait adopter la règle imposant à l'Administration de démontrer le bien-fondé de toutes les sanctions qu'elle applique.

876. – La preuve objective représente le plus grand progrès dans la lutte contre la vérité fiscale. C'est par elle que le juge a soulagé le contribuable d'un bon nombre de preuves impossibles. De même, la jurisprudence a adouci les présomptions légales et irréfragables de fraude, en les transformant en présomptions simples. À la suite du législateur, elle a fait cesser les abus en matière de reconstitutions de recettes. Indéniablement, le souci du juge est de rechercher un meilleur équilibre dans les obligations probatoires qui pèsent sur les parties. L'égalité, de ce point de vue, ne peut être complète. Non seulement parce que le contribuable est souvent seul à connaître toute la vérité, mais aussi parce que l'intérêt général, celui du Trésor, doit l'emporter sur les intérêts particuliers. Au nom du combat contre la fraude, le droit fiscal doit continuer de se montrer exigeant envers le contribuable. Mais le déséquilibre, s'il est nécessaire en lui-même, demeure trop grand.

877. – On aura remarqué que dans les domaines de la procédure fiscale où ne règne pas la preuve objective, la protection du contribuable est insuffisante. Ainsi, il est presque impossible de répondre valablement à une demande de justifications faisant suite à un ESFP. Nombre de garanties du contribuable vérifié ne sont pas respectées faute de pouvoir démontrer leur violation : par exemple la règle du débat oral et contradictoire, pourtant fondamentale, ou encore le principe *non bis in idem*. De même, le citoyen n'est pas suffisamment protégé lorsque l'on sait les difficultés pour établir des abus commis en matière de perquisition, de contrôle inopiné, ou même dans l'exercice du droit de communication. C'est jusqu'à l'administration de la preuve qui mériterait de connaître de sensibles progrès. Le secret de certains professionnels n'est pas suffisamment respecté, tandis que celui de l'impôt est trop souvent opposé par le fisc, ce qui gêne l'accès aux documents administratifs. La preuve fiscale devrait toujours être loyale. L'aveu ne doit plus être un piège pour le plaideur.

878. – Si le législateur renonce à punir le contribuable par la charge probatoire, la généralisation de la preuve objective pourra permettre d'améliorer l'état du droit. À Florence, au Moyen Âge, les fraudeurs voyaient leur maison détruite et les arbres de leur jardin arrachés. Malgré cela, la fuite devant l'impôt demeurait considérable (2). La contrainte a ses limites et le paiement de l'impôt dépend avant tout de la bonne volonté du contribuable. S'en prendre au droit légitime qu'il a de démontrer la sincérité de ses déclarations ne peut être que néfaste.

(2) P. Séligman, *De la déclaration et de la présomption comme base de l'impôt direct*, thèse Paris, Giard et Brière, 1913, p. 214.

Index des tableaux

(Les numéros renvoient aux paragraphes)

Index alphabétique

(Les numéros renvoient aux paragraphes)

B

C

D

E

F

G

H

I

J

L

M

N

O

P

Q

R

S

Table des matières

Deuxième partie

CHARGE DE LA PREUVE

Titre 1 : **LA LOI**

Titre 2 : **LA JURISPRUDENCE**

Titre 2 : **PREUVE, INVESTIGATIONS ET SANCTIONS**

Photocomposition Nord Compo
59650 Villeneuve-d'Ascq

Cet ouvrage a été achevé d'imprimer en novembre 2009
dans les ateliers de Normandie Roto Impression s.a.s.
61250 Lonrai (Orne)

N° d'impression : 093787
Dépôt légal : novembre 2009

Imprimé en France